公教育の再編と
子どもの福祉
2
研究編

「多様な教育機会」から問う
ジレンマを解きほぐすために

森　直人
澤田　稔
金子良事
――編著

明石書店

はしがき

森　直人

この2巻シリーズ『公教育の再編と子どもの福祉』は、多様な教育機会を考える会（rethinking education 研究会、以下ＲＥＤ研）が２０１６年４月から継続している活動の成果として刊行されます。１巻『「多様な教育機会」をつむぐ――ジレンマとともにある可能性』は実践編、２巻『「多様な教育機会」から問う――ジレンマを解きほぐすために』は研究編と位置づけています。

ＲＥＤ研は、２０１５年の夏に報道などで話題になった通称「多様な教育機会確保法案」をきっかけに誕生しました。同法案が提起した問題を広く、長期的かつ多角的な視点からとらえなおすことを目的として、教育学、社会学、社会政策・社会福祉・社会保障論など学際的な研究者と、フリースクールや子どもの貧困対策などさまざまな支援の現場にかかわってきた当事者・実践者・運動家らがつながり、議論を交わしてきました。ＲＥＤ研の趣旨やその意義、会としてのスタンスなどの詳細は1巻の序章をご覧いただくとして、ここではその軸となる特徴を以下の3点にまとめます。

一つは、ＲＥＤ研の考える「多様な教育機会」が、当初法案が想定していたものより拡張されていることです。法案成立の過程に直接かかわったフリースクールや夜間中学校、オルタナティブスクールやブラジル学校などの外国人学校にとどまらず、塾や予備校、通信制や特別支援の教育機関・教育サービス、あるいは（学童）保育、社会的養護、就労支援や貧困対策・生活困窮者支援などの社会福祉の領域にある育ちの場、さらに家庭でのホームエデュケーション／ホームスクーリング、公立・私立の学校まで含めています。このうち1巻には、公立高校、公設型学習塾、学習支援・不登校支援・夜間中学校、中学校内居場所、フリースクールでの実践者による文章を収めました。

二つめの特徴は、「多様な教育機会」の活動にNPOや株式会社などの民間法人・団体が関与しているという事実のみをもってして、それを「ネオリベ（Neoliberalism）」といって切り捨てる立場はとりません。「多様な教育機会」の多くは、公教育が包摂しきれない部分を民間セクターが担ってきた経緯があるからです。ただ他方で、公教育の領域へのそれら民間組織の流入が、単純で粗悪な「市場化」「民営化」につながってしまうことへの警戒も同時に堅持します。肯定か否定か、そのどちらへもあらかじめふり切ってしまうことのない「どっちつかず」の立場をあえて選び、市場ベースで進む公教育の再編とは異なる道筋を示すことをめざしています。

そして三つめの特徴は、学校に対するスタンスです。「唯一最善のシステムとしての学校」（D. B. Tyack）を絶対視することはありませんが、同時に、学校を重視し学校を「よくする」こともめざしています。従来型の公教育では担いきれなくなった部分を外部の「多様な教育機会」へと切り離し、押しつけるだけで当の学校は旧態依然、という事態は回避されなければなりません。ここでもRED研のスタンスは「どっちつかず」といえるでしょう。学校は最も重要な教育機会ですが、そこにすべては回収できず、「多様な教育機会」からの問い直しを受ける対象であると同時に、学校それ自体も「多様な教育機会」のひとつの要素だととらえます。

こうしてＲＥＤ研の特徴をみてくると、「どっちつかず」というキーワードが浮上しています。本シリーズではこれを「ジレンマ」と呼んで、１巻・２巻をつらぬく鍵概念としています。

＊＊＊

２巻は『「多様な教育機会」から問う――ジレンマを解きほぐすために』と名づけました。このタイトルのとおり、さまざまな支援の場にたずさわってきた実践者が語る「多様な教育機会」のジレンマを受け止めるところから問いを立て、その問いに解を与えようと試みた研究論文を収録した論文集です。

ＲＥＤ研ではある時期以降、研究会での話題提供の主な担い手が、研究者から実践者・運動家・支援者らへと移ります。そして、「それぞれの現場でモヤモヤしたまま自分でもうまく言語化できずにいる悩みや考えを、時間をかけてフロアと共有しつつ、整理し、反省的な検討を加えることで、少しずつそれらに明確な言葉を与えていこうとする議論のスタイル」（1巻1章47頁）が確立します。本書は、このような性格を帯びたＲＥＤ研に継続的に関与し、そこでの議論と模索のプロセスを共有してきた研究者が、それぞれの専門に立脚しつつ、なんらかの形でその経験を受け止め、自らの考察に反映させた論考からなります。

本書の執筆者は、ＲＥＤ研のメーリングリストに登録があり、２０２３年9月までに計41回を数える定例研究会のなかで最低1度の話題提供を行っているか、もしくは、研究会への参加率が高いメンバーであることを条件として選ばれています。執筆の依頼にさきだって、編者のひとりである森直人が前述の1巻序章「バスに乗る」を書き、研究会のメーリングリストに投稿して、すべての研究会メンバーに目をとおしてもらいました。そのうえで執筆をお願いしたい研究者に対して、過去にＲＥＤ研で話題提供したトピックに関連し、その内容を発展させたものか、または、RED研での議論の経験やウェブサイトにある「本会の趣旨」や序章「バスに乗る」の文章を受けて、それぞれの専門分野を踏まえた問題設定から考察を展開させた学術論文であれば、それ以外はすべて著者の任意とする依頼をだしました。寄稿を依頼したほぼ全員から快諾を受け、原稿が提供されました。それらを編者が精査し、できあがったものが本書となります。

執筆者の専門は、教育史、教育社会学、教育行政学、カリキュラム・教育方法論といった教育諸学、そして社会学、社会政策論などにわたります。ただ、各論考の執筆者の専門分野に何と記載されていようとも、これだけの広がりのある執筆陣が、それぞれの立場から、「多様な教育機会」の提起する問題をほかならぬ「教育」の問題として引き取り、考えていこうとしている論文集だという点で、本書は「教育学」の著書だといえるでしょう。

全体は4部構成です。Ⅰ部は「教育機会を問う、その問い方を問う」、Ⅱ部は「不登校への応答・支援を問う」、Ⅲ部は「教育と福祉の交叉を問う」、Ⅳ部は「学校・教師を問う」と題して、それぞれ3本以上の論考からなっています。序章はありません。1巻の序章「バスに乗る——反復される対立構図を乗り越えるために」が2巻シリーズ全体の序章という位置づけです。多様な論考を集めた本書を貫く問題意識について確認したい読者は、ぜひそちらを参照してください。そのうえで、各部のテーマや各論文のタイトルを手がかりに関心のあるところから入っていただき、そこから他のテーマ・論考にも読み広げ、それら相互の関係性や共鳴しあう要素をみいだす作業に——金子良事執筆の本書あとがきが試みているように——取り組んでください。そのように本書を読んでいただくことこそが、「多様な教育機会」という問題提起を私たち自身の問いとして引き継いでいくことにほかなりません。

目次

はしがき　森　直人　003

第Ⅰ部　教育機会を問う、その問い方を問う　019

第1章　多様な教育機会とその平等について考える
ケイパビリティ・アプローチを手がかりに　卯月由佳　020

1　多様な教育機会が求められる背景と検討課題　020
2　教育の目的と教育政策の目標としての教育機会の保障　022
3　考察の枠組み　025
（1）ケイパビリティ・アプローチとは何か　025
（2）どのような場合に実現可能な選択肢（ケイパビリティ）があるとみなせるか　026
（3）どのような場合に主体的に意思決定する自由があるとみなせるか　028
（4）教育政策の規範的説明モデルとしてのケイパビリティ・アプローチの特徴　030
4　考察　032
（1）教育機会とは何か　032 ―（2）なぜ多様な教育機会が求められるのか　032
（3）個人の意思を尊重するならば、その結果は自己責任か　033
（4）「最適」な学びを求める多様な教育機会への懸念　036 ―（5）多様な教育機会の構想に対する評価　039

5 結論 042

第2章
〈教育的〉の公的認定と機会均等のパラドックス
佐々木輝雄の「教育の機会均等」論から「多様な教育機会」を考える
森 直人 046

1 はじめに 046
（1）問題の所在 046 ―（2）検討の対象 048
2 「個別学習計画」案と「技能連携制度」案――組織を媒介としない〈教育的〉の公的認定 050
3 佐々木輝雄による「教育の機会均等」概念の分析――教刷委第13回建議をめぐって 053
（1）第13回建議と第30回建議への評価の落差 053
（2）二つの異質な「教育の機会均等」概念とその対立――学校制度内／外、組織志向／教育行為志向 055
4 「教育の機会均等」のパラドックス――第30回建議で失われたもの 060
5 「教育の機会均等」のパラドックスの展開にむけて――小括として 064

第3章
「バスの乗り方」をめぐる一試論
教育社会学の「禁欲」について
仁平典宏 072

1 禁欲する教育社会学 072
2 補助線としての「人間の安全保障」 075

（1）ケイパビリティ　075 ―（2）人間の安全保障　077
3 日本型生活保障システムと教育社会学　080
（1）日本型生活保障システムと教育　080 ―（2）教育社会学の守備範囲　082
（3）貶価のプロセス　084
4 他者としての戦後教育学――教育社会学的アイデンティティの起源　086
（1）事実学／当為学？　086 ―（2）戦後教育学の社会認識と教育社会学①――「欠乏からの自由」との関係で　088
（3）戦後教育学の社会認識と教育社会学②――「恐怖からの自由」との関係で　090
5 禁欲を解除する　093

第4章 不登校や多様な教育機会に関する社会学的研究は議論を開き継続させていけるのか

藤根雅之　100

1 序論　100
2 不登校の実態を明らかにする研究　101
（1）「グレイゾーン」と「現代型不登校」の発見　101 ―（2）「脱落型不登校」と「危険な欠席」の発見　104
3 不登校を問題と定義する行為を問う研究　106
（1）「だれが、どういう関心のもとに、どのように、「不登校」を問題にしているのか」（山田 2002: 240）　106
（2）オントロジカル・ゲリマンダリング　107 ―（3）不登校の全体像を明らかにしようとする研究の立ち位置　109
4 それでも不登校の実態を明らかにしようとする研究　112

（1）社会構築主義研究への批判　112 ―（2）社会構築主義研究の流用　114
5 もう一度不登校を問題と定義する行為を問う　115
（1）教育社会学のポリティクス　115 ―（2）社会学的研究が行う問題の個人化　117
（3）名付けをめぐる闘いとしての不登校研究　119
6 結論　121

第II部 不登校への応答・支援を問う

125

第5章 多様な子どもの「支援」を考える
登校／不登校をめぐる意味論の変容を手がかりに

山田哲也

126
1 「多様な子ども」の支援とは何か？――不登校をめぐる意味論への着目　126
2 不登校支援体制の変遷を探る――支援を主導する鍵概念と再文脈化領域への着目　129
（1）不登校の子どもの支援に関する公的な会議の概要　129
（2）〈教育〉装置論への着目――望ましい支援の知を産出する再文脈化領域の検討　134
3 不登校支援を構想する文脈の変化――欠席をめぐる意味論の複層化　135
（1）「心の問題」としての不登校――90年代の不登校対策を主導した意味論　136
（2）「進路問題」としての不登校――２０００年代の不登校対策に付与された意味論　136

（3）「権利保障をめぐる課題」を提起する不登校――２０１０年代以降の意味論の展開　138
4　再文脈化領域で参照される知識・実践にみられる変化　141
（1）「問題」から「諸課題の端緒」へ　141　―（2）登校／欠席の意味論の転換――「再学校化」の含意　144
（3）再文脈化される知識・実践の変遷――心理・教育・福祉・医療複合体と当事者性の強調　146
5　不登校支援における包摂と排除の「入れ子構造」　152

第6章　フリースクールにおける「学習」の位置と価値
行政や学校との連携事例に着目して　武井哲郎　159
1　問題の所在　159
（1）学習の場や形態をめぐる選択肢の拡大　159　―（2）フリースクールと学習　162
2　対象と方法　164
3　学習評価をめぐる連携のプロセス　165
（1）連携のためのプラットフォーム　165　―（2）先例の積み上げ　167　―（3）意味づけの共有　170
4　総合考察　173

第7章　不登校児への応答責任は誰にあるのか
１９７０年代以降の夜間中学における学齢不登校児の受け入れをめぐる論争に着目して　江口怜　178

1 はじめに――周縁の学校のジレンマ 178
2 夜間中学における登校拒否経験生徒の登場――1970年代半ばから80年代初頭 181
（1）夜間中学の再編と登校拒否・不登校問題 181 ／（2）学齢児受け入れ論争――救急中学校論と同和教育論 183
3 登校拒否経験者の急増から急減へ――1980年代半ばから1990年代半ば 189
（1）登校拒否・不登校の社会問題化と夜間中学への注目 189 ／（2）学校・教師への責任追及と現実的な対応の狭間で 192
4 おわりに――サンクチュアリーとしての夜間中学 199

第Ⅲ部 教育と福祉の交叉を問う

207

第8章 教育と福祉の踊り場

「居場所」活動の可能性についての考察

金子良事

208
1 はじめに 208
2 教育福祉研究と居場所研究の距離 209
3 教育福祉における具体的なサービスの諸相と思想的基盤 212
4 教育と福祉の踊り場としての「居場所」 213
（1）居場所活動における教育および福祉 213 ／（2）教育と福祉の基盤にあるもの 215

（3）予備的考察――信頼を作る Attitude とラポール形成　217
（4）居場所活動におけるコミュニケーションの難しさと重要性　218
5　居場所の構造　221
6　おわりに――無用の用　225

第9章　教育制度と公的扶助制度の重なり
就学援助と生活保護を対象として　小長井晶子　236
1　はじめに　236
2　戦前における就学奨励の費目――生活費と就学費　240
3　生活保護における教育を受ける権利の保障　242
4　普遍主義的教科書給与の廃止と就学奨励制度の成立　245
5　法律制定後の市町村の就学奨励――準要保護者の認定方法と支給費目　248
6　おわりに　251

第10章　子ども支援行政の不振と再生
トラスト設置手法を導入したイングランドのドンカスター　広瀬裕子　259

1 はじめに 259
2 ドンカスターの背景問題 262
3 エドリントン事件のインパクトとカーライル報告書 265
4 負のスパイラルを断ち切る提案をしたル・グラン報告書 267
5 トラストの運営方法とチェックの仕組み 269
6 子ども支援行政における有事のガバナンス改革 274

第IV部 学校・教師を問う

279

第11章 教員はどのように居場所カフェを批判したのか

知念渉 280

1 居場所カフェに違和感をもつ教師たち 280
2 現場の論理を記述・分析する方法 284
3 調査対象校のおかれた文脈 285
4 居場所カフェを批判する論理――〈指導〉と〈責任〉 286
（1）批判を可能にする二つの論理 287 ――（2）〈指導〉という論理 289 ――（3）〈責任〉という論理 292

5　なぜ、どのようにCCと連携したのか　295
（1）CCの専門性とは何か――〈指導〉をめぐる問題　295
（2）「クラスに返す」とは何か――〈責任〉をめぐる問題　299
6　まとめ――教員がその他の専門職と連携していくためには　302

第12章　教員の「指導の文化」と「責任主体としての生徒」観

井上慧真　308

1　はじめに　308
（1）『生徒指導提要』の改訂――不登校児童・生徒の指導／支援にかかわる記述を中心に　308
（2）不登校児童生徒への指導／支援――教員の責任の多様さ、大きさ　310
（3）本章の議論――かつての喫煙への指導から教員の責任をみる　310
（4）教員の責任を「拡張する論理」と「解除する論理」　313
2　高校生への喫煙のひろがりと処分中心の対応の限界――「賽の河原の石積み」？　314
3　喫煙生徒への対応――「学校の外におく」懲戒処分から「指導過程の問い直し」へ　316
（1）喫煙問題への対応――都内高校への調査から　316 ／（2）懲戒処分から「指導過程の問い直し」へ　319
4　喫煙と教員の責任を「解除する論理」――ある私立高校の喫煙による退学処分から　320
（1）事件の概要　320 ／（2）判決の内容　321
5　喫煙と教員の責任を「拡張する論理」　322
（1）「家庭謹慎」と「登校謹慎」　322 ／（2）「登校謹慎」の事例　323 ／（3）処分規定自体の問い直し　324

（４）生徒の「内面からの変容」を支える　325
6　考察――「責任主体としての生徒」観という視点　328

第13章　後期近代における社会的に公正な教育の実践的論理
批判的教育学からの示唆
澤田　稔　333

1　はじめに――本章の目的と方法　333
2　批判的教育学における実践的論理をめぐる論争関係　335
3　フレイザーの政治哲学から導出可能な社会的に公正な教育の実践的論理　339
（１）「非改革主義的改革」という中間的アプローチ　339
（２）批判的教育学における再分配の政治及び承認の政治の新たな方向性　341
（３）批判的教育学における代表の政治の再配置　347
4　まとめ――社会的に公正な教育におけるジレンマ　351

あとがき　金子良事　359

索　引　393

第Ⅰ部　教育機会を問う、その問い方を問う

第1章

多様な教育機会とその平等について考える

ケイパビリティ・アプローチを手がかりに

卯月由佳

1　多様な教育機会が求められる背景と検討課題

現在、公的に教育機会を保障する主な制度は学校であるが、子どもたちの特性や背景、状態の多様性を事実として受けとめ、多様な教育機会を公的に保障する必要性も議論され、日本でも部分的に推進されている。ここでの公的な保障には、公立学校において多様な学び方を実質的に可能にする教育実践を促進すること、学校（一条校）以外で教育を受けたり学習したりすることを誰にでも実質的に可能とする条件を整備すること、学校以外で教育を受けたり学習したりすることを就学、登校、履修に相当するものとして承認することなどが含まれると考えられる。

たとえば、2016年に公布、2017年に施行された「義務教育の段階における普通教育に相当する教育の機会の確保等に関する法律」、すなわち不登校の子どもへの教育機会の確保と夜間中学等の就学機会の確保を求める法律に反映されている。また、2021年の中央教育審議会答申「『令和の日本型学校教育』の構築を目指して~全ての子供たちの可能性を引き出す、個別最適な学びと、協働的な学びの実現~」(以下、「令和」答申とする)において「多様な子供たちに対応して個別最適な学びを実現」(24頁)することが掲げられている。さらに、それに先んじて経済産業省が2018年から実施している「未来の教室」実証事業の「学びのSTEAM化」「学びの自律化・個別最適化」「新しい学習基盤づくり」のビジョンにも読み取れる。

こうした動向において、多様な子どもたちに対して多様な教育機会を確保するとはどのようなことであるべきだろうか。多様な教育機会がどのようにして教育機会を平等に保障し得るだろうか。本章はこれらの問いについて検討するため、教育機会とその平等の意味について、セン(Sen 1980)が最初に提起したケイパビリティ・アプローチを手がかりに考察する。この考察を通じ、多様な教育機会を公的に確保する妥当性やその方法を検討する教育政策論に示唆を導くことをめざす。

結論を先取りすると、多様な教育機会の構想のうち、個人の意思を尊重する学びを追求するものと、個人の「最適」な学びを追求するものは、概念的には区別して捉えられる。教育政策の目的をケイパビリティの向上と平等化に貢献する教育の実現と捉えれば、個人の意思を尊重する学びのための多様な教育機会を、教育機会の平等の観点から構想する必要性が見出される。しかし、個人の「最適」な学びを追求して多様な教育機会を推進する手段とその帰結には懸念せざるをえない部分がある。学習権の保障あるいは人的資本の蓄積のみを教育政策の目標とする場合、後者に類する多様な教育機会の構想に対する懸念が見えにくくなる可能性があり、教育政策の立案や評価にケイパビリティ・アプローチを取り入れる意義があると考えられる。

2 教育の目的と教育政策の目標としての教育機会の保障

多様な教育機会を求める考え方には、子どもを学習の主体として捉えたうえで、学習の機会に多様性を求める考え方も反映しているが、本章は人間と社会の持続にとって教育が必要であると考え、学習を促す教育の役割に意義をみいだす。そして教育の目的を、自分が価値あると考える生き方を追求していけるとともに、他者をも尊重しながら他者と対等な関係を築いて協働していける主体を育成することと捉える。これを踏まえ、教育政策の目標は、そうした主体形成を促す教育を受ける機会をすべての人々に平等に提供することと捉える。

この教育政策の目標の特徴は、19世紀の近代社会の「強くたくましい個人」という人間観、あるいは20世紀の現代社会の「弱く劣った個人」という人間観を前提とした社会設計がいずれも限界に直面した後に登場した、「自らの幸福を見定め、そこへの進み方も自ら開拓しうるような個人へ陶冶する」（小野塚 2011: 36）構想との関連で把握可能である。実際、近年の「目標を自ら定めそこへ向けて努力する過程を評価対象にする学校教育」は、「誘導や指示に従って効率的に課業を達成する現代的な人間から、近代的人間への再陶冶構想であったと解釈しうる」（小野塚 2011: 36）と評されている。「主体的・対話的で深い学び」を主眼とする現行の学習指導要領では、「主体的に学習に取り組む態度」が、「基礎的・基本的な知識・技能の習得」「これらを活用して課題を解決するための思考力・判断力・表現力など」と並んで学力の三要素の一つとされていることから、現在の教育政策の動向には確かに「強くたくましい個人」への再陶冶の構想が反映している部分があると言わざるをえないだろう。

一方、19世紀に一部の成人男性のみがなり得たとされる「強くたくましい個人」としての主体形成をすべての個人に期待するのはまったく非現実的であるばかりか、市場で自立して活動していたかに見える「強くたくましい個人」の生活が市場の経済活動のみにより維持されていたわけではないこともすでによく知られている。そのため、教育が「強くたくましい個人」への再陶冶のみをめざすのであれば、人間と社会の持続に貢献する可能性が小さくなることは明らかである。もちろん教育が失敗することも教育に限界があることも織り込み済みで、あえて教育政策には人間と社会の持続に向けた役割を期待しないという考え方もあるかもしれない。

しかし、主体形成に関しては、ほかでもなく教育政策が引き受けるべき役割があると考えられる。教育政策以外の社会政策に反映する思想や価値観も主体形成に影響を及ぼし得るが、それらの思想や価値観が偏狭な場合もある（たとえば「働かざる者食うべからず」のように）。これに対し、多様な生き方を尊重する社会正義の価値を学ぶ機会を教育政策で保障する意義があるのは、次の理由による。すなわち、教育の場面では一つの思想や価値観を一方的に押し付けるのではなく、さまざまな思想や価値を作り変える余地のある知識として提示し、個人はそれらを批判的に思考したり公共的理由で説明したりしながら、自らの思想や価値観を形成することが可能だからである（Peppin Vaughan and Walker 2012; 卯月 2021）。現行の学習指導要領の前文にも、学校には「持続可能な社会の創り手となることができるようにすること」が求められると述べられ、日本の教育政策は「社会の創り手」としての主体を形成する機会の提供を課題として引き受けていると解釈できる。

また、前述の主体形成に資する学習を、自ら行う能力や関心のある子どもたちだけではなくすべての子どもたちに促す機会として、教育が必要だと考えられる。自らの生存や短期的な欲望充足につながる学習とは異なり、長期的な展望の向上、他者の尊重や持続的な社会の改善に必要な学習は、教育を受けなくても誰にでも可能なものと想定するのは難しい。また、「深い学び－自分の経験と科学の原理原則や文化の本質とを結びつける学び」（白水 2020: 136）も、教師が意図をもってつくる授業がなければ、多くの子どもにとって難しいだろう。

教育の目的となる主体は、強くなることを期待されるわけでも、予め弱いと断定されるわけでもない。自分がよいと考える生き方を追求していくとともに、自分とは異なる生き方をする他者を尊重し、他者と対等な関係を築いて自分一人ではできないことを頼り合いながら一緒に行っていくという人間観に基づいた主体である。持続可能な社会には、必要充足と豊かさの追求のための生産と消費が人間の尊厳と自然環境に配慮する方法で行われる経済と、不正義の是正が対話や熟議を通じて行われる民主主義が必要だと考えられる。また、多様なすべての個人がその社会に包摂されるには、人間として生きるのに必要な資源やそのほかの支援を含めた機会を十分に分配されるという意味での平等と、多様な個人が尊重し合い対等な関係を築くという意味での平等の両方が求められる（Wolff and de-Shalit 2007; Wolff 2015）。

本章は、自分がよいと考える生き方を追求していけるとともに、そうした社会の創り手となれる主体を教育政策における規範的な主体と捉え、この主体になるための教育を受ける機会とその平等について考察する。この考察を行うには、ケイパビリティ・アプローチの核となる概念を、そのほかの理論的説明を加えながら応用することが有効だと考えられるため、次節でケイパビリティ・アプローチを手がかりとした考察の枠組みを示す。

3　考察の枠組み

（1）ケイパビリティ・アプローチとは何か

ケイパビリティ・アプローチは、セン（Sen 1980）が最初に提起して以降、セン自身がそれに対する批判に応答して説明を加えてきただけでなく、平等、自由、社会正義などの価値を重視する数々の研究者により理論的な検討と政策や実践への応用が進められ、発展してきた（Robeyns 2017）。ケイパビリティ・アプローチでは、人間の究極の目的は、個人がそれぞれ価値あると考える行動や状態、あるいは生活や人生を実現することにあると捉える（Sen 1999; 2009）。これは幸福▼1（効用）や所得（資源）が増加すれば人間はよりよい生活や人生を送れると想定する従来の影響力ある理論（主に経済学の理論）に対し、代替的な考え方を提示するものである。

幸福も所得も人間の生活や人生にとって重要ではあるが究極の目的ではないため、貧困に陥っている人々が幸福を感じていたとしてもその状態を放置するのは不正義であり、また所得の補助のみで貧困からの脱出を助けられると想定するのも不十分である。多くの場合、所得の補助が貧困脱出の重要な手段になり得るため、所得の補助は決して不要ではないが、その方法がスティグマ（負の烙印）の伴うものであれば、所得が最低必要な水準に達したとしても尊厳が傷つけられ、非物質的な側面で捉えた貧困の問題は解決しないか、悪化する。この例に見られるように、単に所得を補助することではなく、人間の尊厳を重視する原則を明確にし、どのような方法で所得の補助を行うべきか考えるうえでもケイパビリティ・アプローチの応用は有効となる（岩永ほか 2018）。ケイパビリティ・アプローチにおいて、人間の目的とそれを実現する手段を明確に区別し、混同しないことが重要である。後で詳しくみるように、教育についても本質的な目的の側面と、手段的な役割の側面の両方を、それぞれ区別しながら検討できる。

先述したとおり、ケイパビリティ・アプローチにおいては、人間の目的は自ら価値あると考える行動や状態（「機能」と呼ばれる）を実現することである。ケイパビリティとは、それぞれの個人がそれらの行動や状態を実現する自由あるいは機会のことである。実際には実現されなかったとしても、本人が望めば実現可能となる場合に、その行動や状態のケイパビリティがあるといえる。ここでは、選択肢という意味での機会であるケイパビリティに加え、そのなかから何を選択するか（何を実現するための行動に出るか）について主体的に意思決定する自由がある場合に、実質的に機会が保障されていると捉える。そこで以下では、第1にどのような場合に実現可能な選択肢（ケイパビリティ）があるとみなせるか、第2にどのような場合に主体的に意思決定する自由があるとみなせるかの2点を説明する。

（2）どのような場合に実現可能な選択肢（ケイパビリティ）があるとみなせるか

ケイパビリティは、「資源」の所有状況のみならず、「資源」が機能へと変換される可能性（その要因となるものは「変換要素」と呼ばれる）にも影響を受ける。そのため、「資源」が用意され、「資源」の機能への変換可能性が保障されているとき、実現可能な選択肢であるケイパビリティがあるとみなせる。ここでの「資源」には金銭的・物質的資源のみならず、人々の行動や状態の手段となるさまざまなことを含み、たとえば学歴を「資源」と捉え、同程度の学歴をもつ人々が異なる水準の生活や人生を送っているとき、学歴の結果への変換可能性の差異に着目できる（Robeyns 2017）。

変換可能性に影響する要因には、個人の属性や特性（個人的な要素）、社会の制度や規範（社会的な要素）、自然環境を含めた物理的な環境（環境的な要素）がある。これを説明するため度々引き合いに出されるのは自転車の例である。自転車という「資源」が移動という機能に変換される可能性は、個人に自転車をこぐ身体的な状態が整い、能力が備わっているか、特定の属性をもつ人々の自転車利用を妨げる社会規範がないか、道路が舗装されているか、自転車専用道路が整備されているかなどにより異なる。さらに、自転車をこぎ始めるところから軌道に乗るまで「大丈夫、転ばないよ」と横で声をかけ、背中を支える人がいるかによって異なることもある▼2。個人は、さまざまな個人的、社会的、環境的な要素の組み合わせに影響を受けて多様な状態や境遇にあり、そのためケイパビリティを保障するために対応すべき課題は多岐にわたる。

ケイパビリティ・アプローチを用いて不平等を問題とする際には▼3、「資源」の所有状況に加え、前述の変換可能性の不平等にも影響を受けるケイパビリティの不平等を不正義とみなし、解決をめざすべき問題と捉える。特に、ケイパビリティの不平等が、個人の力では容易に変化させられない構造的制約の影響を受けている場合を問題とし、構造的制約を一つひとつ克服することが課題となる。現在の機能が将来の機能のケイパビリティとなり得ることから、将来のケイパビリティの不平等を縮小するため、現在の機能の平等化をめざすこともあり得る。しかし、ケイパビリティが平等であれば、個人が価値あると考えることが多様なために結果として実現される機能、すなわち生活や人生が多様になることは問題ではなく、むしろそれを積極的に尊重すべきといえる場合も多い。本章でも基本的に同様に考える。ただし、子どもの時期に教育を受け、学ぶという機能は、将来の生活や人生にとって重要なケイパビリティとなるため、子どもの時期の教育や学習については、ケイパビリティのみならず機能の不平等にどう対応するかについても一つの論点になる。

（3）どのような場合に主体的に意思決定する自由があるとみなせるか

ここまで述べてきたように、ケイパビリティ・アプローチではケイパビリティと機能に価値が置かれるが、ケイパビリティ・アプローチを応用した研究ではほかにも価値が置かれる概念があり、その一つが行為主体性である（Alkire and Séverine 2010; Robeyns 2017）。ケイパビリティのなかからどの機能を実現するか選択するときには主体的に意思決定する自由があることが望ましいということである。ただし、このことはケイパビリティの概念を用いたときに自ずと含意されるわけではなく、行為主体性の概念も併せて用いることで明確になる。セン（Sen 1999）の定義にならえば、行為主体とは「行動し変化をもたらす人物、そしてその業績を何か外部の基準によっても評価するかどうかはともかく、その人自身の価値と目的を基準に判断されるような人物」（Sen 1999＝石塚訳 2000: 18）のことである。ここから、行為主体性を発揮するには、自ら価値あると考える基準に沿って意思決定する自由が必要だと示唆される。

それでは、どのような場合に主体的に意思決定する自由があるとみなせるだろうか。まず、個人にとって何が価値あることか、その人自身が自由に構想することが可能になっている必要がある。そのためには、自由な構想の妨げとなる制約や強制が取り除かれ、自由な構想を助ける環境や支援が確保されている必要がある。このとき、自らの境遇に適応した好みである「適応的な選好」が形成される可能性を適切に考慮に入れる必要がある（Robeyns 2017）。長年にわたり貧困状態にある人が、社会の大部分の人々が享受するような生活を求めようとせず、時間をかけて慣らされてきた自らの生活に満足することはあり得る。そこで、実現された行動や状態が過去に経験した社会経済的な不利の影響と関連する場合には、それを主体的な意思決定の結果だとみなして放置するのは不正義だと判断される（Burchardt 2009）。つまりこのような場合には、どのように生きていきたいか考えるためにも環境づくりや支援が求められる。

生活や人生のさまざまな場面で主体的に意思決定する自由が尊重されるとしても、子どもも同様にその自由を尊重されるべきだろうか。子どもは、教育を受け、学ぶことにより、将来、主体的に意思決定できるようになると考えられ、先述のとおり子どもの時期には実際に教育を受け、学ぶという機能も重要となる。そのため、教育を受けるか否かを完全に子ども自身の意思決定に委ねるより、保護者が子どもの将来の自由に対する教育の影響を見通して子どもを導き、助けることは重要である（Saito 2003; Biggeri 2010）。つまり、子どもの自由は子どもの時期に完結するものではなく、生涯をかけて実現されるべきものとして捉えるのが妥当であろう（Saito 2003）。実際、フォーカス・グループ・ディスカッションを用いた研究から、子どもたちは教育の本質的な意義と手段的な役割（後述）を理解し、教育を受けるケイパビリティを重視していることが明らかにされており（Biggeri et al. 2006）、子どもたちも自分たちの将来の自由に対する教育の影響をある程度理解している。一方、子どもの受ける教育がどのような教育であっても、子どもが主体的に意思決定できるようになることを学ぶと想定できるわけではない。教育が極端な管理統制や競争を重視する制度のもとで行われる場合には、子どもが主体的に意思決定できるようになることを学ぶのは難しい（Saito 2003）。子どもの将来の自由のために保護者から促されて教育を受けるなかでも、そこで主体的に意思を表現し、決定することを経験することが、子どもの現在の学びにとっても、将来のケイパビリティの向上にとっても重要である。

教育において個人の意思を尊重するために、すべてのケースについて学校や教師が子どもに個別に対応することを意味するわけではない。一斉授業において協働的に学び合うなかでも、子どもは意思を表現する経験を積むことができる。むしろそのような授業には、ケイパビリティの向上と平等化をめざす教育において重要な意味がある▼4。

（4）教育政策の規範的説明モデルとしてのケイパビリティ・アプローチの特徴

続いて、教育政策の課題、すなわち何を目的に、どのような機会を、どのような方法で創造し、保障するかを検討するうえで、別の規範的な説明モデルに比べてケイパビリティ・アプローチが有効だと考えられる理由を示す。ここではロベインズ（Robeyns 2006）にならい、権利モデル、人的資本モデル、ケイパビリティ・モデルの三つの差異に着目する。権利モデルとは、人権を重視し、学習権の保障の観点から一人ひとりへの教育機会の保障をめざす規範である。人的資本モデルとは、経済成長を最も重視し、経済成長を達成するために人的資本の蓄積を促す教育への投資をめざす規範である。ケイパビリティ・モデルは、教育の目的としてケイパビリティの向上と平等化を最も重視する規範である。ケイパビリティの向上と平等化は、知識・技能の習得、意思の表現や決定の経験、批判的思考と公共的理由づけを通じた価値観形成（Unterhalter 2010; Peppin Vaughan and Walker 2012）により促されると考えられ、ケイパビリティ・モデルにおいて教育政策の課題はそのための教育の機会を保障することである。

これらの三つのモデルの差異を明確にするため、ロベインズ（Robeyns 2006）は、ドレーズとセン（Drèze and Sen 2002）を参照して教育のさまざまな意義や役割に着目したうえで、各モデルが教育のどのような意義や役割と関連するかを説明する。まず、教育には本質的な意義と手段的な役割がある。本質的な意義とは、教育や学習が何か別のことに役立つか否かとは無関係に、人間として生きるうえで知識や教養が増えたり深まったりすること自体に見出される意義である。それに対し、教育や学習はそれとは別の成果を得るための手段としての役割がある。教育や学習を通じて達成される成果は、さらに、個人的か集合的か、経済的か「社会的」か[5]の2軸で捉えられる。個人的な経済的成果としては、より有利な条件で雇用され収入が上昇する可能性や消費者としてより賢い選択をする可能性が高くなること、反対に貧困に陥るリスクが低くなることが挙げられる。集合的な経済的成果としては、技術革新、産業の高度化、生産性の向上、消費市場の発展、またそれらを通じた経済成長がある。他方で、個人的な「社会的」成果には、社会的・政治的な対話に参加するための言語を習得すること、柔軟で開放的な思考が可能になること、情報技術を活用した交流が可能になること、健康に関する知識が豊富になることなどがある。集合的な「社会的」成果は、社会的・政治的な合意に向けた対話が促進され、多様な価値観をもつ個人が共存する寛容な社会や、個人が抑圧的な伝統から解放されて自由を追求できる社会が形成されることである。

ロベインズ（Robeyns 2006）によると、権利モデルでは、教育が経済や社会にとって有用か否かを問うまでもなく、人間にとって学ぶことは本質的な意義があることを根拠に、すべての人に教育機会を保障することが目標とされる。人的資本モデルでは、個人的にも集合的にも、経済的成果を達成するための手段的役割をもつ、経済成長に必要な教育が専ら重視される。教育の本質的な意義や教育による「社会的」成果には関心が払われず、より高い経済的成果を上げる個人や領域への教育投資が優先される。それに対してケイパビリティ・モデルでは、教育の本質的な意義と手段的な役割の両方が重視される。教育がどのような役に立つかにかかわらず、教育を受け、学ぶという機能に意義があり、そのためのケイパビリティも重要である。また、教育は個人的・集合的な経済的成果のみならず、個人的・集合的な「社会的」成果も含めたさまざまな成果をもたらす手段になるため、多面的なケイパビリティを向上させる手段としての教育の役割も重視される。

4　考察

（1）教育機会とは何か

教育に限らず、政策が個人にむけて提供できるのは、個人に対して強い強制力を行使しない限り、結果ではなく機会である（Wolff and de-Shalit 2007）。教育政策、すなわち教育の制度や組織の設計と運営及び教育の内容や方法の設計と実践を通じて子どもたちに保障するのは、教育を受ける機会である。前節で述べたように、ケイパビリティ・アプローチから、大人に対するのとは異なり子どもに対しては教育を受けて学ぶよう導くことが正当化されるが、管理統制的あるいは競争的な教育により子どもを学びへと追い込むのではなく、子どもは教育を受けながら自らの意思を表現し、決定する経験を通じて学ぶことが求められる。教育の機会は、学ぶ（という機能を実現する）ために利用可能な環境、資源、指導、支援などを意味する。

（2）なぜ多様な教育機会が求められるのか

教育機会は平等であることが求められている。義務教育の結果はその後の生活や人生にとっての機会にもなるため、生涯にわたる生活や人生の機会の平等化をめざすとき、義務教育の結果をできる限り平等化することが重要となる。そのため義務教育の機会の平等化は、義務教育の結果をできる限り平等化する方法で追求する必要がある（卯月 2009）。この点を考慮した場合にも、義務教育で多様な教育機会が必要だろうか。

ケイパビリティ・アプローチを手がかりに考えると、義務教育の結果をできる限り平等化することをめざして教育機会を平等に保障するには、多様な教育機会を想定した検討が求められる。子ども個人の属性や特性、社会経済的な資源や環境、社会の制度や規範、物理的な環境などの影響により、教育へのアクセスのみならず、教育を学習へとつなげる可能性の不平等を是正することが、教育の結果の平等化につながる教育機会の平等な保障である。また、それらの不平等を一つひとつ是正する方法について検討する際には、不平等の実態やそれが生じるメカニズムについての事実の把握に加え、不利な境遇にある個々の子どもたちがどのように学びたいかについて意思を表現できるように助け、それを尊重する必要がある。学校のなかで柔軟に教育機会を創造するか、学校以外の教育機会を創造するか、あるいはすでにある学校以外の教育機会を承認するかは、さまざまな教育の担い手に加えて保護者や子どもたちも参加する対話を通じ、何が平等かを考えながら具体化していくべきだろう。少なくとも具体的な制度や実践については、国や教育委員会のみが主体となり一元的に設計する方法では、多様な子どもたちのすべてに教育機会を平等に保障することは不可能だと考えられる。

(3) 個人の意思を尊重するならば、その結果は自己責任か

多様な教育機会が用意されたうえで個人の意思が尊重されるならば、それがその人にとって不利・困難な結果を招いたとしても、自己責任とみなされ放置されるのではないかと懸念されるかもしれない。ここで多様な教育機会に関連して論点となる結果について二つに分けて考えられる。一つは、義務教育における学習の成果としての学力である。もう一つは、義務教育以降の教育における学習の成果としての学力や学歴と、

それらに影響を受ける労働市場での結果である。

義務教育の結果である学力については、多様な教育機会を用意して選択の自由を促進すること自体が目的とされるようなケースでは、学力を十分に習得しない子どもたちがいたとしてもそれは自己責任とみなされ、政府が責任をもって対応しない体制が取られる可能性がある。こうしたケースについては前述の懸念が大いにあてはまる。しかし、ケイパビリティ・アプローチを手がかりとした構想は、義務教育の結果をできる限り平等化することを教育政策の目的に掲げ、その手段として多様な教育機会を整備することである。政府が多様な教育機会の質保証を担うことで、個人がどのような選択をしたとしても重大な問題に帰結しないように事前の制御を組み込むこともできる。個人に選択の余地が与えられるとはいえ、義務教育の結果を平等化する機会の整備に責任をもつ主体としての政府の役割は積極的に求められる。

しかし、政府ができる限り義務教育の結果を平等化する機会の整備に責任をもったとしても、義務教育以降の教育を通じて労働市場で求められる学力や学歴に到達できなかった場合には、将来、低賃金労働や失業を繰り返し、貧困に陥るといった不利・困難が予想される。そこで、義務教育で管理統制的あるいは競争的に子どもの学力向上を図る場合に比べ、子どもの意思を尊重した場合に労働市場で求められる学力の習得を停滞させると仮定されるならば、多様な教育機会を用意する政府は個人を保護する責任の履行を怠っていると問題視されるかもしれない。しかしそれは、労働市場で十分な収入を得られないことによる貧困が自己責任として放置される恐れの強い社会でのことではないだろうか。以下に示すように、貧困を自己責任とみなして放置することはそもそも非合理的であり、社会政策を通じて貧困に適切に対応するか予防する社会では、義務教育以降の教育の結果の不平等を過剰に懸念する必要性は弱まると考えられる。

社会政策において、何が政府の対応すべき課題で、何が本人の責任であるかを区別することは重要である。

しかし、不利・困難な結果に直面している個人が、それを回避する機会を得ていなかった（本人の責任ではない＝政府が対応する）か、機会は得ていたが本人の意思決定によりそれを活用しなかった（本人に責任がある＝政府は対応しない）か、どちらが事実かを区別することはほぼ不可能である。そのためウルフとデシャリット（Wolff and de-Shalit 2007）は、政策立案においては、事実として責任があるか、あるいは道徳的に責任を負うべきかを問うよりも、どのような場合に本人が責任を負えるとみなすのが合理的かを問うことが重要だと指摘する。

ウルフとデシャリット（Wolff and de-Shalit 2007）は、ケイパビリティの概念に依拠しながらも、ケイパビリティが確保されていた場合でもその結果を本人の責任だと判断できるわけではないことに着目し、「本物の機会」の概念を提示する。個人が機会を活用して目的の結果を実現するには、個人は行動を起こし、その行動に伴う費用やリスクを引き受ける必要がある。そして、個人にとってそれらの行動を起こすこと、それに伴う費用やリスクを引き受けることが合理的な場合のみ、その個人は目的の結果を実現する「本物の機会」を有しているとみなせる。また、個人が「本物の機会」を有しているとみなせる場合に限り、その個人は結果の責任を負うことが合理的だと考える。

「本物の機会」の概念からは、貧困に陥っている人々は貧困から脱出する「本物の機会」を有していないことが多く、貧困を自己責任だと見なせるケースは極めて限られるという示唆が得られる。たとえば、就労に参加できるか否かについて、時間という重要だが一つにすぎない観点から見ただけでも、次の問いが浮上する。週40時間という標準的な労働時間で働く最低賃金の仕事の機会があった場合、その仕事に就いて40時間働かないために収入が不足し、貧困に陥ることは自己責任だろうか。Aさんは健康上の問題があり、40時間も働けば個人的に必要な休息時間を十分に確保できず、心身の健康を悪化させることになる。また、Bさんは健康だが、ひとりで幼い子どもを育てており、40時間の勤務時間に加えて通勤時間が取られると、育児や家事にかけられる時間が不足し、そのことで心身のストレスが増加し、子どもたちは親からのケアを十分に受けられないばかりかストレスの高い家庭環境で育つことになる。AさんもBさんも週40時間の仕事に就いて働くには、前述のようなリスクを引き受けなければならない。このような場合、AさんとBさんは40時間働く「本物の機会」を有しているとはみなせず、短時間労働を選択あるいは仕事に就くことを辞退して貧困に陥ったとしても、AさんとBさんが貧困の責任を負えるとみなすのは合理的ではない。そのため、政府はAさんとBさんに貧困から脱出するための生活費の支援を行うべきだという結論になる。

貧困を自己責任とみなす非合理的な「自己責任論」に対しては反論を提示すべきであるにもかかわらず、それを前提として受け入れ、義務教育において個人の意思を尊重する余地を制限するのは本末転倒だと考えられる。社会政策に「自己責任論」が反映しているのが現状だとしても、教育政策をこの現状に連動して立案すれば、「社会の創り手」としての主体を形成する機会を提供できず、社会政策を改善する契機の一つを失う。非合理的な「自己責任論」に抗う社会正義の価値について思考し、説明しながら自らの価値観を形成する機会を保障することは、第2節で述べたとおり、教育政策が引き受けるべき役割である。

（4）「最適」な学びを求める多様な教育機会への懸念

ここまで、多様な教育機会の整備において、子どもの意思の尊重と政府の責任の明確化が重要であることを述べた。しかし、多様な教育機会に類する構想には、そのいずれもが明確にされていないケースもあり、それに対する懸念にも注意を払う必要がある。

本章の冒頭で挙げた経済産業省の「未来の教室」実証事業は、１９８４年に設置された臨時教育審議会（第一部会と第二部会の対立により答申には残らなかった「教育の自由化」の構想を含む）と１９９９年に設立された「21世紀日本の構想」懇談会の構想に共通し（大桃 2022）、「既存の学校や政府の役割の縮小ないしは相対化を求める改革の潮流に位置づけることができる」（大桃 2022: 14）と指摘される。また、その潮流での新たなビジョンを示す、経済産業省産業構造審議会教育イノベーション小委員会が２０２２年に出した「中間とりまとめ」では、「個別最適な学び」が「EdTechの技術を活用することで、教員負担を大きく増やすことなく一人ひとりの子供たちの個性や特性を把握し、それに基づいて、一人ひとりに最適の授業を提供することが可能となる」（４頁）こと、また「各自の学習レベルや関心に合致した内容を、自分自身で学び方を選び取りながら学ぶこと」（４頁）と定義されている。

この観点が強調された場合、EdTech（情報技術を活用して教育を支援する仕組みやサービス）により学校や教師の意思決定が支援されるというより代替される可能性もあり、代替される場合には学校や教師の責任の範囲が不明確になる。また、EdTechにより個別に最適な学習内容の提示を受ける子どもたちは、自ら学び方を選び取ることを期待されているようだが、自分がよいと考える生き方の追求につながるような意思の表現や決定を促される可能性は見えにくい。また、自分とは異なる学び方や考え方をする他者との対話や、他者が自分とは異なる生き方を追求することを理解するきっかけが生まれる可能性も見えにくい。

文部科学省の「令和」答申でも「個別最適な学び」は鍵概念となっているが、それは「指導の個別化」と「学習の個性化」を学習者視点で整理した概念として定義され、多くの場合、「個別最適な学び」と一体的に充実することが重要とされる「協働的な学び」が並置されている。ＩＣＴ（情報通信技術）の活用は推進されるが、専門職である教師の知見の活用や学校の役割であるカリキュラム・マネジメントの充実・強化が強調されている。そのため文部科学省による「個別最適な学び」の「最適」の意味は必ずしも明瞭ではない。しかし、文部科学省のみが教育政策立案の主体ではない現在、経済産業省の「未来の教室」で推進される、EdTechを用いた「個別最適な学び」あるいは「学びの個別最適化」が教育にもたらす影響について検討しておく必要があるだろう。

この影響について、英米のEdTechの実態と影響を踏まえ、教育及び社会の将来予測に関する悲観的な、とはいえ視野に入れておくべきシナリオと講ずべき手立てについて論じるヒルマン（Hillman 2023）の議論を参照する。EdTechにもさまざまな類型があり、教育の担い手が教育の目標、内容、方法に関するビジョンを設定したうえで、そのビジョンを実現する有効な道具として、EdTechの専門家や事業者が開発したEdTechを導入し、活用することも可能である。しかし、「学びの個別最適化」に用いられるデータ駆動型アルゴリズムのシステムは、教育の目標や内容にも大きな影響力や権威性をもつ可能性がある。ヒルマン（Hillman 2023）は、特にこれに着目し、以下の議論を投げかける。

データ駆動型アルゴリズムは、子どもの学籍情報、特性、背景、健康状態、成績、学習履歴、日誌等の記録などを含む、いわゆる粒度が高いとされるデータとアルゴリズムを用いて教育と学習のプロセスを大幅に可視化し、それにより個人に最適な学習、適時の介入、有効性の強化の機会を提供し、全体的な学習経験の向上を図るものと謳われる。しかし、次の懸念がある。まず、適用される任意のアルゴリズムについて誰も説明責任を果たせず、子どもにはどのようなデータやアルゴリズムに基づくか不明なまま、自身にとって最適とされる学習や進路に関する判断が自動的に提示される。データ駆動型アルゴリズムのシステムを供給する事業者が子どもたちの雇用可能性の向上により自らの市場価値を向上させることも想定されるため、データとアルゴリズムには産業界の需要が反映され、子どもたちの学習や進路もそれに従属させられる可能性がある。しかもデータ駆動型アルゴリズムは産業界の超分業をも促進し得るものであり、労働需要が細分化、単発化されると、（一部の）子どもたちは長期的な意義のある学習の機会が提供されなくなり、卒業後に不安定就業の道をたどるか、安定を得るために労働需要に即してその都度自らに再教育を施す主体となるよう生涯にわたり強いられる可能性がある。

このようにデータ駆動型アルゴリズムのシステムは、教育の目標や内容に加え、教育の出口での選抜・配分にも影響力をもち、社会経済的な階層構造を形づくる可能性がある。「学びの個別最適化」が子どもたちの出身家庭の社会経済的背景に影響を受けることも予想され、これが既存の社会経済的な階層構造の再生産にもつながることが懸念される。こうした負の影響が懸念されるにもかかわらず、問題はEdTechとそれを供給する事業者が政府による検査や認証の対象になっていないことである。教師が教員免許を取得して教育に従事することが求められるのと同様に、EdTechの質保証を市場の選択と競争のみに委ねるのではなく、十分な調査研究を積み重ね、EdTech事業者が説明責任を果たし、倫理的に振る舞うためのガバナンスについて検討する必要がある。その際、教育や学習が個人の目標の形成にかかわることや、社会にもたらす影響も大きいことを考慮に入れて検討することが重要である（Hillman 2023）。

（5）多様な教育機会の構想に対する評価

ケイパビリティ・アプローチを手がかりに考えれば、教育において多様な子どもたちの多様な必要に対応し、しかも子どもたちの主体的な意思を尊重することで教育機会の平等化を図ることは重要であり、その実現をめざす多様な教育機会の確保を、政府の責任のもとで推進することには意義がある。加えて、「本物の機会」の概念は、教育政策においては結果が自己責任か否かを判断するためというより、政府が保障すべき多様な教育機会の適切な充実を図るための基準として用いることが可能だろう。教育の結果（学ぶこと）の実現に求められる行動（学校で教育を受けること、学校以外の場で教育を受けること）に伴う費用やリスクを低下させ、実質的な意味で個人の意思を尊重できるような環境を築く方策について検討し、また現に推進されている方策を評価する際の基準となり得る。

しかし、多様な教育機会のなかには、データ駆動型アルゴリズムを用いて個々の子どもに「最適」な学びを追求する方針で構想されるものもある。ヒルマン（Hillman 2023）が示す悲観的なシナリオを踏まえれば、そうした「最適」な学びを追求する場合には、個人の意思が軽視され、ケイパビリティの向上も妨げられる可能性が高い。

多様な教育機会の構想を、個人の意思を尊重する学びを追求するものと個人の「最適」な学びを追求するものの大きく二つに分けて捉えるならば、ケイパビリティ・アプローチでは前者に対して可能性が見出される一方、後者に対しては懸念が示されることが明確になった。しかし、日本の教育政策においてケイパビリティ・アプローチを手がかりに立案・評価を行うことはまだ一般的ではないため、第3節（4）で示した、より一般的な権利モデルと人的資本モデルに基づくと多様な教育機会の構想がどのように評価されるか考察し、それとの比較でケイパビリティ・モデルの意義を確認したい。

権利モデルに基づくと、多様な子どもたちに学習権を保障するための多様な教育機会を確保することは支持されると考えられる。しかし、どのような機会をどのような方法で創造していくか、そのモデルのみでは具体的な方針を導きにくい。また、権利モデルに基づいた場合に「最適」な学びに関心が払われるか否かは自明ではないが、いずれにしても「最適」な学びを批判的にとらえる理由を権利モデルのなかから導くことは難しい。ただし、学習権を重視する人々が、別の根拠を用いて「最適」な学びを批判的にとらえることも多いのではないだろうか。この観点では、教育政策立案において権利モデルとケイパビリティ・モデルを組み合わせることに意義があるだろう。ケイパビリティに比べた権利の概念の強みは、すでに法律用語として言語化されている点にある（Robeyns 2006）。

人的資本モデルでは基本的に経済的成果のみに関心の対象が絞られるため、人的資本蓄積にとって「最適」であれば、そうした学びの追求は支持される可能性がある。実際、「学びの個別最適化」は経済成長をもたらす人材の開発を目的に進められているという考察もある（中西ほか 2023）。教育機会の平等化をめざす教育政策で人的資本モデルが採用される場合、データ駆動型アルゴリズムのシステムを無制御に運用した「最適」な学びは、人的資本蓄積の機会の不平等を拡大すると想定されるため問題視されるはずである。しかし、その不平等を縮小するよう制御されたシステムに提示される「最適」な学びは推奨される可能性がある。

データ駆動型アルゴリズムのシステムを用いた「学びの個別最適化」が人間と社会にもたらす影響を懸念し、人間と社会の持続に貢献する教育政策の立案をめざすならば、ケイパビリティ・モデルを採用することに意義があると考えられる。前述のように権利モデルはケイパビリティ・モデルと組み合わせることが可能であり、人的資本モデルの人的資本蓄積に関する目標は、ケイパビリティ・モデルの枠組みで再検討するほうが、知識・技能の習得をより適切な方法で促す教育政策立案を可能にすると考えられる。

5　結論

多様な教育機会を求める動きには、個人の意思を尊重する学びを目的としているものと、個人の「最適」な学びを目的としているものがあり、概念的には区別して捉えられる。現時点では両者が合流し、類似の制度や実践を提案しているように見える部分も多いが、後者がより先鋭化すると前者とは異なる特徴をもつものになると考えられる。

教育政策の目標をケイパビリティの向上と平等化と捉えれば、自分が価値あると考える生き方を追求していけるとともに、他者をも尊重しながら他者と対等な関係を築いて協働していける主体の育成を目標とし、個人の意思を尊重する学びを追求する多様な教育機会を、政府の責任を明確にした教育機会の平等化の方策の一環として構想する必要性が見出される。しかし、個人の「最適」な学びを追求する多様な教育機会が、特にデータ駆動型アルゴリズムのシステムを用いて推進された場合、政府の責任は不明確となり、人間は産業界の需要に翻弄され、前述の主体形成は停滞し、既存の不平等な構造の再生産によりケイパビリティの向上と平等化が妨げられる可能性が高い。

学習権の保障あるいは人的資本の蓄積のみを教育政策の目標とする場合、後者の懸念が見えにくくなる可能性がある。そのため、EdTechの適切な活用をめぐるガバナンスを含め、多様な教育機会の構想に関する教育政策の立案や評価において、ケイパビリティ・アプローチを取り入れる意義があると考えられる。

本章はケイパビリティ・アプローチを手がかりに、個人の意思を尊重する学びと個人の「最適」な学びを概念的に区別可能な規範と整理し、前者を肯定的に捉え、後者に対する懸念を示した。しかし、個人の「最適」な学びを追求するために提案されている個々の実践が、個人の意思を尊重する学びを規範とする教育のなかで、手段（たとえば基礎的な知識・技能の習得や意思の表現のための道具）として有効になる可能性はある。また、個々の子どもの意思を尊重しながら教育機会を整備する場合も、他者の自由との関係でどのような多様性が許容されるべきか、学校のような共通の教育機会にどのような意義が求められるかについて改めて検討することも求められる。こうした他者の自由を視野に入れた公共性の観点を踏まえた考察は、本章では展開できなかったが、多様な教育機会の具体的な制度や実践の検討の際には重要となる。

†本研究はＪＳＰＳ科研費 JP22K02058の助成を受けたものである。多様な教育機会を考える会、日本教育社会学会第75回大会Ⅳ－４部会（教育制度への理論的アプローチ）での口頭発表に対し、貴重な質問やコメントをくださった皆様に感謝申し上げる。本章の解釈や誤謬の責任は著者のみにある。

注

1　近年、英語のwellbeingの日本語訳が「幸福度」とされることがあるため混乱を招きやすいが、ここでの幸福はhappinessの日本語訳であり、主観的幸福感に相当する概念である。wellbeingはケイパビリティ・アプローチにおいて人間の目的としてむしろ重視される望ましい状態にかかわる概念である。

2　この点は、多様な教育機会を考える会での谷村綾子（本シリーズ1巻7章）氏のコメントから示唆をいただいた。

3　セン（Sen 1980; 1992; 2009）は不平等や不正義を検討するために自ら提起したケイパビリティ・アプローチを用い、またそれを推奨しているが、ケイパビリティ・アプローチそれ自体は価値中立的であり、それを常に不平等や不正義の検討のために用いるべきだという原則はない。また、ケイパビリティ・アプローチを不平等や不正義の検討に用いる場合にケイパビリティのみを評価の対象とすべきだという原則もない。そのため、ケイパビリティ・アプローチを用いて機能の不平等を問題とすることも可能である（Robeyns 2017）。

4　この点について、「公正で質の高い教育」の概念を用いて卯月（2024）で詳述している。

5　ロベインズ（Robeyns 2006）では「社会的」というより非経済的と呼ばれ、経済的な成果以外の幅広いものを含む。

文献

岩永理恵・卯月由佳・木下武徳（2018）『生活保護と貧困対策――その可能性と未来を拓く』有斐閣

卯月由佳（2009）「教育の公共性と準市場――多様な個人のために機会を創造すること」広田照幸編『自由への問い――せめぎあう「教える」「学ぶ」「育てる」』岩波書店

卯月由佳（2021）「子どもの貧困――経済や福祉のみならず、なぜ教育の役割が欠かせないのか」松岡亮二編『教育論の新常識：格差・学力・政策・未来』中央公論社

卯月由佳（2024）「公正で質の高い教育の実現に向けて――その手段としてのＩＣＴ活用の促進条件に関する研究課題と方法」卯月由佳・露口健司・藤原文雄編『公正で質の高い教育に向けたＩＣＴ活用』東信堂

大桃敏行（2022）「教育制度改革提言の二つの潮流と令和改革の課題」『教育制度学研究』29：5‐20頁

小野塚知二（2011）「日本の社会政策の目的合理性と人間観――政策思想史の視点から」『社会政策』３（１）：28‐40頁

白水始（2020）『対話力』東洋館出版社

中西新太郎・谷口聡・世取山洋介（2023）『教育ＤＸは何をもたらすか――「個別最適化」社会のゆくえ』大月書店

Alkire, Sabine, and Séverine Deneulin (2010) 'The Human Development and the Capability Approach', Séverine Deneulin and Lila Shahani eds., *An Introduction to the Human Development and Capability Approach: Freedom and Agency*, Earthscan.

Biggeri, Mario (2010) 'Children's Valued Capabilities,' Melanie Walker and Elaine Unterhalter eds., *Amartya Sen's Capability Approach and Social Justice in Education*, Palgrave Macmillan.

Biggeri, Mario, Renato Libanora, Stefano Mariani and Leonardo Menchini (2006) 'Children Conceptualizing their Capabilities: Results of a Survey Conducted during the First Children's World Congress on Child,' *Journal of Human Development and Capabilities*, 7 (1): 59-83.

Burchardt, Tania (2009) 'Agency Goals, Adaptation and Capability Sets,' *Journal of Human Development and Capabilities*, 10 (1): 3-19.

Drèze, Jean and Amartya Sen (2002) *India: Development and Participation*, Oxford University Press.

Hillman, Velislava (2023) 'Algorithmic Systems Claim Education and The (Re) Production of Education,' Petar Jandrić, Alison MacKenzie and Jeremy Knox eds, *Constructing Postdigital Research: Postdigital Science and Education*, Springer.

Peppin Vaughan, Rosie and Melanie Walker (2012) 'Capabilities, Values and Education Policy,' *Journal of Human Development and Capabilities*, 13 (3): 495-512.

Robeyns, Ingrid (2006) 'Three Models of Education: Rights, Capabilities and Human Capital,' *Theory and Research in Education*, 4 (1) : 69-84.

Robeyns, Ingrid (2017) *Wellbeing, Freedom and Social Justice: The Capability Approach Re-examined*, Open Book Publishers.

Saito, Madoka (2003) 'Amartya Sen's Capability Approach to Education: A Critical Exploration,' *Journal of Philosophy of Education*, 37(1): 18-33.

Sen, Amartya (1980) 'Equality of What?,' Tanner Lecture on Human Values, Stanford University.

Sen, Amartya (1992) *Inequality Re-examined*, Clarendon Press.

Sen, Amartya (1999) *Development as Freedom*, Oxford University Press.［石塚雅彦訳（2000）『自由と経済開発』日本経済新聞社］

Sen, Amartya (2009) *The Idea of Justice*, Allen Lane.

Unterhalter, Ealine (2010) 'Education,' Séverine Deneulin, Lila Shahani eds., *An Introduction to the Human Development and Capability Approach: Freedom and Agency*, Earthscan.

Wolff, Jonathan (2015) 'Social Equality, Relative Poverty and Marginalised Groups', George Hull ed., *The Equal Society: Essays on Equality and Practice*, Lexington Books.

Wolff, Jonathan and Avner de-Shalit (2007) *Disadvantage*, Oxford University Press.

第2章

〈教育的〉の公的認定と機会均等のパラドックス

佐々木輝雄の「教育の機会均等」論から「多様な教育機会」を考える

森 直人

1 はじめに

(1) 問題の所在

「教育」と呼びうる人びとの営みは、われわれの日常生活に遍在している。特定の知識であれスキルであれ価値であれ、それをすでに身につけた人とまだ身につけていない人とのあいだに「教える/学ぶ」やりとりが必要となり、生起する場面は、われわれの暮らしのなかに溢れている。他方で、いうまでもなく近代以降の社会では、「教育」の機能領域が分出し、それを専門的に引き受ける組織(学校)と職業(教師)が出現し、制度化される。教育システムの確立とは、教育をめぐる人や組織や知識・スキル・価値にかかわる制度化された分類・規則を主要な資源として、人びとのコミュニケーションが接続していく事態の不断の(再)

生産にほかならない。そこでは他の機能領域――政治／経済／法／科学／宗教／芸術 etc.――の規準を参照せずとも、教育固有の価値と論理の存在を自明の前提とするコミュニケーションが自律的に展開可能となる。固有の審級としての〈教育的〉価値が存在すること、それ自体は共有したうえで、真に〈教育的〉なものは何かをめぐる「教育の論理」に閉じた闘争――〈教育的〉なるものの絶えざる（再）定義、価値づけと問い直しのループ――が可能になる、といいかえることもできる。むしろ、この可能性条件のもとではじめて、われわれは遍く日常生活のなかに〈教育的〉なやりとりをみいだすことができるようになる――本段落冒頭の記述に戻る――というべきだろう▼1。

われわれは日常生活のさまざまな事象や行為を〈教育的〉だと指示することができるし、それへの反論や抵抗もつねになしうる。そして、そうしたコミュニケーションを可能にする資源として、教育にかかわる人や組織や知識にかんする制度的分類・規則がどのように書き込まれて存在するかが重要となる。それはいわば、〈教育的〉なるものをめぐるコミュニケーションに際して「誰もがアクセスし用いることができる」という意味で公的な資源であり、これを参照することで特定の行為が他から区別して〈教育的〉であることを、誰に対しても開かれて適用されるべき認定――つまり公的認定――として下すことができるようになる。いつ、どこで、いかなる組織に属するメンバーシップのもと、どのような内容の知識・スキル・価値を、どの程度の時間、誰とやりとりしたか――こうした基準に即して、一定の活動（のみ）を正規の教育／学習として公的に認定することができる。それこそが「公教育」の内実を構成する。

「教育の機会均等」という理念が問題となる際も、日常生活に遍在する〈教育的〉な――と指示しうる――やりとり全般への参入機会ではなく、前述の意味での公的認定を受けた〈教育的〉活動に参加する機会の平等性が問われるわけである。したがって本来、「教育の機会均等」の問題と〈教育的〉の公的認定のあり方とは、切り離して論じることができない。前者の問題への対応策は、しばしば後者の対象や基準の問い直しを伴わざるをえないし、後者の対象や基準に改変を加える構想は、前者の観点からの審問に十分な応答を用意できなければならない。本章が考察の焦点を置くのは、この「教育の機会均等」という理念と〈教育的〉の公的認定のあり方とのあいだの論理＝実践的な、したがって概念的な▼2相関関係をめぐる問題系である。

（2）検討の対象

21世紀初頭の日本で胎動し、最終的に２０１６年12月の「義務教育の段階における普通教育に相当する教育の機会の確保等に関する法律」（普通教育機会確保法）の成立に至るまでの法案作成・推進運動も、この問題系にある歴史的事象としてとらえることができる。２００１年に不登校支援に携わってきた団体で設立されたフリースクール全国ネットワークを中心に、「オルタナティブ教育法骨子案」にはじまり、「子どもの多様な学びの機会を保障する法律（多様な学び保障法）骨子案」、「多様な教育機会確保法案」▼3と名称を変えながら推進された構想は、〈教育的〉の公的認定のあり方の大幅な変革、すなわち学校教育法第一条に規定された「学校」――いわゆる「一条校」――以外の教育機関や場における活動を正規の教育／学習として認定することを要求する意志に貫かれていた。その照準は義務教育段階に合わされていたので、それは就学義務から教育義務制への転換構想でもあった▼4。福祉国家再編の政治を背景とする変容のもとで、福祉国家を構成する重要な制度セクターである公教育、なかでもその中軸をなす義務教育の改革構想が後押しされたとみるべきだろう（森 2020: 15, 横井 2018: 54-5）。

公教育とは、いわば公的認定を受けた〈教育的〉なるものの体系である。それは歴史的には福祉国家の成立に先立つ社会支給形態として制度化が開始され、19世紀末から20世紀後半にかけての福祉国家の形成過程のなかで、その重要な構成要素――公的資金にもとづくソーシャルサービス――として組み込まれ、確立と拡充を遂げる。したがって、20世紀福祉国家形成の画期においても、前述の再編・変容期と同様に、〈教育的〉の公的認定のあり方と「教育の機会均等」理念との相関的な問題系を焦点とする歴史的事象が生起する。第二次世界大戦直後、教育刷新委員会（以下、教刷委）▼5は分岐型から単線型学校体系への移行をはじめとする総合的かつ抜本的な教育制度の改革構想を打ち出す。この戦後教育改革期に、教刷委は内閣総理大臣宛てに「労働者に対する社会教育」と題する建議▼6・7を提出する。１９６８年から１９８５年に没するまで職業訓練大学校で研究活動に従事した佐々木輝雄は、この教刷委第13回建議の第3項を取り上げ、「技能連携制度化」案として注目し、その提言に至るまでの審議の内容と経過を詳細に追尾したうえで、ここに伏在する「教育の機会均等」をめぐる重要な論点の抽出と問題提起を行っている（佐々木 1975a, 1975b, 1976a, 1976b, 未公刊（＝田中編 1998所収））▼8。

本章は、この教刷委「技能連携制度」案をめぐる佐々木輝雄の所論を検討の対象とする。そこで提起された〈教育的〉の公的認定と「教育の機会均等」理念をめぐる論点を敷衍し、２０１０年代の日本に顕在化した「多様な教育機会」をめぐる前述の法案推進運動（とそれへの批判・反論）が投げかけた問題の歴史化と含意の展開を図る。2節では、「多様な教育機会確保法案」における「個別学習計画」の規定と、教刷委第13回建議における第3項「技能連携制度」案の規定との理論的位置価の相同性について論じる。そのうえで3節では、佐々木輝雄が技能連携制度化案に託して論じた「教育の機会均等」論の内容を検討し、二つの異質な「教育の機会均等」概念の「対立の発展」を主張した論点提起を確認する。4節では、この論点提起の敷衍をつうじて、これを「「教育の機会均等」のパラドックス」の指摘として定式化する。最後に5節では、以上の議論を整理したうえで、「教育の機会均等」のパラドックスを展開するにあたり要請される実践的＝理論的課題を提起する。

2 「個別学習計画」案と「技能連携制度」案
——組織を媒介としない〈教育的〉の公的認定

２０１０年代の日本社会で生起した前述の法案作成・推進運動は、正規の学校体系＝公教育制度の網の目からこぼれ落ちた不登校の子どもをはじめとする人びとの「学習権の保障」をめざし、「学校」以外の多様な教育機関または個人による／における活動に「正規の教育／学習」としての認定を要求するものであった▼9。義務教育段階の教育機会の——「形式的な」ではなく——実質的かつ完全な保障をめざす、そのために多様な教育／学びの機会の保障を、という主張である。「学校」教育とはまったく別系統でありながらそれと対等で正規の——つまりオルタナティブな——教育体系を構想した「オルタナティブ教育法／多様な学び保障法」骨子案にせよ、保護者による「個別学習計画」の教育委員会への提出によって「学校教育法の特例」として就学義務の履行扱いとする「多様な教育機会確保法案」にせよ、そこに通底したのは、〈教育的〉の公的な認定を、学校という教育組織・機関に依存することなく、活動・行為そのものに定位した分類・評価にもとづき実行する／できるとする信念と前提——「学校の形式のもとにある活動より、われわれのそれのほうが（も）真に〈教育的〉だ」——である。

ここで問われたのが、組織の規定——「学校である」——を迂回することなく、人びとが繰り広げる相互行為そのものに定位して〈教育的〉活動――「教育である」――を分類し正当化する制度的規則はいかにして可能かという課題である。そして、「多様な教育機会確保法案」がその解として導出したのが「個別学習計画」の規定であった。だが、まさにこの規定が法案推進運動内部で争点化し、最終的には「多様な」の文言が全削除されたうえで、就学義務原則を維持する法律として成立する。寄せられた批判と争点の所在は多岐にわたった▼10。いわく、「個別学習計画」規定は教育委員会による家庭への介入を正当化し、すでに精神的疲弊と学校・教育行政への不信感のもとにある不登校の子どもや親のさらなる負担・脅威となり、不登校の子どもの貴重な居場所であった「多様な教育機会」の学校的価値観を相対化する機能を変質させ「学校化」してしまう等の論難のほか、義務教育の民営化と市場競争化、およびその帰結として教育機会の格差拡大をもたらすとする批判も提出された。

この「学校の組織・機関認定を媒介としない、活動・行為そのものに定位した〈教育的〉の認定」という論点こそ、単線型学校体系への移行を果たす戦後教育改革期において、以下に掲げる教刷委第13回建議「労働者に対する社会教育」の第3項――佐々木はこれに「第3項建議」との略称を与える――が提起した問題にほかならない。

> 三、労働者のための技能者養成所、見習工教習所、組合学校等の教育施設に対しても、前記の趣旨▼11の普及及び徹底を図ること。
> 右の場合、教育の機会均等の趣旨に基き、高等学校、更に大学へ進みうるため、単位制クレジットを与える措置を講ずること。（傍点引用者）

ここに挙げられた「技能者養成所、見習工教習所、組合学校等の教育施設」は、いずれも「学校」ではない。戦前の分岐型学校体系のもとでは、義務教育修了後すでに労働者となった「勤労青少年」の教育機関として実業補習学校・青年訓練所、さらに１９３５年の両者の統合後には青年学校があり、１９３９年にはまがりなりにも義務制が実施された。そこで急増した私立の青年学校の多くは、官公庁や工場・事業場に設置されたものである。これらがすべて、第13回建議の前年（１９４７年）に単線型学校体系への移行を主軸として成立した学校教育法のもとでは「学校」でなくなり、その結果、卒業資格の社会的効力や学校教育制度との相互乗り入れの可能性の芽も消失することになった。単線型学校体系のもとでかえって毀損されるこれらの人びとの教育機会の保障をどうするか、これが対応すべき喫緊の課題として浮上したわけである。

この課題に対して、第3項建議は次のような対応を提言した。労働の現場にある前記施設での一定の活動、とくに広く行われている職場での技能者養成＝職業訓練の営みに対して、教育制度上——具体的には高等学校——の単位（クレジット）を授与し、正規の「学校」におけるそれと同等に扱う制度構想である。義務教育修了後すでに教育制度を退出した労働者＝「勤労青少年」に高等学校の「教育の機会均等」を保障し、さらに大学へと進学しうる機会の保障にもつなげようとする「学校教育と生産の場での教育（技能教育）との連携制度化」の構想であった（佐々木 1987a: 187）。ここで佐々木がとくに注視したのは、同建議が「単位制クレジットの授与要件として、これ等教育施設を高等学校に認定すること、換言すれば機関指定を前提としないことを構想した」点である。すなわち、「そこでは個々の教育行為それ自体の実質が重視され、その教育行為が学校制度下の教育であるか否かは、あまり問題視されなかった」のである（前掲: 284、傍点引用者）。組織・機関の認定という迂回路を経ずに、行為や活動そのものに直接定位した〈教育的〉の公的認定を可能にしようとする構想——佐々木の「教育の機会均等」論は、この技能連携制度化案をめぐって展開する。

3 佐々木輝雄による「教育の機会均等」概念の分析
——教刷委第13回建議をめぐって

(1) 第13回建議と第30回建議への評価の落差

技能連携制度化案が戦後にたどった歴史上の軌跡を確認する。前節で述べたように、1948年2月の教刷委第13回建議「労働者に対する社会教育」の第3項がこれを提起したのち、1947年成立の学校教育法体制(＝単線型学校体系)による高等学校制度の実施をあいだに挟み、1949年6月に教刷審第30回建議「職業教育振興方策について」がその第4項で以下のとおり提言する。

> 四、…(略)…
> 定時制高校と技能者養成所との提携を密にし、労働省は定時制高校の課程を技能者養成の一部と認め文部省は技能者養成に対し単位制クレジットを与える措置を講ずること。(傍点引用者)

「学校」ではない労働の場での技能者養成の営みに、高等学校の単位制クレジットを授与する、この点で両者は同一内容の提言といってよい▼12。もっとも、いずれの建議も直接の実現には至らなかった。実際の技能連携制度は、1950年代後半から日経連が「意見」を公開するなど産業界の動向の活性化を受け、中央教育審議会の答申なども経た1961年10月の「学校教育法中改正」(昭和36年法律第166号)によって成立し、今日まで続いている▼13。ただし、1961年成立の技能連携制度は、第13回建議にはあった「機関指定を前提としない」構想の実現ではなく、むしろこの性格を捨象したもの——すなわち、それ自体は高等学校＝「一条校」ではないものの、定時制または通信制の高等学校▼14への在籍を条件としつつ「技能教育施設」として指定された機関で行われた一定の活動を、在籍する高等学校の教科の一部の履修（＝「正規の学習」）として認定するものであった。つまり、「学校という教育組織・機関に依存することなく、活動・行為そのものに定位した〈教育的〉の公的認定」という契機が失われたものである。

佐々木（1976a: 38-9）は、この歴史上に実現した技能連携制度は第30回建議の延長線上に制度化されたものであるとし、第13回建議と第30回建議のあいだに大きな断絶をみている。佐々木が一貫して「教育の機会均等」概念の観点から、その問題提起の射程と潜勢力を高く評価し、分析の焦点を置くのは前者である。なぜなら、それが「単に高等学校の「教育の機会均等」にとどまらず、教育一般の「教育の機会均等」の保障が、いかにあるべきかを提示しているから」だという（佐々木 1987b: 269）。文言の外見上は、前者の本文中に「教育の機会均等の趣旨に基き」の一節があるのに対し、後者ではそれが削除されているという一点に尽きる。技能連携制度構想の実質的な内容にはほとんど変わるところがない。にもかかわらず、なぜ「教育の機会均等の趣旨に基き」の字句の削除がそれほどまでに決定的なのか。

両者の建議の審議経過にみられた大きな違いとして、第13回建議に至る審議の過程では「激論」がたたかわされたことが指摘される。第13回建議の原案の審議・作成にあたった第7特別委員会に総会から2度にわたる差し戻しがあり、計四つの案の作成・審議と修正が重ねられた。他方で、第30回建議をめぐる審議にはそのような激しい対立はみられなかった。すなわち、前者にはあった対立構図が、後者では消失した——これが佐々木による両建議への評価の落差の根拠となっている。前者の「激論」をもたらした対立構図とは、「「学校ではないけれどもクレジットを与える」の見解と「学校でないものにクレジットを与えるわけに行かない」のそれとの対立」（佐々木 1987a: 273）だったわけだが、佐々木はここに、1947年に成立した学校教育法体制を支える「教育の機会均等」概念と、それとは異質な第3項建議の「教育の機会均等」概念との対立という定式化を与えたうえで、後者の内実の敷衍を図る。

（2）二つの異質な「教育の機会均等」概念とその対立――学校制度内／外、組織志向／教育行為志向

1947年成立の学校教育法は、戦前日本の中等教育段階にみられた分岐型のアーティキュレーションから、義務教育修了後に接続する単一の高等学校制度へと統合する変革により、6・3・3・4制の単線型学校体系への移行を果たした。それは高等学校を修業年限3年に斉一化し、定時制[15]と全日制とを制度的に完全に同一の教育機関として位置づけ――この点で定時制高等学校と戦時期の青年学校制度との非連続性が強調された――、さらに普通課程と職業課程のあいだの共通性・同質性の確保を志向することによって、いいかえれば、高等学校の「制度および教科課程の整合性を追求する」（佐々木 1987a: 178）ことによって「教育の機会均等」を実現しようとするものであった。佐々木は、この「制度的整合性の追求」を主眼とする戦後教育改革＝学校教育法体制の基底にあった「教育の機会均等」概念を指して、「学校制度内教育の機会均等」概念と呼ぶ（佐々木 前掲）。

他方で、佐々木が教刷委第13回建議第3項にみいだすのは、それとは異質な論理にもとづく「教育の機会均等」概念――「学校制度外教育の機会均等」概念である[16]。それは次のような認識を前提にしていた。すなわち、「（1）人間形成という教育的営みが、現実に「学校」以外の教育施設においても行われていること、（2）かかる教育施設での教育を、すべて「学校」によって包括することは物理的にも不可能であるこ

との認識」（佐々木 1987b: 262）である。

> 歴史的所与の条件の下でそれ［「教育の機会均等」概念――引用者］が現実的重みを持つためには、（1）教育的営みがすべて「学校」で行われるべきことを教育学的に証明できること、（2）「学校」で行うことが物理的に可能であることを充足しなければならなかった。勿論、教育の現実はこの二条件を充足することはできないのである（佐々木 1987a: 178）。

いかに「制度的整合性」を実現しようとも、不平等な社会の所与の条件のもとにある人びとは、必ずしもそのような「整合性」をなぞっては生きられない。そもそも、教育機会の保障が喫緊の課題となる人びとは、〈教育的〉なる世界から最も遠いところに在るからこそ、そうなるのだ。したがって、〈教育的〉の公的認定が、そのような「制度的整合性」にのみ立脚して厳格に適用されればされるほど、教育機会の保障が問題となる境遇にある人ほどその埒外に置かれてしまうジレンマがある。第3項建議はこのジレンマをこそ直視した――こうした分析が進むにつれて、第3項建議にかんする佐々木の考察は、徐々に佐々木自身の「教育の機会均等」論の表出としても理解可能な叙述へとスライドしていく。このような第3項建議＝佐々木の認識によれば、「教育の機会均等」の理念は、「学校制度外教育の機会均等」概念をも含むものでなければならない。

学校制度内教育の機会均等の理念は、敗戦前の日本の学校制度が内在する課題▼17を克服した点において、極めて重要な意義を有しながらも、しかし、かかる理念による「教育の機会均等」の保障は、部分的且つ限定的なものとらえられた。というのは、その保障が単に理念の段階にとどまらず、所与の条件の下で、一人一人の国民にとって現実的意味をおびるためには、その理念が学校制度外教育までも包括するものでなければならないと考えたからである。（佐々木 1987b: 262、傍点引用者）

だが、このような論理は、「制度的整合性」を重視する「学校制度内教育の機会均等」論の側からは到底受け入れることができない。なぜなら、「現象的には教育制度にいわゆる「袋小路」を作り、それはあたかも敗戦前の教育制度への回帰を提言しているかのようにみえる」からである（佐々木 前掲）。この「制度的整合性の追求」理念への（再）反論の論理を抽出しようとするなかで、佐々木の論述ははっきりと抽象度を高めていき、主張の具体的イメージをつかむことが難しくなってくる。

しかし、建議の教育制度観によれば、「教育の機会均等」を保障する教育制度とは、個々の具体的な教育行為を取捨《ママ》した、制度的整合性を持ったシステムにあるのではなく、個々の教育行為それ自体の実質を重視するシステムでなければならないと捉えられた。従って、同建議が一見多様な制度あるいは「袋小路」を構想しているかのように見えても、それは個々人の教育プロセスでの多様化であり、個々人の教育ゴールでは単一な制度として、止揚されるのである。（佐々木 1987a: 285）

つまり、整合性の追求の主体は、抽象的な制度の側にあるのではなく、個々の具体的な人間の側にあるのである。所与の条件における「教育の機会均等」の保障とは、まさにかかる具体的な人間の主体的な整合性の追求を可能にする制度によってのみ、初めて可能になると考えられたのである。（佐々木 1987b: 263）

ともあれ、このように述べたうえで、佐々木は第13回建議をめぐる「激論」をもたらした対立構図に、「組織志向による「教育の機会均等」論と、個々の教育行為志向による「教育の機会均等」論の対立」（佐々木 1987a: 285）との新たな定式化を与える。すなわち、佐々木による第13回建議の分析は、戦後教育改革期に伏在した二つの異質な「教育の機会均等」概念に「学校制度内／学校制度外」、「組織志向／教育行為志向」という区別▼18を適用したうえで、「教育の機会均等」の実質的な保障には、これら二つの異質な「教育の機会均等」理念の「対立の発展」こそが必要であったのだ、と過去形で述べる。つまり、本来はそうすべきであったのに、「しかし、戦後教育制度改革の実施過程はこの対立を発展させるのではなく、学校制度内教育の機会均等あるいは制度的整合性の追求を中核にして展開するのである」と（佐々木 1987a: 285）。その必然的な帰結として、戦後日本の「教育の機会均等」は「部分的な保障」にすぎないものとなり、「高等学校さらには大学進学率の上昇という形で、「教育の機会均等」の保障を実現しながら、しかし他方ではこの教育の大衆化の背後で学校間格差を助長し、学校教育の空洞化を拡大させることになった」との歴史的評価を下す（佐々木 前掲）。

佐々木は、ここで述べている二つの異質な「教育の機会均等」概念のあいだの「対立の発展」と同じ内容を指すと思しき命題を、語「パラドックス」を駆使した表現によって繰り返し強調する。

そこ［第13回建議第3項――引用者］では、「教育の機会均等」の保障は、学校教育法体制下にみられる、いわば学校制度内教育の機会均等の追求と、教刷委第13回建議の技能連携制度化案にみられる、いわば学校制度外教育の機会均等の追求のパラドックスによって、はじめて実現するものと捉えられたのであ

る。（佐々木 1987a: 284、傍点引用者）

建議によれば高等学校の「教育の機会均等」の保障が、単に理念の段階にとどまらず、現実的意味を持つためには、6・3・3・4制に象徴される、いわば制度的整合性の追求と、第3項建議に象徴される、いわば制度的非整合性の追求のパラドックスによって、はじめて実現すると認識するからである。（佐々木 未公刊＝田中編 1998: 15、傍点引用者）

しかして、一人一人の具体的な人間――精神的・肉体的さらには社会的に不平等に生を受けた人間――に、高等学校の「教育の機会均等」を保障することは、この二つの理念と制度構想のパラドックスにおいてのみ、現実化すると言えよう。（佐々木 1976a: 40、傍点引用者）

こうして抽象度を増していった佐々木の論述は、その極において語「パラドックス」へとたどりつく。だが、二つの理念の対立のなかで、その両者を追求することの「パラドックス」とはいかなる事態であるのか、なぜ「教育の機会均等」の実質的な保障は「パラドックス」のもとでしかなされえないのか、それが真に「パラドックス」であるならそもそも実現不可能な理念だということなのか――以下、佐々木がこれ以上先へは進めなかったこの命題の敷衍を試みる。

4 「教育の機会均等」のパラドックス
──第30回建議で失われたもの

すでに確認したように、第30回建議第4項は、第13回建議第3項にあった「教育の機会均等の趣旨に基き」の字句を削除した。これを削除することによって、後者には伏在していた二つの異質な「教育の機会均等」概念の「パラドックス」も消失、解消することになる。かわって、第30回建議第4項が技能連携制度化案を論じたのは、「「実際的の一番いい職業人」の養成の視点」からであった（佐々木 1987a: 355）。その結果、第30回建議を審議した第16特別委員会には、第7特別委員会での議論にみられた対立構図は出現しない。この点と関連して、佐々木（1987a: 366）は、「第13回建議の審議状況との比較で、第16特別委員会における審議がこのように常に原理的な論議をしなかったことは、きわめて奇異であると同時に、興味深い」と指摘する。ここでいう「原理的な論議」が、あの「パラドックス」──「学校制度内教育の機会均等の追求と、学校制度外教育の機会均等の追求のパラドックス」「制度的整合性の追求と、制度的非整合性の追求のパラドックス」「この二つの理念と制度構想のパラドックス」──とかかわるものであることは明らかだろう。

だが、それにしても、「教育の機会均等」の保障がこの「パラドックス」によって／においてのみ実現される、とはどういうことなのか。この命題の理解は、「パラドックス」をいかなる概念として理解するかに依存しよう。この点について、佐々木のテクストはまったくといってよいほど手がかりを残していない。これに対して本節では、まず濱口桂一郎がある小文（濱口 2017）▼19で展開している賃金制度論での「ダブルバインド」概念と同水準の理解に依拠した敷衍を行う。この敷衍を踏まえたのち、もう一段抽象度を上げた──たとえばN・ルーマンによる社会の観察・記述（の観察・記述）をめぐる議論に現れるのと同水準の▼20

――理解にもとづく考察へとつなぐ。

濱口は「交換の正義と分配の正義――双方の実現目指す取り組みを」と題した小文で、以下のような賃金制度の「ダブルバインド」論を繰り広げる。やや長くなるが、佐々木の所論の理解にあたりきわめて有益な補助線となるので参照する。いわく、賃金は労務の対価として市場における「交換の正義」に従うべきであるが、他方で労働者が生計を立てる原資として「分配の正義」にも従うべきである。「働きに応じて」、と同時に、「必要に応じて」。だが「働き」と「必要」とは多くの場合矛盾する。「働き」の乏しさと「必要」の大きさとは、しばしば同じ要因の帰結だからである。「このダブルバインドをいかに整合性ある思想の下に統一するかは、いかなる賃金制度であっても解決しなければならない課題」である（前掲：31）。この課題に対して、欧米の職務（ジョブ）型社会は次のような解を導出した――すなわち、あくまで賃金は市場における「交換の正義」に従わせ、「職務」の対価として位置づける。同一労働同一賃金の原則である。労働市場の集団的プレイヤーとしての労働組合は、「交換の正義」を充たす賃金を「分配の正義」にかなう水準にまで引き上げようと試みるが、それでも賄いきれない部分は福祉国家（による公的扶助などの給付）をつうじて純粋に「分配の正義」にもとづき補う。

だが日本では、一部の経営者も労働者の自発的結社たる労働組合も、賃金は第一義的に「分配の正義」に従うべきだと位置づけ、「交換の正義」の追求を否定した。それにより電産型賃金体系に象徴される生活給制度が確立するが、その後、経営側がその「合理化」をめざすなかで「能力主義管理」を発明する。経営側による「能力」査定の結果を、右肩上がりの賃金カーブの「角度の差」として定式化する賃金制度である。ここで生起したことは、（外部労働）市場での「交換の正義」の追求を否定し、企業内部での「分配の正義」の実現をめざして構築した生活給を、「能力」（＝どんな職務についても「働き」を発揮しうるポテンシャル）の対価として（内部労働）市場における「交換の正義」に従うものだと読み替え、正当化するという入り組んだ事態である。賃金カーブの上がり方の差が「能力」の差なのだとしたら、「右肩上がり」そのものは――生活の「必要」ではなく――「能力」の開発・増大の結果だというわけだ。

どちらも賃金制度の「ダブルバインド」から導出された解決策だが、注目すべきは、前者（欧米）では二つの正義の矛盾が維持されたままであるのに対し、後者（日本）ではそれが解消・消滅してしまっていることである。前者では賃金はまずもって「交換の正義」に従う。可能なかぎり「分配の正義」も追求するが、それは究極的には無理だろう（＝矛盾の解消ではなく維持）。だからこそ、賃金（制度）では取りこぼしてしまう「分配の正義」を実現するために、たとえば福祉国家をつうじた公的給付は絶対に必要であり、追求されなければならない、そう論じる道具立てが残る。だが後者は、「分配の正義」を追求して構築したものを「交換の正義」で読み替えて（＝正当化して）しまった。だからもう「二つの正義のあいだの矛盾」などない。解消・消滅である。だからといって「交換の正義」に従う賃金（の実態）がつねに「分配の正義」にもかなない、すべての者の生活の必要を充たすなどと期待できないことは前述のとおりである。にもかかわらず、「分配の正義」を論じる根拠はもはや存在しない。日本ではそれは「能力」の対価とする「交換の正義」によって上書きされてしまったからだ。そこでは低賃金で生活に苦しむ非正規労働者の存在も、本人の「能力」不足の結果にすぎない。濱口によれば、日本社会は「生活給を能力で説明することで賃金のダブルバインドを解消してしま」ったことにより、「交換の正義で掬えない分配の正義を正面から論じる道具を見失ってしまった」。このアポリア（難問）を克服するために、この小文の末尾で濱口は、一方で「交換の正義たる賃金制度の再確立」および「企業と雇用形態を超えた「生活できる賃金水準」の確立」と、他方であわせて「福祉国家という分配の正義を強化すること」の二正面展開の必要を提起する。

人びとのより望ましい生のあり方を追求するために二つの理念・正義があり、そのいずれも追求しなければならないが、同時に、相互に矛盾する契機がある――こうした局面において、二つの理念・正義のあいだの矛盾、「ダブルバインド」、「パラドックス」を解消してしまうこと、一方のみの追求に限定してしまい、他方を忘却してしまうことがもたらす困難のありようが、簡潔に、かつ説得的に示されている。佐々木による二つの異質な「教育の機会均等」理念をめぐる問題提起を、さしあたりこの系として理解することにも一定の妥当性と意義は見出せるだろう。

だが、ここでわれわれは濱口の議論をもう少し注意深く読む必要がある。そこでの問題は、賃金制度をめぐる交換の正義と分配の正義の「ダブルバインド」であった。賃金――という経済システムの要素――のみの地平のもとでは、「労働者個人による市場交換」と「労働組合による集団的交渉」の区別をもちいた同時追求の解決策がありうるが、これには明らかな限界がある。そこで、この賃金――という経済システムの要素――の問題地平に、新たに福祉国家――という政治システムの要素――が視点として持ち込まれた解決策が（欧米社会が採用し、今後の日本もめざすべきものとして）提示されている。われわれが濱口の所論を読んで、そこに解決策＝突破口らしきものをみいだす理解をもちうるのは、この「経済」（の論理しか存在しない、その同一性）の地平に新たに挿入された「経済／政治」という区別によるのである。賃金制度のみの同一性によっては、前述の「ダブルバインド」が解決できないことは前提になっている。そのうえで、そこに経済／政治という、議論の冒頭にはなかった区別が導入されることによって、「パラドックス」がなくなったかのようになって――すなわち脱パラドックス化され、不可視化されて――いる。これが、当初は解決不能のアポリアとみえたものに、解決の糸口とも理解しうる意味をみいだすことを可能にしているのである。この事態を指して、「パラドックスの展開」と呼ぶことにしよう▼20。ここまで到達したわれわれはいまや、佐々木の問題提起を文字どおり「「教育の機会均等」のパラドックス」の指摘として受け止め、その「展開」の必要を提起した議論として受け止めなおすことができる。

5 「教育の機会均等」のパラドックスの展開にむけて
——小括として

本章冒頭の段落に戻ろう。近代社会では「教育」の機能領域が分出し、それを専門的に引き受ける組織〈学校〉と職業〈教師〉が出現し、制度化された。〈教育的〉の公的認定は、基本的にこの教育組織に属するメンバーシップと、この職業資格をもつ者と行う活動・実践・相互行為の規定のもとでなされる。そうして〈教育的〉営み全般の同一性から、とくに公的認定に値するものを区別する。戦後日本の学校教育法体制＝単線型学校体系もそうである。「正規の学校か／そうでないか」という区別に立脚して、その区別のもとで〈教育的〉なるもの全般を観察・記述し、分類する。そのうえで、この「学校」の複線性を否定し単線化〈＝同一化〉を図ることに「教育の機会均等」の実現を賭けたわけである。この時点ではパラドックスは〈見え〉ない。「学校／学校外」という区別が不可視化されている——〈教育的〉なものを考えるうえで誰も気づきもしないぐらい当然の前提となっているかぎりは。だが、教刷委第13回建議・第3項＝佐々木は、この区別にもう一度〈教育的〉なるものの同一性をみる視点——「人間形成という教育的営みが、現実に「学校」以外の教育施設においても行われていること」の認識——を持ち込んだ。そして学校制度内／外という区別にとらわれることなく「教育の機会均等」を追求しないかぎり、その保障はつねに部分的・限定的なものにとどまる、と主張した。「教育の機会均等」のパラドックスは、こうした実践——学校制度内／外の区別に〈教育的〉なるものの同一性を（再）導入する実践――の帰結である。

このパラドックスを――解消するのではなく――展開するためには、再度――だが学校／学校外とは別の――区別を導入すればよい。どのような区別がありうるだろうか。たとえば、前節の濱口（2017）の参照で確認した区別は有力な候補である。「教育の論理」の同一性のもとで「教育の機会均等」のパラドックスが生じるのだから、そこに「福祉国家による再分配」というまったく別の論理を持ち込む区別である。「教育の論理」を批判して福祉国家の「社会（権）の論理」を維持・強化すべきとする議論は、こうした区別に立脚して可能になる（仁平 2015, 山口・堤 2014など）▼21。だが佐々木輝雄はこの区別を導入する方向では考えなかった。「あなたの教育機会は閉ざされている、そしてそれを「教育の論理」のもとで開き、保障することはできない、だが福祉国家はその損失を経済的再分配で補償しよう」――このロジックは採用しなかった。あくまで「教育の論理」に閉じたコミュニケーションとして、この問題に取り組むことを考えた。

第30回建議が「教育の機会均等の趣旨に基き」の字句を削除し、「「実際的の一番いい職業人」の養成」と「職業教育振興」の観点からのみ技能連携制度構想を提言したことはすでに述べた。その結果、第13回建議のポテンシャルを見失った同建議の具体的な問題点として、佐々木は以下の3点を指摘する。第1に、「高校職業教育を経済自立の担い手とすることを強調するあまり、その職業教育の人間形成的意味づけを欠落し」たこと、第2に、「職業教育の振興」を謳いながら、職業教育と対になるべき「普通教育」にかんする具体的検討を等閑視したこと▼22、そして第3に、「建議の論理は経済の論理の教育への適用にすぎず、教育の論理とはいい難いものであった」こと、である（佐々木 1976b: 37、傍点引用者）▼23。おそらく、これらはすべてほぼ同じ主張の繰り返しである。第30回建議は「職業教育の哲学、換言すれば職業教育の人間形成的意味については、何等の提起もなし得なかった」（佐々木 1987a: 391）、すなわち、既存の〈教育的〉な区別を問い直し、〈教育的〉なるものの同一性のもとで、新たな区別を創出することを怠った、と。

職業教育・職業訓練研究者だった佐々木がみたのは義務教育修了後の後期中等教育段階であった。だが佐々木自身が強調したように、その議論の射程は「教育一般の「教育の機会均等」の保障がいかにあるべきか」におよぶ。したがってこれを起点に、われわれは佐々木の問題提起を引き継ぐことができるはずだ。1961年成立の技能連携制度によって、現在の通信制高校は誕生した。本章でみてきた歴史的経緯を踏まえれば、「1980年代以降、不登校経験者や高校中退者など、それまでとは違った生徒層が通信制高校に集まるようになり、後期中等教育の中でも特徴的な教育機関になってきた」（内田ほか 2019: 6）ことには必然性がある。今後の「多様な教育機会」の制度的位置づけをめぐっても、これら既存のスキームを参照しつつ具体的・現実的な運用を考えていくことには十分な妥当性がある▼24。だが佐々木の問題提起は、「それでは不十分だ」と主張するものだった。「教育の機会均等」の保障を教育領域のもとで追求することにはパラドックスがある。このパラドックスを展開するためには、なおかつそこで学校制度内／外という区別を否定するなら、それとは異なる新たな〈教育的〉な区別を発案し、導入しなければならない。それは「人間形成的意味づけ」の探究をつうじて、いいかえれば、「教育の論理」に閉じた〈教育的〉なるものの絶えざる（再）定義を継続していくことのなかにしかない。もちろん、それは究極的にはパラドックスなのだから、新たに持ち込まれた区別もいつかは——学校制度内／外という区別と同様に——問い直しの対象となるだろう。その意味で、パラドックスの展開は、つねに暫定解でしかない▼25。「教育の機会均等」理念の実現とは、〈教育的〉なものの同一性と区別の不断の（再）導入▼26、その価値づけと問い直しのループのなかの一時的で暫定的な解決の絶えざる連続としてある、これが佐々木の問題提起であった。

注

1 この段落の論述は、N・ルーマンによる「社会の理論」「社会のX」シリーズ（さしあたりここではルーマン（2009, 2017, 2020）のみ挙げる）にみられる機能分化社会論に準拠した着想にもとづく。「〈教育的〉なものをめぐる「教育の論理」に閉じたコミュニケーション」とは、「教育システムの自己観察・自己記述」の謂いである。この観点からは、〈教育的〉なる概念の誕生と展開を歴史的に追尾した研究（広田 2001a, 2001b）は、教育システムの分出と確立のプロセスを記述した営みとして定式化することができる（森 2020: 16-7）。また「教育学」とは、この〈教育的〉なるものの絶えざる（再）定義を、学術的なコミュニケーションとして専門的に展開する学問分野である。なお、本章での〈教育的〉の表記はすべて広田（2001a, 2001b）にならった。

2 酒井ほか編（2009, 2016）を参照。概念連関の網の目が相互に参照可能な公的規則として存在することで、われわれの活動、実践、相互行為が可能になる。したがって、この「概念の論理文法」の分析を志向する社会学は、たんなる「ことば」の分析以上の射程を有する。ただし、本章での「教育の機会均等」概念の検討はいまだ概括的なものに留まる。

3 通称による略記。正式名称は「義務教育の段階における普通教育の多様な機会の確保に関する法律案」（傍点筆者）。

4 正確には「多様な教育機会確保法案」でのそれは「就学義務の履行扱い」とする「みなし」規定というべきであろうが、本章の問題構制上、この点の差異には立ち入らない。

5 教育刷新委員会は１９４６年設置、第二次世界大戦後の占領期に戦後教育改革の重要事項を調査審議した内閣総理大臣の諮問機関。１９４９年に教育刷新審議会（以下、教刷審）と改称するが、審議機関としての性格を変えるものではなかった。

6 日本近代教育史料研究会編（1998: 128-135）は教刷委・教刷審会議録の「総会決議」の解説において、官制や議事規則に則れば、それまで「建議」と称されてきた文書の大半は「報告」と呼ぶべきことを指摘する。そうすると「第何回建議」とされてきたものの「報告」としてのナンバリングもズレる。本章が参照する「第13回建議」および「第30回建議」は、それぞれ「第12回報告」および「第28回報告」となる。だが、本章が検討の対象とする佐々木輝雄の所論との対照の便宜上、本章では「第13回建議」「第30回建議」の表記で一貫する。ただし、「第13回建議」（＝第12回報告）の表題は「労働者に対する社会教育」（前掲: 72）に修正した。また、建議（＝報告）本文中の「単位制クレディット」「クレヂット」(前掲: 72, 102-3) は、佐々木による「単位制クレジット」の表記に統一した。

7 本章の問題構制上、検討の焦点となる建議の名称が語「社会教育」を含むことには必然性がある。社会教育とは、日常生活に遍在する〈教育的〉な営み一般から、「正規の学校」でこそないが高度に組織化された施設・機関におけるそれを区別し指示する概念である。そうであるがゆえに、そこが公的認定をめぐる争点の最前線ともなりうる。

8 佐々木 (1975a) をもとに、1975・76年に集中して他の文献が発表・投稿されている。なお、佐々木 (1975a) は佐々木 (1987a) に第2編として、また佐々木 (1975b) は佐々木 (1987b) に第2編第4章として再録されており、引用の際はそれぞれ後者の頁数を記載した。ただし、再録にあたって生じたと思しき誤記・誤植が重要な箇所で散見されるため、いちいち言及しないが適宜原著に遡って修正した。また、これらとは別に、やはり佐々木 (1975a) をもとに日本教育学会『教育学研究』誌に投稿されたと思われる佐々木 (未公刊) が田中編 (1998: 7-19) に収録されている。同書収録の査読報告書 (前掲: 20) によると、これは1975年3月31日付で不掲載に終わっている。この資料集の参照は田中萬年氏のご厚意による。記して感謝する。

9 「子どもの学習権保障」が法案の目的として明記されたのは「多様な学び保障法骨子案」からである。

10 寄せられた批判と争点の所在については高山 (2019a, 2019b)、横井 (2018)、山本 (2016) を参照。

11 第3項に先立つ記述は以下のとおり。
「労働者に対する社会教育の実施に際し、特に左の諸点が要望せられる。
一、労働者に対する社会教育としては、労働問題並びに労働関係諸法規に関する理解の促進と職業的知識及び技術的熟練の修得と、更に社会的、文化的教養を高め、人格の陶冶を期する教育とを有機的総合的に実施すること。
二、その実施に際しては、一定のイデオロギーに囚われず、広く客観的、歴史的事実を資料として、社会思想一般に関する公正な理解と、社会問題に対する自主的科学的判断の習慣を養うようにつとめること。」

12 ただし、厳密には、佐々木は第30回建議第4項での技能連携の宛先が「技能者養成」に限定されていることにも注意を促している。だが本章の問題構制上、この細部には立ち入らない。

13 技能連携制度の成立過程については村上 (1973) を参照。

14 高等学校通信制課程 (通信制高校) は、この法改正で誕生した教育機関である (内田ほか 2019: 6)。

15 ここでは学校教育法成立時点で「夜間において／特別の時期及び時間において授業を行う課程」と呼ばれたものを指す。

16 佐々木の論考では、「学校制度内教育の機会均等」「学校制度外教育の機会均等」の語が出現する大半の箇所で傍点が付されているが、本章の本文中では煩雑を避けるため省略する。

17 別の箇所では、「旧制中等学校制度が孕んでいた制度及び教科課程上の複線的要素」（佐々木 1976b: 43）と特定されている。

18 すぐあとの本文で引用しているように、佐々木（未公刊＝田中編 1998: 15）では「制度的整合性／制度的非整合性」の区別が採用されている。

19 刊行物の入手はやや難しくなっている。著者がブログで公開しているもの（http://eulabourlaw.cocolog-nifty.com/blog/2017/06/post-9189.html――２０２４年4月12日最終確認）も参照のこと。

20 注1で言及した文献中、ルーマン（2020）の第9章「矛盾とコンフリクト」、第11章「自己言及と合理性」、あるいはルーマン（2017）の第5章「自己記述」の「同一性のパラドックスと、区別によるその展開」「不可視化――観察者という《マークされない状態》とその移動」「反省されたオートロジー――全体社会の中での、全体社会の社会学的記述」等の節の参照による着想にもとづく。

21 森（2014）は、この種の区別にもとづく立論への応答を念頭に、〈教育的〉なるものにかんして考察したときのメモである。

22 ここで本章が注目している２０１６年成立の法律の名称が「義務教育の段階における普通教育に相当する教育の機会の確保等に関する法律」（傍点筆者）とあったこと、そしてこの法律制定の過程において「普通教育」をめぐる原理的・具体的検討がどれほどあったかを想起しよう。

23 引用はすべて文言の簡潔さを重視して佐々木（1976b: 37）から行っているが、同趣旨の叙述は佐々木（1987a: 389-90）にもある。

24 教刷委第13回建議に至る審議の比較的早い段階で、高橋隆道委員から、生産現場での技能教育を高等学校の「委託」ととらえる発想での提案もなされている（日本近代教育史料研究会編 1997: 48）。

25 本シリーズ1巻の澤田稔によるあとがき（澤田 2024）も参照のこと。

26 〈教育的〉な区別のなかに同一性を見出し、同一性のもとに区別を（再）導入することの連鎖。

文献

内田康弘・神崎真実・土岐玲奈・濱沖敢太郎（2019）「なぜ通信制高校は増えたのか――後期中等教育変容の一断面」

『教育社会学研究』105：5-26頁
酒井泰斗・浦野茂・前田泰樹・中村和生編（2009）『概念分析の社会学――社会的経験と人間の科学』ナカニシヤ出版
酒井泰斗・浦野茂・前田泰樹・中村和生・小宮友根編（2016）『概念分析の社会学2――実践の社会的論理』ナカニシヤ出版
佐々木輝雄（1975a）『高等学校制度改革の今日的課題』職業訓練大学校調査研究報告書第36号
佐々木輝雄（1975b）「職業訓練の高等教育化・成人教育化の課題――「教育の機会均等」理念とのかかわりで」『技能と技術』3：58-64頁
佐々木輝雄（1976a）「教刷審第13回建議第3項と戦後高等学校制度改革」『職業訓練大学校紀要』5：33-43頁
佐々木輝雄（1976b）「戦後高等学校制度改革と教刷審第30回建議について」『日本産業教育学会研究紀要』7：41-52頁
佐々木輝雄（1987a）『学校の職業教育――中等教育を中心に』（佐々木輝雄職業教育論集 第2巻）多摩出版
佐々木輝雄（1987b）『職業訓練の課題――成立と意義』（佐々木輝雄職業教育論集 第3巻）多摩出版
佐々木輝雄、（未公刊）、「教育刷新委員会第13回建議の「教育の機会均等」概念について」（田中編（1998: 7-19）所収）
澤田稔（2024）「あとがき――ジレンマの積極的受容としての「緩さ」再考」森直人・澤田稔・金子良事編『公教育の再編と子どもの福祉①〈実践編〉「多様な教育機会」をつむぐ――ジレンマとともにある可能性』明石書店：325-337頁
高山龍太郎（2019a）「学校外で義務教育を可能にする法律とは何か――不登校の子どもの学習権保障をめざす市民運動と教育機会確保法案を検証する」永田佳之編『変容する世界と日本のオルタナティブ教育――生を優先する多様性の方へ』世織書房：108-134頁
高山龍太郎（2019b）「教育機会確保法の成立過程とその論点――ニーズ対応型教育課程という観点から」永田佳之編『変容する世界と日本のオルタナティブ教育――生を優先する多様性の方へ』世織書房：135-171頁
田中萬年編（1998）『佐々木輝雄と「教育刷新委員会」研究――氏の『教育学研究』誌投稿論文の不掲載をめぐって』私家版
仁平典宏（2015）「〈教育〉化する社会保障と社会的排除――ワークフェア・人的資本・統治性」『教育社会学研究』96：175-196頁

日本近代教育史料研究会編（1997）『教育刷新委員会教育刷新審議会会議録9巻 特別委員会4』岩波書店
日本近代教育史料研究会編（1998）『教育刷新委員会教育刷新審議会会議録13巻 関係資料』岩波書店
濱口桂一郎（2017）「交換の正義と分配の正義——双方の実現めざす取り組みを」『労働情報』（協同センター・労働情報）９５８：31-33頁
広田照幸（2001a）「〈教育的〉の誕生」同『教育言説の歴史社会学』名古屋大学出版会：22-59頁
広田照幸（2001b）「戦前期の教育と〈教育的なもの〉」同『教育言説の歴史社会学』名古屋大学出版会：60-92頁
村上有慶（1973）『技能連携制度の研究』職業訓練大学校調査研究部調査研究資料7号
森直人（2014）「〈教育的なるもの〉再考——「福祉国家と教育」をめぐって」広田照幸・宮寺章夫編『教育システムと社会——その理論的検討』世織書房：１７３-１８９頁
森直人（2020）「近現代日本の国家・社会と教育の機能」『社会政策』12（1）：12-26頁
山口毅・堤孝晃（2014）「教育と生存権の境界問題」広田照幸・宮寺晃夫編『教育システムと社会——その理論的検討』世織書房：２０８-２２６頁
山本宏樹（2016）「多様な教育機会確保法案の政治社会学——情勢分析と権利保障実質化のための試論」『〈教育と社会〉研究』26：５-21頁
横井敏郎（2018）「教育機会確保法制定論議の構図——学校を越える困難」『教育学研究』85（2）：50-59頁
ルーマン、ニクラス（馬場靖雄ほか訳）（2009）『社会の社会1』法政大学出版局
ルーマン、ニクラス（馬場靖雄ほか訳）（2017）『社会の社会2〈新装版〉』法政大学出版局
ルーマン、ニクラス（馬場靖雄訳）（2020）『社会システム——或る普遍的理論の要綱 上・下』勁草書房

第3章

「バスの乗り方」をめぐる一試論

教育社会学の「禁欲」について

仁平典宏

1 禁欲する教育社会学

森直人（2024）は「多様な教育機会」をめぐる議論において、さまざまな立場を遮断せずに参画するあり方を「バスに乗る」と表現している。ここでバスに乗らない例として挙げられている論者が二人とも教育社会学者だった点に注目したい。教育社会学は近年の教育論議において存在感が大きいが、関与の仕方に特有の自己制約がある。たとえば「多様な教育機会」を考えるうえで重要な参照点とされる「不登校の子どもの声」に規範的にコミットメントすることは禁欲するだろう。本章では、（筆者も立場を分有する）教育社会学における この自己抑制の輪郭・背景・含意について検討していく。その意味で本章は狭い自省的な学問論だが、含意としては、教育をめぐる議論において、自らの視点を「社会」というメタのレベルに置いたうえで、当事者に寄り添おうとする語りを「ナイーブ」「お花畑」「感想ですよね」と貶価することを欲望する言説全般の強張りを解きほぐし、より複数的な議論へ開くことに寄与したいと考えている。

さてこの教育社会学だが、オーソドックスな教育学とは異なり「よい教育」の追求を（少なくとも一義的には）目標とすることはなかった。それでは何をしてきたのか？かつて行われた「ゆとり教育」——いじめ・不登校の増加という認識が背景にあった——を例に取ろう。通常の教育学では、それが子どもの学びにとってどういう価値をもつかという観点が重要である。リベラルな教育思想と合う部分もあったので「ゆとり教育」が好きな教育学者もいたはずだ。ところが教育社会学者からの評判は概ね悪かった。教育的な価値が低いという理由ではない。学校で「ゆとり教育」を実施すると階層格差が広がりうる懸念があったためだ。そのような社会構造的な観点を無視して、「教育的価値」（子どもがいきいきと学べるとか）的判断から「ゆとり教育」を褒めるタイプの教育（学）的言説は、ナイーブで有害だと批判されることになった。このとき、教育社会学は「社会学」のほうに軸足を置き、教育の外部の社会的帰結によって評価している。２０００年代以降、格差や貧困といった社会問題が注目されたときには、その距離の取り方が発信力の源泉となった。

そんな教育社会学が、いじめや体罰、不登校というテーマを扱うときは、「教育問題」という枠で捉えたうえで、構築過程や逆機能を「当事者のリアリティを越えたところ」に発見するというスタンスを取ることが多い。一般的な教育学的な研究では、いじめや不登校をめぐって子どもたちが抱える苦しみに寄り添い、それを生み出す教育実践・制度を批判的に解明したり改善する方向性が探られるだろう。これに対し、教育社会学の「教育問題」研究のなかには、事象自体もさることながら、それに対する社会のリアクションを——子どもの立場に立ってアドボケイトしようとする教育学的言説も含め——批判的に俎上に上げるという研究が多かった。たとえば、構築主義的にいじめ言説を分析してきた伊藤茂樹は、いじめ自殺に際して現状の学校や教育のあり方を批判する声に対して、「近くにいても現実を見ようとせず、単なる観念や、すでに繰り返されてきて定型化した陳腐な言説を現実と取り違えている」（伊藤2014: 129）と批判する▼1。この文脈では「子どもの声」を掲げて学校を批判し改革を訴える――定型的で陳腐な――主張は、モラル・パニックに近いものとして、その誤認と逆機能が暴露されることになるだろう。

不登校に関連しても、たとえば教育社会学者の藤田英典は、フリースクールのような「多様な特別の学校をオールタナティブ（選択肢）として提供するためにも、選択制にすべきだというのは、部分的な関心を普遍化しようとする非合理的で無責任な議論」（藤田2000: 61）と指摘している。藤田はここでフリースクール自体を否定しているのではなく、それを学校選択制の梃子として用いることを、格差拡大への懸念から批判している。「部分的な」選好に応えることで全体の問題を引き起こすことが「非合理的で無責任」というわけである（ただし部分的／普遍的の基準は十分示されていない）。

もちろん、いじめ、不登校、体罰などに対して、すべての教育社会学的な研究がこのような距離感をもっているわけではない。近年は教育社会学のなかでも、子どもを始めとする当事者の経験を丁寧に可視化し、その事象の意味を明らかにするすぐれた研究が増えている。ただ教育格差の問題には政策提言も厭わないほど前のめりになるにも関わらず、いじめや不登校などの「教育問題」に対しては「過剰な騒ぎ立て」のほうを警戒する議論がメインストリームのなかに多くあるという二面性は、従来の「教育社会学らしさ」を形作っていたように思う▼2。

このように格差問題と教育問題への向き合い方には対照的な面もあるものの――繰り返しになるが――当事者の思いや経験を規範的な価値の賭金にしないというスタンスは共通している。先述の通り、ゆとり教育批判は子どもの苦楽経験と別の地点で組み立てられた。いじめや不登校も例示した通りである。これは「子どもの思い」を――分析的のみならず規範的に――重視する主流の教育学と確かに違うところであるし、その視点によって明らかにできた貴重な知見も多い。だが本章であえて問いたいのは、その自己抑制によって社会学的にも問えなくなることは何かということだ。

以上を踏まえて本章では、次の問いについて検討していく。第1に、前記の「禁欲」はどのような規範的な問いを発することを難しくしているのだろうか。第2に、「禁欲」に伴う当事者の主観的経験の分析的／規範的な貶価はどのように行われてきたのだろうか。第3に、「禁欲」は教育社会学のアイデンティティとどう結びついてきたのだろうか。第4に、以上は社会学的な分析としていかなるリスクをもつのだろうか。

2　補助線としての「人間の安全保障」

(1) ケイパビリティ

教育社会学の規範的な前提を検討するうえで、なるべく外在的な批判にならないように社会学に近い場所から始めよう。社会学も何らかの規範にはコミットしている。たとえばデュルケムは近代化に伴う個人化を問題視し、社会的分業のなかの連帯の可能性を展望した。社会学と価値をめぐる論点には本章で扱いきれない多くの議論があるが、本章では教育社会学が関心をもつ格差問題に含意が大きい市野川容孝（2006）の議論を参考にしていきたい。彼は、近代ヨーロッパに浮上した「社会的」という概念を分析を通じて、そこに平等という理念が色濃く刻印されていることを指摘する。そのうえで、「社会」の学としての社会学も平等というテーマにコミットメントするべきという示唆を行う。教育における機会の平等を暗黙の規範的前提としてきた教育社会学にとって乗りやすい議論だと思う。

問題は「平等」とは何かである。これまた大問題だが、ここでは本章の問題意識との関連で平等論の到達点の一つであるアマルティア・セン（Sen 1992＝1999）の議論からみていく。彼は平等概念の検討のなかで、機会や所有や効用によって平等を定義しようとする議論がいずれも問題を抱えていることを指摘し、生活を選択できる自由としてのケイパビリティを平等を評価する基準とした。ここで、人のウェルビーイングにとって重要な状態（例：健康であること）やできること（例：任意の宗教を信仰できること）は「機能（functioning）」と呼ばれ、ケイパビリティは複数の機能（functionings）の実現可能なベクトル集合として規定される。

さてケイパビリティの平等を実現するための重要な装置として社会保障制度があり、その体系としての福祉国家がある。公教育もその装置の一つとして位置づけられる。武川正吾（2007）によると福祉国家の役割には給付的側面と規制的側面があり、前者は財の再分配や社会サービスの提供を、後者は労働規制や差別・暴力・抑圧の禁止、人権擁護などを示す。福祉国家というと給付をイメージしやすいが、規制的側面は同様に重要な機能である。教育を受けるという自由の保障のためには、費用を家計に負わせないための給付的側面と、特定の生徒を学校から排除するような差別を禁じる規制的側面の両方が必要である。

前記の平等論において「自由」や「選択」といった概念が重要な位置にあることに注意したい。これらのカテゴリーは新自由主義の専売特許でなければ、平等と対立するものではない。逆に、経済的制約や権力の行使から人間を保護し平等を実質化するうえで不可欠である。

ただしその理路は教育社会学の思考の慣行とずれる側面があるように思われる。次のような例を考えよう。Aさんは、経済的理由で大学進学を諦める一方、声優になる夢を追求するために授業料の安い専門学校になら進学できるとする。他方でBさんは同じく声優になりたいのだが、親がその道を断じて許さず、その代わり親の意向、経済力、本人の学力から難関大の法学部には進学できるとする。教育社会学は、所得と威信の高さを基準とする教育・地位達成の観点から、Bさんに成功、Aさんに失敗――場合によっては「階層の再生産」――という記述を与えるだろう。しかし、「夢の追求を妨げられないこと」と「安定した所得を得ること」がともに、彼／彼女らのウェルビーイングを実現するうえで等価な価値をもつ機能（functionings）とすると、二人の機能ベクトルの集合（ケイパビリティ）の大きさが低いレベルで同値ということはあり得る。もちろんこれは架空の例だが、反射的にAよりBを良い状態とみなす教育社会学の平等／不平等観や人間像が決して自明ではなく、特定の価値判断に基づいていることは理解できると思う。おそらく教育社会学は、Bさんの状況に対して、進学を可能にする経済的条件の整備と自ら進んで「不利」な選択をしないハビトゥス形成の重要性を説く一方、「勝ち組」のAさんが流した涙は感知すらしないだろう（同じ親による制限でも、これが女性の大学進学を妨げるという話なら、教育社会学的にも大問題となる）。この「力をもつ親が進路を一方的に制限して辛い」という状況を、それが社会的格差の維持・拡大メカニズムに寄与してない限り、既存の教育社会学はうまく扱えない。だがそれはある種のケイパビリティの平等と拡充に十分関与できないことを示す。

（2）人間の安全保障

もちろんすべての機能（functionings）を社会的に保障できるわけではなく、線引きは必要である。「金持ちの子どもの夢の追求を親が邪魔する」といった問題まで相手にしてられない、という意見もあるかもしれない。社会的に保障する範囲をどう定めるか。多くの項目をその範囲に入れる議論もあるが（Nussbaum 2011）、その分合意は取りづらくなる。この点センは意外と抑制的である。彼はアメリカでニューディール福祉国家を実現したルーズベルトの「人間の基本的な四つの自由」▼3に言及し、そのなかでも「欠乏からの自由」と「恐怖からの自由」に注目する（Sen 1992＝1999：101）。「欠乏からの自由」は、ロールズが正義の格差原理の核としたように、リベラリズムを掲げる規範理論でも合意可能な最低限の／普遍的な機能となりうる強度をもつ。「恐怖からの自由」は、ルーズベルトがナチスの独裁や圧政を念頭において語られたものだが、この概念を政治的リベラリズムを基礎づけるものとして鍛え上げたのは哲学者のジュディス・シュクラー（Shklar 1989）である。彼女は、宗教戦争を契機にリベラリズム思想が誕生したとき、そこにあったのは、身の毛もよだつ恐怖や残酷な行為こそ絶対悪だという確信だったと指摘し「恐怖を発条とするリベラリズム」（liberalism of fear）を提起する。ここで「残酷な行為」とは、より強い者・集団がさまざまな目的を得るために、弱い者・集団に対して身体的・感情的苦痛を与えることである。「恐怖からの自由」もまた、隙あらばさまざまな価値・徳目を盛り込もうとするタイプの「厚い」規範理論（教育学好みの）とは異なり――共通善ではなく――残酷という共通悪を避けるという一点でのみ発条する「薄さ」ゆえに、最低限の／普遍的な機能の基準になりえる。

この二つは――おそらくはその謙抑さのため――国連（国連開発計画／ＵＮＤＰ）が提起した「人間の安全保障」概念の主要な構成要素となった。この概念は１９９４年の『人間開発報告書』のなかで人間開発計画の包括的な目標と位置づけられたものである。ここで人間開発は「人々の選択の幅を拡大する過程」、「人間の安全保障」は「これらの選択権を妨害されずに自由に行使でき、しかも今日ある選択の機会は将来も失われないという自信をもたせること」であるとされ、センのケイパビリティ概念がベースとなっている（長 2012）。

以上のような筋で考えた場合、「欠乏からの自由」と「恐怖からの自由」を軸に各人のケイパビリティの拡充と平等の実現を図るという方向は、普遍性を志向してさまざまな文脈で鍛えられてきたものであるため、教育社会学も簡単に無視できるものではないだろう。斯学が得意としてきた教育格差のテーマは「欠乏からの自由」と何らかの関係があることが予想されるが、「恐怖からの自由」についてはどうだろうか？もちろんその自由を尊重したからといって、直ちに「当事者の苦しみ」をすべて扱えということになるわけではない。そもそも、機能（functioning）とは状態に関することで「思い」ではない。しかしDVや虐待、ハラスメントのケースから明らかな通り、「できない」ことが「怖さ」によって構成されていることはあり、その状態は主観的経験を通じて理解が可能になる。

シュクラーによると「残酷な行為」は公的権力が行うことが多いが、私人間でも行われ、「恐怖からの自由」は日常的な場面にも適用される。哲学者の大川正義はこの点に関連して次のように述べている。「このように残酷さの回避を第一義的に考えることは、なにも宗教戦争という血腥い場面だけに、その重要性が限定されるわけではあるまい。家庭、職場、地域、学校、街頭、その他ありとあらゆる場所で、残酷さの回避は切実な要求として掲げられもしているだろう」（大川1999: 8）。ＪＩＣＡは日本に「人間の安全保障」概念を適用する文書のなかで、貧困や差別、社会的排除などとともに「いじめ」を可視化することの重要性も指摘している（JICA Ogata Sadako Research Institute for Peace and Development 2020: xiv）。

教育社会学が「当事者のリアリティを越えた地点に社会的逆機能を発見する」ことを大事にするのはよいとして、そのために「今感じてる苦しみ・辛さ」の向こう側ばかりに目が向くとしたら、前記の問題系を見逃すリスクが高くなる。学問的にそれでもよいという考え方はあり、それは4節で検討するが、その前にどういう文脈・形で「当事者の声」の脱問題化が行われてきたのかという点について確認しておきたい。

3　日本型生活保障システムと教育社会学

（1）日本型生活保障システムと教育

本節では教育社会学の記述を検討するが、それに先立ち、現在の日本で「人間の安全保障」がどういう状況にあるかを概観したい。遠回りをするのは、学問も真空地帯にあるわけではなく、当該社会の空気を吸って成立しているため、その構造との異同を把握しておくことは、ディシプリンの理解を深めるために有意義だからだ。

「人間の安全保障」の概念は、途上国や紛争地の支援という文脈で理解される傾向があったが、国連サミットでのＳＤＧｓの採択などを経て先進国内にも適用されるようになっている。さまざまな測定の試みが行われているが日本は人間の安全が保障されている国と評価される傾向にある（たとえば、Werthes et al. 2011）。しかし国際人権基準に照らすと未だにさまざまな人権問題があることが指摘されている（藤田 2023）。そのためここでは「人間の安全保障」を実現する制度の問題点を確認する。先述の規制と給付という福祉国家の二つの側面に関して、日本はどのような不備を抱えているのだろうか。

規制的側面については、長時間就労・ジェンダー・差別における規制の不在／不徹底が顕著であった。ジェンダーギャップは先進国最悪で、その反面として男性の賃労働時間は最長である。差別規制は福祉後進国とされるアメリカに遥かに劣る水準にあった（武川 2007）。近年、障害者差別解消法やヘイトスピーチ解消法が制定されようやく規制の方向に一歩進めたものの多くの不備や問題点がある。給付的側面に関しては、

「最も深刻な人権侵害」(藤田 2023) と呼ばれるのは貧困だが、日本の相対的貧困率は先進国のなかで高い。年金・医療以外の社会保障のＧＤＰに占める比率が相対的に小さく再分配機能も弱いためだ。政府の介入が貧困削減につながらない稀有な国であり生活保護の捕捉率も低い。

普遍主義的な社会保障の代わりに発展してきたのが「日本型生活保障システム」と呼ばれる仕組みだった(仁平 2019aなど)。それは性別役割分業を前提とした企業福祉と家族福祉、そして公共事業と産業政策によって作り出される低失業率によって、貧弱な公的社会保障の機能を代替するものである。性別役割分業に基づく家庭が「標準」とされる一方、ひとり親世帯や非正規労働者の世帯などはリスクが集中した。制度的な再分配機能が弱い分、所得分配の格差が全体の格差の趨勢を決める。高度経済成長を通じて雇用者世帯内の所得平等化が進んだが、この構造は社会全体の不平等を――再分配を考慮せず――賃金の不平等の問題としてのみ考える思考の癖を生んだ。

この日本型生活保障システムは、以下の点で日本の教育システムの特徴と連関していた。メンバーシップ型雇用に基づく人的資本形成が発達する反面、職場外部の職業教育・訓練の体系は未成熟で、多くの国民を普通科中心の一元的な選抜システムに包摂した。企業福祉が生活保障と結びつくためそこでの受験競争は苛烈になりやすかった。そして「標準」的な生き方を選択しないとリスクが高くなる構造は、学校からの離脱を難しくし、「標準」への回帰圧力を高く保った。制度の分業体制のもと、学校は「一般的な子ども」のみを対象とし、特殊・個別・多様なニーズをもった子どもは児童福祉行政に委ねられた(荒見 2020)。

加えて生活保障を雇用や家族に依存する構造は、個人が中間集団に依存する度合いを高めた。公的支出の小ささは教員を含む公務員の少なさにも直結するが、その条件下で社会を統治するために中間集団の活用も盛んに行われた(村松 1994；前田 2014)。日本の学級は集団主義的で個を抑圧すると言われてきたが、文化論的な説明以前に、少ない教員で大勢の生徒を統制するための機能的要請から、同調圧力の活用や強権的な指導が行われてきた可能性もある。これはいじめや体罰、管理教育の背景にもつながる。

以上の仕組みは１９９０年代以降揺らいでいく。雇用に依存する生活保障システムは経済の失調と雇用の脆弱化ともに機能不全を起こした。この状況を踏まえて行われた社会保障制度改革は周回遅れの新自由主義とでもいうべきものであり、格差や貧困、社会的排除の深刻化につながった。労働に対して経営側が強い状況が続き、職場のパワハラや長時間労働が横行して、労働者の精神的な失調や自殺も増えていった。２０００年代後半から外国人に対するヘイトスピーチも横行した。２０１０年代なかばから経済政策の転換で経済・雇用環境は別のフェイズに入るが、「欠乏からの自由」も「恐怖からの自由」も十分保障されない状況は続いている。

(2) 教育社会学の守備範囲

教育社会学は前記の構造と共振した側面はなかっただろうか。

「恐怖からの自由」については、教育社会学でもさまざまなマイノリティが既存の教育システムのなかで周辺化《マイノリタイズ》・排除されていくプロセスが解明されてきた。教育達成の不利が焦点化される傾向があるとはいえ、構造を所与とせずそれを生産・再生産する力に注目することは重要であり、その力のなかに差別、暴力、憎悪的な発話行為が検出される場合「恐怖」の分析にも届いている。いじめは構築主義的な研究対象になることが多く、いじめの言説構造――それは「死」と結びつける力をもつため脱構築することは重要だ（山本 1996；北澤 2015）――が解明されたが、他方で当事者の声も構築物の一つとしてその実在は不問に付される傾向があった▼4。「恐怖」から逃れる一手段としての不登校も、場合によっては特定の角度からのみしか捉えられなかった。たとえば伊藤茂樹は、「何不自由ない家庭の子どもが「純粋に」内面に問題を抱えている」という不登校のイメージが「誤っている、あるいは偏ってい」るという（広田・伊藤 2010：223）。実際には長期欠席者や休みがちな生徒は家庭に社会経済的問題を抱えている場合が多いと指摘したうえで、「貧困とか恵まれない家族関係などの社会的要因」に注目し社会的・制度的な対応をすべきという（広田・伊藤 2010：224-225）。これ自体は正しい。だが「社会的要因」として「社会経済的問題」しか言及されない点が実に教育社会学である。社会的属性に関するカテゴリーと結びつかない形で学校で抑圧を受け、通学できなくなっている者は分析対象から外れる議論になっている。

「欠乏からの自由」についてはどうか。教育社会学にとって貧困とは「子どもの貧困」問題になりがちだが、その問題設定に対して以下の批判が寄せられてきた。まずその問いの立て方は、子どもの貧困と大人の貧困を区別し、同じ貧困状態にあるにも関わらず共通の認識の成立を妨げうる。そのため自己責任や社会的投資の効果がないという理由で大人の貧困への社会的支援を不要とみなす態度につながりうる（堅田 2019；田中 2023）。そもそも、子どもの貧困はその保護者が多重に被る社会的排除の問題にほかならず、子どもだけを取り出して対応する意味も効果も薄い。さらに「学力向上による子どもの貧困からの脱却」という教育社会学が好む方向性自体が無益という批判もある。既存の分配・再分配構造を変えない限り、それはせいぜい貧困に陥る人を入れ替えるだけであり、貧困一般の解消にはつながらないためだ（教育文化総合研究所 2017；仁平 2019b；山口 2020；倉石 2022など）。

また不平等についても、教育社会学が規範的な軸足を置くのは「機会の平等」の理念であり、社会的属性の教育・地位達成への効果が分析の対象となる。これは、それらの効果が取り除かれた後に残る何か――その残余は往々にして「能力」と表象されるだろう――に起因する地位や獲得財の差異は正当化されるという暗黙の含意を持ち、所得格差が大きくても社会的属性の効果によるものでなければ問題視できないという議論の構成になっている。日本の経済学や社会政策学の基礎を築いた福田徳三は「機会平等の主義」を「誰が淘汰されるべきかを前もって知ることは誰にもできないため、自然淘汰が完全な形で行われるには全ての人が平等に競争に参加する必要がある」という観点から肯定した（福田 1915: 1235）。このように「機会の平等」という理念は運用次第で社会ダーウィニズムとも接合しうるが、教育社会学はそこへの警戒が薄い。また機会の不平等は事後的にしかわからないため補償は所得の再分配を伴わざるをえない（佐藤 2000）。そもそも地位達成の確率差を生む属性的な変数はさまざまに発見されるもので（たとえば誕生月）、そのレベルで対応するのは不可能なだけでなく、個人の生の形式への過剰な介入となり望ましくない。論理的な帰結としても政策的な効果としても、贈与税の拡充や資産への課税の強化も含めた再分配を通じて、「結果の平等」にコミットメントする必要があるにも関わらず、そこへの言及は多くの場合禁欲されていた。

（3）貶価のプロセス

以上の脱問題化のプロセスにおいて、当事者の主観的経験の貶価が一定の役割を果たしていたというのが、本章の仮説だ。たとえば苅谷剛彦は、その後の教育社会学に絶大な影響を与えたブリリアントな著書において、「個人の能力差や業績の差異にもとづく差異的処遇」がアメリカやイギリスは「差別」と呼ばれず、それを「能力主義的差別」として批判する見方は戦後日本に特徴的なものであると指摘している（苅谷 1995: 159）。苅谷の批判は、そのような見方が階層的な不平等を不可視化させてきたという点にあり、戦後教育学や日教組の前提が鋭く問い直される。この指摘は今も非常に重要である。しかしだからといって、「個人の能力差や業績の差異にもとづく差異的処遇」を当事者が「差別」という言葉を用いて問題化することまで否定する必要はないし▼5、「差異的処遇」が自動的に肯定されるわけでも当然ながらない▼6。この議論を進めるなかで貶価されたものに目を向けよう。

だが、やがて素朴な差別教育観は、〈不平等〉問題への視線を弱め、能力差にもとづく差別感を心情的に問題とする見方へと変質する。その結果、教育における〈不平等〉の問題は死角に追いやられたまま、教育の過程で差別感を生じさせる事態そのものを「不平等」と見なす見方が、教育における不平等問題の中心を占めるようになった。構造的に生じる教育の〈不平等〉に目を向けることなく、大衆を学歴取得競争へと巻き込むしくみが、こうして完成したのである。（苅谷 1995: 196 傍点引用者）

「能力差にもとづく差別感」とは、「職業科を選ぶ生徒の「引け目」や「ひがみ」、あるいは「劣等感」」「序列のなかで下位に置かれた者たちの劣等感」（苅谷 1995: 162）などである。そのような感情を重視することは「心情的に問題とする見方」と呼ばれ、「構造的に生じる教育の〈不平等〉」に目を向けない態度とされている。だがこの「心情」と「構造」の対置が論理的にも経験的にも常に成り立つわけではないことに注意が必要である。苅谷の問題提起を深く受け止め階層的な不平等を問題視したうえで、同時に（社会的属性に還元できないものも含め）学校で低く評価されることの劣等感や被差別感も等価に問題視し、包括的に「教育における格差や序列の問題を論じる」ことは可能である。また心や意識に照準することが、構造への問いの断念につながるわけでもない。たとえば社会学の批判理論には「疎外」という概念があり、特定の社会構造と不可分な意識のあり方として彫琢されてきた。何が「社会構造」の側に入るかは理論負荷的であり一意に決まらない。ある位置（下位の成績）に置かれている人たちが蓋然的に特定の意識をもつ状態を「構造的」と呼ぶことは、社会学の用法として見ても別に変ではない。逆に言えば、それが過度に思弁的で非社会学的に見えるとしたら、それこそが日本の教育社会学の特徴を示しているともいえる。

いずれにせよ教育社会学のメインストリームでは、生徒の被差別感を、彼らの意味づけに沿って「差別」や「不平等」といったカテゴリーで捉えることは禁欲された。これは不登校というテーマにとっても看過できない点である。（社会的属性に還元できない場合）低成績の子が軽く扱われるような経験を公的な問題と示しづらくなるからだ。また、そのような成績をつける学校や教師を怖いと感じても――それは「恐怖からの自由」という問題系にもつながるが――その経験や異議申し立ては構造的な問題と見なされづらくなる。このように教育社会学には、二つの「〜からの自由」を十分に受けとめきれない議論の構成が見られるが、そのような形で学問が成立した背景には何があったのか。

4　他者としての戦後教育学
――教育社会学的アイデンティティの起源

（1）事実学／当為学？

ここまで述べてきた論難に対して、自分たちの守備範囲じゃないからと拒否する権利は教育社会学にもある。どの学問もすべての問題を扱うことはできず、ディシプリンごとの基準に沿って応答すべき問いの境界を定めている。ここで考えたいのは、その境界がどのように構成されているかである。

日本の教育社会学が教育学から固有の領域として分出していく過程で大きな役割を果たしたのが清水義弘だ（藤田 1992）。清水は1950年代の教育科学論争を通じて、自らを実証主義的な「政策科学」と位置づけ、「実践的理論」や「進歩的・啓蒙的イデオロギー」とみなすところの教育学と区別を行った（清水 1954など）。この自己理解は現在に至るまで引き継がれている。ある教育社会学の教科書には「教育学が〈どうあるべきか＝当為像〉〈どのようなあり方が望ましいか＝理想像〉を追究する当為学、そうした当為像や理想像の核となる価値や規範を探究する規範学であるとしたら、教育社会学は〈現実はどうなっているか、なぜそうなるのか＝事実・実相・メカニズム〉を探究する事実学・経験科学」（天野・藤田・苅谷 1998: 17）と書かれている。

これを額面通り受け取る前に、そもそも規範と事実は簡単に分けられないということを想起する必要がある。社会を分析する際に背後仮説という形で特定の価値が滑り込むことは社会学においても自明である。先述の通り教育社会学では「機会の平等」という価値にコミットしていることが多かった。これは逆も成り立つ。つまり教育学が当為的な主張をする際に、社会に関する記述が織り込まれていることはある。もしそうだとすると、前記の区別は、「教育社会学における「当為」の水準」と「教育学における「事実」の水準」の両方を抑圧することで成り立っていることになる。教育社会学における当為についてはすでに論じてきたので、ここでは教育学においてどういう社会像が描かれ、それが教育社会学とどうずれていたのかを垣間見たい。

（2）戦後教育学の社会認識と教育社会学①——「欠乏からの自由」との関係で

余談から入ろう。戦後教育学は戦後民主主義の流れのなかにあるというのは通説だが、戦後民主主義の象徴的中心には日本国憲法があった。憲法の前文には「全世界の国民が、ひとしく恐怖と欠乏から免かれ、平和のうちに生存する権利を有することを確認する」という箇所があり、恐怖と欠乏からの自由が明記されている。草案はＧＨＱのニューディール主義者——ルーズベルトの名と共にある——によって起草されており、憲法は理論的にも歴史的にも「人間の安全保障」と系譜を共有しているのだ（長 2012: 86）。このうち「欠乏からの自由」の理念は憲法25条のなかに織り込まれている。

さて一般に教育学における貧困への関心は、戦争直後は高かったものの、１９６０年代に入り社会が豊かになっていくなかで失われていったと指摘されている。しかしそこまで単純だったのか。そこにどういう社会認識があったのか。ここでは小玉重夫（1989）の議論を参考にしたい。小玉はまず、１９５０年代の教育構造論争における教育と社会の関係についての認識を詳細に検討している。教育構造論争とはマルクス主義の影響力が戦後に高まるなかで、その理論体系に教育がどう位置づくのかをめぐって行われた論争である。その後清水義弘らが介入して生じた教育科学論争と合わせて教育学では重視され、論争が教育社会学の自律化に直結したことを考えると斯学にとっても重要な意味をもつ。小玉は、前記の論争は最終的に「上部構造の存立の機制——労働力陶冶と生産関係の再生産とが現実において不可分に結びついているメカニズム——を固有の認識領野として設定する方向性を獲得」（小玉 1989: 160-161）したと指摘し、この論点をその次の堀尾輝久がどのように展開していったのか検討した。そのうえで堀尾の立論が、政治学者の松下圭一の大衆国家論を下敷きとしていることに注目している。松下の課題は「独占資本主義において労働者階級が体制内に包摂されていくメカニズム」にあり（小玉 1989: 163）、この理論を前提として、堀尾は近代公教育制度の確立過程を労働者階級の体制馴化の一局面として理解した。その論理的帰結として（教育社会学者にとっては）驚くべきことに、彼は「機会の平等」化こそが階級・階層秩序の再生産につながると捉える。なぜなら、「それによって下層階級の有能な人材を体制内部に吸収馴化し階級に流動性を与えることによって支配に柔軟性を与え、そのことによって資本主義的階級体制の安定化に寄与」（堀尾 1971: 234）するからである。小玉によるとこれはボールズ&ギンティスの対応理論やブルデューの再生産理論とも共通性をもつ（小玉 2001: 64）。

戦後教育学においても発達論にむかうなかで欠乏の問題が視線から抜け落ちていったのは間違いない。だが、少なくとも1960年代の時点では、国家独占資本主義下の大衆状況のなかで「機会の平等」を求めるだけではシステムの延命に寄与してしまうという社会認識があった。この妥当性を問うことは本章の課題ではないが、不平等の構造を所与とせずそれを作り出すシステムとの関係で捉える視点は重要だ。

このような抽象度の高い議論は教育社会学ではないと考えられてきた。だが抽象度が高く規範的立場が明瞭な批判的社会記述は社会学でも別に珍しくない（日本社会学会の理論部会や社会学理論学会を覗いてみればわかる）。清水義弘が教育社会学を起動するうえで行ったのは、このような水準の社会記述を「イデオロギー的」とみなすことで「事実」のカテゴリーから排除したことであり、「事実」を社会調査で捉えられる範囲のものにしたことだ。苅谷は日教組の教研集会で階層という視点がフェイドアウトするという文脈で次のように述べている。「事実、日教組の全国教研集会の場においても、階層と教育の関係についての実態調査は、60年代以降ほとんど報告されなくなる。階層問題が議論される場合でも、社会主義的階級論的立場からの思弁的な議論が中心を占めるようになっていった」（苅谷 1995: 195）。教育社会学と教育学の境界は事実学／当為学というより、社会調査での検証可能性が高い／低いという基準によって、区別が行われている面があるのかもしれない▼7。いずれにせよ教育諸学のなかで、教育社会学だけが不平等を問題視してきたわけではない。不平等に関するある意味でよりラディカルな社会認識を外部化することで、教育における不平等問題のエキスパートという自己認識を獲得した面がある。

（3）戦後教育学の社会認識と教育社会学②――「恐怖からの自由」との関係で

教育社会学が構成的他者としてあった戦後教育学は、その後教育学の内部の近代教育批判のなかで相対化され尽くしてきた。近代的な権力を可視化するフーコーやアリエスの研究が参照され、「人権」「発達」「自立」「主体」など近代的理念に依拠していた戦後教育学は批判の対象となっていった。この論点をめぐっても無数の議論があるが、ここでは大内裕和（1999）の記述に基づいて批判を2点に整理し、その後で「恐怖からの自由」との関係で意味を検討したい。

第1に、教育自体に内在する権力についてである。大内によると「戦後教育学の設定は、国家によって歪まされた教育という枠組みによって、教育領域を他の領域から切り離して聖域化」してきたが、それは「1970年代以降のいじめや不登校といった教育問題に対して、より心のこもった充実した教育（配慮・助言）を行うというアプローチを生み出し、更なる微細な管理を生み出すという悪循環を作り出した」。「「教育を歪ませる権力」ではなく「教育自体」が問題の中枢へとせり上がって」いるなかで、「教育自体を内在的に問う視点のない教育研究では現在の状況に対して全く対応することは不可能」になる（大内 1999: 345）。

第2に、「自立的な主体」の問題性である。堀尾らは国民の教育権論から発達教育学へと転換してきたが、枠組みは変わらず「国民の教育権を担う主体の育成を人間の普遍的な発達という点から基礎づける」ものだった。しかしそれは「教育の私事化を進め、「個の自立」という形での「自己責任」を要請するポスト戦時動員体制のネオ・リベラリズムに極めて適合的」である。なぜなら「教育の市場化は、公的な支えがなくても「自ら進んで」教育を受ける「主体」によってこそ推進される」ためである（大内 1999: 346-347）。このような批判は新自由主義批判のフーコー派の権力批判と通底し、また教育社会学からは、「強い個人」概念批判と結びつきながら、そのような主体の形成可能性が階層差を伴っているという批判も行われた（苅谷 2001）。

第1の点についてはイリイチの論点とも重なり不登校というテーマにとって極めて重要である。学校での慣行や相互作用が恐怖の対象になるという事態は、国家のみを敵手とする枠組みでは捉えられない。ただ批判の側も、その水準の「恐怖からの自由」をどう広げることになったのか理解しづらい面がある。ポストモダンの教育思想は権力を脱構築する方向で理論構築を行ってきたが、必ずしも実践的・政策的指針につながったわけではない。教育社会学でも近代教育批判が一時期盛んだったが、徐々に認識利得は逓減する上に、オルタナティブの提示に極めて禁欲的だった（場合によっては対案を求める態度自体がニヒリズムだと怒られた（森 1993: 7））。あえて具体的な政策的含意を探るなら、学校からの離脱可能性を高めるか、学校をよりインクルーシブな場にするかになるだろう。だが前者に対しては、教育社会学では1節の藤田英典の言明にあるように格差拡大の観点から消極的だった。後者については、国内の事例を見てわかる通りフルインクルーシブな教育を実装するには「より心のこもった充実した教育（配慮・助言）」も不可避的に伴うと思われるが（木村・小国 2019）、先述の近代批判のテーゼと順接しそうにない気がする。近代批判を一通り経たうえでも、「民主主義」や「自由」、「健康で文化的な生活」といった近代的価値観」は今も「人類が共通して追求すべきもの、あるいは簡単に蔑ろにしてはいけないものである」以上（小野寺 2015: 3-4）、近代の諸要素のなかに問題克服の契機を探してもよいと考えたい。「恐怖からの自由」を拡充するという観点で評価するなら、近代的か否かの基準に即して戦後教育学を否定し自らのアイデンティティを確保する営みは、さほど重要ではない。

第2の点について考えたいのは、悪名高き「主体」概念の要請がいかなる社会認識と結びついていたかである。先程の大内の批判は、戦後教育学の「自立的な主体」の無邪気な要請が、日本で新たに台頭した新自由主義との共振可能性を見落としているという社会認識上の問題にも向けられていた。この点は同意できるところでもある。だがその後の日本の新自由主義が必ずしも一貫したものでなかったことを考えても（仁平 2023）、主体（性）概念を簡単に手放していいか躊躇する面もある。むしろその概念のいかなる側面を、当該社会の統治に応じる形で彫琢・運用していくのかという視点が必要な気がする。

この点を考えるうえで、前述の堀尾輝久が、戦後民主主義の理論的主柱である丸山眞男の門下だったことを想起したい（堀尾 2020）。丸山も後に近代主義者として批判されることになるが、そこでもやはり、啓蒙主義的に「自立した「主体」」を求める立論が俎上にあげられている（たとえば中野 2001）。丸山の議論の背景には――少なくとも1950年代までは――前近代的で封建的な日本社会という講座派的な社会認識があったことが指摘されてきた（小野寺 2015）。この点と関連して、川本隆史と苅部直は、実は丸山の議論は先述のジュディス・シュクラーの「恐怖を発条とするリベラリズム」と近かったのではないかという興味深い指摘をしている（川本・苅部 2014）。丸山が若い日に経験したのは、封建制と結びついた日本の国家権力が「精神の内面に無限に踏込んで行く」ということだった。公権力が人々に強いる残虐さ・無慈悲さを最大の悪と捉えるシュクラーと同様に、丸山も「いかにしてその恐怖から個人の領域を確保するかというメインテーマ」

（川本・苅部 2014: 36）であり、「主体（性）」もその自由を求めるという文脈で要請されていた。戦後時間が経過し国家の「残虐さ・無慈悲さ」への恐怖が薄れるなかで▼8、戦後民主主義が掲げる「主体（性）」概念が過剰なものと観察されるようになった。国家の遠隔統治を特徴とする新自由主義を社会認識の前提にすると、さらにその傾向は強まる。

軍国少年だった堀尾は「残虐さ・無慈悲さ」を直接実感することはなかったが、「なぜ自分が軍国少年になったのかということを、やはり考えた」（堀尾 2020: 3）くて丸山ゼミに入り、後年、国家に対抗する教育権論を構築した。これが「戦後」という時限的な問題設定及び社会認識と結びついていたのはいうまでもない。だがそれは戦後教育学の社会認識が稚拙で、新自由主義を見据える教育社会学のそれが優れていることを意味しない。前述の通り、日本の新自由主義は一貫した形を取らず、２０１０年代以降はむしろ国家の強権性が問題となり、熟議、対話、理性など近代的なカテゴリーが要請される状況になっている。戦後教育学とともに葬られた問題設定を、どう今の社会的文脈で――相互作用に内在する権力という論点も組み込んだうえで――捉え直すかという問いは、教育社会学においても重要だと思われる。

5　禁欲を解除する

すでに紙幅は尽きた。最後に禁欲の解除が、「多様な教育機会」をめぐる議論に教育社会学が参画するうえで、どういうあり方を可能にするのか示唆したい。まず当事者の受苦の経験やリアリティを受けとめ応えようとするスタンスを無前提《アプリオリ》に抑制する必要はない。つまり「身体的・精神的に脅かされることなく学べる」「将来も含め経済的に排除されない」という二つの機能（functionings）について、前者も後者と同等の重みで受けとめてよい。そして当事者の希望・選好を重視すると社会レベルで意図せざる逆機能が生じると考える思考の癖を一度カッコに入れ、その二者択一のアポリアが失効する条件を、制度的・構造的変数をより自由にアレンジすることで探っていくことが求められる。たとえば、フリースクールなどの選択の自由と平等とが両立不可能なものとして現れるのは、教育を通じた地位の分配という観点からのみ平等を考えているためである。税制と社会保障を通じた再分配の強化による結果の不平等の是正、及び、雇用や承認における差別の体系的な規制とセットで行われるなら、教育機会の自由の拡大が不平等や社会的排除の深刻化に結びつくことはない▼9。その条件に関する検討が実証、理論の双方から進められていく必要があるだろう。

教育社会学者も含むアカデミアの多くは、自らが大学・大学院で研究し教え学ぶことを通じて、あるいは自分の子どもに「よい」教育を受けさせることを通じて、既存の教育システムの正当性の強化と、そこから周辺化される人々の生産に寄与している。政治哲学者のアイリス・M・ヤングは、不平等の構造を所与としたうえで分配の問題としてのみ考える既存の正義論を批判し、その構造を創る抑圧と支配の力を把握・除去することを重視する。そして、その構造的不平等を再生産する因果連鎖に我々も参加していることに注意を促し、その責任を分有し未来にむけて変える投企を促す（Young 2011＝2014）。「バスに乗る」というメタファーは、我々が何らかの未来につながる因果連鎖に常にすでに巻き込まれていることを想起させる。その意味で我々も当事者であり、研究や言説実践を介して出会う当事者とどういう関係を結ぶかということは、メタレベルを志向する社会学にとっても、方法論や理論的立場にかかわらず、内在的な問いではないだろうか。

注

1　この点について北澤毅（2017）は、「伊藤はある種のいじめ言説を否定的に評価すると同時に、「言説」とは切り離された次元に「現実」の存在を想定している。とはいえ、その「現実」はどのようにしてとらえることができるかはよくわからない議論になっている」と指摘している。つまり自らの構築主義の規準を逸脱しているのだが、それは「「いじめ言説」が帯びている正義の仮面を剝ぎ取り語り方の変更を試みることを優先」する伊藤の価値判断によって行われている。

2　格差問題が実証主義、教育問題が構築主義のアプローチを採用しているからというのは説明にならない。なぜ前者に構築主義を適用する「「教育格差」の構築」「「子どもの貧困」の誕生」といった研究が（少なくとも教育社会学のなかからは）現れず、いじめには構築主義的アプローチが適用されやすいのかという選択の基準が、ここでの問いだからだ。もちろんデータの特徴や調査のしやすさということはあるが、イアン・ハッキングが、「Xが社会的構成物である」とする論者は、「X」の現在の言説的構築のされ方が「まったくもって悪いものである」という想定を抱いていると指摘しているように、論者の価値判断も関係していると考えられる（Hacking 1999＝2006: 14-15）。

3　1941年1月にフランクリン・ルーズベルトが年頭教書で発表したもので、言論・表現の自由、信仰の自由、欠乏からの自由、恐怖からの自由を意味する。

4　構築主義が当事者の声の実在を不問にする政治的／倫理的問題については、歴史的構築主義について北田（2003）、対話的構築主義について岸（2015）が検討している。

5　概念分析の観点からは、これは専門的知識と日常的知識のカテゴリーの誤謬と扱われるだろう。

6　階層に基づく差異的処遇も個人の能力差や業績に基づく差異的処遇も、肯定するにしろ否定するにしろ、規範論的な正当化が必要という点では同じ存在身分にある。また「能力主義的差別」が日本特殊的という指摘も、（1）海外でも障害学などを中心にableism／ablism（能力主義）批判が行われるようになっており、日本特殊的という批判は事実として当たらない、（2）参照されているのがアメリカとイギリスという社会権保障の弱い自由主義レジームの国であり、より優位性のあるモデルとして受け取っていいか分からない、（3）たとえ日本特殊的な用法だったとしても、それはひとまずそれだけのことであり、価値的な正しさの有無とは何の関係もない、という三点から、規範論的な判断には実は何の含意ももたない。

7　実際に1960年代に教育社会学系の講座は文部省に「実験講座・実験学科目」を申請し、「教育学分野の講座・学科目として、全国各大学でほぼ一斉に実験化が実現した最初の例」となった。この背景として「比較的「実験」

に親近的な教育社会学の学問的性格によるとともに、文部当局との距離の近さや熱心な運動の成果」が指摘されている。これにより配分される校費は大幅に拡大して、教育社会学の制度的発展につながり、「学問的アイデンティティを大いに強化する」ことになった（橋本・伊藤 1999: 69）。

8 もちろん左派・リベラルは一貫して国家を問題としてきたが、戦争から時間が経過するなかで「残酷な行為」を行う側面ではなく、自発的な動員を可能にするより隠微なメカニズムに関心が持たれるようになり、主体は国家権力への防波堤ではなく動員を可能にする装置と見なされるようになる（その例として中野 2001）。

9 教育バウチャーを導入しているスウェーデンや、オルタナティブ・スクールに公的助成を行っているデンマークやオランダは（永田 2005）、日本よりも教育機会の自由度は高いが不平等の度合いは圧倒的に小さい。いうまでもなく再分配と社会保障のレジームがより普遍主義的なためである。

文献

天野郁夫・藤田英典・苅谷剛彦（1998）『改訂版 教育社会学』放送大学教育振興会

荒見玲子（2020）「教育と児童福祉の境界変容」大桃敏行・背戸博史編『日本型公教育の再検討――自由、保障、責任から考える』岩波書店：179-204頁

市野川容孝（2006）『社会』岩波書店

伊藤茂樹（2014）『「子どもの自殺」の社会学――「いじめ自殺」はどう語られてきたのか』青土社

大内裕和（1999）「戦後教育学の歴史社会学へ向けて」『松山大学論集』11（4）：329-349頁

大川正彦（1999）『正義』岩波書店

長有紀枝（2012）『入門　人間の安全保障――恐怖と欠乏からの自由を求めて』中公新書

小野寺研太（2015）『戦後日本の社会思想史――近代化と「市民社会」の変遷』以文社

堅田香緒里（2019）「「子どもの貧困」再考――「教育」を中心とする「子どもの貧困対策」のゆくえ」佐々木宏・鳥山まどか編『子どもの貧困3教える・学ぶ』明石書店：35-57頁

苅谷剛彦（1995）『大衆教育社会のゆくえ――学歴主義と平等神話の戦後史』中公新書

苅谷剛彦（2001）『階層化日本と教育危機――不平等再生産から意欲格差社会へ』有信堂

川本隆史・苅部直（2014）「討議　丸山眞男を問い直す」『現代思想』42（11）：32-48頁

岸政彦（2015）「鉤括弧を外すこと―ポスト構築主義社会学の方法論のために」『現代思想』43（11）：188-207

頁
北澤毅（2015）『「いじめ自殺」の社会学――「いじめ問題」を脱構築する』世界思想社
北澤毅（2017）「構築主義研究と教育社会学――「言説」と「現実」をめぐる攻防」『社会学評論』68（1）：38-54頁
北田暁大（2003）「存在忘却？――二つの構築主義」をめぐって」『歴史学研究』（778）：35-40、62頁
木村泰子・小国喜弘編（2019）『「みんなの学校」をつくるために――特別支援教育を問い直す』小学館
教育文化総合研究所（2017）『貧困と子ども・学力研究委員会報告書』
倉石一郎（2022）「学力／アチーブメント概念の「弱さ」「受動」への転回――福祉と教育の新たな関係性をひらくために」『福祉社会学研究』19：33-50頁
小玉重夫（1989）「戦後教育理論における教育と社会の関係認識をめぐる相克の地平」『東京大学大学院教育学研究家紀要』29：157-165頁
小玉重夫（2001）「堀尾輝久【現代教育の思想と構造】――「国民の教育権と教育の自由の確立のために」」佐藤学編『教育本44――転換期の教育を考える』平凡社：62-68頁
佐藤俊樹（2000）『不平等社会日本――さよなら総中流』中公新書
清水義弘（1954）「教育社会学の構造」『教育社会学研究』6：1-15頁
武川正吾（2007）『連帯と承認――グローバル化と個人化のなかの福祉国家』東京大学出版会
田中祐児（2023）「貧困者の子どもの有無が貧困の帰責に与える影響――オンラインサーベイ実験による検討」『社会学評論』74（3）：502-518頁
橋本鉱市・伊藤彰浩（1999）「教育社会学の制度化過程――発展の制度的基盤を中心に」『教育社会学研究』64：55-74頁
広田照幸・伊藤茂樹（2010）『教育問題はなぜまちがって語られるのか？――「わかったつもり」からの脱却』日本図書センター
藤田英典（1992）「教育社会学におけるパラダイム転換論――解釈学・葛藤論・学校化論・批判理論を中心として」『教育学年報』1：115-160頁
藤田英典（2000）『市民社会と教育――新時代の教育改革・私案』世織書房
藤田早苗（2023）『武器としての国際人権――日本の貧困・報道・差別』集英社新書
福田徳三（1915）『経済学研究』同文館

堀尾輝久（1971）『現代教育の思想と構造』岩波書店
堀尾輝久（2020）「丸山眞男先生の平和思想――ゼミ生としての想いに重ねて」『東京大学大学院教育学研究科基礎教育学研究室紀要』46：1‐18頁
前田健太郎（2014）『市民を雇わない国家――日本が公務員の少ない国へと至った道』東京大学出版会
村松岐夫（1994）『日本の行政――活動型官僚制の変貌』中公新書
森重雄（1993）『モダンのアンスタンス――教育のアルケオロジー』ハーベスト社
森直人（2024）「「バスに乗る」――反復される対立構図を乗り越えるために」森直人・澤田稔・金子良事編『公教育の再編と子どもの福祉①〈実践編〉「多様な教育機会」をつむぐ――ジレンマとともにある可能性』明石書店：17‐43頁
永田佳之（2005）「オルタナティブ・スクールと教育行財政に関する国際比較――質保証と公費助成の分析を中心に」『比較教育学研究』31：156‐17頁
中野敏男（2001）『大塚久雄と丸山眞男――動員、主体、戦争責任』青土社
仁平典宏（2019a）「社会保障――ネオリベラル化と普遍主義化のはざまで」小熊英二編著『平成史【完全版】』河出書房新社：287‐387頁
仁平典宏（2019b）「「教育社会学」――アクティベーション的転回とその外部」『教育学年報11――教育研究の新章』世織書房：285‐313頁
仁平典宏（2023）「日本における「新自由主義」概念の位置と教育研究」『教育学年報』14：399‐424
山口毅（2020）「生存保障への教育社会学的アプローチの失敗：逸脱の政治パースペクティヴによる規範的考察」『教育社会学研究』106：99‐120頁
山本雄二（1996）「言説的実践とアーティキュレイション――いじめ言説の編成を例に」『教育社会学研究』59：69‐88頁
Hacking, Ian (1999) *The Social Construction of What?*, Harvard University Press.［出口康夫・久米暁訳（2006）『何が社会的に構成されるのか』岩波書店］
JICA Ogata Sadako Research Institute for Peace and Development (2020), *SDGs and Japan: Human Security Indicators for Leaving No One Left Behind*
Nussbaum, Martha C. (2011) *Creating Capabilities: The Human Development Approach*, Belknap Press of Harvard

University Press
Shklar, Judith N.（1989）“The Liberalism of Fear,” Nancy Rosenblum ed., *Liberalism and the Moral Life*, Harvard University Press
Sen, Amartya,（1992）*Inequality Reexamined*, Oxford University Press.〔池本幸生・野上裕生・佐藤仁訳（1999）『不平等の再検討』岩波書店〕
Werthes, Sascha, Corinne Heaven and Sven Vollnhals（2011）*Assessing Human Insecurity Worldwide: The Way to A Human（In）Security Index*. INEF-Report 102/（2011）
Young, Iris Marion（2011）*Responsibility for Justice*, Oxford University Press.〔岡野八代・池田直子訳（2014）『正義への責任』岩波書店〕

第4章

不登校や多様な教育機会に関する社会学的研究は議論を開き継続させていけるのか

藤根雅之

1 序論

本書のもとになった研究会の趣旨文には「私たちは、社会の「多様な教育機会」について、可能なかぎり多様な立場から考え、議論していくプラットフォームをめざします」とある。研究者が執筆メンバーとなるこの2巻は、「アカデミックな言語を新たに作り出そうとする模索」であるとうかがっている。筆者はこの趣旨に賛同している。だからこそ執筆メンバーに加えて頂いたし、研究会に周辺的ではあったが参加してきた。しかしながら同時に、それはあまりにも難しいのではないかという感覚がある。正直に言えば、もはや不可能ではないかという感覚がある。

本章は、この趣旨で研究会や本書の出版がなされるということそれ自体を問おうと思う。そのために歴史（30年ぐらいだが）に学ぶということを行いたい。参照するのは、教育社会学の領域における不登校に関する研究の歴史である。議論の流れを、筆者の観点からではあるが整理する。先に見取り図を述べるならば、その議論の流れは大雑把に言って不登校の実態を解明する研究と不登校を問題と定義する人々の行為を分析する研究とのあいだの論争である。

以下、2節で不登校問題の実態を明らかにした研究を整理し、3節でそれに対し不登校を問題と定義する人々の行為を問う研究が向けた批判を整理し、4節でその批判に対し実態を明らかにする研究が行った批判や流用を整理する。それらの整理を踏まえて、5節で不登校を問題と定義する人々の行為を問う研究が指摘した観点からもう一度実態を明らかにする研究を振り返り、本書の趣旨である「アカデミックな言語を新たに作り出そうとする模索」がどういう力学のなかに位置づけられてきたのかを考える。

2　不登校の実態を明らかにする研究

（1）「グレイゾーン」と「現代型不登校」の発見

教育社会学者の森田洋司（1991）は、不登校の議論の前提となる公式統計における暗数の存在に着目した。森田が指摘したのは、公式統計を作成するための学校基本調査における、日数という線引きと回答する教師のパースペクティブについてである。

森田は、問題として報告されるのは調査上の定義の範囲内で取り上げられた事柄であると指摘する（森田 1991: 23-21）。不登校を含む「長期欠席」の基準日数は、１９９０年度以前は年間50日以上の欠席と定義され、

1991年度以降は年間30日以上の欠席と定義されている。その日数の線引きによって切り取られた部分のみが問題として認識され、線引きに含まれない暗数の存在が見落とされてしまっているという指摘である。また森田は、文部省・文部科学省による調査において、具体的な回答は教師によってなされているということに言及する。教師による回答の集計として報告される調査結果が「実態」であり「客観的な事実」と考えられている事に対し、森田は、「「実態」といっても、それは生徒の行動を教師という限られた立場から観察した結果であり、教師が経験し構成した社会的現実にすぎない」（森田 1991: 34）と指摘する。そして、生徒自身の報告も踏まえて複眼的に事象にアプローチし、現実をより広く掬い上げる必要性を指摘する。

そのうえで森田は、自身の研究の目的を不登校の全体像の把握に定める。調査のうえで目指されたのが不登校の「グレイゾーン」の把握である。「グレイゾーン」とは、欠席日数の基準や教師の認知に含まれないケースと、欠席はしていなくても遅刻・早退をした生徒やがまんして登校する生徒というケースからなる（森田 1991: 25）。森田は、公式統計の欠席日数の基準に含まれないケースを把握するために、1年間に1日以上の欠席を「欠席行動」として定義する（森田 1991: 25）。また、教師の認知に含まれないケースを含めるために、欠席状況に関わらず調査対象となった学校の2年生の生徒全員に回答を求める質問紙調査を行った。

以上のように不登校の全体像を把握する目的に向けて調査が行われ、その結果として、森田は「グレイゾーン」の「予想を上回る膨大な広がり」（森田 1991: 32）を指摘した。年間1日以上欠席の生徒の人数が「調査対象生徒全体の17・1％に達している」（森田 1991: 28）事や、欠席はせずに1年間に1日以上遅刻あるいは早退した生徒を含めることで「不登校現象の全体像はさらに膨らみ、調査対象生徒全体の25・1％におよぶことになる」（森田 1991: 29）という事が明らかにされた。そして森田は、生徒の「登校回避感情」の経験について指摘し、1年間に1日も欠席も遅刻も早退もしていない生徒のなかに不登校の潜在群が存在することを明らかにした。「学校へ行くのが嫌になったことがあるか」という質問に「よくある」「ときどきある」「たまにある」と答えた生徒の合計が「全体の70・8％に達している」（森田 1991: 26）事が示され、「もはや不登校現象が、特別な傾向をもったごく一部の子供《（ママ）》たちに起こる現象ではなく、中学生活の日常的な身のまわりの出来事として現われていることを示している」（森田 1991: 31）という指摘がなされた。

またこの調査によって、欠席・遅刻・早退が「悪いことだ」という意識が希薄化している生徒の存在が指摘された。1年間に1日以上欠席あるいは遅刻あるいは早退した生徒に対しその時の気持ちを尋ねた質問への回答が、「したいときは、当然だ」が5・4％、「とくに何も思わなかった」が26・9％であったことが明らかにされた（森田 1991: 127）。この生徒達が「現代型不登校」と名付けられた。「現代型不登校」とは、「学校を休んだり、遅刻をすることに何の抵抗感もなく、ただ気が向かないから学校を休んだり、ずるずると遅れてしまう子ども達」（森田 1991: 5）であり「彼らの意識や行動は、価値や規範が要請する善悪の観念や義務の感情や論理に基づくものではなく、むしろ好みや気分といった感性的基準に左右されたものであることを特徴としている」（森田 1991: 5）と説明されている。

そして森田は、「グレイゾーン」と「現代型不登校」の増加を、現代社会の「私事化」（森田 1991: 212-233）に伴う人々のつながりを指すソーシャル・ボンドの希薄化に要因があると説明し（森田 1991: 234-265）、現代社会におけるリスクの個人化を指摘した（森田編 2003: 15-23）。そのうえで森田は、文部省からの委託を受けて行った不登校経験者への追跡調査の結果から「進路形成の問題」すなわち不登校経験が将来の生活における不利につながる問題を明らかにした（森田編 2003: 23-42）。

（2）「脱落型不登校」と「危険な欠席」の発見

教育相談を専門とする保坂亨（2000）は、不登校の公式統計における分類基準の不十分さを指摘した。その指摘は、先行研究において「不登校（登校拒否）」という言葉が論者によってさまざまな定義で使われているという点についてや、文部省の公式統計においても分類名称やその定義等が変化してきたという点について、そして公式統計の調査に回答する学校現場での欠席理由についての分類の恣意性についてなされた（保坂 2000: 12-24）。

この指摘を踏まえ保坂は、これまで見落とされてきた不登校の実態を明らかにすることを研究目的に据える。保坂は、ある市の教育委員会の協力を得て、その市内の全公立小中学校の「年間30日以上欠席したすべての児童・生徒の欠席理由および学級担任の指導記録」▼1（保坂 2000: 26）を自身で点検するという調査を行った。学校によって「学校ぎらい」▼2以外（病気や家庭によるものなど）に分類されていたケースについて保坂が学級担任の指導記録を点検し、「『不登校』傾向が読み取れるもの」（保坂 2000: 26）を「学校ぎらい」に分類されていたケースと合わせて「不登校」と再分類するという作業が行われた。そのうえで保坂は「不登校」と再分類したケースを、さらにタイプ別に分類した。その分類作業は、小泉英二による登校拒否の定義（小泉編著 1973: 16）にしたがって保坂の手によって行われた（保坂 2000: 24-25）。

これらの作業の結果、保坂は不登校の潜在群と予備群を、そして「脱落型不登校」を発見した。保坂が「不登校」と再分類したケース数が、市によって「学校ぎらい」と分類されていたケース数に比べ、「小学校において約2倍（1・6～2・4倍）、中学校において1・2～1・5倍という結果」（保坂 2000: 29）であったと明らかにされた。この結果から保坂は、公式統計上表れてこない不登校の潜在群を見出した（保坂

2000: 29-31）。さらには遅刻を繰り返す子ども、保健室登校の子ども、年間欠席日数が30日未満の子どもなどについて言及し、「「不登校」予備群ともいうべき存在はまだ相当数いると考えてよいだろう」（保坂 2000: 32）と指摘した。

再分類した「不登校」をさらに類型化することによって保坂が発見したのが「脱落型不登校」である。「脱落型不登校」とは、小泉の登校拒否の分類（小泉編著 1973: 16）における「怠学傾向」を保坂がいいかえたものである（保坂 2000: 44）。小泉の分類における「怠学傾向」は、「無気力傾向」と「非行傾向」の二つの下位分類から構成されている（小泉編著 1973: 16）。「脱落型不登校」にはさらにそこに、保坂が行った調査対象の市のそもそもの分類では「家庭内の問題」あるいは「その他」に分類されていたケースが加えられた（保坂 2000: 41-42）。そこで加えられたのが、「家庭の養育能力に問題があると学校が判断するケース」（保坂 2000: 42）である。その結果、「実際にはいわゆる「怠学」という概念より広く学校文化からの脱落（ドロップ・アウト）という側面を特徴とした分類」（保坂 2000: 42-43）として、そして従来の不登校問題の議論において重視されていた「神経症型不登校」と対比させる形で、「脱落型不登校」が発見された。そして社会的に取り上げられている「不登校」という理解が全体像を対象としきれていない事を指摘し、「長期欠席全体の方が不登校の実態に近い」（保坂 2000: 58）と述べ、長期欠席者全体の数字に注目して不登校問題を考えるべきだと提案した。

「脱落型不登校」の発見を踏まえて、不登校の危険性が指摘された。保坂は、１９９７年に神戸市で起こった児童連続殺傷事件をきっかけに大阪府教育委員会が長期欠席児童生徒のいる家庭に対して行った調査において、学校が連絡が取れなかった児童生徒が１１２人いたという結果について報道した新聞記事を引用し、このケースを「学校文化からの脱落型不登校といってよいだろう」（保坂 2000: 180）と示した。そして、「昨今事件として報道されることが多くなっている「虐待」によって子どもが死亡するケースは、家庭の養育能力の欠如という点で、ここでいう脱落型不登校と水面下ではつながっていると推測される」(保坂 2000: 187)と説明がなされた。また、児童相談所の相談件数が増加している事が示され、「学校文化からの脱落型不登校の予備軍《ママ》を抱える家庭が、その背後に相当数潜んでいる可能性はきわめて高いだろう」(保坂 2000: 187)と指摘がなされた。さらに保坂(2019: 95-121)では「危険な欠席」という言葉が用いられ、「脱落型不登校」に家庭での虐待が関連している危険性が示されている。学校教育や児童福祉の関係者に対し保坂は、長期欠席児童・生徒のいる家庭にかかわる際には、「危険な欠席」があるという認識を持つ必要性を示している。

3 不登校を問題と定義する行為を問う研究

(1)「だれが、どういう関心のもとに、どのように、「不登校」を問題にしているのか」(山田 2002: 240)

社会構築主義的研究は、問題の全体像を実証主義的に明らかにする視点から距離を取り、「だれが、どういう関心のもとに、どのように、「不登校」を問題にしているのか」(山田 2002: 240)という点を問うてきた。加藤(2012)は戦後日本の国家による長期欠席、登校拒否、不登校をめぐる問題化のプロセスを、朝倉(1995)と貴戸(2004)は1970年代以降の国家だけでなくさまざまなアクターによる不登校の問題化をめぐるプロセスを分析している。そのなかでも貴戸は、教育社会学者も不登校問題の構築過程の渦中で問題化の主張を申し立てる一アクターであることを指摘した(貴戸 2004: 66-72)。それらの研究が指摘した事は、さまざまなポジションの人々による闘争として、不登校がどういった問題なのかあるいはそもそも問題なのかという定義をめぐるポリティクスが展開されてきたことである。

これら社会構築主義的研究は、社会問題を研究するうえで、ある「問題の事象」についての客観的な判断を保留し、ある事象を取り上げそれを「問題である」と説明する人々の一連の行為に着目するという研究スタンスを取る（Spector and Kitsuse 1977=1992）。

この研究スタンスは、実態を明らかにする研究においても言及されている。森田は、それまでの議論において研究者の研究領域の関心に沿って不登校の定義がなされていると指摘し（森田 1991: 13-14）、不登校問題を「生徒本人ないしはこれを取り巻く人々が、欠席並びに遅刻・早退などの行動に対して、妥当な理由に基づかない行為として動機を構成する現象である」（森田 1991: 14-15）と捉えると述べている。

（2）オントロジカル・ゲリマンダリング

社会構築主義アプローチに立つ社会学の研究に関しては、オントロジカル・ゲリマンダリング（以下「ＯＧ」と表記）という問題が指摘されている（Woolgar and Pawluch 1985=2006）。その指摘は、ある事柄は社会的に構築されたものと定義する一方で別のある事柄は客観的な実態として定義するという、研究者が境界線を引く作業における矛盾に対してなされたものである。

ＯＧと指摘されたこの問題は、不登校研究においては、不登校の実態を明らかにする研究に対して指摘できる問題である。すでに見たように、森田も保坂も共に批判的に指摘するのが、社会的に構築された「神経症型不登校」が、不登校の議論や対応施策における不登校理解の前提とされているという点である。森田は、それまでの不登校研究が精神医学や臨床心理学の領域で進められてきたため「神経症的傾向」が不登校の中核群として位置づけられてきた事を指摘した（森田 1991: 134-136）。保坂も同じく、不登校対応施策が「神経症型不登校」のみに光を当てすぎている点を指摘した（保坂 2000: 46-47, 194-195）。そのうえで、森田は自身で生徒に対して行った質問紙調査の分析結果から「現代型不登校」の存在を見つけ出し、保坂は教師の指導記録を自身で点検し再分類することで「脱落型不登校」の存在を見つけ出した。それぞれの研究者は、「神経症型不登校」を構築されたものとして定義する一方で、「現代型不登校」や「脱落型不登校」は客観的な実態として定義するという、境界線を引く作業を行った。

社会構築主義的研究は、実態を明らかにする研究のこの問題を指摘してきた。工藤（1994）は、森田が不登校現象を人々が解釈し定義づける社会現象として捉えるという視点を示しながらもその視点を徹底せず、現代の子どもが不登校となる原因の解明を行った点を指摘し、それまでの心理学等の研究と同じロジックをたどったと批判した。また保坂が分類に用いた資料は、欠席した児童生徒の学級担任が記した指導記録である。その結果から長期欠席者全体の数字をもとに問題を考えるべきだと保坂は述べている。一方で森田は社会構築主義的な観点の必要性を述べるところで（森田本人がこの観点を徹底していないが）、教師という立場からの不登校の見え方の限定性を指摘した（森田 1991: 33-52）。加藤は、「一方で、「不登校」をつくられた〈定義〉、「長期欠席」を〈実態〉とみる二元論」（加藤 2012: 205）の問題を、「「長期欠席」という把握が、戦後大量にでた学校に行かない子どもの把握と就学督促のために定義された概念であるということは不問にされ、その社会の統制装置としての性質は見えなくなる」（加藤 2012: 206）ことにあると指摘する。

なぜ森田は、公式統計や教師による回答では暗数が存在するとみなせるのに、自身による調査分析は全体像に接近できるとみなすことができたのだろうか。なぜ保坂は、欠席理由の分類は恣意的になされているとみなしながら、教師が残した記録から自身は分類を作成することができるとみなすことができたのだろうか。先行研究や公式統計に現れる不登校はある視点から一部を切り取られたものであると指摘しながら、なぜその指摘を行う研究者自身はそれよりも客観的に不登校の問題を取り上げる事ができると主張できるのであろうか。OGとして指摘された問題を踏まえると、不登校の実態を明らかにしようとする社会学的研究における、研究者によってなされる構築されたものと実態を伴うものとのあいだの境界線を引く作業の矛盾が指摘できる。

（3）不登校の全体像を明らかにしようとする研究の立ち位置

社会構築主義的研究が問うたことは、不登校の実態を明らかにする研究が行う客観的な調査分析が、どのような立ち位置のもとでなされているのかという点である。

加藤は、森田の分析における「〝通常であれば登校回避感情は持たない〟という強いコンセンサス」（加藤 2012: 43）が前提とされている点、不登校問題をめぐるポリティクスへの視点の欠如、不登校と社会階層の関連の見落としが課題であると指摘した（加藤 2012: 40-45）。土方は、森田の「現代型不登校」や「進路形成の問題」という知見が文部科学省の不登校対応施策において活用され、子ども個人の意識やつながりに原因を定める事により教育システムや教育制度の問題への問い直しが回避され、不登校の将来のリスクを示すことにより学校の自明性の擁護が図られたと指摘した（土方 2016: 97-108）。貴戸も、全体像を見渡すという視点に立つ社会学の研究者が「この社会を維持してゆくひとつの保守的立場となっており、その「客観」「中立」は疑われなくてはならない」（貴戸 2004: 72）と指摘し、そこには当事者の声が聞かれる余地が存在しないという問題を示した（貴戸 2004: 66-72）。

そしてこれらの問い直しからは、実証主義的研究における研究者の立ち位置のある特徴に目を向けることができる。それは学校の自明性が低下しているという前提に立つという点である。

森田は、調査対象の生徒の70・8％が「学校に行くのが嫌になったことがある」と回答したことを、子どもたちにとって学校が絶対的なものではなくなっている事の根拠の一つとした。しかしながら、同じ調査は、調査対象生徒の72・6％は学校を1年間に1日も欠席も遅刻も早退もしていないという結果も示している▼3。つまり「現代の中学生では、7割の子供《（ママ）》たちが、この1年間に学校へ行くのを嫌だと感じたことがあったと答えている」（森田 1991: 26）と同時に、「現代の中学生では、7割の子どもたちが、この1年間に学校を1日も欠席も遅刻も早退もしなかったと答えている」ということも、森田の調査結果は示している。「学校に行くのが嫌になったことがある」と答えた生徒と学校に毎日通っている生徒が多いということは、子どもたちにとって学校が嫌でも通うものであるという事の表れと解釈することも可能である。

また森田は、登校の自明性・絶対性に苦しみながら欠席する生徒を取り上げる議論が、学校教育の否定や変革の必要性の主張につながっている事を示している（森田 1991: 127-128）。そしてその論議に対し、自身の調査結果から「一面的な理解である」（森田 1991: 127）と批判を示し、「学校の存在が従来ほど子どもにとって絶対的なものではなく、相対化して認識するグループが混在してきた」（森田 1991: 128）と反論する。しかしながら、ここで森田は「従来ほど」学校が絶対的なものでなくなってきたと自身の調査結果に基づいて主張しているが、森田の調査結果は時系列的な変化を示しているわけではない。調査結果はあくまで一時点における調査結果であり、比較対象の過去のデータは分析には含められていない。また学校を欠席・遅刻・早退した際の気持ちを尋ねる質問への回答において「よくないと思いつつ欠席（遅刻・早退）した」と回答した生徒は50・0％であり、森田は「分布に着目すれば、このグループが最も多く、本人の意識として不登校を逸脱だと見なす考え方は依然として主流を占めているといえる」（森田 1991: 127）と述べている。にもかかわらず森田は「従来」という比較対象を想定し、そこから現代の不登校の全体像を明らかにし、自身の見解とはことなる主張を「一面的な理解」と退けている。

従来と比較し現代の登校の自明性が低下しているという前提は、保坂も示している。日本の高度経済成長期という「企業戦士たちは、有給休暇などには目もくれず、一日も会社を休まず働き続ける事は当たり前であった」（保坂 2000: 182）時代において「社会全体が学校を休むことなどとんでもないと思っていた」（保坂 2000: 182）と振り返り、「筆者自身、この1960～70年代前半に学校生活を送ったものであるが、「学校を休むことは悪いこと」という雰囲気を強く感じていた」（保坂 2000: 182）と独白している。それに対し、「高度成長の終わりとともに余暇が重視されるようになり、ゆとりやその象徴である有給休暇の消費率が注目される時代になっていく」（保坂 2000: 182）という社会的風潮を捉える。そして、ユーラシア大陸横断やヒマラヤ登山に挑戦する子どもとその家族を取材した新聞記事や、家族旅行やスポーツ・芸能活動を優先させて学校を欠席するケースに言及し、そのようなケースが「増加している実証的なデータはない」（保坂 2000: 181）と述べながらも、「学校を休むこと」が社会的に容認されるようになっていると解釈する。

学校の自明性の低下とは、ある一つの観点から示された問題である。別の立ち位置から不登校を捉えることも可能である。山田は次のように述べる、「定時制高校で働いてきたわたしの感覚からすれば、年間三〇日の欠席ということすら、それほど驚くべきことだろうかという思いが強い。教員にだって、すくなくとも年間二〇日の有給休暇が保障されているではないか。現実に使えるかどうかは別問題であるにしても」（山田 2002: 241）と。

「不登校の全体像」を「科学的、実証的、客観的な調査研究」(山田 2002: 240)によって明らかにしようとする研究に対し、山田が「だれが、どういう関心のもとに、どのように、「不登校」を問題にしているのか、ということ」(山田 2002: 240)を問わねばならないと述べたのは、これらの研究によって引き起こされる問題に向き合うからである。山田は、森田が行った不登校経験者への追跡調査(森田編 2003)に対して、大人になった不登校経験者に文部省からの依頼として協力を求め、各学校に当時の指導要録の詳細な確認を求める、といった調査方法が人権侵害をおかすことになると批判した(山田 2002: 243)。さらにその調査方法について、「法制度的な手続きとしても、これは指導要録の目的外使用として禁じられていることであり、個人情報保護条例を制定している自治体では、本人の同意を得ることなく本人情報を外部に手渡してはならないとする禁止条項に違反する」(山田 2002: 243)と指摘した。

この山田の指摘は、保坂の研究への批判ともなる。ある市のすべての児童生徒の出欠や指導の記録を、不登校の実態を明らかにするという研究目的のために使用し、研究者が自身の観点からその生徒たちの欠席理由を決定するという保坂の調査方法には、山田が森田の調査方法に対して批判した倫理的問題と法制度的問題が同様に指摘できる。

4 それでも不登校の実態を明らかにしようとする研究

(1) 社会構築主義研究への批判

「だれが、どういう関心のもとに、どのように、「不登校」を問題にしているのか」（山田 2002: 240）を問う研究に対して、教育社会学のなかで批判が返される。教育社会学者の加野芳正は、そのような研究が「「実態」としての不登校現象の解明という視点からは距離を置くことになりがちである」（加野 2001: 13）と批判する。不登校の原因の解明から距離を取ることが「どうして学校に行く子どもと、行かない子どもが生じてくるのかという素朴な疑問を隠蔽することに繋がるという危険性も秘めている」（加野 2001: 13）と指摘し、「素朴に、不登校の子どもたちは中学校を卒業したあと、どのような人生（経路）を歩んでいくのだろうか」（加野 2001: 14）という点も教育社会学にとっての課題であると訴えかける。

この加野の指摘は、先に挙げた森田や保坂と同様に、臨床心理学の隆盛への批判と共に行われている。加野は、１９８０年代以降の教育問題が「心の問題」として捉えられるようになったことと関連して「臨床心理学的知が学校での発言力を増している」（加野 2001: 16）と指摘した。そしてそれによって「神経症的不登校」がクローズアップされているのに対して、「こうした臨床心理学的知の拡大は不登校のある部分を拡大して映し出し、ある部分を隠蔽することになるのではないか」（加野 2001: 16）と批判を示す。臨床心理士等がかかわる「神経症的不登校」の事例をもとに「言説が構築されていく」（加野 2001: 16）事となり、不登校支援のあり方として「「登校刺激を与えるな」であり「とにかく受容しろ」ということ」（加野 2001: 16）が求められている状況に対して、「怠学傾向の子どもにとっては、登校刺激こそが不登校を防ぐ有効な手段でもある」（加野 2001: 16-17）と反論する。そして臨床心理学の隆盛への対抗軸として教育社会学が不登校の実態を解明することが必要だという訴えがなされる。その必要性は「臨床心理学的な言説が優位になればなるほど、不登校は個人的な問題に還元されていくから、そこに発生している社会的な側面が忘却のかなたへと追いやられてしまう危険性を伴っている」（加野 2001: 17）と示される。

加野の臨床心理学への対抗は、「臨床心理学を担ってきた人たちの、巧みな政治的力量」（加野 2001: 18）を指摘することによっても表明される。臨床心理士の資格化、地方組織の整備、スクールカウンセラーの制度化などを取り上げ、加野は「彼らは、不登校の増加やいじめ問題、さらには阪神大震災の被災者に対する心のケアへの関心の高まりといったものを、巧みに臨床心理学的知の必要性に結びつけて、みずからの存在と必要性をアピールし、学校空間の中に深く入り込んできた」（加野 2001: 18）と批判する。

（2）社会構築主義研究の流用

教育社会学者の酒井朗も加野と同じく、不登校研究において臨床心理学の知が支配的となっている状況に対して批判を行う。酒井は、「児童生徒理解とカウンセリング・マインドがセットになった教育言説」（酒井 2014: 158）が社会的に構築され支配的になったプロセスを分析し、それに対して、「社会的な背景要因に注目した問題理解」（酒井 2014: 182）の重要性を提案する。その根拠として酒井は保坂による「脱落型不登校」の発見を用いる（酒井 2014: 73-75）。「脱落型不登校」が「以前から存在した」（酒井 2014: 81）ということを、文部省・文部科学省の公式統計の数字を「証拠」（酒井 2014: 81）として用いて示し、「児童生徒の問題行動は彼らの家庭背景や社会的要因により規定されている」（酒井 2014: 182）と指摘する。

そしてそのうえで酒井は、人々が定義するという行為によって問題の定義が構築されるという社会構築主義研究の視点を流用し、自らが「問題」を定義する新たな言葉を作り上げ申し立てることにより、実践の改善を図ることを試みる（酒井 2014: 45-47）。「不登校」という言葉は「定義がきわめて曖昧で、実態を把握し得ない」（酒井 2014: 79）とし、それに代わって、「学校に行かない子ども」という言葉で問題を捉えることを提唱する（酒井 2014: 88）。酒井はこの「学校に行かない子ども」という名前を与えることにより、「就学義務を免除あるいは猶予されている子ども」や「日本に住んでいる外国籍の子ども」も含めて「同一カテゴリーで統一的に把握し」（酒井 2014: 88）、教育を受けていない状態という問題として対応を講じることができるようになると主張する。そのように「適切な名付け」（酒井 2014: 226）を行うために従来の言説を相対化し、新たに作った「適切な名付け」を文部科学省や地方教育行政の担当者に届けることで、実践の改善に貢献できるとしている（酒井 2014: 206-215）。

5 もう一度不登校を問題と定義する行為を問う

不登校の実態の解明の必要性を示す研究に、もう一度「だれが、どういう関心のもとに、どのように、「不登校」を問題にしているのか」（山田 2002: 240）を問うてみよう。

（1）教育社会学のポリティクス

臨床心理学に対する加野の反論には、森田や保坂と同様に、OGとして指摘された問題が指摘できる。どうして臨床心理学的知にもとづく不登校理解やその支援のあり方は「彼らの言説が構築されていく」（加野 2001: 16）うえでの帰結であるとみなしながら、教育社会学は「「実態」としての不登校現象の解明」（加野 2001: 13）を担えるとみなせるのであろうか。ある学問領域で見出される知見は構築されたものであり、ある学問領域で見出される知見は実態であると、どうして線を引くことができるのであろうか。

加野による線引きは、不登校に関して何を問うべきかという点についてもなされている。なぜ、「どうして学校に行く子どもと、行かない子どもが生じてくるのか」（加野 2001: 13）という問いや「不登校の子どもたちは中学校を卒業したあと、どのような人生（経路）を歩んでいくのだろうか」（加野 2001: 14）という問いは「素朴な疑問」（加野 2001: 13）であり、「不登校に対する私達の認識方法」（加野 2001: 12）についての問いすなわち「だれが、どういう関心のもとに、どのように、「不登校」を問題にしているのか」（山田 2002: 240）という問いは「素朴ではない」と、一人の研究者が線を引くことができるのであろうか。

そして加野の線引きは、学術研究に政治性を見出すかどうかという点においてもなされている。専門知を政策的に位置づける動きに「臨床心理学を担ってきた人たちの、巧みな政治的力量」（加野 2001: 18）を指摘しながら、「それに対する対抗軸を教育社会学は強く求められている」（加野 2001: 20）と指摘するその行為は、加野自身が臨床心理学という学問領域に対して批判した政治的力量の駆使を、同じように駆使し返そうとする、ポリティカルな闘いへの参戦である。自らも不登校の理解をめぐるポリティカルな闘いに参戦しながら、なぜ、自身の問いは「素朴」なものであり、見出した知見は「実態」であると、他者の問いや知見とのあいだに、ある一人の研究者が線を引くことができるのであろうか。

不登校の定義をめぐるポリティカルな闘いへの参戦は、教員養成課程における実践的指導力の涵養を求める国家からの要請の強まりという状況と関連する形で示されている。酒井は、そのような国家からの要請に対して「学問は誰のためのものかという根源的問題に即して考えるなら、日本において教育社会学が占めてきた、そして現に占めている社会的役割を踏まえ、教育実践に対してこれまで以上に積極的に貢献できるような知の生成が求められていると考える」（酒井 2014: 9）と述べる。国家からの要請に応じる必要性は、教育に関する領域を専門とする研究者の多くが、大学の教員養成課程に関するポストに就いているために生じる（酒井 2014: 3-4）。現在、教員養成課程科目の担当を予定する教員は、個人のこれまでの経歴や研究業績について文部科学大臣の認定を受けなければならない▼4。「教職課程コアカリキュラム」▼5に記された事項に合致すると文部科学大臣に認定してもらえるような業績を出さなければならないという力学が、研究者に課せられているという状況にある。新しい名前を与えるという酒井の行為は、この文脈でなされるものである。

　酒井の研究において特に強調されているキーワードの一つが「現場」である。実践的指導力の涵養という国家からの要請に応じようとするため、研究がいかに「現場」に貢献できるかということが主題となる。ではその酒井の述べる「現場」とは一体どこであろうか。酒井は「一口に現場といっても、その実態はきわめて多様」（酒井 2014: 206）だと述べているが、その「多様」な「現場」とは、教室、学校、教育委員会、文部科学省といった、学校教育制度内におけるレベルの違いであり、学校教育制度から周辺化された活動は含まれていない（酒井 2014: 205-211）。児童館やフリースクールといった学校以外の多様な場と学校教育の連携・ネットワークの必要性は酒井によっても述べられているが、それは、国家からの要請に従って「現場」に貢献するという研究目的から、またある自治体の「不登校対策委員会の委員長」（酒井 2014: 60）という立場から示されたものである。

（2）社会学的研究が行う問題の個人化

　不登校の実態を明らかにしその問題への解決策を提案することを目的とする社会学的研究は、臨床心理学的知や学校の自明性を相対化する知に対抗し、不登校を「広く現代社会の問題として再検討」（森田

1991: 33）することや「社会の構造的要因」（酒井 2014: 182）の問題として捉えることの必要性を主張している。しかしながら、その研究の結果として示されるものも、不登校の問題を個人化する知見である。

森田は、不登校現象の要因を私事化という社会の時代的変化から説明している（森田 1991）。しかしながら、私事化という概念を使って森田が説明することは、子どもたちのモラルの低下という個人の要因である。森田が発見した「現代型不登校」は、「学校を休んだり、遅刻することに何の抵抗感もなく、ただ気が向かないから学校を休んだり、ずるずると遅れてしまう子ども達」（森田 1991: 5）であり「好みや気分といった感性的基準に左右された」（森田 1991: 5）者であると説明される。また、社会の私事化に伴う子ども達をめぐるつながりの弱まりは、子ども達の意識傾向の問題と説明される（森田 1991: 242-260）。土方は、これら森田による「わがまま」な子どもの問題としての不登校問題の説明が、文部科学省が２００３年に通知した不登校対策の指針に用いられ▼6、教育システムや制度の問題は不問となったと指摘している（土方 2016: 97-108）。

一方で保坂や酒井は、不登校の問題を格差や貧困といった「社会における構造的な不平等」（酒井 2014: 182）の問題として捉えて論じている。しかしながら、その問題の取り上げ方も不登校の問題を個人化する形となっている。保坂は「脱落型不登校」を「家庭の養育能力に問題があって、学校に行くための前提ともいうべき環境が整っていないようなケース」（保坂 2000: 48）と説明し、それが虐待と「水面下ではつながっていると推測される」（保坂 2000: 187）と指摘する。問題は、不登校の子どもの親という立場にある個人の能力や資源の欠如を指す言葉で説明されている。そして不登校のなかには「危険な欠席」があると認識する必要性が訴えられる（保坂 2019: 95-121）。

「家庭の養育能力の欠如」という問題の説明にも、「学校教育に内在していた社会編成の力学は問うことなく、教育改革の正当性を下支え」（加藤 2012: 45）することにつながりうる問題を指摘できる。２００６年の教育基本法の改正や2014年より自民党のプロジェクトチームが検討を開始した「家庭教育支援法」、2023年12月15日時点で10都道府県6市町村での制定が確認されている「家庭教育支援条例」▼7をめぐる動きなどから、子どもの問題をその家庭に原因があるとみなしそれを根拠に公権力の介入が強められる問題が指摘されている（木村 2017）。これら政策的に問題視される家庭の問題とは、親の自覚・知識・愛情といったモラルについてが主である。それに対し「脱落型不登校」は社会経済的要因から問題を取り上げる視点であり、その視点は社会の問題として教育問題に向き合ううえで重要であることは確かであろう。しかしながら、「社会学的視点」（酒井 2014: 158）から明らかにした知見であってもそれが国家からの要請に応じるという力学のなかに位置づけられるならば、「家庭」の「危険性」を認識する必要性の主張が家庭教育支援の必要性の根拠として接合され、「貧困や文化的排除といった社会の構造変動のなかでのさまざまなリスクが「社会的な課題」ではなく、親の怠惰や養育機能の無さといった「家族問題」に読み替え」（加藤 2012: 159-160）られるうえで活用される可能性は指摘しなければならない。また、「危険」なものと名指すことにより、さまざまな課題に直面している保護者にスティグマを付与し、尊厳を貶めたり、支援や補助を届きにくくしてしまう可能性も指摘しなければならない。

（3）名付けをめぐる闘いとしての不登校研究

不登校をめぐる言説の構築プロセスを分析した研究のいくつかは、構築された言説の影響下で表象されながら生きる個々人の生活を、彼ら彼女らのパースペクティブに接近する研究方法を用いて分析している。朝倉（1995: 83-199）はフリースクールで過ごす子ども達が、貴戸（2004: 101-261）は不登校を経験した若者が、加藤（2012: 187-202）は不登校の子を持つ母親が、それぞれが社会のなかで語られる「不登校」の表象に規定され、またその表象を利用したり、ずらしたり、抗ったり、無視したりといった行為を繰り広げていることを見出した。これらの研究から指摘できることは、言説上構築される問題の理解とは、不登校と名指される問題を自分ごとと引き受けるあるいは引き受けざるをえない人々の生活やアイデンティティに影響を与えるということである。

不登校がだれの何の問題であるのかという名付けを、さまざまな立場の者たちがお互いに対抗したり接合したりする形で繰り広げてきたプロセスを見てきたのが、不登校の実態を明らかにする事から距離を取り「だれが、どういう関心のもとに、どのように、「不登校」を問題にしているのか」（山田 2002: 240）という点を問うてきた社会構築主義的研究である。その知見を踏まえたうえで、不登校の実態を実証的に明らかにしようとする研究は、「さまざまな教育問題は社会的に構築されており、それを相対化したうえで、何が本当に問題にすべき問題かを考え抜くことの大切さ」（酒井 2010: 41）を訴える。そして、ＯＧと批判されることを想定し「こうした折衷的な論は、社会学としては批判が生じうる点である」（酒井 2023: 69）と述べながら、「しかし、規範的な問いに向き合おうとすると、こうした具体的な分析の議論では、対立する二つの立場の両方を加味して問題とすべき事象に迫ろうとするスタンスが求められているのではないか」（酒井 2023: 69）と主張する。

研究者による「適切な名付け」（酒井 2014: 226）が国家からの教員養成課程での実践指導力の涵養という要求に応じる必要性のもとになされているということを踏まえると、規範的に問うべき問題とは、だれにとっての「本当に問題にすべき問題」（酒井 2010: 41）なのだろうか。その規範的な問いに答えるために作られた名付けはどういった意味を持ちうるのだろうか。この問題こそが「だれが、どういう関心のもとに、どのように、「不登校」を問題にしているのか」（山田 2002: 240）という点を問うてきた研究が向き合ってきたことではないか▼8。問題として名付けるという行為は、不登校という問題の「犯人探し」となり、個人のアイデンティティに大きな影響を与える。この問題については、工藤によって「不登校研究はそのようなポリティクスのなかで、絶えず傷つき苦しむような人を生んできたのではないか」（工藤 1994: 45）と、そして「我々学者は常にその地位を利用してそのポリティクスに強い力を持って参入できる力を持っていたし、おそらくこれからも持ち続けると考えられる」（工藤 1994: 45）と、約30年前にすでに述べられている。

研究者は、この問題に向き合うということがあまりにも困難な状況に置かれているのではないか。これまで本稿で引用してきた加藤は、不登校という社会問題が構築されるプロセスを国民国家における権力と統制の視点から分析し、そして研究者によるある事柄を構築されたものとみなし別のある事柄を実態とみなす線引き（OG）に対しても批判を示している（加藤 2012: 205-206）。本稿が参照した加藤の議論は、彼女の博士論文をもとにした単著からのものである。しかしながら加藤は、この単著の本文残り2ページの所で、「そのうえで、どのような社会的背景の子どもたちが長期の欠席になっているのか、また子どもが長期の欠席に至る構造的なプロセスを実証的に明らかにすることが必要になる」（加藤 2012: 208）とまとめる。なぜ、研究者は線を引くことの問題を指摘しながら、線を引かざるをえないのか。

6 結論

不登校に関する研究やそれに伴う形で注目されてきた多様な教育機会に関する研究は、「議論していくプラットフォーム」を開き継続させていくことができるのだろうか。もしできたとしても、そもそもそれを何のためにやるのかというところまで問い直す議論はどこまでできるのだろうか。そして「アカデミックな言語を新たに作り出そうとする模索」はこの社会のなかでどのような意味を持ちうるのだろうか。その模索自体と、その模索が位置づく社会を問い直し続けていくことはどこまでできるのだろうか。

研究者がある立ち位置や観点から研究を行う事を批判したいのではない。それはこの社会で生きながら社会を論じるという社会科学の性質上避けて通れないことであろう。不登校の研究のあり方をめぐる問い直しの議論が繰り広げられてきた歴史を踏まえて本章が問いたいのは、その議論を現在もそしてこれからも継続していくことがどれだけ現実的なのだろうかという疑問である。

†本稿は、東京大学大学院教育学研究科附属バリアフリー教育開発研究センター主催第8回ダイバーシティ教育定例研究会（２０２０年1月23日）での報告（藤根雅之「不登校研究の動向について」）の際に頂いたコメントやそこでのディスカッションから得た知見をもとに執筆されている。報告の機会やコメント、ご質問等を頂いたことに感謝申し上げる。

注

1　点検対象となった指導記録は、１９８９年度から１９９７年度の9年間のものである（保坂 2000: 26)。

2　「学校ぎらい」とは、公式統計において１９６６年度から１９９７年度まで「長期欠席」の理由の分類の項目に置かれていたものである。この時代に「不登校」「登校拒否」として社会的に認知されていたものとされる（保坂 2000: 19)。１９９８年度の公式統計から「長期欠席」の理由分類の項目から「学校ぎらい」は外され、代わりに「不登校」が加えられた。

3　森田（1991: 30）の図１－１より筆者が計算した。なお、この図１－１に示されている「不明」を含めた欠席状況ごとの生徒の実人数を合計すると５１４２人となるが、図１－１の注に示されている「母数《マヽ》（おそらくサンプルサイズの間違い（引用者注））は（引用者中略）５１９３人である」（森田 1991: 30）という説明と合致しない。

4　中央教育審議会初等中等教育分科会教員養成部会が決定した「教職課程認定基準」に「認定を受けようとする課程の授業科目の担当教員は、その学歴、学位、資格、教育又は研究上の業績、実績並びに職務上の実績等を勘案して、当該科目を担当するために十分な能力を有すると認められる者でなければならない」と記されている事が根拠とされている。

5　「教職課程コアカリキュラムとは、教育職員免許法及び同施行規則に基づき全国すべての大学の教職課程で共通的に修得すべき資質能力を示すものである」と、「教職課程コアカリキュラム」のp.2に説明されている。文部科学省に設置された「教職課程コアカリキュラムの在り方に関する検討会」によって決定された文書であり、法的拘束力の根拠は明確ではないにもかかわらず、「課程が認定されなければ申請した大学は教員養成が出来なくなるという関係性に規定されて、大学が自ら従わざるを得ない事態がつくり出され、その結果として強い拘束力が発揮・維持されているという状況である」(高野 2021: 12)という指摘もされている。

6　文部科学省が２００３年に発出した通知「今後の不登校への対応の在り方について」は、森田洋司が副主査となった「不登校問題に関する調査研究協力者会議」が報告した「今後の不登校への対応の在り方について」に基づいて作成されている。この協力者会議では、森田による調査の結果が議論の参考にされた(森田編 2003)。

7　一般財団法人地方自治研究機構「家庭教育の支援に関する条例」(http://www.rilg.or.jp/htdocs/img/reiki/105_support_of_educationa_in_the_home.htm, ２０２３年12月18日最終アクセス)より。

8　山田も自身が世話人をする会の名称を「学校に行かない子と親の会」と名付けるが、その理由は、子どもが名付けを拒否することに応じた結果であることと、「『行く』のが当然であって、にもかかわらず『行けない』から問題であるという構え」(山田 2002: 239)を潜ませた表現を避けるためである。それは同じ「学校に行かない子」という名前を使っていても、問題として把握するために研究者が与える「適切な名付け」(酒井 2014: 226)とは意図が全く異なる。

文献

朝倉景樹(1995)『登校拒否のエスノグラフィー』彩流社
加藤美帆(2012)『不登校のポリティクス』勁草書房
加野芳正(2001)「不登校問題の社会学にむけて」『教育社会学研究』68: 5-23頁
貴戸理恵(2004)『不登校は終わらない』新曜社

木村涼子（2017）『家庭教育は誰のもの？』岩波書店
工藤宏司（1994）「不登校研究の展望と課題」『公民論集』２：29-54頁
小泉英二編著（1973）『登校拒否』学事出版
酒井朗（2010）「学校に行かない子ども」苅谷剛彦・濱名陽子・木村涼子・酒井朗『教育の社会学〔新版〕』有斐閣：１-65頁
酒井朗（2014）『教育臨床社会学の可能性』勁草書房
酒井朗（2023）「ゆらぐ教育保障のあり方」苅谷剛彦・濱名陽子・木村涼子・酒井朗『新・教育の社会学』有斐閣：１-78頁
高野和子（2021）「「教職課程コアカリキュラム」と「参照基準（教育学分野）」——教員養成の質保証にかかわる二つの文書」『明治大学教職課程年報』43：９-19頁
土方由起子（2016）「「不登校」言説の変遷に関する社会学的研究」奈良女子大学大学院人間文化研究科博士論文
保坂亨（2000）『学校を欠席する子どもたち』東京大学出版会
保坂亨（2019）『学校を長期欠席する子どもたち』明石書店
森田洋司（1991）『「不登校」現象の社会学』学文社
森田洋司編著（2003）『不登校——その後』教育開発研究所
山田潤（1998）「学校に「行かない」子どもたち」佐伯胖・黒崎勲・佐藤学・田中孝彦・浜田寿美男・藤田英典編『いじめと不登校』岩波書店：１８７-２０８頁
山田潤（2002）「「不登校」だれが、なにを語ってきたか」『現代思想』30（５）：２３３-２４７頁
Spector, Malcom and Kitsuse, John, I.（1977）*Constructing Social Problems*, Benjamin-Cummings Publishing Company.［村上直之・中川伸俊・鮎川潤・森俊太郎訳（1992）『社会問題の構築』マルジュ社］
Woolgar, S., & Pawluch, D.（1985）"Ontological Gerrymandering：The Anatomy of Social Problems Explanations", *Social Problems*, 32（3）：214-227.［平英美訳（2006）「オントロジカル・ゲルマンダリング」平英美・中河伸俊編、『新版 構築主義の社会学』世界思想社：１８４-２１３頁］

第II部　不登校への応答・支援を問う

第5章

多様な子どもの「支援」を考える

登校／不登校をめぐる意味論の変容を手がかりに

山田哲也

1 「多様な子ども」の支援とは何か？

——不登校をめぐる意味論への着目

本章では、不登校の子どもへの「支援」体制の今日的な展開を検討し、学校教育を通じて「多様な子ども」を包摂する手立ての拡張がもたらす功罪について論じたい。

この主題を探究する際に、なぜ不登校現象に着目する必要があるのだろうか。はじめに、この点について確認しておきたい。いじめや不登校など、学校教育との関連で社会問題化された逸脱現象を研究してきた教育社会学者の森田洋司は、不登校を、欠席やそれに関連する諸行為（遅刻・早退）の動機が「妥当な理由に基づかない」と周囲からみなされる現象と定義している（森田 1991: 14-15）。当然ながら「何が妥当か／そうでないか」の基準は、その時々の社会が登校に付与する意味によって異なってくる▼1。

何が妥当な動機なのかという点をより具体的に検討するために、文部科学省が毎年実施する統計・調査を参照してみよう。文科省の調査では「年間30日以上欠席」という基準で「長期欠席」者を確定し、その理由のひとつである「不登校」というサブカテゴリーに区分することで不登校児童生徒数を把握する。そこでの「不登校」の定義は「何らかの心理的、情緒的、身体的、あるいは社会的要因・背景により、児童生徒が登校しないあるいはしたくともできない状況にある者（ただし、「病気」や「経済的理由」、「新型コロナウイルスの感染回避」による者を除く。）」である（文部科学省 2023）。

先に示した森田の定義に即せば、文科省の統計における「病気」や「経済的理由」などによる長期欠席は「妥当」な――より精確には、周囲の人びとが了解可能な理由に基づく――欠席に区分され、「不登校」はこれら以外の複合的な要因を背景とする長期欠席として把握されている。妥当な理由が見当たらず、動機が容易に理解しがたい残余カテゴリーとしての不登校は、定義上、その要因・背景が極めて多岐にわたる欠席現象に適用されてきた。

不登校は多様な欠席を包括する概念ということもあり、実態把握の難しさが度々指摘されてきた。たとえば、学校関係者ではなく、当事者である子ども自身や保護者を対象にした近年の調査では、不登校に関する学校側の認識と子ども・保護者のそれにかなりの乖離があることが明らかにされている（不登校児童生徒の実態把握に関する調査企画分析会議 2021）。

乖離があるのであれば、当事者に尋ねたほうがより精確な実態が把握できるかというと、事はそう単純ではない。不登校経験者を直接の対象とする調査にも限界がある。長期欠席者を対象に実施する調査は総じて回収率が低く、そこで明らかになった実情の代表性は定かではないからである。当事者・保護者を対象に実施された調査で得られた知見を過度に一般化すると、かえって実態を見誤る恐れがある。

近年は、いわゆる「教育機会確保法」の制定過程で、さらには同法の制定以降に法で規定された実態把握の試みが進展し、不登校経験者の受け入れ先（フリースクール、適応指導教室／教育支援センター、不登校特例校等）を対象にした各種の調査が行われ、特定の支援機関につながる子どもたちの実情が明らかにされつつある。とはいえ、筆者のみるところではこれらの知見は限定的で、総体としての不登校現象の把握はいまだ不十分な段階にある。不登校状態の子どもへの制度化された支援は、「いまだ充分に明らかにされていない実態」という認識の制約・限界を前提に構想される点に特徴があるといえるだろう。

詳細は以下の各節で検討するが、そこでの結論を先取りするならば、「妥当な理由に基づかない」欠席としてかつて森田が定義した不登校現象は、欠席の背景を明らかにする試みのなかでその社会問題化のフレームが変容し、今日においては**「妥当な理由」を探究すべき欠席**、すなわち「総体としては理解しがたい（が、個別事例においては理解しうるし、そうすべきである）」欠席とみなされるようになる、このように概括できる。

不登校をどう理解し、処遇するのか。そこで望ましいとされる理解のあり方と対応の基本方針は何か。欠席現象に付随するこれらの意味論には、わたしたちが学校に付与する意義、すなわち「なぜ学校に行くのか」という問いに対するその時々の回答が書き込まれている。そこには「多様な子ども」の「多様さ」を学校教育制度がどのように認識し、処遇するのかを探る手がかりがある。

こうした問題関心のもとで、本章では不登校に対する支援のあり方を展望した文部（科学）省による調査研究報告者会議とその報告を主たる素材に、今日における不登校「支援」体制の特質を整理する。そこから浮かび上がる欠席の意味論から、学校教育を通じた包摂／排除の入れ子構造（倉石 2021）の今日的な特質とその含意を問うてみたい。

この作業を通じて、「多様な子ども」を対象に教育機会を確保しようとする取り組みが、学校教育制度による包摂の範囲を拡大する一方で、不登校の子どもたちをこれまでとは異なるかたちで排除するそのありようが明らかになるだろう。

2 不登校支援体制の変遷を探る——支援を主導する鍵概念と再文脈化領域への着目

(1) 不登校の子どもの支援に関する公的な会議の概要

不登校をどのように理解すればよいのか。学校を欠席する子どもたちを支援するためには、いかなる手立てを講じる必要があるのか。文部(科学)省は、不登校をめぐるさまざまな問題や課題について協議し対応の指針を示すべく、研究者や学校関係者、支援の実務にかかわる人びとから構成された会議をこれまで4度にわたって開催してきた(図表5−1)。

これらの会議とそれを経て公表された報告・通知は、文部(科学)省が公認した不登校理解・対応の指針を提示し、それぞれの会議が開催された1990年代・2000年代・2010年代・2020年代の不登校政策の大枠を定めている。詳細な検討に入るまえに、それぞれの会議でどのような議論がなされたのかを概括してみよう。

最初に開催された「学校不適応対策調査研究協力者会議」(表中の①)は、文部省(当時)が1989～1992年に開催した会議である。中間報告(1990年)までは「登校拒否」というカテゴリが用いられたが、最終報告では「登校拒否(不登校)」と表記され、この現象は「誰にでも起こりうる」という、その後の不登校対策を枠づける認識が公的に示されたことが特筆すべき点である。同会議の報告・通知では、子ども

図表 5-1　不登校関連の調査研究協力者会議の概要▼2

名称	①学校不適応対策調査研究協力者会議	②不登校問題に関する調査研究協力者会議
開催時期	1989 年 7 月～ 1992 年 3 月	2002 年 9 月～ 2003 年 3 月
報告	『登校拒否問題について（中間まとめ）』（1990 年 11 月）『登校拒否（不登校）問題について―児童生徒の「心の居場所」づくりをめざして』（1992 年 3 月）	『今後の不登校への対応の在り方について（報告）』（2003 年 4 月）
報告のポイント	**「登校拒否（不登校）」は「誰にでも起こりうる問題」という認識が公式に表明される**。 　学校の取り組みの重要性と対策としての「心の居場所」づくりが強調される。	**「心の問題」のみならず、「進路の問題」という認識が表明される**。本人の意思を尊重しつつも、場合によっては積極的な介入が有効なケースもあることが示唆される。 **「社会的自立の支援」という枠組みがより重視され**、コーディネーターしての学校の役割が強調される。
関連する通知（主なもの）	登校拒否問題の対応について（平 4.9.24　文初中 330　文部省初等中等教育局長通知）	不登校への対応の在り方について（平 15.5.16 15 文科初 255　文部科学省初等中等教育局長通知）
名称	③不登校に関する調査研究協力者会議	④不登校に関する調査研究協力者会議
開催時期	2015 年 2 月～ 2016 年 6 月	2021 年 10 月～ 2022 年 5 月
報告	『不登校児童生徒の支援に関する最終報告～一人一人の多様な課題に対応した切れ目のない組織的な支援の推進～』（2016 年 7 月）	『不登校に関する調査研究協力者会議報告書～今後の不登校児童生徒への学習機会と支援の在り方について～』（2022 年 6 月）
報告のポイント	**不登校を「問題」ととらえる構図に転換が生じ、社会・学校や個別の多様な「課題」への「支援」が謳われる。**「社会的自立の支援」を重視する枠組み、「心の問題」「進路問題」とレリバントな状況把握、コーディネーターとしての学校の役割を重視する点は従前の通り。「児童生徒理解・教育支援シート」を用いて「一人一人の多様な課題」を関係者で共有・支援する体制を展望 ★シートは欠席 30 日未満時点で作成することも想定されている。	不登校の捉え方・対応の基本は 2016 年報告を踏襲している。**教育機会確保法の周知・浸透が強調されるとともに、教育における DX による支援策が強調されている点が特徴。コロナ禍における欠席の取り扱いについても言及されている。**また、従前からみられた特徴であるが、不登校特例校、夜間中学、フリースクール等民間団体との連携がより強調され、**①学校教育の規制緩和・多様化路線、②官民連携のさらなる展開**　が展望されている。
関連する通知（主なもの）	不登校児童生徒への支援の在り方について（通知）（28 文科初第 770 号　平成 28.9.14 文部科学省初等中等教育局長通知）／義務教育の段階における普通教育に相当する教育の機会の確保等に関する法律の公布について（通知）（28 文科初第 1271 号　平 28.12.22 文部科学省初等中等教育局長通知）	不登校児童生徒への支援の在り方について（通知）（元文科初第 698 号 令 1.10.25　文部科学省初等中等教育局長通知）／「不登校に関する調査研究協力者会議報告書～今後の不登校児童生徒への学習機会と支援の在り方について～」について（通知）（4 初児生第 10 号　令 4.6.10　文部科学省初等中等教育局児童生徒課長通知）

出所：各会議の報告書・文部（科学）省 Web サイトをもとに筆者作成

たちが安心できる「心の居場所」としての役割を学校に求めており、児童精神医学・臨床心理学領域で用いられた「登校拒否」カテゴリに依拠した社会問題化のフレーム（「心の問題」として登校拒否をとらえる視座）が採用された点も特徴である。

続く第2の会議、「不登校問題に関する調査研究協力者会議」（表中の②）では、登校拒否に代わって「不登校」カテゴリが用いられるようになる。後述するように、この会議から（教育）社会学者が参画し、「心の問題」として不登校を社会問題化するフレームに加え「進路の問題」という認識が提示され、「社会的自立の支援」が不登校対策の要として強調される。筆者のみるところでは、図表5-1の①と②の会議で不登校支援策に大きな変化が生じたように思われる。以下、簡潔に確認しておきたい。

1980年代末～90年代初頭に開催された初回の「学校不適応対策調査研究協力者会議」では、「学校に通うことが当然である」という規範を相対化する「脱学校化」ともいえる方向性と、子どもたちが通いやすい場へ学校を変え登校を促す「再学校化」の方向性が併存していた。妥当な理由に基づかない欠席は「誰にでも起こりうる」という見解を提示し、学校に行けない・行かない子どもたちやその保護者の悩み・苦しみに共感する姿勢が強調される――脱学校化の兆しが窺える――反面、学校を「心の居場所」として再編し、子どもたちが安心して登校できる場に組み替えていく「再学校化」の方向性が併存していたのである（学校不適応対策調査研究協力者会議 1992）。

ところが、2000年代初頭に開催された「不登校問題に関する調査研究協力者会議」（表中の②）では、「進路の問題」としての不登校という従前の会議とは異なる社会問題化のフレームが参照され、「社会的自立」に向けた支援の手立てを講じる必要性が提唱される。90年代初頭の会議でも「自立」概念が参照されていたが、そこでの「自立」は主に「学校生活への適応」という心理学的な概念と結びつけられてとらえられていた。それに対して、00年代初頭の会議における自立概念は「社会的自立」と表記され、進路形成をめぐる問題と結びつけられた点が異なっている（不登校問題に関する調査研究協力者会議 2003）。

同会議では不登校経験者を対象とした社会調査の結果が参照され、中学3年生で不登校を経験した生徒がそうではない同世代の生徒たちと比べてその後の進路で不利な立場におかれる傾向性が認められる知見を根拠に「社会的自立」、すなわち、より望ましいライフコース形成を促す支援が重視される。

社会的自立への道筋を「進路の問題」ととらえる視座における「進路」には、学校に再び通うこと以外の履歴が含意されている。この点では「脱学校化」の契機が残されているものの、望ましい進路の形成において学校が果たす役割が重視されており、90年代初頭の会議と比べると、「再学校化」の方向性がより強調される変化が生じたとみることができる（二つの会議の異同の詳細については山田（2013）を参照）。

「再学校化」を強調する方向性は、第3・第4の会議を経るなかでより顕著になる。いわゆる「教育機会確保法」が制定される直前の2015年2月～2016年6月に開催された「不登校に関する調査研究協力者会議」（表中の③）では、不登校の背景となる多様な課題を把握する場として学校に期待が寄せられた。たとえば、同会議の報告では、具体的な支援の手立てとして「児童生徒理解・教育支援シート」を活用した組織的・計画的支援が提起されている。不登校に至った子どもたちのおかれた状況やこれまでの支援の取り組みを記載した「児童生徒理解・教育支援シート」を学校関係者が作成することで「一人一人の多様な課題」を明らかにし、それに対応した支援計画を策定、関係者による組織的・計画的な支援を実施する取り組みが、不登校対応の重点方策としてうたわれているのである（不登校に関する調査研究協力者会議 2016: 13-14）。

第1～第3回までの会議の開催頻度が10年に1度程度であったのに対し、直近に開かれた第4の会議（2021年10月～2022年5月）は前回の調査研究協力者会議の5年後に開催されている。これまでよりも短いサイクルで会議が開かれた背景には、第1に、教育機会確保法が制定され、同法の附則に基づく検討（そこには各種の実態調査も含まれる）を踏まえた不登校児童生徒に対する施策の充実を図ったにもかかわらず、その後も不登校の子どもたちが急増する状況が継続していること、第2に、先に指摘した不登校の急増ともかかわるが、新型コロナウイルス感染症のパンデミックが学校教育に多大なインパクトを与えたことがある。

この会議（「不登校に関する調査研究協力者会議」表中の④）の報告では、不登校把握・対応の基本的な考えについては前回の会議を踏襲しつつも、教育機会確保法の周知・浸透を強調する点、GIGAスクール構想の推進を踏まえた教育DX（デジタル・トランスフォーメーション）を活用した支援策が提示された点が特徴である。

それぞれの会議の概要を確認したうえで、続く各節では、会議で示された「望ましい不登校理解と対応の方針」を英国の教育社会学者、バジル・バーンスティンの理論枠組みに依拠しつつ検討し、不登校の子どもへの「支援」体制にみられる変化について考察する。

バーンスティンは「行動、知識、実践、規準の新しい形、ないし今より発展した形」を適切な提供者・評価者から獲得するプロセスを〈教育〉（pedagogy）と呼ぶ▼3。（Bernstein1999=2000: 16）。かれのいう〈教育〉はeducationよりも広い概念である。医師が患者に治療に関する助言を行う／ソーシャルワーカーがクライエントを支援するなど、学校教育のみに限定されない「新しい」「今より発展した」ことがら――すなわち、ある教育的な意図に即してよりよい・望ましいとされる何事か――を伝達／獲得するあらゆる営みが〈教育〉の範疇に含まれる（Bernstein1996=2000: 174）。

バーンスティンはさまざまな〈教育〉のあり方と、そこで展開する教え・学ぶ営みが特定のアイデンティティ形成を通じて社会を秩序づける働きを記述・分析する社会理論を構想し、長年の研究を経て〈教育〉コード論と〈教育〉装置論を提示するに至った。本章では後者の〈教育〉装置論に依拠し、分析をすすめてゆきたい。

(2)〈教育〉装置論への着目——望ましい支援の知を産出する再文脈化領域の検討

バーンスティンの〈教育〉装置論は、①知識の生産(配分ルール)、②知識の再文脈化(再文脈化ルール)、③知識の伝達/獲得(評価ルール)という3つの領域に〈教育〉の営みを区分し、それぞれの領域の特徴を把握するフレームワークである。①~③の後の括弧内に記された配分/再文脈化/評価ルールという三つのルールは、教育装置を構成する三つの領域を特徴づけ、象徴統制による社会秩序の生成を規定する原理を意味している。

〈教育〉装置論を構成する三つの領域のなかで、ペダゴジーに固有の特徴と特に密接に関連する領域としてバーンスティンが考えていた領域が、②知識の再文脈化領域である。

〈教育〉的なコミュニケーションと他のコミュニケーションで大きく異なる点は、社会で生産・流通した知識(や行動、実践、規準など)をそのまま獲得させるのではなく、教育的な意図のもとで修得に相応しいあり方に加工し、固有の文脈のもとで伝える点にある。たとえば学校の授業では、社会で実際に流通・使用されている知識を伝えるのではなく、教科書や教材のかたちに再編された知識が参照され、教授・学習活動が展開する際の文脈も、「将来の職業生活で必要となる(可能性のある)知識を学ぶ」など、学校の外側でなされる知識の習得とは異なる独自の文脈が作用する。バーンスティンは、再文脈化領域こそが〈教育〉を〈教育〉たらしめていると考えていた。

バーンスティンによれば、〈教育〉装置を構成する再文脈化領域は、国家によって公的に正統化されたオフィシャルな再文脈化領域（Official Recontextualizing field：ORF）と、官民を超えた多様なアクターが関与し、ORFから相対的に自律した〈教育〉的再文脈化領域（Pedagogic Recontextualizing Field：PRF）から構成されている（Bernstein1996=2000: 85）。

本章の問題関心に則すと、文部（科学）省がこれまで4度にわたり開催してきた不登校（登校拒否）に関する会議と各回の会議を経て公開された報告・通知は、不登校の子どもとかれらが抱える課題を理解・対処する有用な知識を固有の文脈のもとで編成し、「新しい」「今より発展した」支援のあり方を示すという意味で、オフィシャルな再文脈化領域の特質を把握できる資料とみてよいだろう。

以下の各節ではバーンスティンの理論枠組みを参照しつつ、四つの会議に関する資料をもとに、不登校をめぐる知識がいかなる文脈のもとで編成されたのか（3節）、望ましい支援を構想する際に参照される知識がいかなる変遷を遂げたのか（4節）について検討する。そのうえで、この30年にわたる不登校「支援」の体制の変化を、包摂／排除の入れ子構造論（倉石 2021）を手がかりに考察したい（5節）。

3　不登校支援を構想する文脈の変化
——欠席をめぐる意味論の複層化

当初は「妥当な理由に基づかない」欠席と定義されていた不登校は、この現象を社会問題化するフレームが変容するなかで、「妥当な理由」を探究すべき欠席へと、その意味内容を変えてゆくことになった。このような意味づけの変化を、バーンスティンのいう再文脈化領域における「文脈」設定の変化として再記述すると、「心の問題としての不登校」、「進路問題としての不登校」、「権利保障をめぐる課題としての不登校」

という三つの文脈へ、不登校をとらえる意味論が複層化してゆくプロセスとみることができる。

(1)「心の問題」としての不登校――90年代の不登校対策を主導した意味論

前節(2節)で四つの会議を概括したときに確認したように、会議を経るごとに、欠席に複数の意味が付与されるようになった。

1989~1992年に開催された「学校不適応対策調査研究協力者会議」(図表5-1の会議①)では、登校拒否(不登校)は「どの子どもにも起こりうる」問題という認識が示され、学校の内外に「心の居場所」を設けることが望ましいとの指針が示された。

第一は、**登校拒否**▼4**はどの子どもにも起こりうるものである、という視点に立って登校拒否をとらえていくことが必要**である(学校不適応対策調査研究協力者会議1992: 11 太字・傍線は引用者による。以下同様)

学校が児童生徒にとって自己の存在感を実感でき精神的に安心していることのできる場所――「**心の居場所**」――**としての役割を果たすことによって、学校は社会の中で一層の信頼を勝ち取ることができる**(学校不適応対策調査研究協力者会議1992: 13)

(2)「進路問題」としての不登校――2000年代の不登校対策に付与された意味論

この認識はそれ以降の会議でも踏襲されるが、「不登校問題に関する調査研究協力者会議」（図表5－1の会議②）から従前の「心の問題」という不登校の把握に加えて、「進路の問題」という意味が付与されるようになる。同会議の報告では、不登校経験者を対象に実施された実態調査の結果を言及しつつ、不登校をめぐる認識の転換が重要との見解を示している。

不登校を「心の問題」としてのみならず、「進路の問題」としてとらえ、どのように対応するかが大切な課題である（不登校問題に関する調査研究協力者会議２００３「第３章　不登校に関する基本的な考え方　１　将来の社会的自立に向けた支援の観点」）

同会議が２００３年にまとめた報告では、「社会的自立」を目標に、それを可能にするために、心理・教育・福祉など、多領域かつ官民による支援のネットワークの構築をすすめてゆくことが、不登校対策の要として展望された（不登校問題に関する調査研究協力者会議 2003「第7章　教育委員会に求められる役割　7　官民の連携ネットワークの整備の推進」）。２節で各会議の概要を述べたときに確認したように、２０００年代初頭のこの時期から「再学校化」の方向性が強まってゆくが、同会議がとりまとめた報告の構成からもこうした姿勢が読み取れる。

8章構成の報告の1～3章では会議の基本姿勢、不登校の現状、不登校に関する基本的な考え方が提示され、その後に具体的な取組の方向性が示される。支援の具体策を示すセクションの冒頭に配置された「報告」4章では「学校の取組」と題して学校が果たすべき取り組みが示される。続く5章は「関係機関との連携による取組」、6章は「中学校卒業後の課題」、7章「教育委員会に求められる役割」、8章「国に求められる役割」と題されている。

これらの構成から、報告では学校外の民間施設などの他機関との連携がうたわれつつも、学校がまずは支援の要となり、教育委員会が官民連携のネットワークを整備する体制が構想されていることがわかる。そのうえで、報告を締めくくる8章では国が実態把握や情報収集・提供、関係省庁との連携協力など、小中学校の設置者である基礎自治体のバックアップを図るとされている。

「進路問題」として不登校をとらえる意味論のもとで構想された支援策は、学校外のアクターによる関与を認めつつ、学校・教育委員会が支援のハブとなり、中卒後の進路保障を通じた「社会的自立」をめざすものへ、その力点を変えることになった。

(3)「権利保障をめぐる課題」を提起する不登校——2010年代以降の意味論の展開

2015〜16年、2021〜22年に開催された「不登校に関する調査研究協力者会議」(図表5－1の会議③・会議④)では、自立に向けた諸課題を心理・進路の両面でとらえる見方を引き継ぎつつ、教育を受ける機会(あるいは学校の内外で学習する機会)の保障をより強調した見方が追加される。会議④では第3回会議から盛り込まれたICTの活用に加え、官民を超えたネットワークを活用したアウトリーチによる支援の必要性が明記されることになった。

こうした変化を後押しした要因のひとつは、「多様な」教育機会確保法案をめぐる議論を経て教育機会確保法が2016年に制定され、そのプロセスのなかで学習する権利・教育を受ける機会の保障がアジェンダとなった点があるだろう。

「病気」による長期欠席にも「不登校」が潜在化している可能性があることから、発熱や頭痛、腹痛といった病気を理由とする欠席であっても、3日連続で休む場合などは不登校の可能性を学校内において検討すべきである。他にも「経済的理由」や「その他」による欠席についても、**児童生徒の学習を受ける権利を保障する観点**から、児童相談所などの福祉機関と連携を図ることにより、その長期欠席状態の解消が期待される（不登校に関する調査研究協力者会議2016：4）。

学校内外の相談・指導等につながっていない児童生徒に対し、適切な教育の機会を確保することは重要であり、児童生徒本人の休養の必要性も念頭に置きつつ、教育委員会・教育支援センターと関係団体等が連携したアウトリーチ型支援を積極的に進めつつ、相談・支援機関につながれず孤立しがちな児童生徒を一人でも減らしていくことが求められる（不登校に関する調査研究協力者会議2022：29）

以上、四つの会議を経るなかで生じた意味論の変化を図式的に整理すると、（1）「**心の問題**」＋（2）「**進路の問題**」＋（3）「**権利保障をめぐる課題**」と会議を経るごとに登校／欠席を意味づけるフレームが複層化していったと総括できる。

ただし、ここで留意すべきなのは、80年代末〜90年代初頭に開催された初回の会議においても（1）の「心の問題」だけでなく、（2）進路問題・（3）権利保障をめぐる課題の萌芽が認められることである。「登校拒否（不登校）問題について」と題された第1回会議の報告では、学校が今後充実すべき取り組みの4点目に「主体的な進路選択能力の育成を目指す進路指導の充実」が掲げられ、高校進学が当然視される状況のなか、中学浪人を回避するために「学力偏差値に見合った高等学校の受験を勧めがち」な進路指導に負担や反発を感じる、あるいは目的意識を見失うことが欠席の要因となりうる実情が指摘されていた。ただしこの時点では、中卒後の進路未定を回避することを最優先する指導が子どもの主体性を損ねることが課題とされ、不登校経験が進路面で不利に働く点が問題視されるというよりは、進路面での不安などが不登校の背景にあるととらえられていた。対応策についても、生徒の「不安や悩み」を解消する体制の整備など、「心の問題」として不登校をとらえる認識に則した対応が模索されており、「進路問題としての不登校」への対応が全面展開したわけではない。

第3の意味論として指摘した「権利保障をめぐる課題」の萌芽はどこにあるのだろうか。この点について注目すべき点は、「登校拒否（不登校）」という呼称を選択する際の論点整理のパートで、「近年、広く学校に行けないあるいは行かない状態をさすものとして、「不登校」という用語が用いられることがある」と、近年の呼称として「不登校」が広がりつつある認識を提示した箇所である。

権利保障をめぐる問題については同報告で直接言及されてはいないが、会議①の開催と重なる時期に法務省人権擁護局が「不登校」概念を用いた実態調査を実施し、いじめ関連の原因で欠席に至った子どもが調査対象者の3分の1を占めている実情を明らかにしたことは（法務省人権擁護局内人権実務研究会編 1989）、会議①報告の冒頭で「登校拒否」に代わり「不登校」という呼称が浸透しつつある状況に言及する際になんらかの形で意識され、報告の方向性に影響を与えた可能性がある。確かなことはいえないが、会議①と同時期の1989年末に、長期に渡る欠席を人権上の課題として把握する議論がなされたことをここで確認しておきたい。

これらの点を踏まえると、先に総括した（1）「**心の問題**」＋（2）「**進路の問題**」＋（3）「**権利保障をめ**

ぐる課題」という社会問題化のフレーム（すなわち不登校支援をめぐる再文脈化領域を主導する意味論）の複層化は、「心の問題」として不登校をとらえる意味論に「進路の問題」「権利保障をめぐる課題」がそれぞれの時期から追加されたととらえるのではなく、登校拒否（不登校）をめぐる議論の端緒からこれらの3層が萌芽的な形態を含みつつ存在し、会議を経るなかで3層が併存するかたちに顕在化していった過程としてとらえるのが妥当であろう。

以上、本節では不登校支援をめぐる知識・実践を再文脈化する際に前提とされる文脈の変遷を検討してきた。これらを踏まえつつ、次節ではこれまで確認してきた「意味論の複層化」が、再文脈化領域で参照される知識や実践の内実の変化とどう連動しているのかを探ってゆくことにしたい。

4　再文脈化領域で参照される知識・実践にみられる変化

（1）「問題」から「諸課題の端緒」へ

この節では、再文脈化領域で参照される知識や実践にみられる変化について検討する。この課題に取り組む前に、1節でもその概略を述べた、4度の会議を経るなかで不登校のとらえ方に生じた変化をいまいちど振り返っておきたい。

本章の冒頭で確認したように、登校拒否（不登校）が社会問題化した1970年代半ば～90年代における不登校は、「妥当な理由に基づかない」欠席等とされていた。ところが、不登校支援の基本方針が繰り返し検討されるなかでこうした認識の枠組みが変容し、今日においては「『妥当な理由』を探究すべき欠席」とみなされるようになる。

ここで不登校の認識枠組みに生じた変化をより具体的に言い替えるならば、それは、不登校それ自体を対処すべき「問題」ととらえる認識枠組みから、さまざまな「課題」をとらえる端緒となる出来事として不登校を位置づける認識枠組みへの変化と整理できる。

前記の変化は２０００年代初頭に開催された2回目の調査研究協力者会議から認められ、続く２０１５〜２０１６年開催の３回目の会議でこの方向性がより明確となる。不登校認識の変化を端的に示した各会議の報告における記述は下記の通りである。

> 本協力者会議は、教育行政上の課題として「不登校問題」の解決に向けて調査研究を行うことを設置の趣旨としている。しかし、**個々の不登校の事例に着目すると、その要因・背景は多様**であり、そうした**児童生徒の行為すべてを「問題行動」と決め付けるかのような誤解を避ける**ため、本協力者会議は、「不登校問題」という語の使用を控えることとした（不登校問題に関する調査研究協力者会議 2003「はじめに」）。

> **不登校とは、多様な要因・背景に**より、結果として不登校状態になっているということであり、**その行為を「問題行動」と判断してはいけない**（不登校に関する調査研究協力者会議 2016: ４）。

最初の引用で示すように、2回目の会議がとりまとめた報告の冒頭箇所では「不登校問題」の解決が「教育行政上の課題」であると述べつつも、「個々の不登校の事例」の要因・背景は多様であるために、不登校状態にある「児童生徒の行為すべて」を「問題行動」と決めつけるのは誤解であるとの見解が示されている。続く3回目の会議の報告でも同様の認識が引き継がれるとともに、学校に行かない・行けない「行為を『問題行動』と判断してはいけない」と、不登校（を構成する行為）＝「問題行動」とみなす認識が明確に否定されている▼5。

問題行動ではないとすれば、不登校はどのように把握すべきなのか。この問いに対する応答が、第3回会議の冒頭で示されている。

> **不登校児童生徒への支援に当たっては、多様で複雑な不登校の要因や背景をできる限り的確に把握し、児童生徒が不登校に至った状況を理解し、寄り添うことが重要**である。しかし、社会や経済の変化に伴い、子供を取り巻く家庭、地域社会の在り方も大きく変容しており、**不登校の要因、背景もますます多様化、複雑化している**。（中略）全ての教職員が専門性を発揮するとともに、教員とは異なる専門性や経験を有する専門スタッフや関係機関等の参画を得て、大勢の関係者が協力し合って子供に関わる体制を実現することにより、**本報告の副題に掲げる「一人一人の多様な課題に対応した切れ目のない組織的な支援の推進」がなされることを期待したい**。（不登校に関する調査研究協力者会議 2016: 1）

不登校の子どもを支援する際には、その要因・背景を「的確に把握」する必要がある。しかしながら、社会の変化に伴って、不登校の要因・背景自体が「ますます多様化、複雑化」している。こうした状況に対処するためには、支援にかかわる学校内外に関係者が協力し合い「一人一人の多様な課題に対応」した支援を推進すべきである……。２０１６年報告のはしがきでは、「一人一人の多様な課題」に対応する端緒として不登校をとらえる認識が提示されることになった。「問題」から「諸課題の端緒」として不登校をとらえる認識の転換が果たされたといえよう。

（2）登校／欠席の意味論の転換――「再学校化」の含意

こうした変化は、「学校に行く」ことの意味の変容と結びついているように思われる。登校拒否（不登校）が社会問題化され、文部省も対策に乗り出した１９８０年代～90年代初頭は、「大衆教育社会」（苅谷1996）がある種の完成期を経て、その揺らぎが顕在化しつつあった時期であった。「妥当な理由に基づかない行為」という不登校認識が成立するのは、登校を自明視する規範が日本社会に根強く浸透したためである。他方で、登校拒否・不登校の子どもたちの急増は、こうした規範にゆらぎ・ほころびが生じていることを示す現象でもあった。

学校への不適応（心の問題）として登校拒否・不登校をとらえる見方を「学校信仰」の現れとして批判した当時のフリースクール関係者のスタンスは（奥地 1989）、中間集団である企業や学校社会への献身価値に背を向け、個々の価値充足を志向する「第二次私事化過程」（森田 1991: 224）と合致する。

不登校を「問題」ととらえる議論は、登校を自明視する規範を前提としつつ、それがいかなる意味で問題なのかを問う構図によっては、登校規範を掘り崩す方向にも、逆にそれを強化する方向にも展開しうる両義的なものである。個人の不適応に問題を還元する「心の問題」という社会問題化のフレームを批判し、「学校信仰」に縛られた日本社会のあり方こそが「問題」であると主張したフリースクール関係者たちのロジックは、文部（科学）省が開催した調査研究協力者会議の初回の報告が示した「どの子どもにも起こりうる」

という認識、さらには2回目の会議以降に強調された「進路の問題」としての不登校という認識と呼応するものであった。

他方で「私事化の進展」(森田 1991)に伴う登校規範の揺らぎとそれへの対応を模索した90年代の不登校をめぐる議論の構図は2000年代以降になると大きく転換する。「問題」から「諸課題の端緒へ」と不登校をとらえる構図の変化は、発達障害・児童虐待・子どもの貧困等々の、「社会的自立」をめぐる諸課題に対処する基盤としての学校への期待が高まってゆく変化と軌を一にしているように思われる。

そこで生じた変化は、次の2点に整理できる。第1に、不登校が「問題(行動)」ではないとする認識の転換は、子どもたちが登校/欠席状態にあるかどうかを問わないという点で、「登校を自明視する規範」がかなりの程度相対化されていることを意味する。

しかしながら第2に、「ますます多様化・複雑化」する背景・要因を特定化すべきという2000年代以降の不登校支援策を主導する認識は、あくまでも学校を核に多様な専門職・専門機関が連携して個別のニーズを把握すべきとの議論と接合し、学校が果たすべき責任はこれまで以上に増すことになった▼6。

「メディアとしての子ども」に機能システムとしての教育の固有性を見いだしたルーマンの議論を引き取り、社会学者の保田は後期ルーマンにおいては子ども期を含む「ライフコース」こそが教育システムに固有のメディアであり、促進的/阻害的という二元コードが教育領域に固有なコミュニケーションを可能にすると主張した(保田 2002)。かれの議論に則して不登校をめぐる意味論の転換を位置づけなおすと、次のような像が浮かびあがる。

不登校をさまざまな課題の「端緒」ととらえ、欠席者の個別ニーズを把握し、介入を試みる今日的な不登校支援策は、学力形成・進路保障が学校教育の中核をなすとの認識を保持しつつも、子どもたちのライフコース形成に「阻害的」とされる欠席に対応すべく、教育システムの外部環境に位置する医療・福祉領域で展開するコミュニケーションから刺激を受け、「社会的自立」に向けた（すなわち、その後のライフコースに「促進的」とされる）教育的な関与を試みてゆく……。

2000～2010年代の不登校支援における「再学校化」にむかう動きは、登校を自明視する規範がかつてよりも弱まるなかで、子どもたちの欠席を（より精確には欠席する可能性）を手がかりに、かれらのライフコースを阻害しうる個別要因を洗い出し、除去を試みるアクターとしての学校への期待・責任の増加とみることができるだろう。

（3）再文脈化される知識・実践の変遷——心理・教育・福祉・医療複合体と当事者性の強調

こうした意味論の転換は、再文脈化領域で参照される知識・実践の変化と軌を一にしている。図表5－2～図表5－5（148～151頁）はこれまで検討してきた四つの調査研究協力者会議のメンバーとその所属（当時）を整理したものである。表では大学関係者とその他の有識者、実務にかかわる専門家を区分し、それぞれの専門（職位）と会議開催時の所属先を示している。

各回の会議に共通する特徴は、①心理学、精神医学、教育学、社会福祉を専門とする大学関係者・研究者が参加していること、②実務にかかわる有識者・専門家では、校長・教育委員会関係者、PTA関係者が参加していることである。

1点目の特徴は、心理・教育・福祉・医療にかかわる知識と実践が、不登校支援の望ましいあり方を展望する再文脈化領域で参照可能となっていたことを示唆している。

3節の末尾で述べたように、不登校支援をめぐる意味論は、（1）「**心の問題**」＋（2）「**進路の問題**」＋（3）「**権利保障をめぐる課題**」として不登校をとらえる、社会問題化フレームの3層構造のもとで展開した。これら三つの意味の層は議論の当初から萌芽的な形態で用意されており、会議を経るなかで（1）に（2）、（3）の意味論が顕在化・追加され、異なる意味論が併存する「複層化」が生じた、というのが前節の検討を通じて導出された解釈である。心理・教育・福祉・医療にかかわる知識や実践の産出者たちが各回の会議に参加したという事実は、オフィシャルな再文脈化領域（ＯＲＦ）でこれらの知識が参照可能なものとして配置されていたことを示している。

2点目の特徴（校長・教育委員会関係者、ＰＴＡ関係者）は、不登校をめぐるステイクホルダーのうち、学校（関係者）と保護者が特に重視されていることを表しており、学校を核に不登校支援を展望する姿勢（先に述べた「再学校化」の動き）の反映とみることができる（ただし、以下に述べるように近年の会議では異なる動向も生じている）。

それぞれの会議に共通する特徴を押さえたうえで、各回の会議を経るなかで生じた変化を検討すると、次のような動向が認められた。

第1に、会議②から教育社会学者の森田洋司氏がメンバーに加わり、不登校経験者を対象にした調査を実施するなかで「進路の問題」としての不登校という問題化のフレームを主導した点を指摘できる（森田氏は会議②の副主査、会議③の座長をつとめている）。２０１９年末に森田氏が死去した後に開催された直近の会議④では社会学者は参加していないが、社会学の知識が参照されるなかで「進路の問題」として不登校をとらえる意味論が顕在化してゆくプロセスがメンバー構成に反映されている点を確認しておきたい。

第2に、近年の会議（会議③・会議④）では、学校・教育委員会関係者に加え、民間で不登校支援にかかわ

図表 5-2　学校不適応調査研究協力者会議（会議①）メンバー（1989-1992）

大学関係者・研究者	専門	所属（当時）
稲村博	精神科医（児童青年精神医学・自殺研究）	筑波大学
柏木恵子	心理学者（家族の心理学）	東京女子大学
梶原康史	教育学者（高校社会科教員経験あり：生徒指導）	武庫川女子大学
金子保	教育心理学者（教育相談）	国際学院埼玉短期大学
坂本昇一	教育学者（教育相談・生徒指導）	千葉大学
田村健二	社会福祉学 （家族支援・家裁調査官の経験あり）	東洋大学
中西信夫	心理学者（カウンセリング心理学）	大阪大学
服部祥子	精神科医（児童青年精神医学・人間発達学）	大阪教育大学
その他の有識者・専門家	**職位など**	**所属（当時）**
荒木徳也	校長	東京都台東区立石浜小学校
春日完和	主任家庭裁判所調査官	東京家庭裁判所
上出弘之	児童相談所所長	東京都児童相談センター
佐藤勇一	校長	東京都立西高等学校
永井順国	新聞論説委員	読売新聞社
野崎好雄	教育センター相談部長	埼玉県立南教育センター
藤原郁子	PTA 関係者	前日本 PTA 全国協議会母親委員会副委員長
牧野禎夫	校長	東京都渋谷区立上原中学校
吉川幸宏	指導企画課長	東京都教育委員会
吉田治郎	教育長	千葉市教育委員会

出所：各会議の議事録や各種資料、Web サイト上の公開情報をもとに筆者作成

るアクターがメンバーとして参加している。会議③では教育委員の肩書きで参加しているものの、不登校・ひきこもりの子どもや保護者を対象に支援を行う民間機関（開善塾教育相談研究所の藤崎育子氏）がその他の有識者・専門家として参加し、会議④ではフリースクール全国ネットワークの代表理事の江川和弥氏、「不登校復学支援」を謳う「家庭教育支援センターペアレンツキャンプ」の代表カウンセラー・佐藤博氏が委員として就任している。

メンバー構成の変化からもうかがえるように、近年の会議ほど、不登校当事者やかれらを支援する関係者の声を重視する姿

図表 5-3　不登校問題に関する調査研究協力者会議（会議②）メンバー（2002-2003）

大学関係者・研究者	専門	所属（当時）
伊藤美奈子	心理学者（学校臨床心理学）	お茶の水女子大学大学院
尾木和英	教育学者（生徒指導）	東京女子体育大学
下司昌一	心理学者（カウンセリング心理学・小中教員経験あり）	明治学院大学
相馬誠一	心理学者（学校臨床心理学・小中高校教員経験あり）	広島国際大学
森田洋司	社会学者（教育社会学・逸脱の社会学）	大阪市立大学大学院
その他の有識者・専門家	職位など	所属（当時）
荒井裕司	校長（高等学校通信制課程サポート校）	東京国際学園高等部学園長
石郷岡悦子	校長	東京都目黒区立下目黒小学校長
大橋重保	市教委教育相談機関・適応指導部長	名古屋市子ども適応相談センター
近藤正隆	日本青少年育成協会専務理事	日本青少年育成協会
斎藤環	精神科医	医療法人爽風会佐々木病院診療部長
斎藤八重子	校長	東京都立城南高等学校長
菅原寛	教育委員会学校教育部次長	大阪府松原市教育委員会
須藤稔	教育委員会総務課児童生徒指導推進室室長	栃木県教育委員会
藤田猛	PTA 関係者	日本 PTA 全国協議会副会長
松野智子	養護教諭	岩手県立盛岡北高等学校養護教諭
山上美弘	校長	東京都武蔵野市立第一中学校

出所：各会議の議事録や各種資料、Web サイト上の公開情報をもとに筆者作成

勢を強調する傾向がみられる。こうした姿勢が端的に示された資料として、会議③・会議④が取りまとめた報告の一部をみてみよう。

本協力者会議は、現状と課題をできる限り実証的・客観的に検証すること、様々な立場から実践に携わっている関係者からヒアリング等を行うなど幅広く意見を聴くことに特に配慮し検討を進めてきた。また、本協力者会議の発足に先立って文部科学省が平成26年に公表した、不登校経験者へのアンケート（中略）の知見を積極的に生かすなど、

図表 5-4　不登校に関する調査研究協力者会議（会議③）メンバー（2015-2016）

大学関係者・研究者	専門	所属（当時）
伊藤美奈子	心理学者（学校臨床心理学）	奈良女子大学研究院
斎藤環	精神科医（ひきこもり研究・現代社会論）	筑波大学医学医療系教授
高野敬三	教員養成、教師教育（高校教員経験あり）	明海大学外国語学部教授
中邑賢龍	心理学者（特別支援教育・リハビリテーション科学・福祉工学）	東京大学先端科学技術研究センター教授
野田正人	社会福祉学者（司法福祉論・児童福祉論・教育臨床・家裁調査官経験あり）	立命館大学産業社会学部教授
森田洋司	社会学者（教育社会学・逸脱の社会学）	鳴門教育大学特任教授
笹森洋樹	発達障害教育（学校・教育支援・小学校教員経験あり）	国立特別支援教育総合研究所総括研究員
その他の有識者・専門家	職位など	所属（当時）
安藤大作	PTA 関係者	日本 PTA 全国協議会相談役
石川悦子	スクールカウンセラー	東京臨床心理士会副会長
大場充	校長	東京都立桐ヶ丘高等学校
角川歴彦	元経営者	株式会社 KADOKAWA 取締役会長
木嶋晴代	養護教諭	千葉県市原市立双葉中学校養護教諭・全国養護教諭連絡協議会副会長
齋藤眞人	私立学校校長	学校法人立花学園立花高等学校理事長・校長
齋藤宗明	教育委員会次長	横浜市教育委員会
成瀬龍夫	校長	京都市立向島二の丸小学校
藤崎育子	民間の教育機関関係者（教育委員）	開善塾教育相談研究所相談部長・埼玉県教育委員
森敬之	適応指導教室・教育支援センター関係者	名古屋市子ども適応相談センター所長・全国適応指導教室連絡協議会
山川時彦	校長	埼玉県越谷市立富士中学校

出所：各会議の議事録や各種資料、Web サイト上の公開情報をもとに筆者作成

図表 5-5　不登校に関する調査研究協力者会議（会議④）メンバー（2020-2021）

大学関係者・研究者	専門	所属（当時）
石川悦子	心理学者（臨床心理学）前回会議ではスクールカウンセラーとして関与	こども教育宝仙大学こども教育学部教授
伊藤美奈子	心理学者（学校臨床心理学）	奈良女子大学研究院
斎藤環	精神科医（ひきこもり研究・現代社会論）	筑波大学医学医療系教授
笹森洋樹	発達障害教育（学校・教育支援・小学校教員経験あり）	国立特別支援教育総合研究所上席総括研究員
野田正人	社会福祉学者（司法福祉論・児童福祉論・教育臨床・家裁調査官経験あり）	立命館大学大学院人間科学研究科特任教授
その他の有識者・専門家	職位など	所属（当時）
江川和弥	フリースクール関係者	フリースクール全国ネットワーク代表理事
沖山栄一	校長	東京都立世田谷泉高等学校
小林幸恵	養護教諭	全国養護教諭連絡協議会会長
齋藤眞人	私立学校校長	学校法人立花学園立花高等学校理事長・校長
佐藤博	カウンセラー	家庭教育支援センターペアレンツキャンプ代表カウンセラー
佐藤博之	PTA 関係者	日本 PTA 全国協議会副会長
白井智子	NPO 関係者（社会問題解決を図るための NPO・社会的企業の連携組織）	新公益連盟代表理事
原和輝	適応指導教室・教育支援センター関係者	全国適応指導教室・教育支援センター等連絡協議会会長
笛木啓介	校長	大田区立大森第三中学校
三橋正文	教育委員会参事監・小中学校課長・学びの改革推進室長	鳥取県教育委員会
安田哲也	校長	徳島市立佐古小学校
渡邉香子	教育委員会事務局人権健康教育部人権教育・児童生徒課担当係長	横浜市教育委員会

出所：各会議の議事録や各種資料、Web サイト上の公開情報をもとに筆者作成

不登校の当事者の意識や要望等に配慮するとともに、国民の幅広い理解と協力が得られるよう、会議を公開するなど、開かれた会議運営に努めてきた（不登校に関する調査研究協力者会議 2016：1）。

本協力者会議では、上記の問題認識のもと、**様々な立場から実践に携わっている関係者からヒアリングを実施し、さらに当事者の声として、直近まで不登校であった児童生徒やその保護者に対する実態調査の結果を積極的に活かすなど、不登校の当事者の意識や要望等に配慮しつつ議論を進めてきた**（不登校に関する調査研究協力者会議 2022：4）。

このように、近年の会議では「当事者の意識や要望」への配慮が強調され、会議の場で不登校経験者やその保護者の声を聞く機会が設けられるようになる▼7。それだけでなく、「実践に携わっている関係者からのヒアリング」や「直近まで不登校であった児童生徒やその保護者に対する実態調査結果を積極的に活かす」ことで、直接声を聞くことができない「当事者」のニーズを、かれらを支援する関係者への聞き取りないし社会調査を通じたある種の「代弁」によって把握する姿勢をみせている。

5　不登校支援における包摂と排除の「入れ子構造」

教育社会学者の倉石一郎は、教育福祉を論じる際に無自覚に参照される「同心円モデル」には時間的序列（排除が包摂に先立つ）と価値的序列（排除を「悪」、包摂を「善」に区分し後者に）を自明視する「単線的思考図式」

が付随するため、「包摂にひそむパターナリスティックな側面やある種の抑圧性が見過ごされがちである」と批判する。

そのうえで倉石は、「同心円モデル」の難点を克服する試みとして、包摂／排除を相互に排他的な概念ととらえるのではなく、「包摂のなかに排除が、また逆に排除のなかに包摂が宿されているという認識を骨子とする」包摂と排除の「入れ子構造」論を提唱した（倉石 2021: 20）。

これまでの検討を通じて明らかになった知見を、包摂と排除の「入れ子構造」論に則して整理すると、今日的な不登校支援はいかなる意味で包摂を推し進め、何を排除したことになるのだろうか。

欠席状態を「問題」視することをやめ、欠席とその要因や背景として把握されたさまざまな「課題」への対応に不登校支援をめぐる議論の構図がシフトすると、共通の課題に対処すべく、さまざまな専門家や組織・機関の連携が容易になる。各回の調査協力者会議の議論を追ってゆくと、近年ほど官民を超えた多様なアクターの連携が重視されてゆくと同時に、学校が支援の場の中核に位置づけられるようになる。登校／欠席の如何にかかわらず「学校のメンバーであること」を重視する今日の不登校支援策に、学校教育による包摂の網の目を拡げてゆく動きをみることができる。

3節で「権利保障をめぐる課題」として不登校をとらえる意味論の台頭を論じたときに確認したように、近年の調査協力者会議では、「病気」や「経済的理由」による長期欠席についても「学習を受ける権利を保障する観点」から欠席状態を解消すべく、児童相談所などの福祉機関との連携を図ることが望ましいとの見解が提示され（不登校に関する調査研究協力者会議 2016: 4）、「学校内外の相談・指導等につながっていない児童生徒」に対して「適切な教育の機会を確保する」アウトリーチ型支援の推進が提言されている（不登校に関する調査研究協力者会議 2022: 29）。

「学校教育による包摂の拡大」ともいえるこうした動きは、別様の「排除」を伴うかたちで進展していった。第1に、不登校を「問題」としてとらえる意味論が棄却されると、対抗的なクレイムによって公的な対応を批判することが難しくなってしまう。初回の調査研究協力者会議で強調された「心の問題」として不登校をとらえる意味論は、(臨床)心理学・精神医学の知を参照して問題を矮小化するものとして、当時のフリースクール関係者たちから批判されることになった。バーンスティンの枠組みに則していえば、不登校支援の望ましいあり方を構想するオフィシャルな再文脈化領域(ORF)から自律し、それに対抗する〈教育〉的再文脈化領域(PRF)が成立する余地が、不登校を「問題」ととらえる構図には残されている。

しかしながら、欠席を「問題」ととらえるのではなく、諸課題の端緒としてとらえる見方が優勢になると、官民の連携が強調される反面、オフィシャルな支援の手立てを批判し、それに代わるオルタナティブを構想するポテンシャルが減じてしまうことになる。第3回〜4回の調査協力者会議では当事者の声を反映する回路が設けられたが、意思決定の場で発言できる「当事者」は不登校経験者の一部に過ぎず、不登校をめぐる経験のほとんどは支援の現場にかかわる関係者に代弁される、あるいは社会調査の手続きを経た「データ」として提示されるだけに留まってしまう。集合的なアクションを行うための資源が不足している多数の人びとにとって、このような状況は、学校教育を変革するアクターとして参与することから「排除」されることを意味するのではないだろうか。

この点に関わって、教育機会確保法の成立前後の動向を丹念に検討した倉石(2018)が、法案段階で付与されていた「多様な」という文言が除去された経緯を、実質主義に対する形式主義の優越、教育消費者の「勝利」と解釈したことは興味深い。

倉石によれば、法案段階における「多様な教育機会確保」は、個別学習計画の作成・提出・認定によって担保されており、「通学や出席」などの「形式」にとらわれず、公定のカリキュラムに準拠した「実質・内容」を伴う学習が成立したかどうかを公教育の中核とする「教育の実質主義」を特徴としていた（倉石 2018: 16）。ところが、実際に成立した教育機会確保法ではこの部分が削除され、「『学校』への登校復帰という形をもって問題の解決とみなす形式主義の論理」が優越することになったという。

「学校での学びの実質よりも修了証明（学歴）取得」を重視する「教育消費者」の意に沿う形式主義の優越（倉石 2018: 21-22）は、個々の消費者として学校に関与し、公教育の内実（実質）を組み替えてゆくポテンシャルを削ぐ方向の変化が不登校支援に生じたことを意味しており、不登校の当事者やその保護者（さらにはロビー活動の回路をもたない支援者）たちが変革の担い手から「排除」されてゆくプロセスとみることができるだろう。

第2に、前記の点ともかかわるが、「多様な課題」を同定し、多様な専門家や機関が連携して適切に処遇してゆくという今日的な不登校支援の基本方針は、さまざまな要因・背景によって不登校を経験した「多様な子ども」の集合性・共同性を捨象し、「個別のニーズ」をもつクライエントとして個体化してゆく動きを伴っているように思われる。そこでは、不登校をめぐる経験の共通性を軸に編成された「同じ境遇にある仲間たち」という集合的なアイデンティティを梃子に学校のあり方を改善する、あるいは学校の外側にオルタナティブな学びの場を構築するといった、社会的な次元における解決策が後景に退きかねない危うさがある。

不登校に関する調査協力者会議（会議③）が2016年に取りまとめた報告の副題である「一人一人の多様な課題に対応した切れ目のない組織的な支援の推進」は、学校教育を核とした不登校支援の対象として子どもたちを包摂すると同時に、共通の経験を基盤とする集合的なアイデンティティからの「排除」をもたらすおそれがある▼8。「多様な子ども」を包摂する試みには「多様な子どもたち」から個々の子どもを排除するモメントが含まれているのである。
今日における不登校支援策は、これまで以上に「包摂」の網の目を拡充しつつも、別様な「排除」の契機がそこには含まれていた。ここで指摘した包摂と排除の「入れ子構造」は試論的な段階に留まるもので、さらなる展開は今後の課題としたいが、これまでの議論を通じて、多様な子どもの「支援」のあり方を問う際に検討すべき論点の一端を示すことができたのではないか。

注

1 森田は経験的な実証研究によって多数の業績を積み上げてきた研究者だが、不登校現象を定義するうえで社会構築主義的な立場を選択した点が興味深い。

2 図表5-1では割愛しているが、教育機会確保法の附則（検討条項）に基づき「法の施行状況」について検討する会議が「不登校に関する調査研究協力者会議」「フリースクール等に関する検討会議」「夜間中学設置・充実協議会」によって合同で開催された（2018年12月～2019年6月）。ただし、この会議は「不登校に関する調査研究協力者会議」単体の会議ではないこと、会議の目的が不登校対策の構想のみに限定されていないこと、合同の会議を経て公開された「議論のとりまとめ」を受けた通知等は、本章で検討する四つの会議を補完する内容となっていることから、直接の検討の対象から除外している。

3 以下、pedagogy・pedagogicを〈教育〉・〈教育〉的と表記する。

4 報告では「登校拒否」「不登校」の意味内容について言及・整理したうえで、「本協力者会議においては、「不登校」の用語も用いられつつある状況とその意義を考慮しつつも、現状ではなお、「登校拒否」という用語を踏襲することが妥当であると考え、当面は「登校拒否（不登校）」と呼ぶこととするが、以下においては、これを単に「登校拒否」と表現する」（学校不適応対策調査研究協力者会議 1992: 6）と述べられており、引用文中の「登校拒否」は「登校拒否（不登校）」の略称を意味している。

5 第2回の会議の名称が「不登校問題に関する調査協力者会議」であったのに対し、3回目の会議から「不登校に関する調査研究協力者会議」と「問題」を削除した名称に変わったのは、こうしたスタンスを反映したものであろう。不登校に対する認識の転換を受け、文部科学省が毎年実施する「児童生徒の問題行動等生徒指導上の諸問題に関する調査」も２０１６年度以降は「児童生徒の問題行動・不登校等生徒指導上の諸課題に関する調査」に名称が変更され、不登校は「生徒指導上の諸課題」に区分されることになった。

6　登校の自明性は弱まりつつも、学校が果たすべき責任が増大する。この意味での「再学校化」は、「子どもの貧困」対策における学校プラットフォーム論にも認められる。

7　一例を挙げると、会議③が２０１５年４月14日に開催した第４回会議（フリースクール等に関する検討会議との合同会議）では、不登校当事者やその保護者が自らの経験を回顧した記録が資料として参照され、会議の場でも当事者の声を聞く機会が設けられている（不登校に関する調査研究協力者会議（第４回）・フリースクール等に関する検討会議（第４回）合同会議　議事要旨）。

8　コロナ禍を経てさらに急増した不登校児童生徒に対処すべく文部科学省が２０２３年３月に公表した「誰一人取り残されない学びの保障に向けた不登校対策」の通称「COCOLOプラン」のCOCOLOは、“Comfortable, Customized and Optimized Locations of learning”の略称で、個別最適化された学習環境の提供を優先する姿勢が反映されており、個別ニーズへの対応を重視する反面、不登校をめぐる集合的なアイデンティティが後景に退く構図をみることができる。

文献

奥地圭子（1989）『登校拒否は病気じゃない　私の体験的登校拒否論』教育史料出版会

学校不適応対策調査研究協力者会議（1992）「登校拒否（不登校）問題について――児童生徒の「心の居場所」づくりをめざして」『内外教育』4315：4-30頁

苅谷剛彦（1996）『大衆教育社会のゆくえ　学歴主義と平等神話の戦後史』中央公論社

倉石一郎（2018）「「教育機会確保」から「多様な」が消えたことの意味」日本教育学会編『教育学研究』85（２）：14-25頁

倉石一郎（2021）『教育福祉の社会学――〈包摂と排除〉を超えるメタ理論』明石書店

不登校児童生徒の実態把握に関する調査企画分析会議（2021）『不登校児童生徒の実態把握に関する調査報告書』https://www.mext.go.jp/content/20211006-mxt_jidou02-000018318_03.pdf

不登校問題に関する調査研究協力者会議（2003）『今後の不登校への対応の在り方について（報告）』https://warp.ndl.go.jp/info:ndljp/pid/1621348/www.mext.go.jp/b_menu/public/2003/03041134.htm

不登校に関する調査研究協力者会議（2022）『不登校に関する調査研究協力者会議報告書～今後の不登校児童生徒への学習機会と支援の在り方について～』https://www.mext.go.jp/content/20220610-mxt_jidou02-000023324-03.pdf
不登校に関する調査研究協力者会議（2016）『不登校児童生徒への支援に関する最終報告～一人一人の多様な課題に対応した切れ目のない組織的な支援の推進～』https://www.mext.go.jp/component/b_menu/shingi/toushin/__icsFiles/afieldfile/2016/08/01/1374856_2.pdf
法務省人権擁護局内人権実務研究会編（1989）『不登校児の実態について』大蔵省印刷局
森田洋司（1991）『「不登校」現象の社会学』学文社
文部科学省（2023）「児童生徒の問題行動・不登校等生徒指導上の諸課題に関する調査-用語の解説」https://www.mext.go.jp/b_menu/toukei/chousa01/shidou/yougo/1267642.htm
保田卓（2002）「メディアとしてのライフコース　ルーマン教育システム理論の再構築」日本社会学会編『社会学評論』53（2）：2-18頁
山田哲也（2013）「心の問題から進路問題へ」久冨善之ほか編『ペダゴジーの社会学　バーンスティン理論とその射程』学文社：154-176頁
Bernstein, Basil（1996）*Pedagogy, Symbolic Control and Identity: Theory, Research, Critique*, Taylor & Francis Ltd.［久冨善之ほか訳（2000）『〈教育〉の社会学理論　象徴統制、〈教育〉の言説、アイデンティティ』法政大学出版局］
Bernstein, Basil（1999）"Official Knowledge and pedagogic identities", In Christie, F.(ed.) *Pedagogy and the Shaping of Consciousness*, Cassell.［長谷川裕、本田伊克、久冨善之訳（2000）「オフィシャルな知識と〈教育〉的アイデンティティ」〈教育と社会〉研究会編『〈教育と社会〉研究』10：5-18頁］

第6章

フリースクールにおける「学習」の位置と価値

行政や学校との連携事例に着目して

武井哲郎

1 問題の所在

(1) 学習の場や形態をめぐる選択肢の拡大

一条校への通学を前提とした義務教育制度がゆらぎ、学習の場や形態をめぐって選択肢の拡大が進んでいるとして、同一性や共通性を重んじてきた日本型の公教育が転換期にあると指摘されている(大桃 2020)。2016年に成立した「義務教育の段階における普通教育に相当する教育の機会の確保等に関する法律」(普通教育機会確保法)のなかで、「不登校児童生徒に対しその実態に配慮して特別に編成された教育課程に基づく教育を行う学校の整備」(第10条)や「夜間その他特別な時間において授業を行う学校における就学の機会の提供」(第14条)が求められていることはその象徴ともいえる。また、COVID-19をきっかけとしてGI

ＧＡスクール構想による端末の整備が前倒しされ、オンラインによる非対面式の学習ツールが急速に広がったことも、この潮流を後押ししている。どこに原因があるのかは別に議論が必要であるにせよ、長期欠席児童生徒数が増加の一途をたどっていることを考えると、子どもたちの「教育を受ける権利」を実質的に保障するための仕組みを再構築しなければならないことは確かだろう。

ただ、学習の場や形態をめぐる選択肢は「不登校への対応」という文脈においてすでに20年も前から拡大のきざしを見せていた。２００３年に出された「不登校への対応の在り方について」という文部科学省初等中等教育局長通知（平成15年5月16日15文科初第２５５号）には次のような記載がある。

> ④　不登校児童生徒の学習状況の把握と学習の評価の工夫
>
> 不登校児童生徒が適応指導教室や民間施設等の学校外の施設において指導を受けている場合には、当該児童生徒が在籍する学校がその学習の状況等について把握することは、学習支援や進路指導を行う上で重要であること。学校が把握した当該学習の計画や内容がその学校の教育課程に照らし適切と判断される場合には、当該学習の評価を適切に行い指導要録に記入したり、また、評価の結果を通知表その他の方法により、児童生徒や保護者、当該施設に積極的に伝えたりすることは、児童生徒の学習意欲に応え、自立を支援する上で意義が大きいこと。
>
> なお、評価の指導要録への記載については、必ずしもすべての教科・観点について観点別学習状況及び評定を記載することが求められるのではないが、児童生徒の学習状況を文章記述するなど、次年度以降の児童生徒の指導の改善に生かすという観点に立った適切な記載に努めることが求められるものであること。

「学校が把握した当該学習の計画や内容がその学校の教育課程に照らし適切と判断される場合」という条件付きではあるものの、ここでは、不登校児童生徒が学校外の施設で学習を行えばそれを指導要録や通知表に反映させることが認められている。しかもその対象には、教育委員会が設置・運営する「適応指導教室」だけでなく、「民間施設等」も含まれている。すなわち２００３年の時点で、一条校には通学せずに民間のフリースクールを利用する子どもたちの学習に対し、原籍校（学籍が置かれている学校）として評価を行うことが制度上は可能になっていた。さらに、不登校児童生徒が自宅においてＩＴ等を活用した学習活動を行った場合に、その成果を原籍校が評価に反映させることも、２００５年には認められている▼1。なお、２０１９年に出された「不登校児童生徒への支援の在り方について」（令和元年10月25日元文科初第６９８号）という新たな文部科学省初等中等教育局長通知は、前記二つの通知を廃止するものであるが、この方針について大きな変更はない。

しかし、武井（2023）でも指摘したように、フリースクールでの学習活動を原籍校が評価しているという事例はおそらくそれほど多くない。文部科学省が２０１８年に行った教育委員会等を対象とした調査のなかでも、「民間の施設・団体へ通った場合の学習の評価や指導要録への記載の在り方等について、協議するなどしている」と回答したのはわずか59にとどまる▼2。フリースクールでの学習成果を成績に反映する中学校の試みを紹介する新聞報道も存在はするが、そうした取り組みが珍しいことの裏返しともいえるだろう▼3。また、２０２２年にフリースクール等を対象として行われた調査では、ＩＣＴを活用した学習等が在籍校の通知表等に反映されていると回答したのが全体の15・6％であった（特定非営利活動法人フリースクール全国ネットワーク編 2023: 185）。フリースクールを扱った先行研究においても、行政や学校との連携が可能となる要因やその影響について先進事例を分析するものはあるが（横井 2013; 本山 2014; 武井 2016; 山田 2016, 2017; 後藤 2017）、学習面での連携に焦点を当てるものは見られない。

そこで本章が注目したいのは、フリースクールでの学習成果を指導要録や通知表に反映するよう原籍校に求め、継続してそれを実現させてきた事例である。後述するように、フリースクールのなかには一条校で行われているような学習から距離を置きながら実践を積み上げてきた団体が多く存在する。ただ、フリースクールが学習から完全に自由であるとは言い切れない。なぜならば、進学や就職に際して学（習）歴を問われる機会があることは否めず、とりわけ我が子の将来を心配する保護者は学習支援に対するニーズを有していることも多いからだ。本章では、指導要録や通知表への反映を先駆的に推し進めてきたフリースクールの事例を分析することで、フリースクールが行政や学校と学習面で連携することの両義性についてその論点を抽出しながら検討したい。

（2）フリースクールと学習

さて、学習面での連携という課題に、実践としても研究としてもあまり焦点が当てられてこなかったのは、そもそもなぜなのか。具体的な事例の分析へと入る前に、先行研究から見出される二つの理由について簡単に述べておきたい。

一つは、フリースクールの機能が「居場所」の提供にあるという理解ゆえである。佐川（2009）によると、フリースクール運動は１９８０年代以降、「子どもの人権擁護」という観念と接合した「管理教育批判」をフレームとすることによって正当性を調達した。そしてそれは、子どもの個性・選択・意思に対して受容と共感の姿勢を持ってかかわるというフリースクールの「居場所」実践が、社会的に意義あるものとして認識されることにつながったという。実際に、「登校拒否はどの児童生徒にも起こりうるものであるという視点」が示された1992年の「登校拒否問題への対応について」(平成4年9月24日文初中第330号文部省初等中等教育局長通知)では、「児童生徒にとって自己の存在感を実感でき精神的に安心していることのできる場所」＝「心の居場所」の重要性が論じられた。また、以後に出される文部科学省の通知でも、民間のフリースクールに対して期待されるのは「児童生徒の人命や人格を尊重した人間味のある温かい相談や指導」であって(2003年の前記通知より)、学習指導の実施について具体的な言及はほとんど見られない▼4。フリースクールの実践を質的に分析する研究に関しても、佐川(2010)や井上(2012)のように「居場所」としての役割や機能に焦点が当たることが多い。

もう一つは、「学習」を介した管理・統制に対する懸念ゆえである。普通教育機会確保法は、当事者(不登校の子どもをもつ保護者など)のあいだでも法制化に対して賛否が割れるという経過をたどったものであるが、論点の一つになったのは、保護者による「個別学習計画」の作成と教育委員会によるその認定をもって就学義務の履行とみなす条文だ▼5。最終的に当該の条文は削除されたものの、教育委員会の決めた枠組みのもとで「学習」を遂行することが不登校の子どもたちに求められるのではないかという警戒感を、法制化に対して慎重な側は有していた。また藤根(2016)は、制度の外で活動する学びの場が「制度化」されることの影響として、「リテラシーが「欠如」した不登校の子どもたちにどれだけリテラシーを与えられるのかといった視点からの支援が求められ、それに基づいた評価がフリースクールに対して打ち出される」(p.246)可能性を指摘する。一条校とは異なる特質を備えたフリースクールの実践が行政による規制や評価によって歪められることに対する懸念は根強いものがあるといえるだろう。

本章ではそのまとめにおいて、フリースクールが「居場所」の提供という機能を強調しながら、「学習」を介した管理・統制に対しては警戒感を有してきたという歴史的経緯をふまえながら、事例の検討を行いたい。

2 対象と方法

本章が注目するのは、1990年頃からX県Y市で運営を続けてきたフリースクールRの取り組みである。Rは常勤のスタッフがわずか2名の小規模な組織で、在籍する生徒は5〜10名ほどを推移していた（調査実施時点）。主たる在籍者は中学生だが、高校を中退している／そもそも進学していない／進学を希望しない子ども・若者についても受け入れている。また、Y市だけでなく周辺の自治体から通う子ども・若者もいる。Y市をはじめ周辺の自治体には教育支援センターも設置されているが、Rの在籍者のなかには、自宅からほとんど出ることなく生活してきたような子など、教育支援センターにすら通うことが難しかった者も含まれている。

本章では主としてRに保存されていた文書資料をもとに検討を進める。後述するように、Rは2000年代に入って以降、文部科学省やX県教育委員会から不登校対応にかかわる事業委託を受けるようになった。それに伴い、運営協議会（年10回ほど）や学習評価検討会議（年3〜4回ほど）といった場を、外部の有識者や近隣の学校長らを招いて実施してきた。これらの会議で用いられた資料やその議事録がほぼ残されていたことから、2007〜2018年度のものについて分析を行った[6]。また、2019年7月26日および2020年8月28日にRの常勤スタッフ2名（代表：栗林氏、副代表：矢崎氏）に対して行ったインタビューと、本章が注目する事例に係るキーパーソンの一人である羽月氏（Y市内の中学校の元校長）に対して２０２０年12月14日に行ったインタビューについても、文書資料を補足する情報として用いている▼7。なお、調査協力先やその所在する地域が安易に判別されないよう、個別の名称や引用の一部に必要最小限の改変を加えた箇所があることおよび引用の出典となる資料名について一部伏せた箇所があることを、予め付言しておきたい。

3　学習評価をめぐる連携のプロセス

（1）連携のためのプラットフォーム

フリースクールでの学習・体験活動を原籍校の成績に反映させる取り組みがスタートするきっかけとなったのが、２００７年度にX県教委からRが受託した調査研究事業である。X県では、学校復帰を支援するといった要件を満たすフリースクールに不登校の子どもたちが通えば、原籍校で「出席扱い」とできるガイドラインを、２００５年度に策定していた▼8。Rはこのガイドラインに基づいて「出席扱い」の適用が認められたフリースクールの一つで、後にフリースクールの事業費を補助する仕組みがX県内で作られた際にもその対象となった。ただ、長期間に渡ってほぼ自宅だけで過ごしていた子どもたちを受け入れるケースもあるため、学校とは異なる独自のカリキュラムが組まれている。教科書を手にすることすら難しい子どもでも安心して活動に参加できるよう陶芸や華道の時間が設けられていたり、誰でも初歩（同じスタートライン）から取り組める「中国語」の学習があったりするのが、その一例といえる。

不登校の子どもの学習評価をめぐって学校とフリースクールがどのように連携すればよいのかを探ることが、調査研究事業の目的に据えられていた。当時、Y市やその近隣の自治体では、学校に通っていない子どもに対して通知表で具体的な成績がつくことはほとんどなく、評価欄に「1」や斜線が並ぶ、ないしは空欄のまま渡されるという状況にあった。また、各教科の学習内容や子ども本人に対するメッセージが記載された「副票」と呼ばれる紙が通知表に添付されてくるケースもあったが、〈良かれと思ってやっている〉学校側の善意とは裏腹に、保護者らの受け止めは必ずしも良くなかったと、栗林氏や矢崎氏は述べる。そこでRでは、在籍する生徒の原籍校の校長（3名）、その学校を所管する市教育委員会の指導主事（Y市教委を含む2名）、県教育事務所の指導主事（2名）をメンバーとする「学習評価検討会議」を、調査研究事業の開始にあわせて設置した。

Rは2007年度に「学習評価検討会議」を計5回開催しているが、文部科学省の出した2003年の前記通知を根拠として当初から一貫して求めていたのは一部の教科であっても観点別評価や評定をつけることである。仮に子どもがRで一生懸命勉強に取り組んでいたとしても、通知表に「1」や斜線ないし空欄が並んでいるだけであれば、〈怠けてるんじゃないのに〉〈それが通知表にまったく反映されていない〉という落胆をうむことにしかならない。また、Rの玄関までは来られても教室に入ってホームルームに出るだけで精一杯な生徒や、〈うちに来たら学校の教科書を机のなかに全部しまってしまって、こうやって悲しそうに下を向いている生徒〉がいるなかで、原籍校で行われる学習と同じ内容にいきなり取り組ませようとするのも無理がある。そこで、R独自のカリキュラムで学んだことを原籍校に評価してもらうことが、子ども本人やその保護者にとっての〈励み〉になるのだという意義を強調し、〈Rで頑張っていることを中学校もちゃんと見てくれている〉点が伝わるような通知表へと転換することを、栗林氏や矢崎氏は求めた。

Rからのこうした要望に理解を示したのが、2007年度は教育事務所の指導主事として、2008年度はRを利用する生徒の原籍校（Y市立の中学校）の校長として、「学習評価検討会議」に出席していた羽月氏である。羽月氏は、副票を添付するといった「(学校が) 親切でやっている、いいことだと思ってやっている」ことが、むしろ「自分は(学校に) 行けないということで、また自己肯定感が下がったりということ」を引き起こすケースがあると聞き、着任した中学校でその改善を試みた。当時2年生でRを利用していた生徒が、「1年生の時からの漢字を全部勉強して、今(2年生で) やっている教科書の漢字もやっている」という情報をキャッチし、Rを介して預かったノートとともに国語の担当教員に伝えた。すると、言語についての理解という点で評価に値するという判断に至り、1学期末の通知表で、国語の観点別評価の一部に反映されることになったという。さらに、2学期も同様の手順でRでの学びを評価したところ、それまでほとんど登校していなかった当該生徒が、通知表を受け取りに学校へと足を運ぶまでになった。学校側にとっても「実際にこの子が終業式に来られた、学校に1年ぶり来られたっていう、その事実」は大きなインパクトをもつもので、3学期にはRで行われる調理実習を技術・家庭科の教員が参観に訪れるまでになった。最終的に、国語科だけでなく社会科、美術科、技術・家庭科においてRが日々つけている学びの記録をもとにした成績評価が実現し、観点別評価だけでなく評定にも反映された。

（2）先例の積み上げ

ただ、校長のあいだからはフリースクールでの学びを評価へと反映することには後ろ向きな声も上がっていた。それは主に他の生徒との公平性を問うもので、一つは「半分くらい出席していなければ、評価できない」や「登校していなかったら、「関心・意欲」がない、と判断する学校もある」というように〝場の同一性〟を求めるもの、もう一つは「フリースクールでの作品を（美術の枠内で）評価しようと思ったら、学校のカリキュラムに添ったものを課題として与えて学習すれば、学校としては評価しやすい」や「学校の基準にあわせた教え方を、フリースクールでもした場合、評価に反映することは可能である」など〝内容の同一性〟を求めるものに大別できる▼9。実際に2011年度には、Rを利用する生徒が3名にも上っていた中学校（Y市外）が、「授業に少しでも出ているならば、評価できるだろうが」「教授者が違う」そして「学習の内容が違う」以上は「他のすべての子と同じに見ると、評価できない」として、年間を通じて観点別評価すら一切行わないこともあった▼10。

必ずしもすべての校長から賛同を得られるわけではなかったものの、Rとしてはその後も毎年度、在籍する生徒の原籍校の校長や教育委員会・教育事務所の担当者らを招きながら学習評価検討会議の開催を続けてきた。その過程で重要な意味を持ったのが、先例の積み上げである。たとえば2012年度の学習評価検討会議では、2008年度にはじめてRでの学びを観点別評価や評定に反映させた羽月校長が第1回（9月開催）の会議でその取り組みを紹介し、「励みになり、自立、進路獲得のための手助けになればと考えた」ことを説明している。すると、Rに在籍する生徒の原籍校（Y市内の中学校）の校長から「羽月校長が以前に取り組まれた事をベースに自校でも評価したい。保護者と本人がRでしている事を見てもらっているんだと思える通知表を作りたい」という声が上がった。さらに、11～12月には原籍校の教諭らがRで行われている数学の学習や調理実習の様子を見学する機会が設けられ、2学期の成績評価では「Rからの資料をもとにして（ある生徒の）観点別評価の所で国語、美術、家庭科で「B」がついた」という中学校も別に登場している。

この中学の曾根校長は、当該の生徒が（別室登校していた）教室から逃げ出したこともあるという過去を振り返りながら「毎日、Rに登校し、学んで社会的に自立しているのは嬉しい」として、「他の教科でも（評価が）付けられたらと考えている。そのためにも、引き続き、Rでの学習の情報をお願いしたい。Rで学んでいる事を評価してあると説明して、（通知表を本人に）渡してもらった。評価がついていたことで、担任も、通知表を渡しやすかったのではないか。」と語っていた▼[11]。実際にこの学校では２０１３年度も国語科、美術科、技術・家庭科においてRでの学びの記録を成績評価の材料として活用し、観点別評価だけでなく評定にまで反映させたという▼[12]。

なお、Y市では中学校長会が「不登校生徒、別室登校生徒等の評価、評定について」という文書を２０１３年にまとめた。そこでは、不登校の子が定期試験を受験できなかった場合も、適応指導教室やフリースクールRでの学習内容について、学校のものと類似する部分を協議し、評価に反映させていく方針が確認されている。以後、Rでの学びの記録をもとに成績評価を行ったという報告が、学習評価検討会議においてY市内の中学校からたびたび出されるようになった。一例として２０１６年度には、ある校長が「美術は美術担当教師がRを訪れ、生徒が作成したパネル（筆者注：Rが毎年開催しているイベントで掲出するパネル）について直接説明をさせ、評価するための時間を取った」ことを紹介している▼[13]。これは２００８年度に羽月校長が行った取り組みと同じもので、フリースクールでの学びを評価に反映するという先例の積み上げがY市内において続いたことを示唆している。

（3）意味づけの共有

では、なぜフリースクールと原籍校が、子どもの学習評価という一般には慎重に扱われることの多い問題をめぐって先例を積み上げていくことができたのか。学習評価検討会議の議事録を経年的に分析すると、〝場の同一性〟や〝内容の同一性〟を求める声は次第に弱まり、子どもの「励み」となる評価の重要性を校長らが語り出す様子が見て取れる。たとえば2013年度第3回の学習評価検討会議では、次のような議事録が残されている。


（羽月校長）通知表ががんばっていることの評価で、励みになる形で子どもに返す。フリースクールRで取り組んでいることを、学校で評価していく。できることから付けていく。

（Q校長）評価と励ましの線引きは？

（羽月校長）励ましというのは、生徒がしてきたことを認めること。この会の流れの中で出たことであり、子どもが学校で評価されることが励みになるという事実があった。学校の中でこのことを考えてもらう、議論してもらう形で進めてきた。その結果、公の文書として、子どもが手に取った時に励みになる形で考える。

（Q校長）公平、公正を担保しながら、という所がある。

（羽月校長）学んでいないことを評価することはできないが、していることに対して、これはしていないけど、代わりにこれをしている、と考えることができる。励みになるように、子どもががんばろうと思えるように。

郵便はがき

料金受取人払郵便

神田局
承認

2420

差出有効期間
2025年10月
31日まで

切手を貼らずに
お出し下さい。

101-8796

537

【受　取　人】

東京都千代田区外神田6-9-5

株式会社 **明石書店** 読者通信係 行

お買い上げ、ありがとうございました。
今後の出版物の参考といたしたく、ご記入、ご投函いただければ幸いに存じます。

ふりがな お 名 前	年齢	性別

ご 住 所　〒　　-

TEL　(　　)　　FAX　(　　)

メールアドレス	ご職業（または学校名）

＊図書目録のご希望	＊ジャンル別などのご案内（不定期）のご希望
□ある □ない	□ある：ジャンル（　　　） □ない

書籍のタイトル

◆本書を何でお知りになりましたか？

□新聞・雑誌の広告…掲載紙誌名[ ]
□書評・紹介記事……掲載紙誌名[ ]
□店頭で　□知人のすすめ　□弊社からの案内　□弊社ホームページ
□ネット書店 [ ]　□その他[ ]

◆本書についてのご意見・ご感想

■定　価　□安い（満足）　□ほどほど　□高い（不満）
■カバーデザイン　□良い　□ふつう　□悪い・ふさわしくない
■内　容　□良い　□ふつう　□期待はずれ
■その他お気づきの点、ご質問、ご感想など、ご自由にお書き下さい。

◆本書をお買い上げの書店

[　市・区・町・村　書店　店]

◆今後どのような書籍をお望みですか？

今関心をお持ちのテーマ・人・ジャンル、また翻訳希望の本など、何でもお書き下さい。

◆ご購読紙　(1)朝日　(2)読売　(3)毎日　(4)日経　(5)その他[新聞]

◆定期ご購読の雑誌 [ ]

ご協力ありがとうございました。

ご意見などを弊社ホームページなどでご紹介させていただくことがあります。　□諾　□否

◆ご 注 文 書◆　このハガキで弊社刊行物をご注文いただけます。

□ご指定の書店でお受取り……下欄に書店名と所在地域、わかれば電話番号をご記入下さい。
□代金引換郵便にてお受取り…送料+手数料として500円かかります（表記ご住所宛のみ）。

書名	冊
書名	冊

ご指定の書店・支店名	書店の所在地域 都・道 府・県　市・区 町・村
	書店の電話番号　(　　)

（曾根校長）自分の学校の中でこの子が不登校になっているということを考えた時、この子ががんばっているのを見て、学校として何がしてやれるかを考えるのは当然出てくる。整合性から入ると、先はない。
（M校長）説明できることが、公平、公正だと先生たちに言っている。
（N校長）不登校の1人の子のためにプリントを出すならば興味、関心がはかれる。評価につなげられる。その子なりの評価をつけてあげる。そのことが社会的な自立につながる。

まず注目したいのは、「評価と励ましの線引き」を尋ねたり、学習評価においては「公平、公正を担保」する必要があることを述べたりするQ校長に対して、他の校長がどうリアクションしているかである。Q校長は、Y市外の自治体（近隣市町村）にある中学校からの参加で、Rでの学びを通知表に反映させることには慎重な立場をとっていた。他方、他の校長はすべてY市内の中学校に勤めていて、教員自身が成績の根拠について「説明」できれば問題はないと述べるM校長をはじめ、一律に同じ規準・基準を適用することだけを「公平、公正」ととらえる様子は見られない。「整合性から入る」のではなく「がんばっているのを見て、学校として何がしてやれるかを考える」ことが当然だと主張する曾根校長や、「不登校の1人の子のためにプリントを出す」といった工夫により「その子なりの評価をつけてあげる」ことが重要だとするN校長の発言は、当初からRが主張していた「励み」になる評価という考え方が校長らに波及していったことを、すなわち、学習評価をどのように意味づけるのかという解釈枠組みのレベルでフリースクールと原籍校の合意が図られたことを窺わせる。

もちろん、子どもにとって「励み」になる評価という枠組みを用いたからといって、フリースクールと原

図表 6-1　学習評価検討会議における「議論のまとめ」の比較

2007（H19）年の議論のまとめ	2015（H27）年の議論のまとめ
1　評価については、公正であるべきである。 2　意欲につながり励みとなるよう配慮した評価をすべきである。評価材料については民間施設での学習内容を評価に反映させるなどの工夫が必要である。 3　評価の方法としては、児童生徒の状況によってさまざまなものが考えられる（文章表記、観点別評価、評定など）。 4　相互訪問、情報交流などを通じて、民間施設と学校の相互の連携を図ることが大切である。 5　出席について、通知表の所見欄に文章で変化の様子を表記することも大切である。（例：フリースクールＲに行けるようになった。など）	1．公平・公正の意味について、その概念は一律とは言えず、児童生徒の教育を考えたとき、公平・公正を越えた基準が出てくる。 2．児童生徒の意欲につながり、励みになる評価をする。 3．フリースクールでの学びを在籍校で評価する。 4．在籍校は民間施設を訪問して、生徒の学習の様子を把握する。 5．評価材料を民間施設から在籍校へ提出する。 6．在籍校の教員に「フリースクール連携推進事業」の目的、意義等の理解を深める研修をする。 7．フリースクールＲにおける社会的自立のカリキュラムと普通学校のカリキュラムの根底に共通のものがあり、その共通の部分で評価につながる。

出典：フリースクールＲに残されていた資料をもとに筆者作成（下線については筆者が付記）

籍校の連携が首尾よく進むとは限らない。Ｑ校長がそうであったように、Ｙ市外の自治体にある原籍校からは、学習評価の反映に対して後ろ向きの発言が出ることも珍しくないという▼[14]。Ｙ市以外の自治体の場合、Ｒの利用者が毎年必ず存在するとは限らないため、継続して先例を積み上げていくことが難しい。フリースクールでの学びを通知表に反映させることが必ずしも一般的とは言えないなか、参照可能な先例が（当該の自治体内で）存在しないことを行うのはハードルが高いのだと推察される。一方で、Ｙ市内であればいずれかの中学校にＲを利用する生徒がほぼ毎年存在する。また、利用者がいない中学校に対しても学習評価検討会議への出席を依頼するなど、Ｒとしてもこれまで築いてきた関係性が維持されるよう工夫している。学習評価検討会議で出される「議論のまとめ」を２００７年と２０１５年で比べても、「公平・公正を越えた基準」のもと「励み」になる評価をつけていくべきだという認識が共有されるようになったことを窺わせる（図表６－１）。

4 総合考察

本章では、フリースクールでの学習成果を指導要録や通知表に反映させてきた先駆的な事例に着目することにより、行政や学校と学習面で連携することの両義性について検討することを目的としていた。最後に、フリースクールが「居場所」の提供という機能を強調しながら、「学習」を介した管理・統制に対しては警戒感を有してきたという歴史的経緯をふまえながら、前記事例をどう解釈すればよいのかについて記すことで、まとめにかえたい。

まず検討したいのは、学習面での連携が行政や学校からの管理・統制につながるのかどうかである。本事例を振り返ってみると、教育委員会による調査研究事業が連携のきっかけになったとはいえ、子ども一人ひとりの学びの記録を日々残したり原籍校の校長らを招いての会議を毎年複数回開催したりと、行政や学校との関係を持続させるのにフリースクールの側が多大なる労力をかけていることは否めない。フリースクールを利用する子の原籍校は毎年のように変わるためいつも同じ学校と関係を築けばよいわけではなく、仮に同じ学校と連携することがあったとしても教職員の構成は毎年異なることから、評価への反映を求める以上はどのフリースクールもこれだけの労力をかけなければならない可能性がある。そもそも、フリースクールで学んだことを成績評価の資料として用いるか用いないかを決定する権限を握っているのは原籍校の側であって、フリースクールの立場は弱い。普通教育機会確保法制定過程での「個別学習計画」をめぐる議論のなかで指摘されていたことと重なるが、指導要録や通知表への反映にこだわればこだわるほど、行政や学校の側の主導性を容認することにもなりかねないのは確かだ。

他方で、指導要録や通知表に反映される「学習」となるよう、フリースクールの側がその活動を変化させたわけではない。文部科学省が出した通知の内容を根拠としながら、自団体の活動のなかで子どもたちが学んだことに対して適正な評価が行われるよう粘り強く交渉を行った結果として、今回の事例をとらえることもできる。特に注目したいのは、子どもにとって「励み」になる評価を行うことの重要性について原籍校との合意が形成されている点だ。ここには、学習評価をどのように意味づけるのかという解釈枠組みのレベルで、フリースクールの側の主張を埋め込むことに成功した様子が表れている。評価の意味づけを擦り合わせるためのプラットフォームを設定し、一つ一つ先例を積み上げていったプロセスそのものが、フリースクールで行われている実践の正当性を行政や学校に認識してもらう契機になったともいえるだろう。

続いて検討したいのは、フリースクールにおける「学習」の価値についてである。今回の事例に対しては、原籍校での成績にこだわることで子ども本人やその保護者が学校の呪縛から逃れづらくなるのではないかという懸念や、指導要録や通知表に反映させることにどれだけの意味があるのかという疑問が、「居場所」を提供する場としてフリースクールを位置づける側から出されるかもしれない。しかし、何を学んだのか（内容の同一性）やどこで学んだのか（場の同一性）だけを問うのではなく、「学習」という行為やその評価をエンパワメントの手段として価値づけた点に、一定の意義を認めることもできるだろう。「学習」したことが評価されることにより子ども本人が安心を得られるのならば、自己肯定感の醸成にもつながると考えられるからだ。「学習」を進学や就職の手段として価値づけるのではなく、フリースクールが「居場所」としての機能を備えるための方法の一つとして「学習」をとらえることもできるかもしれない。

ただ、内容の同一性や場の同一性に対するこだわりを、行政や学校が簡単に捨て去ることはできないだろう。たとえば今回の事例でも、定期試験だけはどうにか受験してもらいたいという要請が原籍校から来ることはある。定期試験を受験できたという事実が子どもの自信につながるケースもあることから、本人が了承するのであればフリースクールとしてその要請を拒否することはないそうだが▼15、原籍校としては「何を学んだのか」を問わねばならないと考えている様子が窺える。また、エンパワメントの手段として「学習」という行為やその評価を価値づけることに原籍校が同意するのは、当該の生徒がエンパワメントの必要な子だと認識されているからに他ならない。すなわち、エンパワメントの必要な子だから「例外」を認めているという構図が、そこには見え隠れする。仮に、一条校の枠外にある学びの場で十分にエンパワされた子が、教科書記載の内容をこえた発展的な学習に意欲を持って取り組んでいたとして、それを原籍校はどう評価するのか。もはやエンパワメントの必要でない子だから「例外」は認められないとして、評価への反映は行わないという判断を下す可能性も当然に想定されるだろう。フリースクールでの学びに高い評点を付けたとなれば、学校で対面の授業を受けている子やその保護者から疑問の声があがることも考えられるからだ。内容の同一性や場の同一性に対するこだわりというのは、学校というより社会の側の「こだわり」だとみるべきなのかもしれない。

†本章にはＪＳＰＳ科研費18K13074、18K18668、22K02244、23H00942の助成を受けた研究の成果が含まれる。また、本章の内容の一部は日本特別ニーズ教育学会（ＳＮＥ学会）第26回大会（２０２０年10月17日、オンライン開催）における「フリースクールと原籍校の持続可能な連携を可能とする要因——不登校の子どもの学習評価をめぐって」という発表をもとにしている。

注

1　「不登校児童生徒が自宅においてＩＴ等を活用した学習活動を行った場合の指導要録上の出欠の取扱い等について」（平成17年7月6日17日文科初第４３７号文部科学省初等中等教育局長通知）より。

2 「民間の団体・施設との連携等に関する実態調査」の結果（https://www.mext.go.jp/component/a_menu/education/detail/__icsFiles/afieldfile/2019/05/20/1416689_001.pdf、最終アクセス日：２０２３年11月1日）より。

3 ２０２１年12月3日の朝日新聞（長野県版）朝刊21頁「不登校生らの学習成果　在籍校の成績に反映」より。

4 一方で、教育支援センター（適応指導教室）の場合は学習指導の実施について言及があり、その点は対照的ともいえる。たとえば、２０１９年に出された前記通知の別添4「教育支援センター整備指針（試案）」では「各教科等の学習指導に関しては、原籍校とも連絡をとり、センター及び児童生徒の実情に応じて実施する」と記されている。

5 当時の論争についてその詳細は高山（2019）を参照されたい。

6 議事録については発言者が特定できない形で残されたものも多かったため、後述のようにインタビューで議論の推移を追うことにした。議事録を作成したのはRのスタッフであるが、その内容については次の回の会議で確認がなされていることから、Rにとって都合の良い発言だけが残されているわけではない。

7 栗林氏と矢崎氏のインタビューからの引用は〈　〉で、羽月氏のインタビューからの引用は［　］で表す。また、引用文中の（　）内は筆者による補足である。調査にご協力くださったすべてのみなさまに深謝申し上げたい。

8 ２００７年1月10日付のある新聞記事より。

9 この一文の「　」内は２００７年度第2回および第4回の学習評価検討会議議事録からの引用である。

10 この一文の「　」内は２０１１年度第3回の学習評価検討会議議事録からの引用である。この学校の校長の発言として載っていた。

11 本段落の「　」内は２０１２年度第1回および第3回の学習評価検討会議議事録からの引用である。

12 ２０１３年度第1回の学習評価検討会議における曾根校長の発言より。

13 この一文の「　」内は２０１６年度第2回の学習評価検討会議議事録からの引用である。

14 栗林氏と矢崎氏に対するインタビューより。

15 栗林氏と矢崎氏に対するインタビューより。

文献

井上烈（2012）「フリースクールにおける相互行為にみるスタッフの感情管理戦略」『フォーラム現代社会学』11：15-28頁

大桃敏行（2020）「日本型公教育の再検討の課題」大桃敏行・背戸博史編著『日本型公教育の再検討――自由、保障、

責任から考える』岩波書店：1-12頁
後藤武俊（2017）「不登校児童生徒およびその保護者への支援における公私協働の形成・維持要因——福岡市『不登校よりそいネット』事業を事例として」『琉球大学地域連携推進機構生涯学習推進部門研究紀要』1：1-12頁
佐川佳之（2009）「フリースクール運動のフレーム分析——１９８０～１９９０年代に着目して」『〈教育と社会〉研究』19：46-54頁
佐川佳之（2010）「フリースクール運動における不登校支援の再構成」『教育社会学研究』87：47-67頁
高山龍太郎（2019）「教育機会確保法の成立過程とその論点——ニーズ対応型教育課程という観点から」永田佳之編著『変容する世界と日本のオルタナティブ教育——生を優先する多様性の方へ』世織書房：１３５-１７１頁
武井哲郎（2016）「不登校児童生徒への対応にフリースクールが果たす役割の変容——行政との連携による影響に着目して」『日本教育行政学会年報』42：１１３-１２９頁
武井哲郎（2023）「不登校児童生徒に対する教育支援システムの動向と課題」日本スクール・コンプライアンス学会編『スクール・コンプライアンス研究の現在』教育開発研究所：２３６-２４９頁
特定非営利活動法人フリースクール全国ネットワーク編（2023）『フリースクール白書2022——想像ではなく「数字」で見る』学びリンク
藤根雅之（2016）「制度の外で活動する学びの場を制度化する上でのジレンマ——フリースクールのローカルなリテラシー実践から」岩槻知也編著『社会的困難を生きる若者と学習支援——リテラシーを育む基礎教育の保障に向けて』明石書店：２３１-２４８頁
本山敬祐（2014）「不登校対策における教育行政と『フリースクール』の協働形成過程——境界接続者概念に着目して」『東北教育学会研究紀要』17：15-28頁
山田銀河（2016）「不登校支援における連携の展開——スクーリング・サポート・プログラム（ＳＳＰ）とスクーリング・サポート・ネットワーク整備事業（ＳＳＮ）の検討から」『東京大学大学院教育学研究科教育行政学論叢』36：１０５-１１８頁
山田銀河（2017）「不登校支援における連携ネットワークとアクター間の関係——『神奈川県学校・フリースクール等連携協議会』の事例から」『東京大学大学院教育学研究科教育行政学論叢』37：１４５-１６２頁
横井敏郎（2013）「日本の自治体不登校ガバナンスの課題——行政分野間関係の視点から」日本教育行政学会研究推進委員会編『教育機会格差と教育行政』福村出版：89-１０５頁

第7章

不登校児への応答責任は誰にあるのか
1970年代以降の夜間中学における学齢不登校児の受け入れをめぐる論争に着目して

江口 怜

1 はじめに
――周縁の学校のジレンマ

2016年に公布された「義務教育の段階における普通教育に相当する教育の機会の確保等に関する法律」（以下、教育機会確保法）の制定前後より、文部科学省はこれまでの政策を大きく転換し、公立夜間中学における不登校状態にある学齢期の子ども（以下、学齢不登校児▼1）の受け入れを認めるようになった▼2。1940年代末より、学齢の不就学・長欠児を主たる対象に草の根で開設された夜間中学は、概ね1970年代以降は、学齢を超過した義務教育未修了者を主たる対象とするように変化した。しかし、実際には東京都などで、登校拒否・不登校児が1980年代末までは在籍しており、夜間中学の教員のあいだでも登校拒否・不登校状態の学齢児を積極的に受け入れるべきか否かをめぐって、論争がなされてきた経緯がある▼3。

2022年には、香川県の三豊市立高瀬中学校夜間学級が、初めて不登校特例校の認可を受ける形での夜間学級新設を行い、教育機会確保法制定後に初めて正規に学齢不登校児が夜間中学に入学するようになった。また、令和4年度「夜間中学の設置促進・充実事業」に採択された認定特定非営利活動法人カタリバは、足立区立第四中学校夜間学級と連携し、「不登校状態にある学齢期の中学生」の学びの場として夜間中学を利用する事例の創出に向けた実証調査を行い、詳細な報告書も公開されている（認定特定非営利活動法人カタリバ 2023）。

このように、公立夜間中学が学齢不登校児の積極的な受け入れにむかうのか否かは、今後の夜間中学の役割を考えるうえでの重要な課題の一つとなっている▼4。同時に、この問題は夜間中学内部の問題にとどまらず、不登校問題への対応を主眼に置きながら多様な教育機会が広がりを見せる現在において、周縁的な学校や学級がもつ独特のジレンマとは何か、という普遍的な問題とも結びつくものであるだろう。

夜間中学の歴史に関する先行研究においても、不登校問題との関連は注目されてきた。大多和（2017）によれば、１９８０年代半ばに東京の夜間中学に入学してきた不登校経験のある10代の学齢超過者の多くは、卒業判定の際に原級留置となり、学級担任や市区教育委員会に夜間中学を紹介され、退学（除籍）後に夜間中学へ入学してきていた。しかし、１９８０年代末からの文部省の不登校政策の転換のなかで、不登校児は夜間中学ではなく適応指導教室等への登校が促されるようになり、東京都教育委員会も80年代末には夜間中学における学齢児の例外的受け入れを認めないようになっていった（大多和 2017: 181-196）。横関（2021）は、１９７０年代末から90年代にかけての東京都の夜間中学における不登校経験者の学びについて検討し、夜間中学においては、教師からの受容的態度や異年齢で構成されるクラスメイト同士の人間関係が生成する家庭的雰囲気が対人関係によるボンド（絆）を強固なものとし、登校継続に結びついたことを積極的に評価している。このように、夜間中学という独特な空間がかつて学齢不登校児の学びの場として重要な役割を果たしていたことが、近年の夜間中学政策の転換のなかで改めて注目されているのである。

ただし、浅野（2020）が指摘するように、大阪（関西）の夜間中学教師からは昼間の学校での同和教育推進の観点から学齢者の安易な受け入れに対する抵抗感が示され、学齢者の入学不許可を厳しく批判する東京（関東）の夜間中学教師らとのあいだに論争が生じていた。浅野は、昼間の中学と夜間中学との形式的な「調整」・役割分業化の進展の背後にあった行政の管理強化の文脈を強調しているが、本章ではむしろ、この論争が「不登校児に対する応答責任は誰にあるのか」という広い射程をもった議論であったことに改めて光を当てたい。夜間中学は成立当初から、教育機会の均等を謳う戦後教育の理念とのあいだに緊張関係をもった「あってはならないが、なくてはならない学校」という性格を持ち、夜間中学の教育対象をめぐる「生徒の境界」問題を抱え続けてきた（江口 2020b）。このとき、行政や学校が定めた入学条件が生徒の実情に合わないことが問題になる場合もあれば、現場の意図に反して夜間中学に「問題児」が送り込まれることが問題になる場合もあった。本章で取り上げる論争も、夜間中学における「生徒の境界」問題をめぐるジレンマの一例とみることができる。

本章では、当時の登校拒否・不登校問題をめぐる社会的動向を射程に含みつつ、夜間中学での学齢不登校児の受け入れをめぐる動向と夜間中学教員間の論争について検討したい。その際、全国の公立夜間中学教員が組織する全国夜間中学校研究会の全国大会（以下、全夜中研大会）の大会資料・記録誌を主な史料とし、1970年代半ばから90年代半ば頃までの時期を対象とする。

2　夜間中学における登校拒否経験生徒の登場
――1970年代半ばから80年代初頭

（1）夜間中学の再編と登校拒否・不登校問題

1940年代末より学齢の不就学・長期欠席児童生徒への義務教育保障を主たる目的意識として開設された夜間中学では、1960年代に入ると生徒のなかで徐々に義務教育未修了の学齢超過者の割合が増加し、1966年に行政管理庁が夜間中学の早期廃止を勧告した後、学齢児の割合は急減する。そして、文部省の強い指導もあり、1968年の京都市立郁文中学校夜間学級の開設以降、新設された夜間中学ではすべて入学条件に学齢を超過していることが課されるようになった。ただし、それ以前より夜間中学が開設されていた東京都、神奈川県横浜市、広島市などでは、その後も学齢児の受け入れを学校と自治体の判断で臨機応変に行なっていた（江口 2022: 172-174）。特に1960年代半ば頃からは、経済的貧困による昼間の労働という理由ではない形で学校に通うことのできない「学校ぎらい」「登校拒否」の子どもたちも生徒のなかに含まれるようになっていた。

他方で、戦後の小・中学校の長期欠席率は、1975年頃まで減少を続けた後、底を打って上昇に転じた。長欠率の高い地域も、地方から都市に反転する。児童精神科医の滝川一廣は、1970年頃を決定的な転回点と位置づけ、「わが国の長欠が社会の後進性を背景として起きる現象から近代性（先進性）を背景としてこそ起きる現象へと質的に大転換した」、「これが〈脱学校〉としての長欠なのである」（滝川 1996: 45-6）と指摘している▼5。この頃の長欠児は「学校恐怖症」や「登校拒否症」などと呼ばれて医療的・心理的介入の

図表 7-1　1995 年時点の公立夜間中学設置校と開設年

都道府県	学校名	開設年	1968 年以降の設置
東京都	足立区立第四中学校	1951	
	八王子市立第五中学校	1952	
	墨田区立曳舟中学校	1953	
	大田区立糀谷中学校	1953	
	世田谷区立新星中学校	1954	
	荒川区立第九中学校	1957	
	江戸川区立小松川第二中学校	1971	○
神奈川県	横浜市立浦島丘中学校	1948	
	横浜市立平楽中学校	1950	
	横浜市立蒔田中学校	1950	
	横浜市立西中学校	1950	
	横浜市立鶴見中学校	1950	
	川崎市立西中原中学校	1982	○
千葉県	市川市立大洲中学校	1982	○
広島県	広島市立観音中学校	1953	
	広島市立二葉中学校	1953	
京都府	京都市立郁文中学校	1968	○
大阪府	岸和田市立岸城中学校	1952	
	大阪市立天王寺中学校	1968	○
	大阪市立天満中学校	1970	○
	堺市立殿馬場中学校	1972	○
	八尾市立八尾中学校	1972	○
	東大阪市立長栄中学校	1972	○
	大阪市立文の里中学校	1973	○
	守口市立第三中学校	1973	○
	豊中市立第四中学校	1975	○
	大阪市立昭和中学校	1976	○
奈良県	奈良市立春日中学校	1978	○
	天理市立北中学校	1981	○
	橿原市立畝傍中学校	1991	○
兵庫県	神戸市立丸山中学校西野分校	1950	
	神戸市立兵庫中学校北分校	1976	○
	尼崎市立城内中学校琴城分校	1976	○

対象とされる場合が多く、主には本人や家族（特に母親）の問題として論じられた。「１９７０年代は不就学と長期欠席への関心が薄れ、入れ替わって登校拒否への注目が始まった転換期」（保坂 2019: 79）であった。

この頃の夜間中学は、ほとんどの学校が１９５０年代から継続した東京、神奈川、広島に対し、千葉、大阪、奈良、兵庫などで夜間中学の新設が続いていた（図表7−1）。１９９５年の時点では、学齢児童の救済を目的に戦後初期に開設された夜間中学が15校、１９６８年以降に原則学齢超過者を対象とする形で開設された夜間中学が18校と、新しいタイプの夜間中学が大勢を占める状況となった。

そうしたなかで、1970年代後半になると、東京では入学時に18歳以下の登校拒否を経験した若者が各校で数名から10名程度見られるようになっていく（夜間中学校と教育を語る会 2016: 7）。そのとき、東京など行政による学齢児の入学禁止措置に反対する地域と、当初から学齢超過者に入学者を限定する形で新設された関西を中心とする地域とで、論争が生じていくことになる。その後、実際の生徒の年齢層に関しても東京と大阪で異なる展開を示した。横関の整理によれば、1992年の時点で、東京都では学齢児2・3％、15～19歳24・1％、20～29歳20・9％と20代以下の割合が高く、大阪では20代以下は計13％で60歳以上が5割以上を占めている（横関 2020: 59）。

（2）学齢児受け入れ論争——救急中学校論と同和教育論

以下では、1970年代半ばから80年代初頭までの全夜中研大会における学齢不登校児の受け入れをめぐる論争とその背景についてみていきたい。1976年の第22回大会、第二分科会「夜間中学の歴史に関する諸問題」での議論は、初めて大阪の教師から同和教育の視点に基づく発言がなされ、その後の論争の基本的な構図が提出された▼6。同分科会では、江戸川区立小松川二中の松崎運之助が夜間中学の歴史について報告し、質疑応答のなかで、見城慶和が京都市の夜間中学における1968年の学齢児入学禁止措置について問うところから議論は始まった。

京都市では、それまでの学齢児対象の夜間中学を統廃合し、1968年に新設した郁文中学校夜間学級が学齢超過者のみを対象としていた。京都市で長く夜間中学教員を務めた佐田詢英は、明確に行政指導のなかで「過年児の生徒」を対象にした学校として発足したとしながらも、例外的に申請書を提出して学齢児を受け入れる例はあると述べている。続けて見城は、「昼間に行けない、夜間中学が、夜間中学でならば救済出来るというふうな学齢者がいた場合には、これは次善の策として、夜間中学でなにによいても救済することが、大事じゃないかという事で、そういう条件は一切認めないという方向で学齢者も対象にしている訳です」（全国夜間中学校研究会 1977: 68）と東京の状況を説明したうえで、大阪の教員に見解を問うた。

この問いかけに対して、大阪市立菅南中の勝村公和は、大阪では新設当初から入学条件で学齢超過者のみを対象と限定していたために、夜間でなら救われる可能性のある生徒を切っていた可能性がある、大阪でも考えなければならないと応じた。その後、大阪市立天王寺中の校長武市克一は、大阪で進んでいる同和教育においては、「1人の生徒も見落とせない」[7]という視点で昼の義務教育のなかで学習権を保障しようとしているため、学齢児を夜間中学に入れることは考えられないと応じている。続けて、天王寺中の稲富進から、逆に東京の教師に問題を投げ返す形で、「かっての学齢児が、その学齢の段階において義務教育を保障されなかったという事実が現在をつくっている。とするなら、我々の教育の考え方というのは、たえず昼間の教育の考え方に返していくという事でなければならない」（同前: 69）との発言がなされた。そして、学齢児が今の学校に行けないために夜間中学の門を叩いたら、自分たちであれば昼間の学校と協議を開始し、解決の方向性を探るので、学齢児を夜間中学で受け入れることが果たしてよいのかという疑問を投げかけている。

この発言に対して松崎から、東京でもそうした作業は行っているが、行政措置ではどうしても救えない子どもが現に存在しており、その子らに、行政と話し合い条件が整うまで待てとはいえない、ひとまず受け入れるべきであると考えている旨の応答が出された。続けて見城からは、もともとの夜間中学の成り立ちが、やむにやまれぬ事情で学校に通えない学齢児を受け入れるところから始まっているのであり、夜間中学で救える者は救いながら昼間で義務教育を保障せよと主張することは可能であると述べている。松崎からは重ねて、学齢児を受け入れないという方針は結果的に文部省の行政措置を追認することになるのではないか、教育から切り捨てられた人間を「どんな事があっても夜間中学に入れていく」(同前: 72) ことが重要ではないかとの問題提起がなされている。

以上の議論のなかで、昼間の学校が子どもたちを切り捨てている現状に対する批判的立場と、それに対して一人ひとりの学習権を保障することが大切であるという見解は共通している。しかし、学齢児に関しては、その「保障」をあくまで「昼間の学校の問題」として返していくべきか、「夜間中学の問題」として引き受けるべきかという点が争点になったのである。加えて、同和教育運動▼8に対する姿勢、学齢児の夜間中学入学を禁止する文部省に対する姿勢、といった論点も絡まり合っていた。

続けて、この問題が大きく取り上げられた1977年の第23回大会、1978年の第24回大会、1981年の第27回大会での議論から、その他の論点を補足しておきたい。

1977年の第23回大会では、第二分科会「夜間中学の歴史に関する諸問題」および分科会報告を受けての二日目全体会でこの問題が取り上げられた。本分科会では、松崎運之助が再度報告し、愛知県の事例を中心に行政側がとる社会教育路線の問題が論じられた (全国夜間中学校研究会 1978: 41-44)。そのなかで松崎は、夜間中学で学齢生徒の入学が減っていることが昼間の義務教育での長欠問題の解消を意味しない、という論点を提出している。また、注目すべきは、川崎に夜間中学をつくる会の関係者とみられる人物から、「市教委の対応は一貫して、学齢児は昼間に、引き上げて、卒業させてしまおうというもので、おちこぼれが生ずる。教育のなかみそのものを点検しなおそうということではない。だから、学齢児を安易に昼にもどすのは問題だろう」(同前: 44) との指摘がなされていることである。子どもが昼間の学校に復帰することで、昼間の「教育のなかみ」が変わるとは限らないという、ある意味で悲観的な見解であるが、現場感覚としてはリアリティを持っていたと考えられる。その後の全体会では、守口市立第三中の山田丈夫から、夜間中学の教育・運動は昼の学校で増大している「切り捨て」教育を是認するようなものであってはならないとの意見が出され、これに対して松崎から、「あってはならない現実」に対して建前だけで受け入れないという対応をすることが夜間中学の内部崩壊を招く危険があると反論が出されている（同前：75）。

１９７８年の第24回大会では、第三分科会「夜間中学生の生活と健康に関すること」における葛飾区立双葉中の江沢上の報告のなかで、東京では実際に学齢生徒が増加傾向を示していることが話され、具体的な入学手続きの問題も含めて議論がなされた。このとき、その後にも続く論点として大阪から出されたのが、学齢を数年超過した生徒も昼間の学校の責任でみるべきではないか、という指摘である。大阪市立昭和中の河野明や松浦長利からは、昭和中の昼間部では「一人の子供も殺さない教育」「人間尊重に徹した教育」を目指し、登校拒否の生徒が2年の年齢超過をしても教師が面倒を見て、高校に入学していった事例があることが報告された。そして、改めて夜間中学での学齢児の受け入れが、昼の教師に「安心感」を与え、そこへ行ったほうがよいという対応に流れがちであることが指摘された。こうした指摘に対して、再度松崎からは、一番困っているのは現に学校に通えていない生徒であること、今後予測がつかない状況に対してあらかじめ夜間中学が制限を設けることは問題であり、あくまで「救急学校」でなければならないとの反論が出されている（全国夜間中学校研究会 1979: 44-51）。

１９８１年の第27回大会では、第五分科会「夜間中学の増設運動について」および分科会報告を受けた全体会の質疑のなかで、この問題が取り上げられた。このときは、新たに開校した奈良県の奈良市や天理市の夜間中学で、「18歳以上」という入学制限が設定されたことが論点になった。このとき、東京では十分な協議と対応を尽くした後に例外として学齢児を受け入れており、実際には31名が通っていることが確認され、荒川区立第九中の見城慶和から「夜でなければ来られないという生徒を眼の前にして、16才あるいは18才まで待たせるということは、二度も切捨てになりませんか」との問題提起がなされている（全国夜間中学校研究会 1982: 59）。それに対して大阪市立天王寺中の稲富進から、18歳という区切りは、除籍までの3年間の猶予期間に「その生徒が仮に昼間の学校に復学したいという様な状況を作り出すことが出来たら、昼間の学校で受け入れていく」（同前: 60）ための数字であり、東京の考え方を否定しているわけでも、切り捨てる指向性をもっているわけでもないが、できる限り昼間の教育体制の変革による昼間の学校での学習権保障を目指そうとしているのだということが語られた▼9。

以上のように、その時々で新たな論点が加わりながらも、１９７０年代半ば以降、昼間の学校教育との関係のなかで夜間中学をいかに意味づけるのかという点での姿勢の違いを反映しながら、学齢児の受け入れをめぐる論争が続いていった。

東京と大阪の教師の見解の相違の背後にあったのは、依拠する論理の違いでもあった。東京都の夜間中学では、１９６０年代に荒川区立第九中の教師塚原雄太が提起した「救急中学校」論が重視された。塚原は、１９６７年に夜間中学廃止反対運動のために制作された『ぼくら夜間中学生』という作文集に寄せた文章のなかで、次のように書いている。

誰がわるいとか、誰がどうとかいう議論もあるでしょう。理想もけっこう。だが、現に目の前に義務教育も終らなかった子どもがいるとき、どうするか、どうすべきかは、はっきりとしている。勉強を教えなければならないのだ。

目の前に、車にはねられて血みどろになった子どもがいるとき、あなたならどうする。運転手を責めるのか、道路の少なさをいきどおるのか、自動車の供給過剰をなげくのか。まず、救急車を呼ばなければなるまい。すぐにだ。いのちが第一だ。夜間中学校は、いわば救急中学校だ。（塚原 1967: 6-7）

1970年代頃の東京都の夜間中学では、50～60年代から継続していた夜間中学に長く勤めていた者も多く、こうした姿勢が、夜間中学の核心になければならないと考え、学齢児の受け入れについても同様の考え方を敷衍していたと考えられる。

他方で、この頃の大阪の夜間中学の教師たちが依拠したのは同和（解放）教育論であり、実際に厳しい昼間の学校で同和教育実践に取り組んだ経験をもつ者も多かった。たとえば、代表的な論者であった稲富進は、1971年に「日本の学校に在籍する朝鮮人児童・生徒の教育を考える会」を立ち上げ、その後全国的な公立学校における在日朝鮮人（外国人）教育を主導した教師であった。稲富は1965年に、当時荒れていた大阪市立城陽中に赴任し、促進学級の担任を通して低学力のまま放置されていた生徒の現実に触れた当時のことを、「劣等感や被差別感からの解放は、そんなになまやさしいことではなかった。こういう生徒たちの学習意欲を高め、生き生きした学校生活を取り戻させるために私自身、何ができるか。試行錯誤の毎日が続いた。屈折した一人ひとりの生徒の心情を理解しながら、自信を持たせていくための具体的な活動に力を入れた」（稲富 2013: 124）と回想している。そして、こうした教育に力を入れ始めるなかで、1968年に中学校3年生だった在日韓国人の女子生徒から告発を受ける。差別問題が大事だというのに、自分達は私立高校からの民族差別のために入学が困難な実態があることをどう考えるのかと追及を受けたのだ。稲富はこの経験から、次のようなことを学んだと述べている。

子どもの悩みや、痛み、願いや訴えを受け止めようとするとき、「誠実さ」「善意」「同情・共感」だけでは真にそれを受け止めることはできない。子どもをとりまく現実―家族関係、貧困などの経済的状況、差別・抑圧などの社会的立場―を捉える教師の「確かな眼（認識能力）」や感性が求められる。当時のわたしにはそれが欠けていた。（稲富 2013: 82）

稲富ら同和（解放）教育論に依拠する教師たちがこだわったのは、善意や同情を越えて子どもを取り巻く差別・貧困等をとらえる教師の「確かな眼」や「感性」を、すべての昼の教師たちが持てるようにならなければならない、ということであった。そのため、夜間中学は「本来あってはならない」ものであるという論理が重視され、特に学齢児に対する教師の責任の問題に対しては敏感に反応したのである。

3 登校拒否経験者の急増から急減へ
――1980年代半ばから1990年代半ば

（1）登校拒否・不登校の社会問題化と夜間中学への注目

1980年代から90年代半ば頃までの時期は、登校拒否が急速に社会問題化し、文部省も対策を開始し、フリースクールの運動等も登場しながら、「不登校」問題として広く認知されていく時期にあたる。

1983年、文部省は「登校拒否問題を中心に」と題した『生徒指導研修資料第12集（生徒指導資料第18集）』

図表 7-2　東京都内における若年登校拒否生徒の在籍数の推移（1983 ～ 95 年度）

	1983	1984	1985	1986	1987	1988	1989	1990	1991	1992	1993	1994	1995
足立区立第四中学校	10	8	11	12	8	7	12	9	4	4	4	5	12
八王子市立第五中学校	23	20	24	31	23	15	9	5	1	5	5	5	6
葛飾区立双葉中学校	6	10	10	9	11	9	8	6	2	1	1	0	0
墨田区立曳舟中学校	14	9	10	6	11	3	3	8	5	6	0	1	2
大田区立糀谷中学校	9	12	13	13	15	13	13	10	12	6	3	2	0
世田谷区立新星中学校	14	22	19	3	6	5	8	4	4	3	3	9	6
荒川区立第九中学校	21	38	29	26	27	21	16	14	9	6	6	4	4
江戸川区立小松川第二中学校	13	15	20	21	23	29	24	21	15	18	10	11	12
計	110	134	136	121	124	102	93	77	52	49	32	37	42
在籍生徒総数	485	470	455	468	471	441	394	365	357	392	400	443	449
登校拒否生徒が占める割合	23%	29%	30%	26%	26%	23%	24%	21%	15%	13%	8%	8%	9%

注：夜間中学校と教育を語る会『元不登校生・形式卒業の方の学び直しの場　夜間中学』2016 年、9 頁の表をもとに筆者作成。なお、東京都夜間中学校研究会調査研究部会『東京都夜間中学校に通学する学齢及び若年齢生徒に関する実態調査』1983 年によれば、これらは入学時 18 歳以下の登校拒否だった生徒の数値である。

を刊行、89年に学校不適応対策調査研究協力者会議を設置し、92年の最終報告書では登校拒否（不登校）はどの子どもにも起こりえる問題であるとして、適応指導教室等の設置を推進していった（保坂 2019: 第6章）。

そして、東京都では学齢児も含めて若年の登校拒否生徒が急増し、一時期は都内生徒の約3割を占めるまでに至った（図表7－2）。東京都夜間中学校研究会調査研究部会は、1983年に初めて若年齢生徒に特化した実態調査を実施し、「現代の教育のひずみの犠牲者」としての実態把握と、義務教育のあるべき方向性の検証を開始している（東京都夜間中学校研究会調査研究部会 1983）。

早くから登校拒否状態の若年生徒を多く受け入れていた小松川二中の松崎運之助は、親や教師らが「甘え」や「怠け」「わがまま」「病気」等と生徒本人にその原因を見い出そうとすることを鋭く批判し、受験競争を煽りながら生徒への管理・規制を厳しくする学校の問題を指摘しながら、子どもが心を解放できる空間が必要であると主張していた（松崎 1984）。その実践記録にも、中学校3年生の9月に自ら夜間中学を訪れた15歳の少女▼10を取り上げているが、彼女は昼の学校ではけむたがられていたのに夜間中学では差別なく扱ってくれたことで自信を取り戻したことを作文に記し、元暴走族メンバーの友人など十分に学校に通っていない友人たちを積極的に夜間中学に誘っていた（松崎 1985a: 69-98）。他方で、松崎は１９７８年に千葉県市川市で「市川教育を考える会」を立ち上げて夜間中学設立運動を開始し、その一環として１９８３〜84年にかけて登校拒否問題を考える連続講座を開催する。小松川二中の登校拒否経験のある生徒や卒業生が司会を務めたこの講座は話題を呼び、１９８４年2月には児童精神科医の渡辺位、法政大学教授の尾形憲、「わかる子をふやす会」世話人代表で私塾「東進会」を主宰する八杉晴実らの講演を含む大規模な「登校拒否を考える集い」が開かれた。この連続講座に参加し、登校拒否に悩む親たちの集まりをつくる準備を進めてきた奥地圭子がその場で呼びかけ、「登校拒否を考える会」が結成される。そして、翌年には東京都北区で「東京シューレ」が立ち上がり、日本の登校拒否運動・フリースクール運動がその後一挙に隆盛していくことになる（市川教育を考える会 1983; 奥地 1987: 34-35）▼11。

この頃、登校拒否状態の子どもや親たちの学校以外の居場所や学びの場のあり方が問題になり始める。１９８８年に法務省人権擁護局が実施した全国調査では、不登校児の関係施設として、民間私塾、養護施設等、公立中学校の夜間学級、公立小中学校の特別学級、児童相談所、教育研究所・教育相談所、病院が挙げられ、実態が把握されている（図表７−３）。このほか、多分に「脱学校」の志向をもつ『学校が合わない親

た不登校児の関連施設（1988年）

公立小中学校の特別の学級				児童相談所 教育研究所・教育相談所				病院		計	
小学校		中学校									
施設数	不登校児数	施設数	不登校児数	施設数	不登校児数	施設数	不登校児数	施設数	不登校児数	施設数	不登校児数
17	161	25	359	1	137	7	195	4	105	205	3019
2	9	12	59	0	0	6	27	2	10	96	509

刷局発行、1989年、4-5頁をもとに筆者作成。1988年11月～12月時点の数字である。

と子のための学校に行かない進学ガイド』といった書籍も刊行され、そこでも夜間中学や自主夜間中学が紹介され、松崎運之助が「現在の教育荒廃から緊急避難する［夜間中学］」と題して寄稿している（『子どもとゆく』編集部 1986）。

（2）学校・教師への責任追及と現実的な対応の狭間で

以上のような動向のなかで、全夜中研大会のなかで学齢不登校児の受け入れを巡っていかなる議論がなされたのか、ここでは１９８３～95年度頃までを対象に検討したい。

１９８３年の第29回大会では、第三分科会「生活指導に関する諸問題」が設けられ、若年齢生徒の問題に関して集中的に議論されている。ただし、参加者の多くは東京の教師であったとみられ、分科会のなかでは論争的な議論は生じることなく、前述した東京都夜間中学校研究会が実施した実態調査に基づく調査報告から具体的な登校拒否生徒の姿が報告されている（全国夜間中学校研究会 1984: 25-27）。二日目の全体会で、分科会報告を受けて若干のやりとりが行われ、奈良市立春日中の白須義和が「東京の経過はわかるが、昼の学校が責任を持ち続けるための闘いが必要だ」（同前: 31）と述べている。

１９８４年の第30回大会では、第一分科会「学校経営に関する諸問題」でこの問題が議論された。このとき、堺市立殿馬場中の檜垣英雄から、学齢超

図表 7-3　法務省児童擁護局が把握

	民間私塾		養護施設等（児童福祉法に基づく養護施設・学校教育法に基づく養護学校）						公立中学校の夜間学級	
			都道府県立		市町村立		個人（法人）			
	施設数	不登校児数	施設数	不登校児数	施設数	不登校児数	施設数	不登校児数	施設数	不登校児数
把握した数	22	364	32	324	11	127	69	1110	17	137
回答数	21	91	13	104	10	78	30	131	0	(

注：法務省人権擁護局監修、法務省人権擁護局内人権実務研究会編『不登校児の実態について』大蔵省

過者ではあるが若年の登校拒否経験のある生徒の事例が報告されている。京都市立郁文中の教師からも、登校拒否生徒が急増するなかで、他地域でどのように対応しているのかが熱心に質問された。東京の教師からは、学齢児に対しては教育委員会による制限が厳しく、学齢を過ぎるタイミングでの受け入れが工夫されている実態や、登校拒否経験者の急増による「問題行動」や「指導体制のむつかしさ」等についても意見が出されている（全国夜間中学校研究会 1985a: 50-62）。この年も、第二分科会で関連する議論がなされた形跡はあるものの、どちらかと言えば学齢不登校児の受け入れに積極的な教師が第三分科会に集まるという形で、事実上の棲み分けが進んだことが察せられる。

この後の大きな出来事としては、１９８０年代後半の東京における登校拒否児を対象とした公立学校の情緒障害児学級の広がり、そして１９９２年の文部省通知後に生じた登校拒否児への卒業証書授与の常態化による夜間中学入学者の減少がある。まず、横浜市の富士見中学校で始まり、東京都でも広がった登校拒否児対象の情緒障害児学級は、通級制で治療を経て復帰可能になった段階で原籍校に帰る形式をとるものであった。これに対して東京都夜間中学校研究会では、夜間中学には「社会として開かれている教育環境」と「どんな生徒でも受け入れる、受容的で差別のない教育のあり方」があるのに対して、情緒障害児学級で隔離的な教育を行うことは問題であるとして、

反対の動きを見せていた（東京都夜間中学校研究会 1992: 102-3）▼12。また、1992年の文部省通知「登校拒否問題への対応について」以降、適応指導教室やフリースクール等に通った場合の校長裁量による「出席扱い」が可能になったことから、実質的に本人・保護者が希望すれば学校に通っていなくても卒業証書が出されることになり、こうした対応が一律に行われることによって、不登校経験者も義務教育修了者と見なされて夜間中学に入学できない事態が広がっていったとされている（夜間中学校と教育を語る会 2016: 10）。その後、東京都の一部では、不登校児が「卒業」する際の「進路」の一つとして夜間中学を紹介する動きが行われるようになっていった。

こうした東京の動向に対して、全夜中研大会の場で、大阪や奈良の教師らは一定の理解を示しつつも、夜間中学は義務教育の「補完学校」ではないという論理をより強固にしていった。たとえば、1985年度の第31回大会の基調報告で、稲富進は「夜間中学が単に義務教育の補完としての役割りに終わるのではなく、自らの実践を通して日本の社会が内包している排外や差別・人権の侵害、日本の教育の現状を鋭く告発し、ただしていくような存在となることが問われています」（全国夜間中学校研究会 1985b: 2）と述べている。この第31回大会では、全体会のパネル討議「生徒のねがいに応える夜間中学校の今日的課題」に、見城慶和（荒川九中）、清水賢一（双葉中卒業生）、白須義和（春日中）、寿烈子（菅南中卒業生）、山田丈夫（守口三中）が登壇し、司会を稲富進が務め、改めて学齢不登校児の問題に関しても議論が行われた。

見城は、これまでと同様に、大阪や奈良の教師が示した原則は理解しつつも、登校拒否児を夜間中学で受け入れないことは、二重の切り捨てであり差別であると強く訴えた。白須や山田からは、改めて自分たちが「昼にかえす」ということをいかに考え、実践してきたのかが紹介されながらも、登校拒否問題を十分に考えてこられなかったことへの反省も口にされている。稲富も、「夜間中学は昼間の義務制教育の補完物ではない」という関西の立場の意義を主張しつつ、「昼間に一旦形式的にかえして、そのあと昼間の中学校の先生が、努力した結果どうなったのかという事をつかんでいるかどうか、つかんでいないとしたら、結果的に切り捨てているのではないかという事」（全国夜間中学校研究会 1986: 109）も考えねばならないと述べている。他方で稲富からは、東京は安易に受け入れているわけではないと言いながら、昼間に戻っていく生徒が10％程に留まっている現実をどうとらえるのかと、問いかけがなされた。これに対して見城は、夜間中学が補完に留まるのではなく、なぜ夜間中学なら生徒が通えるのかという問題を探究し、現在の義務教育のあるべき方向性をみいだすための材料にしていくことが重要であると応答している。そして、ある生徒の事例について次のように紹介している。

うちの一人の生徒でいえば、16才で来た生徒なのですが、中学3年の時に、2年間登校拒否をして、一年間こもりっきりで、うちの中では大暴れをして、教科書は燃やしてしまう、制服は切ってしまう、家庭内暴力でその子が暴れ出すと、両親とも恐くて家にいられなくなって、うちに鍵をかけて車の中に入るというんですね。もう、学校なんかいや気がさしているその子、夜間中学にいってみようかな、自分から考えて、九中に入学させてくれといって来たんです。来た頃は授業に満足に出られないで、話もできないでちょっと肩がふれたら、すぐつばをかけた。そういう集団の中で対応できないつっぱり姿勢を、夜間中学の多様な集団は、「あの子は、あんなに荒れているけれども……」というように、非常にうまくつつみ込んで、その子がだんだん授業に自然に出られるようになり、だんだん自分から発言するようになり、肩がぶつかったぐらいでは怒らなくなりというふうに、だんだんだんだん自分の居場所を見つけていって、卒業する時に、彼がひとつの作文を書いているわけです。（略）当然、長欠になった原因は、家庭にもあるし、学校にもあるし、地域にもあるんですけれども、九中へ来たことのあおり《ママ》を考えると、ちょっと無理だ、夜間中学でなければちょっとどうもできないなというのがわかるもんで、夜間中学へいらっしゃいといってるわけではなくて、またKのそういう成長は元の学校に報告して、そういうことを通して、夜間中学へ何故彼が通えたのかということが、一般化されて、昼間の教育の改善というのが、また、義務教育が、今どうなっているのかということを考えるいい材料になっているということです。（全国夜間中学校研究会 1986: 110-111）

この報告を受けて稲富は、「お互いに理解をしていて、今後のお互いの実践に生かしていくという形で進みたい」と議論をまとめている。このように、論争は、単なる対立に留まるものではなく、それぞれの地域・学校の教育実践を見直す契機としても機能していたことが読み取れる。

つぎに、１９９５年の第41回大会、第四分科会「増設運動・教育条件・ＰＲ活動」での議論を見てみたい。ここでは、足立区立第四中の竹山洋司が東京都全体の状況を説明し、広島の教師からも不登校児からの相談が多く寄せられている実情が報告されるなかで、奈良県の中納光夫から、原則的な立場を改めて重視する意見が主張された。

「落ちこぼし」か「落ちこぼれ」か。教師側からは問題なく「落ちこぼし」でそこが問題。「落ちこぼし」をいやいやさせられた子が行き場所を失い夜中に行き《ママ》を求めてくる。これは現実論としてありうる。（略）ただその時、命のかかっている子供だから夜中が引き受けるのは当然とするのか、それとも責任を追求しながら一方で放っておけないから対応を考えるのかが問われてくる。機械的に15才をすぎれば夜中の入学資格があるとかそれではないとかの論議では…仮りに15才を過ぎて夜中へ引き受けた若年生徒がいたとしても、じゃ「15の春」で再びなぜ夜中へ行かねばならないのか。昼の中学3年間でどんな教育保障をしてきたんかと。やはり突き返しておかんことには問題の本質に前向きに進むものにならん。大きく言えば夜中が存在すること自体が既製の教育を打ち《ママ》、既製の社会を打ち《ママ》、場合によっては政治さえも打つ《ママ》。そういう夜中の位置づけ、性格に照らして運動を自ら問い返していきたい。（全国夜間中学校研究会 1996: 116）

こうした中納の主張の背景には、奈良県下の高校での同和教育・解放教育の実践の蓄積があったと考えられる。中納は、１９３２年に大阪市で生まれ、１９６１年に奈良商業高校の夜間定時制に赴任して以降、長年奈良県下の高校に勤め、93年の退職までの最後の2年間を新設された橿原市立畝傍中学校夜間学級で勤めている。１９８７年に、奈良・在日朝鮮人教育を考える会のセミナー後のやりとりを経て橿原に夜間中学をつくる会が結成された際には初代代表を務め、退職後も改称後の「つくり育てる会」に関わり、奈良県夜間中学連絡協議会の初代代表も務めている。その教育実践の記録は、『風鳴る丘の子どもたち』（１９９５年）に綴られているが、そこで中納は、被差別の子どもと向きあう教育実践のなかで、教師や大人がともすれば安易に流れるなかで、子どもと共に在りながら「自己変革」することの重要性を強く主張していた（なかのう1995: 77, 83）。中納が問うたのは、夜間中学で学齢不登校児を安易に受け入れることは、その具体的な一人の子どもと向きあう教師の責任を免除するものであると同時に、教師が被差別や貧困状況を生きる子どもと向きあいながら自己変革し続けることの責任をも免除することに結びつき得るのではないか、ということであったと考えられる。

その後、この中納の主張に対して、江戸川区立小松川二中の平川広は、次のように応答している。

「落ちこぼし」た学校に3年間の問い合わせをするが、落としたのは小松川二中の問題じゃない。落としたのは、その時の3年じゃないか、2年じゃないか…。考えてみると小学校、幼稚園なんです。その過程なんです。果てしなく問題解決の論議をするより、いかに責任を下に持っていくか。現在はまったく無責任なんです。今が、現在が貴重なんじゃないか。ここをいかに援助、手助けし責任も問いつつやっていくかが夜中、公教育の立場としてとっていいことじゃないか。大事な事じゃないか。それなしに原因追求するだけでは今が必要な生徒に手当がいかない。結局どこかへ押し出しちゃう。(同前：116)

こうした問いかけに対して中納は、「本人の置かれている厳しい状況を無視し責任追求だけに終始することを奈良として主張しているのではない。今提起があったように厳しい状況をとらえる視点と、こういう子供を生み出した責任を追求する視点とは、同時並行的に当然やらなければならない。だから火花を散らしているように聞こえるかもしれないが、そんな大きな違いはないと受け止めている」(同前：116) と述べている。

ここでの議論も、これまでの論争の延長線上にあるようにも見える。しかし、論争がなされることで、夜間中学の現場における原則的な責任追及と現実的な対応策との「同時並行的」な実践の重要性が、改めて確認され直していること自体に意義があったのではないかと考えられる。

4　おわりに
――サンクチュアリーとしての夜間中学

本章では、1970年代半ばから90年代半ばの全国夜間中学校研究大会での議論を主な素材として、学齢不登校児の受け入れをめぐる動向と論争に関して検討してきた。全国的に登校拒否・不登校が教育問題として議論されるよりも早い段階から、夜間中学のなかでこの問題が議論されており、80年代には登校拒否の子どもを受けいれる機関として東京では一定の存在感を示していた。戦後の不就学・長欠児と70年代以降の登校拒否児をともに受け入れた経験をもつ稀有な教育機関としての夜間中学が果してきた役割は、改めて見直されてもよいだろう。

そして、本章で注目してきたように、夜間中学が登校拒否・不登校状態の子どもを受け入れたことだけでなく、その受け入れの是非をめぐる論争のなかで、不登校児に対する教育保障の責任は誰にあるのかという問題が議論されていたこと自体が極めて重要な意味をもつ。論争のなかで教師たちは、公教育が深刻な問題を抱えている点で認識を一致させながらも、どのようにその子どもたちに対応するのかで見解が分かれていた。この見解の対立は、相互の実践への不信感を生んだ側面もあったと考えられるが、緊張感のある議論がそれぞれの実践を振り返る契機となっていた側面もあったように思われる。

特に学齢期の不登校児に対する応答責任をめぐっては、三つの立場があったと整理することができるだろう。第1に、応答すべきは夜間中学の教師であるという立場であり、60年代末に東京の教師が唱えた救急中学校論がその論拠となった。第2に、応答すべきは昼の在籍校の教師であるという立場であり、関西で影響力をもった同和教育論がその論拠となった。第3に、第1の立場と重なりながらも、多様な市民運動と結びついた松崎運之助の議論は、応答すべきは市民であるという含意を持っていたように思われる。第3の立場は、学校批判・公教育批判を受け止めながら夜間中学を市民に開かれた場とする志向性を持ち、同時期に登場するボランタリーな学びの場としての自主夜間中学の独特なあり方とも結びつくものであった。以上の立場は、それぞれの地域における学校教育の状況や教育運動・市民運動の動向と結びついており、夜間中学以外の諸主体も含めた不登校児への対応の動向と重ねながらその意味を歴史的に検証していくことが必要になるだろう。

最後に、前述の松崎運之助が暗示した「サンクチュアリーとしての夜間中学」という見立てを取り上げてみたい。松崎は、登校拒否経験を経て夜間中学生となった15歳の少年に勧められて訪れた野鳥の会の写真展で、同会がミニ・サンクチュアリーを提唱していることを知ったことを記しながら、次のように述べている。

私はむしろ、高度に管理された現代社会で窒息状態にある人間こそ、サンクチュアリーは必要ではないかと思った。はりめぐらされた秩序と組織に身動きができなくなり、指示されたスケジュールに追いまくられている人間たち（大人も子どもも）、その誰れもがほっと息がつけて、自分が自分である自然な状態にもどれる場、人間のためのサンクチュアリーが必要ではないかと思ったのである。（松崎 1985b: 189）

この叙述のすぐ後に夜間中学のことが取り上げられていることから明らかなように、ここで暗示されているのは夜間中学が現代社会のサンクチュアリーとしてあり得るし、そうあるべきだという考え方である。松崎は、法的に認められていないが、差別と貧困に苦しむ多様な人たちが集う「生活の臭いのする学校」（同前: 191）に、サンクチュアリー（聖域）としての可能性を見てとった。

しかし、危険を逃れる避難所・聖域としての夜間中学は、危険で排除的な学校と社会の現実を前提として存在するものである。その場は、不可欠で「なくてはならない」場所でありながら、学校と社会を危険で排除的な空間でなくしなければならないという意味では、「あってはならない」場所でもある。この独特な位置づけを前提に、夜間中学をいかなる場所として意味づけていくべきか、教師たちは自らの信念に基づいて議論をたたかわせた。一見、学齢不登校児の受け入れを批判した関西の教師たちの見解は、不登校児に対する応答責任を回避しようとしたかにも見えるが、実際には「普通」の昼の学校の教師こそがまずは応答責任を果たし、「普通」の学校のなかにこそサンクチュアリーを創りだしていくべきであるという主張が含意されていたことも、見逃されてはならないだろう。

夜間中学で生じていた論争は、不登校児の置かれた困難な状況に対して誰がいかに応答すべきか、その応答のあり方は本当にすべての子どもに対して包摂的な公教育システムの実現に結びつき得るのか、といった問題に対して切実に向き合う必要性を教えてくれる。「多様な教育機会」をめぐる議論は、このような緊張感を持ったかたちで、継続される必要があるだろう。

注

1 「不登校」という用語が普及するのは概ね１９９０年代以降であり（加藤 2012: 21-22）、本章で主に取り上げる１９７０～80年代は「登校拒否」という用語が用いられる場合が多かった。本章では「登校拒否」概念も含む形で「不登校」を用いつつ、その時々の時代と文脈に応じて言葉を使い分けた。

2 ２０１６年9月14日に文部科学省初等中等教育局長が発した通知「不登校児童生徒への支援の在り方について」で、初めて本人の希望を尊重したうえで夜間中学に学齢不登校児を受け入れることが可能であることが明示された。

3 江口（2016: 43）では、１９７６年の全国夜間中学校研究大会での議論を取り上げながら、この論争について素描した。近年の動向に関しては、江口（2020a, 2023）も参照されたい。

4　たとえば、教育機会確保法が「義務教育の完全実施」「義務教育の二層構造化」のいずれにも帰結し得ることを論じた庄司（2018）、沖縄でのスクールソーシャルワーカーとしての経験をもとに学齢不登校児の夜間中学での受け入れの是非を論じた中條（2020）、慎重な配慮が必要ながらも今後夜間中学が不登校生徒の新たな学びの場となる可能性を指摘した横関・横井（2022）等を参照。

5　ただし、小林（2020）によれば、すでに１９６０年代後半から、長欠の主要因は「貧困」から「学校ぎらい」に変化したものと社会的に認知されていた。

6　以下は、全国夜間中学校研究会（1977: 66-72）をもとに記述している。

7　こうした理念はその後も大阪府下の学校教育で重視された。たとえば、茨木市の「一人も見捨てへん」教育を取り上げた志水（2014）を参照。

8　１９７０年代は、１９６５年の同和対策審議会答申、１９６９年同和対策特別事業措置法の制定に伴い、本格的に同和教育が推進されようとしていた時期にあたる。特に、大阪府では、被差別部落を校区に含む学校に通わず他校区の学校へ通学する「差別越境」が広範に行われていることが大きな社会問題となり、すべての学校での同和教育を推進し、被差別状況にある子どもを中心に置いた学級づくりや学力保障を行う方針が強く打ち出されていた（大内 1993: 80-81）。

9　なお、この頃東京都でも3年間の原級留置の後に18歳で除籍という慣例があったとされている（大多和 2017: 194）。１９８０年代半ばには、登校拒否問題を考える市民運動からは、卒業・進級は校長裁量事項であるにもかかわらず、「進級・卒業や内申書等で子どもを脅かし、就学義務違反であると保護者を威嚇する姿勢は、憲法はもとより、教育基本法の精神とは無縁のものといわざるを得ません」（池見 1985: 181）と批判の声が上がり始める。保坂（2019: 169）は、正確なデータはないが80年代後半から欠席が多くても卒業証書を出す方向に変わったと指摘している。他方、教育委員会が中学校を卒業した人は一律に夜間中学に入学を認めないという対応をとるなかで、「形式卒業者」の学習権を奪うものとして夜間中学の現場から長年にわたって問題提起がなされ、２０１５年に文部科学省が出した通知で「形式卒業者」（入学希望既卒者）の夜間中学入学が認められるようになった。

10　彼女の場合は当初「見学生」扱いで入学し、翌年学齢を越えて正規に夜間中学の3年生として受け入れられている。

11　地域に根差した私塾の立場から公教育を問うてきた八杉晴実らのわかる子をふやす会も１９８４年に「自前の教育を求めて」と題した連続シンポジウムを開始し、「さよなら学校信仰」と題した84年10月の集会では松崎運之助や奥地圭子も登壇しており、一連の動きが交錯しながら展開していたことが窺える（八杉編 1985）。

12　情緒障害という概念は、1961年の児童福祉法改正のなかで情緒障害児短期治療施設の設置との関連で登場し、1965年には文部省が心身障害の一種として情緒障害を用いるようになったが、当初より登校拒否児が対象に含められていた（佐藤 1987：第2章）。情緒障害児学級の名目で専ら不登校児を対象とした特別支援学級の事例に関しては、池本（2022）を参照。

文献

浅野慎一（2020）「夜間中学校とその生徒の史的変遷過程（前篇）――『60年の歩み 全国夜間中学校研究大会史料集成』を主な素材として」『神戸大学大学院人間発達環境学研究科研究紀要』13（2）

池見恒則（1985）「卒業資格と進路」八杉晴実『学力おくれ学校ぎらい』教育史料出版会

池本喜代正（2022）「不登校児童生徒を対象とする特別支援学級の教育制度上の意義――旭中学校相談学級の歩みと今日的意義」『作大論集』14

市川教育を考える会（1983）『けれど通信』No.33

稲富進（2013）『島人（奄美・徳之島）二世教師と在日朝鮮人教育』新幹社

江口怜（2016）「夜間中学政策の転換点において問われていることは何か――その歴史から未来を展望する」『〈教育と社会〉研究』26

江口怜（2020a）「教育機会確保法制定後の夜間中学を巡る動向と課題」『和歌山信愛大学教育学部紀要』1

江口怜（2020b）「夜間中学の成立と再編――「あってはならない」と「なくてはならない」の狭間で」木村元編『境界線の学校史――戦後日本の学校化社会の周縁と周辺』東京大学出版会

江口怜（2022）『戦後日本の夜間中学――周縁の義務教育史』東京大学出版会

江口怜（2023）「戦後日本の夜間中学と識字運動――就学と識字を巡るアポリアを超えて」『現代思想』51（4）

大内豊久（1993）「「解放の学力」論の歩みと現段階」部落解放研究所編『これからの解放教育』部落解放研究所

大多和雅絵（2017）『戦後夜間中学校の歴史――学齢超過者の教育を受ける権利をめぐって』六花出版

奥地圭子（1987）「わが子の登校拒否が私を変えた」登校拒否を考える会編『学校に行かない子どもたち』教育史料出版会

加藤美帆（2012）『不登校のポリティクス――社会統制と国家・学校・家族』勁草書房

『子どもとゆく』編集部（1986）『別冊宝島55　学校が合わない親と子のための学校に行かない進学ガイド』ＪＩＣＣ出版局
小林正泰（2020）「高度経済成長期における長期欠席の変容―長欠児童生徒援護会（黄十字会）の活動理念と長欠認識」『共立女子大学家政学部紀要』66
佐藤友之（1987）『「情緒障害児」がつくられる』三一書房
志水宏吉（2014）『「一人も見捨てへん」教育――すべての子どもの学力向上に挑む』東洋館出版社
庄司匠（2018）「義務教育の完全実施か義務教育の二層構造化か――教育機会確保法を中心とする現行法制度の内容と今後の夜間中学運動の課題」『部落解放』７５１
全国夜間中学校研究会（1977）『昭和51年度第22回全国夜間中学校研究大会　大会記録誌』
全国夜間中学校研究会（1978）『第23回全国夜間中学校研究会　大会記録』
全国夜間中学校研究会（1979）『昭和53年度第24回全国夜間中学校研究大会　大会記録』
全国夜間中学校研究会（1982）『昭和56年度第27回全国夜間中学校研究大会　大会記録』
全国夜間中学校研究会（1984）『昭和58年度第29回全国夜間中学校研究大会　大会記録』
全国夜間中学校研究会（1985a）『昭和59年度第30回全国夜間中学校研究大会　大会記録誌』
全国夜間中学校研究会（1985b）『昭和60年度第31回全国夜間中学校研究大会　大会要項』
全国夜間中学校研究会（1986）『１９８５年度第31回全国夜間中学校研究大会　大会記録誌』
全国夜間中学校研究会（1996）『１９９５年度第41回全国夜間中学校研究大会　大会記録誌』
滝川一廣（1996）「脱学校の子どもたち」『岩波講座現代社会学第12巻　こどもと教育の社会学』岩波書店
中條桂子（2020）「不登校児童生徒の学習権の保障についての一考察――沖縄のフリースクール・自主夜間中学の取り組みに着目して」日本女子大学社会福祉学科・社会福祉学会『社会福祉』60
塚原雄太（1967）「夜間中学というもの」「ぼくら夜間中学生」編集委員会『ぼくら夜間中学生』柿の実文庫
東京都夜間中学校研究会調査研究部会（1983）『東京都夜間中学校に通学する学齢及び若年齢生徒に関する実態調査』
東京都夜間中学校研究会（1992）『東京都の夜間中学校の歩み』
なかのうみつお（1995）『風鳴る丘の子どもたち』解放出版社
認定特定非営利活動法人カタリバ（2023）「令和四年度夜間中学の設置促進・充実事業」https://www.mext.go.jp/a_menu/shotou/yakan/1416266_00012.htm（２０２３年８月７日閲覧）

法務省人権擁護局監修、法務省人権擁護局内人権実務研究会編（1989）『不登校児の実態について』大蔵省印刷局
保坂亨（2019）『学校を長期欠席する子どもたち――不登校・ネグレクトから学校教育と児童福祉の連携を考える』明石書店
松崎運之助（1984）「スズメの学校の先生はムチをもたずにチイパッパ」鈴木康久・田中幸治・駒木明仁・綿引一男・増田久美子『ぼくたちの朝――登校拒否児が書いた青春期』教育史料出版会
松崎運之助（1985a）『青春――夜間中学界隈』教育史料出版会
松崎運之助（1985b）「街を歩けば」八杉晴実編『さよなら学校信仰―自前の教育を求めて』一光社
八杉晴実編（1985）『さよなら学校信仰――自前の教育を求めて』一光社
夜間中学校と教育を語る会（2016）『元不登校生・形式卒業の方の学び直しの場　夜間中学』
横関理恵（2020）『戦後の公立夜間中学の成立過程と学校経営に関する歴史的研究――１９５０年～１９７０年代の奈良県と大阪府を中心に』（北海道大学大学院教育学院博士論文）
横関理恵（2021）「不登校経験者に果たした夜間中学校の役割と特質――１９８０年代の教師の実践記録を手掛かりに」拓殖大学人文科学研究所『人文・自然・人間科学研究』46
横関理恵・横井敏郎（2022）「夜間中学政策の転換と不登校――不登校生徒・形式卒業者の排除と包摂」横井敏郎編著『教育機会保障の国際比較』勁草書房

第III部　教育と福祉の交叉を問う

第8章

教育と福祉の踊り場

「居場所」活動の可能性についての考察

金子良事

1　はじめに

2000年代に入って、貧困が社会問題として脚光を浴びると、そのなかでも特に子どもの貧困が関心を集めるようになった。その結果、教育諸学のなかでも子どもの貧困問題についての研究が蓄積されていくようになった。当然、従来の教育機関である学校のなかで、こうした問題にどう対応できるか、あるいは今までどう向き合ってきたのかということが改めて問われることになった。ほぼ同時期に一条校以外の教育機会についての法的な意味でのトポスを獲得することをめざす「多様な教育機会確保法」の制定が目指され、そのなかでも経済的な負担を支援することが議論されてきた。大雑把に振り返れば、21世紀最初の20年間は学校の内外で、教育と福祉の関係が問い直されるようになった時代といえるだろう。本章はこうした時代背景を踏まえて、教育と福祉が交叉する地点として、居場所活動を参照点としながら、その機能を分析することを課題としたい。

教育と福祉はそれ自体さまざまな議論があるので、本章での議論を進めるために便宜上、予備的に定義を与えておきたい。本章では先行研究の検討を除いて、教育は狭義の教科学習、すなわち多くの人が「学校の勉強」としてイメージするもの、福祉は子どもの生活的課題に対する支援に限定する。したがって、本章で具体的な居場所活動において教育とは子どもたちが宿題や定期試験の勉強に取り組むこと、福祉とはスタッフとのコミュニケーションを通じたソーシャルワーク▼1を想定している。もちろん、実際に居場所活動において展開されるのはこのような狭義の活動に留まるものではない。たとえば、子どもたちは年上のボランティアからクラブ活動のアドバイスや、日ごろかかえている悩みについてのヒントを得ているかもしれない。

本章ではまず居場所研究の起点となった社会教育研究および、子どもの貧困との関係で再び脚光を浴びるようになった教育福祉研究の歴史的な流れを概観した後、居場所活動において教育と福祉がどのように機能するのか、また教育と福祉を離れて、そうした活動にどのような意味があるのかを検討する。

2 教育福祉研究と居場所研究の距離

教育福祉が参照して来た「社会福祉」は用語としては戦後、使われるようになったもので、戦前は救済事業、慈善事業や社会事業であった。用語自体はなかったとしても、社会福祉や教育に関連する福祉の実践活動において、戦前から教育と福祉にかかわる問題は議論されていた▼2。日本における「教育福祉」は「教育」と「福祉」を不離一体のものとして取り扱われてきた。この関係は学校教育と社会教育▼3が相互に影響を与えあっていたこととも並行して来た。具体的には、明治期の地方改良運動は農村から学校へ入り、大正期に普通選挙の実施を契機として公民教育が学校教育に導入され▼4、戦後の北海道では留岡清男や城戸幡太郎らが「生活」をカリキュラムに組み込む地域教育計画へと発展させている▼5。

　学校教育と社会との関係が問題にされたのは１９１６年に工場法が施行された数年後からで、その背景には第１に、初等教育改革において社会、とりわけ職業に関する教育を重視したいという考え方と、階級を超えた国民に共通する教育を提供したいという考え方が対立していたこと▼6、第２に、新教育（アメリカのプラグマティズム等）の流行（＝教育内容の展開）、第３に、社会教育の発展があった。このようななかで社会と教育の関係を問う「教育社会学」を導入しようとしたのが田制佐重の試みであった▼7。「学校」だけではなく「社会」全体のなかで教育を捉えようとする問題意識は戦後初期の教育社会学においてもある程度、継承されたが▼8、その後、むしろ社会教育研究のなかに引き継がれ、２０００年代以降、子どもの貧困が注目されて以降、教育社会学研究でも数多くみられるようになっていった。こうした経緯から教育福祉研究は社会教育研究に近い関係で発展した。

　現代の教育福祉研究の出発点とされることが多い小川利夫は、教育と福祉の関係が曖昧なままの不離一体の立場を批判し、構造的一元論を目指したが▼9、実は社会福祉そのものに統一的な、共通の概念規定が実現できていないという問題意識は、社会福祉研究の分野では１９５０年代から２０００年代前半まで社会福祉の本質を理論的に考察することを通じて、細々と継承されて来た▼10。隣接の社会政策研究で社会政策本質論争が行われたのが１９４０年代で、そうした概念規定への探求が早くも１９５０年代に下火になっていたのに比べると、社会事業本質論争は40年以上、影響力を持っていたことになる。その間、社会福祉の考え方も時々の情勢を考察するなかで多様化してきた▼11。ここで詳しい考証は行わないが、教育福祉もある程度、社会福祉概念の変遷の影響を受けているとと考えてよいだろう。とはいえ、社会福祉領域では、古典的著作と言われる井上友一『救済制度要義』以来、教化（教育）は重要な位置を占めていたといえる[12]。

「居場所」問題もまた、学校と学校外教育の相互影響的な関係がオーバーラップしている。「居場所」という用語は不登校問題に伴われる形で登場し、今や誰もが一般的に使うような人口に膾炙した用語になった[13]。もともと居場所の実践活動は学校外で行われ、したがってその研究も社会教育領域で蓄積されてきたが、やがて文科省の政策として学校に「居場所」が取り込まれるようになった[14]。

すでに不登校（ないし登校拒否）が注目されるようになった1980年代は、逆説的に若者の多くが学校に行くようになっていた。そうした文脈において「学校に居場所がない」ことが問題になって来たわけだが、実はそれ以前の時代にはまったく逆の現象もあった。すなわち、林達夫が戦時中に観察した学校に通っていないのに学生服を着る職工たちは、学校外で自分たちの居場所を見出せずに学校的なものに擬態した姿と解釈できるであろう[15]。このように服装という風俗に及ぶかどうかは別として、勤労青年の学校への憧憬は戦後にも継続していた。

もちろん、職場でのサークル活動を始めとした文化運動も敗戦後、盛んになるが、それでも職場以外の彼らにとっての社会のなかの新しい居場所、すなわち学校が求められた。高校全入運動が実を結んで行った1970年代以降、明治・大正以来の社会教育の象徴的な存在でもあった青年団運動も弱体化していくが、同時に学校への批判が起こってくる。子ども・若者の多くが学校に所属している現代ではかつての勤労青年問題とは文脈は異なるが、多様な教育機会確保法案で提起され、多様な教育機会を考える会（以下、RED研）でも継続して問題意識を持ってきたように、学校の内外の活動を総合的にとらえることが重要であるといえよう。

3　教育福祉における具体的なサービスの諸相と思想的基盤

教育福祉や社会福祉は法体系や行政組織ないしそのサービス内容によって分類されることが多い。ここでは具体的サービスから抽象度を上げて、理論的に福祉を考えたい。すなわち、福祉は大きく二つに分けることができる。一つは反福祉状態の回復、ないし人権が毀損されている状態からの回復、もう一つは直接的なWell-beingの充実である。

教育福祉研究の黎明期であった１９６０年代は、社会福祉研究のなかでもその中核が貧困問題であった時代であり、ここにおいて福祉は反福祉状態の回復という意味合いが強かった。本章が福祉として想定した「子どもの生活的課題に対する支援」、より具体的には「スタッフによるソーシャルワーク」も反福祉状態からの回復の事例であり、教育福祉研究でも取り上げられてきた加配の対象になる特殊支援教育や同和教育、外国ルーツの子どもたちへの教育等もこの列に加えることができるだろう▼16。社会運動レベルでみると、各種の権利闘争はほぼこれに当てはまる。他方、社会教育の文脈で蓄積されてきた居場所研究、とりわけ子ども・若者の参画を重視する研究群は後者に属するといえる▼17。居場所カフェの文化資本ないし文化シャワーという考え方は貧困支援と結びついているが、それだけに留まらないという意味で、両者に属するといってよいだろう。実際にはここに例示していない具体的サービスも、ここまでが反福祉状態の回復、ここからがWell-beingの充実と明確に切り分けるのは難しく、グラデーションのようになっていると考えられる。

教育福祉研究では、その理論的根拠は人権、教育権ないし学習権および生存権に求められてきた。日本ではすでに戦前から初等教育の義務教育化が完了していたが、国際的には教育権の第一歩は世界人権宣言第26

条からSDGsの目標4に至るまで、初等段階の教育へのアクセス保障である。ここでは単に教育を受ける権利ないし学習する権利の保障というだけでなく、児童労働や家庭内ケアなどを反福祉状態と捉えたときに、初等教育が行われる場としての学校に通うことがそこから解放される機会であると考えられている（直接的には世界人権宣言25条2項に子どもが社会的保護を受ける権利が規定されている）。逆に、大多数が学校に通うようになると、いじめ等、学校に通うことが反福祉状態になる場合もあり、結果として不登校が注目されるようになった。

人権概念については世界的に研究が蓄積されたが、特にポスト冷戦後の1990年代からは国連開発計画の1994年の年次報告書『人間開発報告書：人間の安全保障（の新次元）』をきっかけに、国際的にアマルティア・センのケイパビリティ論の考え方が共有されるようになった。ケイパビリティ論については理論だけでなく、指標という点で実践に寄与しており、まさにこの点で論争を呼んでいる。ただし、センの提示した財（資源）だけでなく、選択することによって得られる機能に注目するという、行為主体を重視する視点についてはほぼ共有されているといえるだろう[18]。

4　教育と福祉の踊り場としての「居場所」

（1）居場所活動における教育および福祉

本章では、1節で定義したように、居場所活動における教育を教科学習に限定し、福祉をソーシャルワークに限定している。居場所活動における教育は、先行研究ではむしろ教科学習ではなく、遊びも含めた体験を通じた学びが重視されてきた▼19。もちろん、学校教育のなかでも、21世紀にはアクティブラーニングが注目され、あるいは歴史的にみても、新教育や生活綴り方のような「体験」を埋め込むカリキュラムの考え方がなかったわけではない。だが、ここではそうした教育の多様な可能性に目を向けるのではなく、あえて子どもたち、若者たちが学校の勉強と意識しやすいものに限定している。とはいえ、居場所事業そのものに注目すると、学習支援と居場所の両方を大事にする学習支援事業に比べて▼20、学習支援は必要条件とされない。ただ、学習支援を目指さない子ども食堂や居場所カフェのような居場所であっても、学校の先生には聞けなくても、ボランティアのお兄さんやお姉さん等には聞きやすいので、結果的にそこで勉強するということもあるだろう。

初期からある校内居場所カフェではソーシャルワークを重視してきたが、今までの研究を踏まえて、居場所活動全体でみると、必ずしもソーシャルワークが大きな役割を担っていたとは言えない。また、居場所カフェや居場所事業のなかでソーシャルワークが重視されているとはいえ、その実践が行われるのはいつも多くの子ども・若者たちがいる場（カフェ等）とは限らないし、むしろ、相談内容によっては、相談者自身のプライバシーやそれを聞くことになる友人たちの心理的負担が配慮され、学校内であれば、廊下や別の教室に移動して行われることもある。その意味でソーシャルワークは場としての「居場所」で結果的に行われることがあっても、常にそこで行われなければならないわけではないし、場合によっては積極的に「居場所」から離脱した場所で行われる必要さえあるといえる。

居場所活動は、子ども・若者だけでなく、ファシリテーションないし行政等の福祉的支援につなげることができるベテラン・スタッフやボランティア・スタッフなど多くの人がかかわっている。ここで専門職と呼ばず、あえてベテランという呼称を使ったのは、専門職の種類や専門資格の有無よりもファシリテーションや支援への仲介といった行動を実際に取れる技能を持っていることを重視したからである。

ソーシャルワークに焦点を定めると、どうしてもなんらかの困難を抱えている人に注目することになる▼21。だが、居場所におけるコミュニケーションはそれにとどまらず、何かのイベントをみんなで楽しんだり、日常会話を楽しんだり、一緒にゲームや遊びをしたり、それ自体がWell-beingの実現という側面が必ずあり、そこでは関わっている者が困難を抱えていても、憂いがまったくなくても、あまり関係ない。その意味では、何らかの困難を抱えた人だけを対象にしているわけではない。このように考えたとき、なぜソーシャルワークに注目するのかということが改めて問われてくる。

このように、本章の定義を鑑みると、一見「居場所」において教育や福祉は周縁的なものとして位置づけられるように見えるかもしれない。つぎに、本章では教育や福祉と居場所活動の関係をどのように考えるか整理していこう。

（2）教育と福祉の基盤にあるもの

教育との関係でまず志水宏吉の「学力の樹」の考え方を検討したい。志水の議論は学力の全体像を「学力の樹」に喩え、葉、幹、根に分けて、学習指導要領を踏まえつつ、それぞれをA学力（葉）「知識・技能」、B学力（幹）「思考力・判断力・表現力」、C学力（根）「学びに向かう力・人間性等」と位置づけている。ここで注目したいのが「根」という考え方である。志水は池田寛の議論を踏まえて、これをさらに「自尊感情」「学習習慣」「目的意識」の三つに分けて捉えている▼22。ここで強調しておきたいのは「根」を考える際に、そもそも学習内容・方法以前に学習に取り組めるかどうかということも含めて「意欲・関心・態度」に注目している点、とりわけそれが学校だけでなく家庭を含めた学校外環境等でも構築されるということである。

つぎに、福祉の分野においては、貧困支援における湯浅誠の「溜め」の議論を検討したい。湯浅誠は『反貧困』のなかで三つの「溜め」の重要性を提起した[23]。金銭的溜め（貯金）、人間関係的な溜め、精神的な溜めである。湯浅の「溜め」論は、2009年の彼自身の実践的な成果である派遣村以降、広く受け止められて来た。湯浅は、精神的な溜めの前提として、貧困に至る排除のうちの一つとして「自分自身からの排除」を指摘している。これは自尊感情を失っている状態と呼ぶべきだろう。このように湯浅の「精神的な溜め」は池田やそれを受けた志水が重視した「自尊感情」とオーバーラップしていることがわかる。

湯浅の「溜め」の議論もケイパビリティを踏まえて展開されたものであった。本章では湯浅の「自分自身からの排除」状態と関連する精神的な「溜め」の議論を、ケイパビリティ論のいいかえとは捉えず[24]、より基底的なものにフォーカスしていると捉えたい[25]。というのも、自分自身からの排除の状態にあることによって、リソース、たとえば公共福祉への道が開かれていても、それを選択することが困難になることがあるからである。具体的に言えば、子どもであれば、身近な大人に相談することが難しいというようなことがあげられる。学校に所属していない若者や大人の場合、行政的な手続きが難しくて、その手前であきらめてしまうというようなことである。あるいは、人間関係を構築することに困難を抱えるという課題に直面することもあるだろう。少なくとも、公共的な支援であれ、民間活動の支援であれ、なんらかの支援にアクセスすることができるようになるには、ある程度の精神的な溜めが必要になるといえる。

居場所カフェ事業において「信頼貯金」という表現の仕方で、「精神的な溜め」を作ることが表現されてきた。繰り返すが、居場所活動で行われるスタッフも含めた参加者たちが安心で楽しいと思えるコミュニケーションはそれ自体、Well-beingの実現である。結果的にそうした体験も含めて蓄積されていく「溜め」が教育や福祉にもつながっていく。居場所活動は教育や福祉にむかう前の踊り場とみることができるだろう。つぎにこの「信頼」を構築していくプロセスについての考察を深めていきたい。

(3) 予備的考察——信頼を作るAttitudeとラポール形成

萩原(2018)は居場所においては子ども・若者に対して「指導」よりも「支援」が重要であることを指摘している。萩原の議論の背景には哲学における「臨床」や「身体」を重視する議論がある。ここでは、そこにつながる議論として、臨床心理学者のカール・ロジャーズが提唱したクライアント中心療法を取り上げたい。そもそもロジャーズはカウンセリンググループだけでなくソーシャルワークや教育、企業における人事(労使関係)も含めてカウンセリングの舞台と考えていた▼26。その後、日本においても彼の議論が臨床心理の領域にととどまらず、教育や福祉、人事の領域にも影響を与えてきたことは今さら確認するまでもないだろう▼27。

ロジャーズのクライアント中心療法の核は、カウンセラー(教師、ソーシャルワーカー等を含む職種を問わずカウンセリングを行う人)とクライアントの関係において、カウンセラーの役割についてインストラクションを重視するのではなく(non-directive)、感情的な体験も含めてクライアントを受容することによって、クライアントが自分で解決の方向を見つけられるようになるのを支援することを重視する点にある▼28。

クライアント中心療法はもともと非指示(non-directive)という指示の否定から始まり、またそこではその名前の通り、主がクライアントにあり、カウンセラーはそのサポートという従の役割を担うことになる。このプロセスのなかでカウンセラーはクライアントの言葉だけではなく、動作その他の情報を一瞬一瞬、キャッチしなければならない。こうしたあり方はその後、カウンセリング・マインドと呼ばれるようになる。このようなコミュニケーションもその入り口では、クライアントとカウンセラーの信頼関係を作ること、すなわちラポールの形成が必要になる。ラポールが形成されたうえでめざすべき方向、どのように変化するとよりよい状態になるのかを両者の協力関係で模索することになるといえる▼29。

このように考えていくと、クライアント中心療法において、重要なポイントはカウンセラーのAttitudeとしてクライアントに対して指示をするのではなく、まずクライアントを受け止めることによって、結果的にその人が変容できる、すなわち方向はあらかじめ決まっていなくても変化していく土台作りから始めるということであるといえる。それは心理療法等の現場であればラポール形成と呼ばれるだろうし、安心な場としての居場所で行われるコミュニケーションはすべてここにつながる。

（4）居場所活動におけるコミュニケーションの難しさと重要性

居場所活動におけるコミュニケーションを考える際に重要になるのはそこに誰が参加しているのかという問題である。子ども・若者をターゲットにした居場所事業であれば、そこにボランティアや専門職が加わるだろう。

学校のなかの居場所であれ、地域の居場所であれ、子どもたちとかかわる場において子どもたちを受容するケアの役割が重要である。ケアはケアを行う人とケアを受ける人の相互交流的な意味を持っている▼30。ただ、教育や福祉の研究では子ども・若者に重点を置きやすく、大人をみるときも子どもや若者に接する人としての機能から注目される。だが、実際はある大人が子どもをケアしていると思っていても、ある場面においては子どもから大人がケアを受けるということも大いにあり得る。

このような相互行為は指導どころか支援さえも超えている。役割が瞬間的に転換することは、大人が教員やカウンセラー、ソーシャルワーカーといった専門職であっても、ボランティア▼31のような素人であっても起こり得ることである。その意味で、ケアには常に瞬間的に関係性をフラットにすることがある。教員という専門職は、成績評価をする人と受ける人、指導を行う側と指導を受ける側という縦の関係を前提とされており、児童・生徒・学生に対して責任を負うのが原則である。必ずしもその責任を放棄する必要はないが、その役割を意識して瞬間的にフラットに戻すのは難しい▼32。一般的に言っても、子どもと大人の関係ではすでに縦の関係があるように見えがちだし、大人の方でもそのようにふるまってしまう人もいる。また、子ども同士においても、スクールカースト的な居場所外のフラットではない秩序を常に排除することはなかなか難しい。

そもそも教科的な指導・教育を離れたフラットな相互交流ということになると、専門職やボランティアの大人よりも、困難を抱えた子どもたちのほうが単純に高いケア能力をもっている場合がある。ここでいうケア能力とは、困難を抱えた人の困難さに気が付き、それに寄り添う力の意味で使っている。困難な環境下で育った子どもたちは、自らの生存戦略として大人の顔色をうかがわざるをえないことが多い。そのために他人の些細な変化にほぼ無意識に気付くことができるようになる者もいる。ただし、大人の表情を読み取ったからといってその子にとって望ましい成果が得られるとは限らない。そのように高度で繊細な受信する能力は意識化・言語化されているわけではないので、本人は必ずしも自分も能力が高いと認識することはできない。それどころか、他者の感情の動きに翻弄され、自尊感情を十分に育むことができなくなることさえあり、その自分の高い能力を自己受容することが難しく、結果的に自分はコミュニケーションが苦手と考えてしまうという負のループに至ることもあるだろう。

他者を支援したい人のなかには、なんらかの困難を生き残って来たか、あるいは現に困難のなかにいるという人も少なくない。理念的に分けると他者支援は、満ち足りている自分を他者にシェアすることと、満ち足りていない自分を他者との関係によって埋め合わせるという両極がある。さらに厄介なことに、困難の見えにくさから、本人さえも自分が満ち足りていない思いを持っていることを意識できていない場合がある。ただし、実際には、このようにきれいに分けられるわけではなく、一人のなかに両方の気持ちを持っていることが多いだろう。だが、意識するかどうかを問わず、大人たちが満ち足りていない思いでかかわることは子どもにとってはリスクも伴う。ケアが単なる会話術のようなテクニカルなスキルだけにとどまらず、相手を受容し、ときには相手から受容される、フラットなAttitudeが重要になるからである。

では、そうした困難な大人たちは子どもたちに関わらせないようにするのが良いのだろうか。その答えは簡単ではない。人権のような普遍性の原理原則でいえば、ケアを通じて形成されるコミュニティにおいては誰も排除すべきではない。だが、現実にはある程度の選抜が必要になる。困難を抱える人たちのなかでケアリング・コミュニティを維持するには、子どもも大人も含めた参加者全体が共倒れにならないように、誰かがコーディネートする必要があると考えられるが、そうしたコーディネートをするためには人的リソースに限界がある。参加人数を制限したり、相性によって参加メンバーを決めたり、あるいは心理職の養成のような形ではないにせよ、参加者に研修を行う▼33など、何らかの対策が必要になるだろう。

ここで、誤解のないように確認しておきたいが、困難を抱える大人が参加すること自体はその大人自身のためという以上に、子どもにとってもプラスの影響を与える可能性が大いにある。むしろ、本当に困難にいる子どもは困難な状況にいる人、ないしそうした共有しうる経験を持っている人とのほうが接しやすいというケースも考えられる。その役割は困難とは縁遠い人にはできないことだろう。だが、困難を抱える人が多すぎてその集団全体が困難のなかに陥って、どうにもならなくなるような事態は避けなければならない。そのためにかかわる人たち全体のなかでバランスを取ることが可能なところを誰かが見極める必要があるだろう。

ここまで、居場所におけるコミュニケーションの難しさを強調してきたが、実際に「信頼貯金」を積み上げる会話はそんなに難しいものばかりではない。日常的な軽い挨拶や声がけであっても、そこに相手への関心があれば、一つずつは大した意味ないものに見えても、交わされたコミュニケーションが積み重なったときに、自分の困難に向き合い、それを解決したいと思い、他者に相談できる呼び水になるかもしれない。ソーシャルワークはそこから始まる。

5 居場所の構造

前節までの考察を踏まえて、子どもの居場所活動の全体的なイメージを図示したのが図表8-1である。この図では「居場所でのコミュニケーション」をベースにして、それがどのように展開するのかということで三つの方向として描いている。

事業の性格は、三つの方向のどこに重点を置くかによって変わってくるだろう。①を強めれば、西成高校や田奈高校の初期居場所カフェになるだろうし、②を強めれば、学習支援事業になるだろう。②の性格を持

図表 8-1　子どもの居場所活動の全体的なイメージ

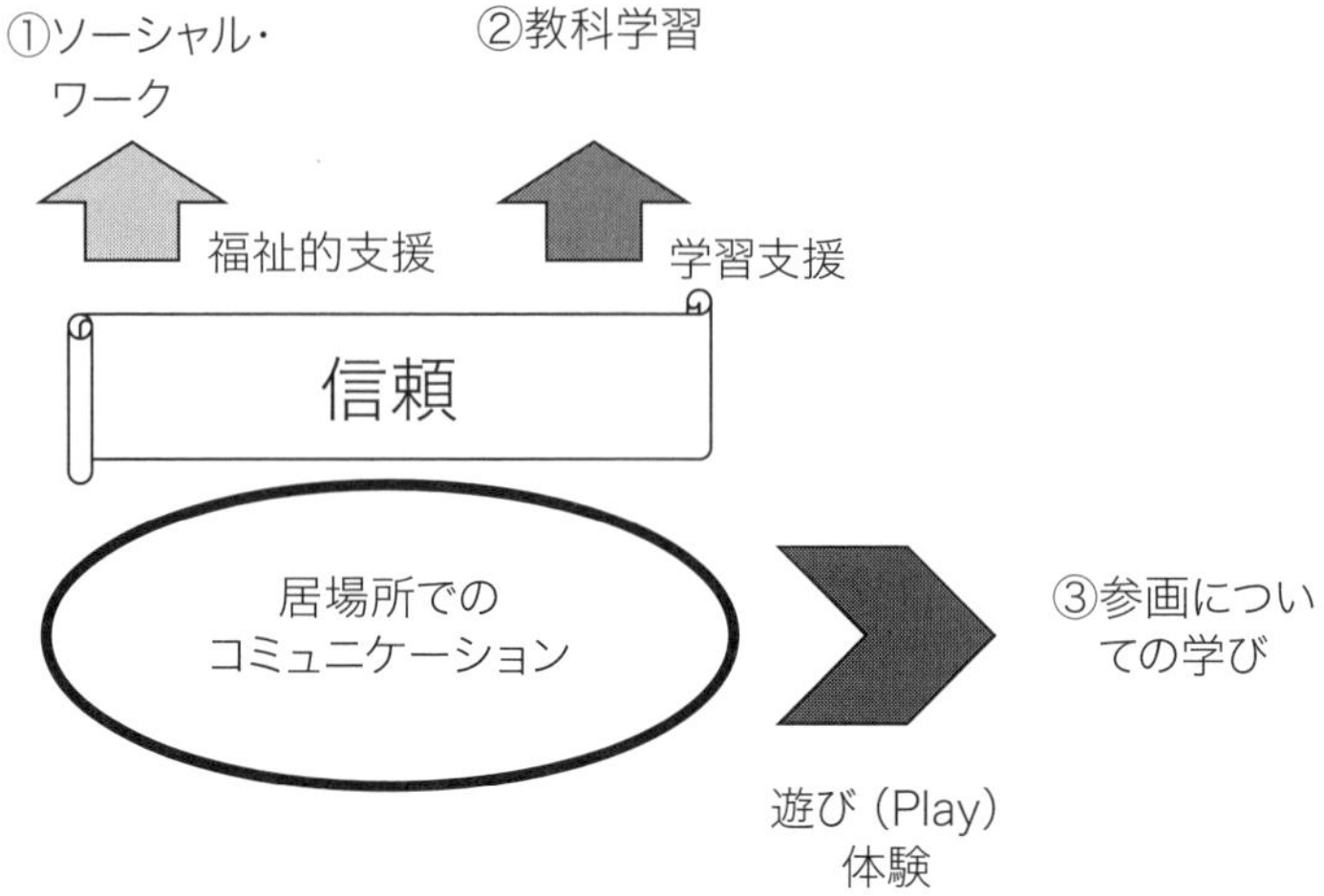

っていたとしても、実践的には「溜め」を作るコミュニケーションを重視せざるをえない現場もあるだろう。また、学習支援事業では②を軸にしながらも、結果的に①を行うこともあるだろう。さらには、③を強めれば、２０００年代以前から社会教育研究のなかで注目されてきた居場所活動やフリースクールであろう。ここで①と②の支援の底に信頼を置いたのは、これが「溜め」と「学力の樹の根」になり、これがまったくない状態では成立しないという意味である。

③の参画についての学びを通じて、あるいはそこに至るまでの遊びやその他の体験においては、結果的に信頼が深まることはあっても、スタートの時点で前提にしないと始めるのが難しいというわけではない。また、③は必ずしも参画に結びつかなくてもよく、カリキュラムの組み方によって多様な可能性がある。たとえば、遊びや体験そのものを目的とするような文化シャワーのようなものや職業教育的なものに設計することもできる。ここでは本章で教育と位置づけた②との差別化をするために、③を参画という形で位置づけている。

図表 8-2 「居場所」づくりの分析軸

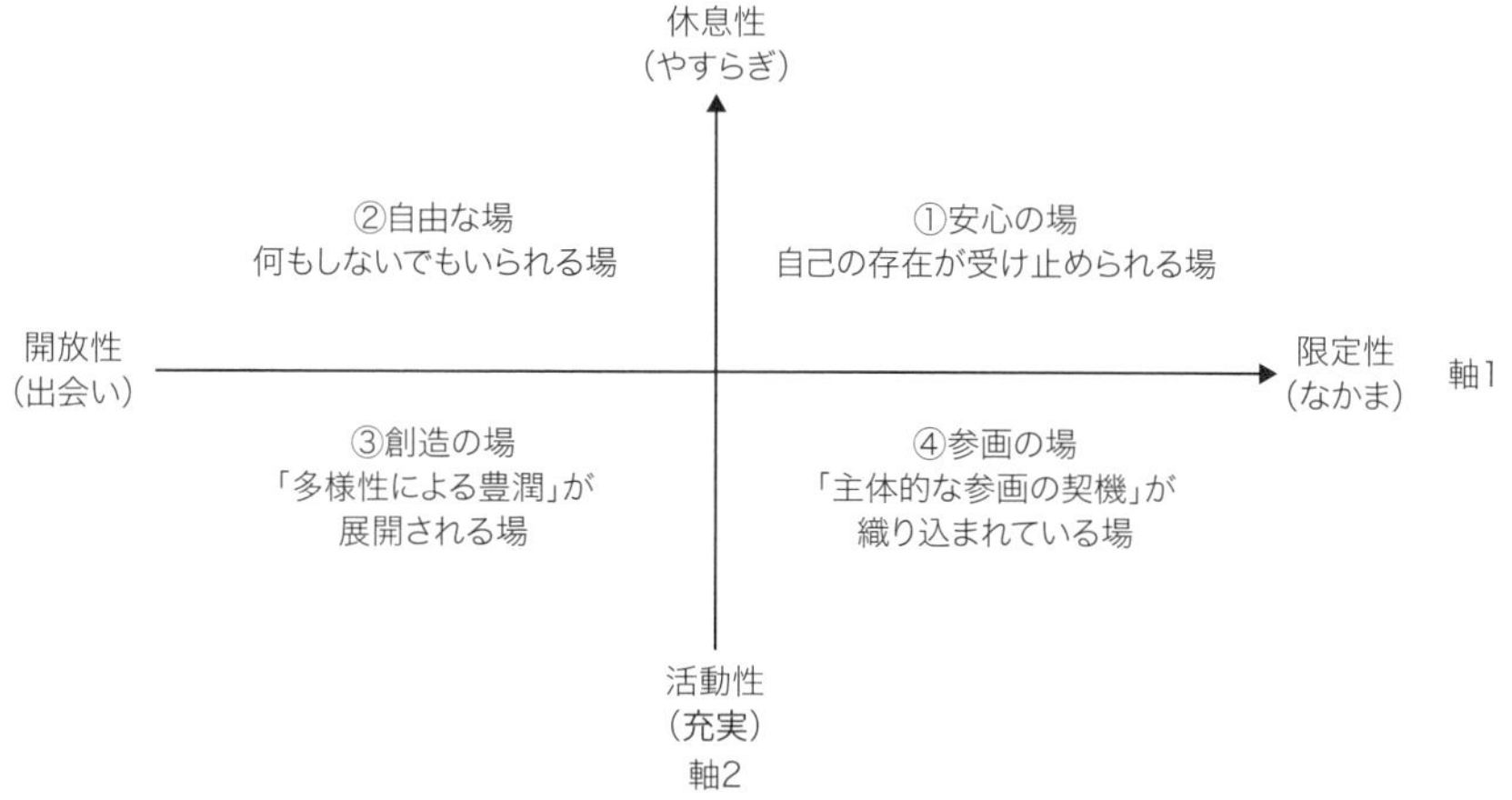

出所：南出（2015）78 頁

ここで「居場所でのコミュニケーション」をさらに掘り下げるために、南出（2015）の分析枠組みを参照したい。すなわち、南出は図表8－2のように、メンバーの範疇である「限定性－開放性（軸1）」、活動の度合い「休息性－活動性（軸2）」の二つを軸に、四つの象限で居場所の特質によって類型化している。ただし、これはあくまで実際の現場を当てはめるためのものではなく、それぞれの機能の濃淡を示すための操作的概念である。

もし居場所に福祉的機能を持たせるならば、ケア的なAttitudeを持った支援職が絶対に必要になる。そこでは困難を抱える者にとって、バーバルであれ、ノンバーバルであれ、コミュニケーションをとることが基本的信頼の再構築になるのであり、その関係ができた後は、ただ受け止められるだけではなく、具体的に困っていることにどう対応するのかにつながっていく相談支援になるからである。この点では、南出のいう社会問題の不可視化とはまったく逆で、相談支援を通じて、各々が抱えている困難が明らかになり、社会問題が可視化されるのである。ここでは医療・福祉等の専門職、専門機関への橋渡しといった具体的な支援策を知っている必要がある。また、支援職が現場を作ることで、①と②を同時に満たす形で、限定された開放性を生み出すことができる。簡単に言えば、他者を否定しないで受け入れるという姿勢を満たす限りで、広く開放されるということである。

通常の支援職についての議論であれば、カウンセリング・マインドやケアという言葉で表現される、些細なコミュニケーションの蓄積から信頼関係を構築することを含めて、個別支援に含めるだろう。それが言葉にできない段階であっても困難を抱える人が自ら誰かに助けを求めている状況であれば、個別支援と分類しやすい。だが、特定の困難を抱える人の自助グループ▼34以外の居場所に参加している人の多くは、ソーシャルワークが背景で行われることが前提になっていることを知っているわけではない。むしろ、個別支援につながる場面を見たとしても、話を聞くうちにたまたま解決すべき問題が見つかったために、なんらかのサポートに自然と誘導されるという体になっていることが重要で、参加者（場合によってはボランティアも）は自分や友達が支援されることを体験してもなおあらかじめソーシャルワークが埋め込まれていたことに気づかないかもしれない。しかし、そのことを知らないことで、また開放性が担保されることと相まって、不要なスティグマを与えられないことが期待される。このように考えると、居場所を介したソーシャルワークは、クライアント呼込型のアウトリーチの機能を果たしているといえる。

岩田正美は社会福祉が社会に認知される形式を類型化し、「一般化」「特殊化」という二つを提示した▼35。岩田の議論において「一般化」は「一般の労働と生活」を一つの基準にしているが、学齢期の子どもたちにとっては「労働」を「教育」に置き換えることも可能である。たとえば、ノーマライゼーションに基づくインテグレーション志向は「一般化」に近く、分離型の特殊支援教育は「特殊化」とみることができるだろう。もっとも、岩田も実際の事業を「一般化」と「特殊化」に当てはめるのではなく、「事業集合」が「一般化」

から「特殊化」へ転換したり、その逆であったり、という可変的なものとして捉えている。岩田の「一般化」と「特殊化」の議論は、機能を固定的に見ていない点も含めて、南出の軸1をめぐる開放と限定の理念に近いと考えられる。初期の高校内居場所カフェのように、ゲートキーパー的に個人に埋め込まれている複合的な困難として現れる社会問題を発見する場は、門戸を広く開く「一般化」、すなわち「開放性」志向が重要であろうし、特定のマイノリティ・グループが共有体験を重視する際には「特殊化」とメンバーの限定化が必要になるだろう。ただし、「特殊化」を志向する居場所にはスティグマのリスクも伴う。

6 おわりに
——無用の用

本章では、居場所の実践記録や社会教育研究の成果を参照しつつ、居場所事業について構造的に検討してきた。結論としていえることは、教育（以下では社会教育的な参画を重視するものも含める）や福祉を切り離しても、居場所事業は成立し十分に機能するということである。**図表8-1**では「居場所でのコミュニケーション」を教育や福祉を実践するための基盤に位置づけた。その意図は教育や福祉が必要ないということではなく、アタッチメントのように考え、正に濃淡をつけてその事業の意義づけをすることができるということである。同時に、アタッチメントとしてとらえるならば、教育や福祉から解放することも可能である。あらゆる教育的成果や福祉的成果からの解放である。

居場所でのコミュニケーションは膨大なものである。日常的な声掛けや、何気ない雑談、ときには言葉さえも発さないフィジカルな姿勢▼36、そのコミュニケーションは一つずつを見てみれば、大した意味などどないものかもしれない。子どもたちは、試験前や宿題がたまったら勉強するかもしれないし、困難を抱えている子は個別支援につながるかもしれないが、そのようなことにつながらないで零れ落ちて行くコミュニケーションは膨大に降り積もっていく。しかし、その無駄に見えること自体にも意義を置きたい。

校内居場所カフェに対しては、子どもたちを遊ばせておく場所が必要なのかという疑問や批判が根強くある。論理的に考えれば、これに対する素直な反論は「遊び」の意義を説明することであろう。実際、社会教育の居場所研究のなかでも「遊び」についての研究はされてきた。しかし、それはどちらの立場であれ、積極的に「遊び」の有用性を探求することである。日本語の「遊び」は英語のプレイとは異なり、「余白」の意味がある。この余白の意義、無用の用そのものを改めて認めても良いのではないだろうか。この点では、19世紀に急速に産業化した社会を批判し、西洋で重視されてきた「余暇」の価値を再評価しようとしたヨゼフ・ピーパーの余暇論が理論的な意味で示唆的である。ピーパーの議論は、産業化社会のなかで「活動」「骨折り（目的のために努力すること）」「社会的有用性ないし社会的機能」が過大評価されていることを批判的に捉えたもので、それは労働だけでなく活動的に楽しむレジャーや宿題をこなす学習をも射程に捉えていた[37]。

ピーパーの余暇論は、その議論に刺激を受けた土居健郎によって、日本ではピーパー自身の議論を離れて、「ゆとり」概念という形で広まっていった。高度成長期を経た１９７０年代以降、レジャー政策は通産省・経済企画庁が推進してきた文脈があり、１９９０年代には教育分野でも文部省が「ゆとり教育」に舵を切ることになった[38]。本章では、ここで労働時間短縮をめぐる闘争や、「ゆとり教育」をめぐる論争を振り返るつもりもない。ただ、そうした有用性をめぐるポリティクスを離れて、ほっと一息つける「余白」の価値そのものを重視したい。そのためには、教育や福祉における有用性の議論からもいったん自由になる必要があるだろう。もちろん、実務的には、成果のような有用性を期待する相手とコミュニケーションをとるには、教育や福祉のそれぞれ好きなアタッチメントをつけて、その有用性を語ればよいだろう。そのための議論はすでに積み重ねられている。

注

1　居場所活動とソーシャルワークを明示的に結び付けているのは西成高校のとなりカフェや田奈高校のぴっかりカフェなど初期に作られた居場所カフェ及びその影響を受けた居場所活動である。後述する日本財団の「子ども第三の居場所事業」でもソーシャルワークは含まれている。居場所カフェについては居場所カフェ立ち上げプロジェクト『学校に居場所カフェをつくろう！――生きづらさを抱える高校生への寄り添い型支援』明石書店、2019年、鈴木晶子「いきづらさを抱える生徒に寄り添う校内居場所カフェ」吉住隆弘、川口洋誉、鈴木晶子編著『子どもの貧困と地域の連携・協働』明石書店、2019年、220-235頁、横井敏郎編著『子ども・若者の居場所と貧困支援』学事出版、2023年所収の高橋寛人「高校内居場所カフェの支援機能」、横井敏郎「会話・関係づくり実践としての高校内居場所カフェ」、この研究に先立つ公開研究会の記録、小川杏子、田中俊英、石井正宏（記録・編集は高嶋真之）「高校内居場所カフェ実践は学校に何をもたらすか：2つのカフェ運営の事例から」『公教育システム研究』18：107-125頁、2019年3月及びその位置づけである横井敏郎「高校内居場所カフェ実践の意義を考える：公開研究会「高校内居場所カフェ実践は学校に何をもたらすか」に寄せて」『公教育システム研究』18：127-135頁、2019年3月を参照。これらの活動は若者支援に起源をもつ。居場所活動全般は必ずしもソーシャルワークが含まれるものではない。なお、スタッフによるソーシャルワークといっても、もちろん医療、福祉、行政などの専門職への橋渡しも含めて考えている。

2　1973年11月、戦後、教育福祉が学問領域として立ち上げられていく草創期に行われた座談会では戦前にその萌芽があったこと、およびその連続性が共有されている（小川利夫『社会教育論集第五巻社会福祉と社会教育』亜紀書房、1994年所収の「座談会「教育福祉」問題の現代的展望」を参照）。なお、この座談会の参加者は、城戸幡太郎、菅忠道、浦部史、森田俊男、小川利夫、大橋謙策、土井洋一である。

3　歴史的呼称としてはいろいろなものがあるが、ここでは歴史的なものであっても、学校外の教育を社会教育と通称する。

4 木村正義『公民教育』冨山房、1925年では、地方改良運動との関係、実業補習教育から普通教育への影響(1章1節)、普通選挙との関係(1章2節)が論じられている。

5 留岡・城戸の系譜については小林甫「《生活教育》研究と〈生活社会学〉の視座：留岡生活教育論・篭山生活構造論と布施生活社会学」『北海道大學教育學部紀要』65：1-65頁、1995年1月を参照。留岡・城戸は1930年代に教科研究の中興の祖として展開した岩波講座教育科学に寄与しており、これを教育科学の出発点と位置づける見方がある(宗像誠也編『教育科学』国土社、1956年)。また、明治から戦後までの生活記録の歴史研究としては新井浩子『社会教育における生活記録の系譜』春風社、2023年を参照。

6 義務教育＝初等教育であった当時、小学校が最終学歴である子どもは少なくなかった。この二つの立場を当時の用語でいえば、共通教育である「普通教育」と「実業補習教育」のどちらを志向するかということだが、両者の重要性は等しく認められていて、そのうえで初等教育段階においてどちらに重きを置くかという分岐があった。

7 田制佐重『輓近思潮学校教育の社会化』文教書院、1921年および田制佐重『教育社会学の思潮』甲子社書房、1928年を参照。

8 学問的な系譜で言えば、直接には春山作樹→海後宗臣、宮原誠一、古木弘造→小川利夫、宮坂広作はこのような問題意識を継承している。特に、教育と社会の関係を問う春山作樹と学校に狭く閉じる営みとしての教育を重視した澤柳政太郎を対比的にとらえる見方は重要である(海老原治善『海老原治善著作集第6巻民主教育実践史・戦後日本教育理論小史』エムティ出版、1994年、小川利夫『社会教育研究四〇年　小川利夫社会教育論集8』亜紀書房、1992年)。春山については小川利夫『小川利夫社会教育論集2』亜紀書房、1998年：468-506頁の「春山作樹の社会教育理論」も参照。

9 小川利夫『教育福祉の基本問題』勁草書房、1985年。この点は松田武雄『地域社会におけるウェルビーイングの構築　社会教育と福祉の対話』福村出版、2023年、1章を参照。

10 日本社会福祉学会編『社会福祉学研究の50年——日本社会福祉学会のあゆみ』ミネルヴァ書房、2004年。

11 社会福祉の本質論争についてはその後の研究も少なくないが、ここでは荻野源吾「社会福祉本質論争とその位置づけ」『広島文教女子大学紀要』41：45-55頁、2006年12月を挙げる。

12 井上友一『救済制度要義』博文館、1909年。井上本人は「救済制度」という用語の説明で、学術的用語の整理は学者の仕事という割り切り方をしていて、政策課題を集成している嫌いがある。なお、井上と盟友、留岡幸助の関係については木下順「もうひとりの井上友一：救済局の夢」『経済学雑誌』115（3）：19-43頁、2015年2月の考証を参照。

13　居場所の概念についてはいくつかの研究整理がある。「社会学・教育学系」と「建築学・住居学系」で文献検討をした中島喜代子、廣出円、小長井明美「居場所概念の検討」『三重大学教育学部研究紀要』58：77-97頁、2007年、定義の比較検討した藤原靖浩「居場所の定義についての研究」『教育学論究』2：169-177頁、2010年12月、心理臨床という観点からの整理である中藤信哉「心理臨床における「居場所」概念」『京都大学大学院教育学研究科紀要』59：361-373頁、2013年3月。理論的な整理については南出吉祥「「居場所づくり」実践の多様な展開とその特質」『社会文化研究』17：69-90頁、2014年12月を参照。

14　文科省の政策と居場所の関係については萩原建次郎『居場所』春風社、2018年の第1章を参照。

15　林はこの学生服をつけた職工を教化問題と位置づけている（林達夫「風俗の混乱―学生服を着た職工」『歴史の暮れ方・共産主義的人間』中公クラシックス、2005年（初出は1940年5月）137-145頁）。歴史的にヨーロッパではブルーカラーの語源である青い襟の作業着は工場労働者階級を象徴するものであったが、現代の日本では工場の作業着は大卒技術者も着るし、事務所の職員さえもユニフォームのように着ることもある。ただ、学校の制服問題は現代的でもある。内田は私立通信制高校サポート校の生徒が前籍校の制服を着用している問題を考察している（内田康弘「サポート校生徒は高校中退経験をどう生き抜くのか：スティグマと「前籍校」制服着装行動に着目して」『子ども社会研究』21：95-108頁、2015年）。

16　この点で近年の代表的な研究は倉石一郎『教育福祉の社会学』明石書店、2021年である。特に第1章の事例の位置づけを参照。

17　子ども・若者の参画は、ロジャー・ハートのまちづくり（都市計画）と社会教育の交差する研究（ロジャー・ハート（IPA日本支部訳）『子どもの参画：コミュニティづくりと身近な環境ケアへの参画のための理論と実際』萌文社、2000年）を基盤に事例研究が重ねられた（子どもの参画情報センター編『子ども・若者の参画―R・ハートの問題提起に応えて』萌文社、2002年および子どもの参画情報センター編『居場所づくりと社会つながり』萌文社、2004年）。萩原建次郎『居場所』春風社、2018年で生の回復と「充溢」という形で肯定的に表現されている点は示唆的である。

18　ケイパビリティ論については吉田竜平「ケイパビリティ・アプローチの再検討」『北星学園大学社会福祉学部北星論集』57：13-23頁、2020年3月の整理を参照。セン自身の学術的な貢献という意味では、厚生経済学・社会選択論からの検討が必要であり、その理解のための橋頭保としては鈴村興太郎・後藤玲子『アマルティア・セン：経済学と倫理学』実教出版、2001年が重要である。

19 たとえば、萩原建次郎『居場所』春風社、2018年。

20 竹井沙織、小長井晶子、御代田桜子「生活困窮世帯を対象とした学習支援における「学習」と「居場所」の様相—X市の事業に着目して—」『名古屋大学大学院教育発達科学研究科紀要．教育科学』65（2）：85-95頁、2019年3月では、政令指定都市X市の学習支援事業の委託先がどのように「学習支援」と「居場所」を位置づけているか分析している。

21 一般社団法人社会的包摂サポートセンター編著『相談支援員必携！事例で見る生活困窮者』中央法規出版、2015年は、社会福祉における相談支援において、具体的に出て来る話を表層とし、その下にある見えない社会問題や排除を強化する価値観・思想を構造的に捉えた氷山モデルを提示し、実際の困難が複合的に構成されることを、事例をモデル化して描いた。

22 志水宏吉は学力論「学力の樹」のなかで、池田寛の人権教育研究を参照しながら、学習内容・方法以前に学習に取り組めるかどうかということも含めて「意欲・関心・態度」を重視している（志水宏吉『学力格差を克服する』ちくま新書、2020年、第2章。池田の議論については池田寛『学力と自己概念』部落解放人権研究所、2000年）。ここには各種の困難を抱える子どもたちが学習に向かえない状況をどうカテゴライズして理解するのかという問題意識がある。

23 湯浅誠『反貧困』岩波新書、2008年、第3章。

24 センは決して「自尊感情」の重要性を無視していたわけではない。そのことは、理論上、無数にあるケイパビリティの事例の一つとして「自尊感情」をあえて取り上げていることからもわかるだろう（アマルティア・セン（池本幸生、野上裕生、佐藤仁訳）『不平等の再検討』岩波現代文庫、2018年（原著は1992年）では全体で「自尊心」が6回出ており、基本財の一つに位置づけられている）。だが、本章で問題にしたいのは、「自尊心」（ないし「溜め」）の欠落が、単に選択を不可能にするというだけにとどまらず、取り得る選択肢があるにもかかわらず、それを選ぶことができないというような、特殊な、しかし、選択の根幹にかかわるケースである。

25 近藤卓『自尊感情と共有体験の心理学』金子書房、2010年は、ウィリアム・ジェームズが提示した成功体験によって培われる自尊感情を社会的自尊感情として位置づけ、「比較、優劣とは無縁に、理由もなく絶対的、根源的な思いとして自分はこのままでよいのだと思える、そうした感情（2頁）」として基本的自尊感情を位置づけている。

そして、この感情は「乳幼児期からの親や親に代わる養育者からの絶対的な愛と、その後の他者との共有体験の繰り返しによって、形成されるもの（2－3頁）」として捉えている。

26　*Rogers, Carl R., Counseling and Psychotherapy: Newer Concepts in Practice.* Boston; New York: Houghton Mifflin Company, 1942の第1章では、当時のカウンセリングの舞台が広がりつつある状況を概観している。

27　看護、福祉、社会教育といった専門職のスキル形成の研究として高橋満、槇石多希子編著『対人支援職者の専門性と学びの空間』創風社、２０１６年がある。また、この研究ではその原理論としてケアを置いている（小林建一「支援の原理としてのケアの哲学（1章）」）。

28　Rogers, Carl R., *Client-Centered Therapy,* Boston, Houghton Mifflin, 1951。ただし、Rogers, Carl R., *Counseling and Psychotherapy: Newer Concepts in Practice.* Boston; New York: Houghton Mifflin Company, 1942においてすでにカウンセラーのインストラクションよりクライアントを重視する姿勢は提出されている。

29　正確に言えば、ラポールそれ自体も転移／逆転移という「変化」と切り離すことはできない。厳密に言えば、他者と接触することはその時点で変化が起こっているととらえることができるだろう。転移／逆転移はこうしたクライアントと治療者（カウンセラーと読み替えてよいだろう）の関係を掘り下げているといえる。この点は佐渡忠洋「ラポールについて：いまの心理療法はF.A.メスメルの先を歩めているのか」『立命館文學』６７１、２０２１年２月：６３８-６２７を参照。

30　ケアにおける相互関係についてはNoddings, Nel, *Caring: A Feminine Approach to Ethics and Moral Education, Second Edition, with a New Preface 2nd ed.,* University of California Press, Kindle edition, 2003 (original published in 1983) を参照。

31　学校のなかでの教員とボランティアの役割を分析し、大人と子どもの関係を描いたものとして武井哲郎『「開かれた学校」の功罪』明石書店、２０１７年は出色である。

32　専門職によるケアではなく、近しい者同士のケアの意義を追求したのがピアカウンセリングやピアサポートである。ピアカウンセリングを含むピアサポートの包括的な研究史整理については松下健『対人志向的ピアサポートの訓練効果に関する実践研究』風間書房、２０２１年の1章から3章を参照。

33　「第2章校内居場所カフェのつくり方」居場所カフェ立ち上げプロジェクト編著『学校に居場所カフェをつくろう！』明石書店、２０１９年：１０２-１０３頁の小川杏子執筆部分では、居場所カフェのボランティアの資質と役割についての説明がなされている。

34 専門家の支援を受けながらも、特定の困難を克服する自助グループはDV加害やアルコール依存などさまざまなものが展開されており、研究も多岐にわたる。ここではアメリカのアルコール依存についての自助を扱った葛西健太『断酒が作り出す共同性：アルコール依存からの回復を信じる人々』世界思想社、２００７年をあげておく。

35 「「一般化」とは、「一般の労働と生活」の様式に沿って、それらを維持する目的で社会総体に社会福祉が位置づくことを意味し、「特殊化」とは、これとは「距離」をもったいくつかの「特殊」な社会福祉が異なったトポスを獲得していくことを意味している」（岩田正美『社会福祉のトポス』有斐閣、２０１８年：16頁）。

36 本章ではバーバルなコミュニケーションを想定して議論を組み立ててきたが、実際にはノンバーバルなコミュニケーションも重要である。このただ「居る」ということに焦点を当てたのが東畑開人『居るのはつらいよ』医学書院、２０１９年である。

37 ヨゼフ・ピーパー「余暇（レジャー）と人間実存」ヨゼフ・ピーパー、土居健郎、稲垣良典、松田義幸編著『余暇と祝祭』知泉書館、２０２１年：１３３-１５０頁。また、出発点になったヨゼフ・ピーパー『余暇と祝祭』講談社学術文庫、１９８８年も参照。ただし、ピーパーの結論には実践的な意味で宗教的な方法を含んでいるが、居場所においてそれが必須のものとも考えていないので、本章ではそこまでは探求しない。

38 「第一部の背景：余暇開発研究センターの国際価値会議報告（1983）」ヨゼフ・ピーパー、土居健郎、稲垣良典、松田義幸編著『余暇と祝祭』知泉書館、２０２１年：４-６頁（議論内容は第１部全体を参照）および西野仁「ゆとりの構造化に向けて（１）言葉と概念の整理」『レジャー・レクリエーション研究』51、２００３年：86-89頁を参照。

文献

新井浩子（2023）『社会教育における生活記録の系譜』春風社
池田寛（2000）『学力と自己概念』部落解放・人権研究所
一般社団法人社会的包摂サポートセンター編著（2015）『相談支援員必携！事例でみる生活困窮者』中央法規出版
井上友一（1909）『救済制度要義』博文館
岩田正美（2018）『社会福祉のトポス』有斐閣
内田康弘（2015）「サポート校生徒は高校中退経験をどう生き抜くのかスティグマと「前籍校」制服着装行動に着目して」『子ども社会研究』21、95-１０８頁
海老原治善（1994）『海老原治善著作集第６巻民主教育実践史・戦後日本教育理論小史』エムティ出版

小川杏子、田中俊英、石井正宏（記録・編集は高嶋真之）（2019）「高校内居場所カフェ実践は学校に何をもたらすか：2つのカフェ運営の事例から」『公教育システム研究』18、107-125頁
小川利夫（1985）『教育福祉の基本問題』勁草書房、1985年
小川利夫（1998）「春山作樹の社会教育理論」『小川利夫社会教育論集2』亜紀書房、468-506頁
小川利夫（1992）『社会教育研究四〇年　小川利夫社会教育論集8』亜紀書房
小川利夫（1994）『社会教育論集第五巻社会福祉と社会教育』亜紀書房
荻野源吾（2006）「社会福祉本質論争とその位置づけ」『広島文教女子大学紀要』41、45-55頁
葛西健太（2007）『断酒が作り出す共同性：アルコール依存からの回復を信じる人々』世界思想社
木下順（2015）「もうひとりの井上友一：救済局の夢」『経済学雑誌』115（3）、19-43頁
木村正義（1925）『公民教育』冨山房
倉石一郎（2021）『教育福祉の社会学』明石書店
子どもの参画情報センター編（2002）『子ども・若者の参画—R.ハートの問題提起に応えて』萌文社
子どもの参画情報センター編（2004）『居場所づくりと社会つながり』萌文社
小林甫（1995）「《生活教育》研究と〈生活社会学〉の視座：留岡生活教育論・篭山生活構造論と布施生活社会学」『北海道大學教育學部紀要』65、1-65頁
近藤卓（2010）『自尊感情と共有体験の心理学』金子書房
佐渡忠洋（2021）「ラポールについて：いまの心理療法はF.A.メスメルの先を歩めているのか」『立命館文學』671、638-627頁
志水宏吉（2020）『学力格差を克服する』ちくま新書、第2章
鈴木晶子（2019）「いきづらさを抱える生徒に寄り添う校内居場所カフェ」居場所カフェ立ち上げプロジェクト『学校に居場所カフェをつくろう！——生きづらさを抱える高校生への寄り添い型支援』明石書店
鈴村興太郎・後藤玲子（2001）『アマルティア・セン：経済学と倫理学』実教出版
セン、アマルティア（池本幸生、野上裕生、佐藤仁訳）（1992＝2018）『不平等の再検討』岩波現代文庫
高橋寛人（2023）「高校内居場所カフェの支援機能」横井敏郎編著『子ども・若者の居場所と貧困支援』学事出版
高橋満、槇石多希子編著（2016）『対人支援職者の専門性と学びの空間』創風社
竹井沙織、小長井晶子、御代田桜子（2019）「生活困窮世帯を対象とした学習支援における「学習」と「居場所」の様

相―X市の事業に着目して―」『名古屋大学大学院教育発達科学研究科紀要. 教育科学』65（2）、85-95頁
武井哲郎（2017）『「開かれた学校」の功罪』明石書店
田制佐重（1921）『輓近思潮学校教育の社会化』文教書院
田制佐重（1928）『教育社会学の思潮』甲子社書房
東畑開人（2019）『居るのはつらいよ』医学書院
中島喜代子、廣出円、小長井明美（2007）「居場所概念の検討」『三重大学教育学部研究紀要』58、77-97頁
中藤信哉（2013）「心理臨床における「居場所」概念」『京都大学大学院教育学研究科紀要』59、３６１-３７３頁
日本社会福祉学会編（2004）『社会福祉学研究の50年―日本社会福祉学会のあゆみ』ミネルヴァ書房
萩原建次郎（2018）『居場所』春風社
ハート、ロジャー（ＩＰＡ日本支部訳）（2000）『子どもの参画：コミュニティづくりと身近な環境ケアへの参画のための理論と実際』萌文社
林達夫（1940＝2005）「風俗の混乱―学生服を着た職工」『歴史の暮れ方・共産主義的人間』中公クラシックス、１３７-１４５頁
ピーパー、ヨゼフ（1988）『余暇と祝祭』講談社学術文庫
ピーパー、ヨゼフ（2021）「余暇（レジャー）と人間実存」ヨゼフ・ピーパー、土居健郎、稲垣良典、松田義幸編著『余暇と祝祭』知泉書館、１３３-１５０頁
藤原靖浩（2010）「居場所の定義についての研究」『教育学論究』2、１６９-１７７頁
松下健（2021）『対人志向的ピアサポートの訓練効果に関する実践研究』風間書房、1章-3章
松田武雄（2023）『地域社会におけるウェルビーイングの構築　社会教育と福祉の対話』福村出版、２０２３年、１章
南出吉祥（2015）「「居場所づくり」実践の多様な展開とその特質」『社会文化研究』17、69-90頁
宗像誠也編（1956）『教育科学』国土社
湯浅誠（2008）『反貧困』岩波新書、３章
横井敏郎（2019）「高校内居場所カフェ実践の意義を考える：公開研究会「高校内居場所カフェ実践は学校に何をもたらすか」に寄せて」『公教育システム研究』18、１２７-１３５頁
横井敏郎（2023）「会話・関係づくり実践としての高校内居場所カフェ」横井敏郎編著『子ども・若者の居場所と貧困支援』学事出版

吉住隆弘、川口洋誉、鈴木晶子編著（2019）『子どもの貧困と地域の連携・協働』明石書店、２０１９年
吉田竜平（2020）「ケイパビリティ・アプローチの再検討」『北星学園大学社会福祉学部北星論集』57、13-23頁
Noddings, Nel (1983=2003), Caring: A Feminine Approach to Ethics and Moral Education, Second Edition, with a New Preface 2nd ed., University of California Press, Kindle edition
Rogers, Carl R. (1942) Counseling and Psychotherapy: Newer Concepts in Practice. Boston; New York: Houghton Mifflin Company
Rogers, Carl R. (1951) Client-Centered Therapy, Boston, Houghton Mifflin

第9章

教育制度と公的扶助制度の重なり

就学援助と生活保護を対象として

小長井晶子

1　はじめに

教育と福祉の領域が重なるが故の〈境界線〉の曖昧さは、実践現場だけでなく、より区分が明確とみられる中央省庁の制度にも存在している。教育制度と福祉制度の〈境界線〉も、その時々の社会の課題にあわせて引き直され、そのなかで、重なりも出ているものと考える。その一例として本章では、経済的困窮世帯に対する義務教育費の援助に関する制度に着目したい。

義務教育にかかる費用のうち私費負担とされている費用の援助に関する制度としては、①教育扶助と②就学援助がある。①教育扶助は、最低限度の生活水準として設定される生活保護基準以下にある生活困窮世帯（要保護世帯）に対し、生活保護の一環として、学用品、通学用品、学校給食その他義務教育に伴って必要なものを、金銭又は現物で給付する制度である。国の行政機関としては厚生労働省が所管し、市町村及び都道府県が支弁した保護費、保護施設事務費及び委託事務費の4分の3を国が負担する。

②就学援助は、生活保護法に規定する要保護者及びこれに準じて困窮し、援助が必要な者（以下、準要保護者）に対して、市町村が、学用品費、通学に要する交通費、修学旅行費、学校給食費、学校病の治療費等を援助する制度である。国は「就学困難な児童及び生徒に係る就学奨励についての国の援助に関する法律」（昭和31年法律第40号、以下、就学奨励援助法）と学校給食法12条、学校保健安全法25条を定め、市町村が就学援助を行なった場合に、当該市町村に対して、その経費の一部を補助している。これらの法規定は援助の内容を一律に規定するものではなく、認定基準や支給内容は市町村間で差異が生ずる。たとえば、準要保護者の認定は、国が統一的に定めている生活保護基準から導出される要保護者とは異なり、市町村がそれぞれの基準で行なっている。多くの場合、準要保護者として所得基準を設けており、生活保護基準額に一定の係数をかけた算定方式によって計算される。認定までの一般的な流れは、（1）保護者が学校もしくは市町村教育委員会から申請書をもらい、（2）申請理由を疎明する書類（所得証明の場合は課税・非課税証明書や源泉徴収票など）を添付して、学校もしくは市町村教育委員会の提出先に申請するというものである。

以上のように、義務教育就学費用の援助に関する制度は、公的扶助制度である生活保護の①教育扶助と、教育制度である②就学援助と、本章では検討対象としないが▼1、③障害のある子どもに対する就学奨励の三つが部分的に重なる仕組みとなっている（図表9－1）。このような公的扶助制度と教育制度の二元的な制度形態は、就学保障における教育と福祉の分裂状況として批判されてきた。たとえば、三輪（1980: 97）は三つの制度が競合する複雑な仕組みは、教育的運用・配慮の点からのぞましいことではないため、その簡略化または就学援助への一本化がはかられるべきと指摘している。また、中嶋（2013: 75-76）は就学援助と教育扶助に象徴される教育と福祉の分裂状況が、今日の子どもの貧困対策の障害となっていると批判した。

図表 9-1　生活保護法及び就学奨励関連法に定める対象者及び援助費目

		地方公共団体の実施義務	対象者			学用品	通学費	給食費	医療費	修学旅行費	寄宿舎居住経費
			法律に定める対象	国の補助対象	実態						
①	生活保護法	○	要保護	要保護	要保護	○	○	○	○		
②	就学奨励援助法	×	ー	要保護	要保護 準要保護	○	○			○	
	学校給食法 12 条 2 項	×	ー	要保護	要保護 準要保護			○			
	学校保健安全法 24・25 条	○	要保護 準要保護	要保護	要保護 準要保護				○		
③	特別支援学校への就学奨励に関する法律	○	特別支援学校に就学する児童生徒	特別支援学校に就学する児童生徒	特別支援学校に就学する幼児注1・児童・生徒注2	○	○	○		○	○

出所：中嶋（2013: 82）の「表 3 就学奨励援助法等に定める保護の対象及び援助項目」に特別支援学校への就学奨励に関する法律を追記。
注 1：特別支援学校に就学する幼児に対する就学奨励は、特別支援学校への就学奨励に関する法律に規定されていないが、予算措置により補助がなされている。
注 2：特別支援学校への就学奨励に関する法律の趣旨に準じた予算措置により、国公私立の小・中学校に在籍する障害のある学齢児童生徒も対象とされている。

他方、教育と福祉の重なりは肯定的にみることもできる。平原・三輪（1972: 60-63）は、歴史的に教育行政は「「正系」の学校教育」を主としており、「現実の社会問題としての教育に立ち入ることはな」かったが、徐々に教育行政においても「子どもの生活や学習条件（身体的・財政的条件を含む）の不備を補い、不足を援助する」という福祉的側面が見られるようになったと論じた。さらに、戦前日本の教育行政において初めてまとまった形で行なわれた福祉的施策が就学援助措置であったと指摘している。このことから、就学援助制度の成立は教育行政が福祉領域に介入していく萌芽であったともいえる。

岩下（2013: 308-309, 311）は、「教育と福祉の切り分け方そのものが歴史的なもの」であるとし、「特定の歴史的社会的条件のもとでは、教育と福祉が相互促進的に機能することがありうる」と論じた。同様に、経済的困窮世帯への義務教育費の援助における教育と福祉の切り分け方、すなわち就学援助と生活保護の関係も、歴史的なものであると考えられる。生活保護と就学援助の現在の〈境界線〉は、①支給費目として生活費を含むかどうか、②給付対象が世帯かどうかにある。①に関して、コロナ禍の一斉休校の際、就学援助を受けている世帯への「昼食代」を支給したのは全国74市区のうち約3割のみであったと報道された▼2。給食費ではない「昼食代」の支給が難しかった背景には、年度途中の決定で柔軟な運用が難しかったことが大きいとはいえ、今日の就学援助の〈境界線〉が意識的にも、制度的にも強固なものとなっていると考えられる。

そこで、本章では戦前から現行の就学援助制度が成立する１９６０年代前半までを対象に、教育行政における福祉的施策である就学援助制度と、救護法や生活保護法といった公的扶助制度との重なりと運用の違いを検討することを目的とする。具体的には、就学援助制度の成立過程において、前述した教育扶助と就学援助の現在の〈境界線〉といえる支給費目と給付対象についてどのように考えられてきたかを明らかにしたうえで、両者の重なりを冗長性、すなわち「システムの設計に際して、システムの全部または一部が故障・停止しても稼働に支障を来すことがないように、予備のシステムまたはその一部を多重的に準備しているような状態」（伊藤 2011: 4）として肯定的に捉えうるかを考えたい。

なお、以下では、「就学援助」ではなく、「就学奨励」に表記を統一する。近年の研究及び実務上は、学校教育法19条において使われている「援助」という言葉を用いて「就学援助」と表記されていることが多いが、就学奨励援助法は地方公共団体の就学奨励に対して国が「援助」する趣旨の法律であること、本章が対象とする戦前から１９５０年代の時期においては、文部省が一貫して「就学奨励」という言葉を用いているためである。

2　戦前における就学奨励の費目
——生活費と就学費

経済的理由により就学困難な学齢児童に対する教育費の援助は、戦前から学齢児童就学奨励規程（文部省）と救護法（内務省、後に厚生省）によって二元的に行われていた。本節では、戦前の就学奨励においてどのような費目が支出されているかを確認していくこととする。

１９２８年に制定された学齢児童就学奨励規程（昭和3年文部省訓令第18号）では、「学齢児童ノ就学ヲ奨励シ国民教育ノ普及徹底ヲ期スルハ国運ノ進展上喫緊ノ要務」（前文）であるとして、①国は予算の定めるところにより、道府県に補助金を支出し、②道府県と市町村はなるべくこれに相当の支出金を加えて、③盲学校、聾唖学校の在籍者を含む貧困により就学困難な児童の就学奨励のために、教科書、学用品、被服、食料その他生活費の一部または全部を支弁または給与することを規定した。ここで注目すべきは、給与費目に生活費、被服・食料等が含まれていることである。前述のとおり、現在の就学奨励は教育費に限定されているが、創設当初は、生活に関する費目も含むものであった。また、地方公共団体が支出していた費目をみると（図表9-2）、同規程にない通学費、保健費、修学旅行費、児童寄宿舎費、乳幼児託児所費を支給していた府県があり、地方公共団体ごとにかなり費目の幅があったとみられる。

同規程が成立した翌年の１９２９年には、救護法（昭和4年法律第39号）が成立し、13歳以下の幼者に対する生活扶助には、児童労働の防止、教育機会の保障という理由から、教育費が含められることとなった（山崎 1931）。それに伴って、１９３０年に学齢児童就学奨励規程の給与費目から生活費が削除されたが、被服と食料はそのまま残された。さらに、いくつかの地方公共団体では被服や食料だけでなく、削除された生活

図表 9-2　1934 年度　道府県・市町村・就学奨励費補助団体における
児童就学奨励費支出状況調

支給費目	奨励人員（人）	支出金額（円）
教科書	184,537	114,642.42
学用品	383,674	296,535.23
被服	100,223	128,212.95
食料	50,633	141,925.61
生活費	8,072	32,675.93
通学費	26,149	29,658.75
保健費（医療費含）	29,488	18,452.97
修学旅行費	13,688	11,888.04
児童寄宿舎費	3,976	5,947.86
乳幼児託児所費	623	14,468.24
教科書、学用品	114,098	165,615.00
学用品、被服	25,940	84,041.95
教科書、学用品、被服	62,655	157,037.93
教科書、学用品、被服、食料	14,799	120,721.47
その他	68,344	241,217.75
合計	1,086,899	1,563,042.10

出所：文部省普通学務局（1938: 20-35）より筆者作成。

費や医療費を含む保健費など、教育費を超えた生活に関する費目がかなりの人員に支給されていた▼3（図表9−2）。

生活費が削除された後も、文部省において「一家の生計を助ける為に働いている児童に対しては其の得る収入の全部を補助する」ことが一時決定されたとの報道があり▼4、さらに、戦後の教育刷新委員会においても、文部省係官が「労務を一般家庭から奪うので、生計を補助する必要迄生ずるかというような問題も研究しなければならぬのじゃないか」（日本近代教育史料研究会 1997: 333）と発言している。このように、戦前から戦後直後まで、文部省側では就学確保徹底のために収入補助を行う必要性を認識していたのである（小長井 2018）。

3　生活保護における教育を受ける権利の保障

戦後、就学奨励と公的扶助との関係は大きく変容する。1947年に制定された学校教育法旧25・40条（現19条）において、経済的に就学困難な学齢児童生徒の保護者に対する市町村の援助義務が規定されたにもかかわらず、学齢児童就学奨励規程は「生活保護法による生活保護費に吸収され」（文部省編 1972: 867）、1950年に成立した現行生活保護法（昭和25年法律第144号）では、それまで生活扶助に含まれていた教育費が、教育扶助として新設されることとなった。しかし、文部省は、翌1951年に教育扶助の移管を含む総合的就学奨励制度の創設を企図して、義務教育就学奨励法案を構想した▼5。文部省は、教育扶助について国民の生活権の擁護の観点から行われるものであり、「特に教育に対する権利を積極的に保障しようとする趣旨のものではない」（文部省初等中等教育局・総理府中央青少年問題協議会編 1952: 80）と考えたのである。そこで、本節では、生活保護法制定時における①厚生官僚の教育費保障の考え方と②教育扶助の給付対象を検討し、生活保護においても教育を受ける権利の保障が重要視されていたことを明らかにする。

まず、①の厚生官僚の教育費保障の考え方について、小山進次郎厚生省保護課長が執筆した、実務者に対する解説である『生活保護百問百答第4輯』（以下、小山 1951）の教育費に関する記述からみていくこととする。同書では、教育費について「個人差の問題や学級差、学校差の問題、更にその地域社会における物価水準の問題等が絡んできて、極めて無際限的なそして多様な形態」をとっており、しかも「生活費の如く、個人的にその費用を調節するといった自己管理の余地が極めて少」ない他律的な経費である。そのため、教育費が十分に保障されなければ「この児童は教育を受ける権利を放棄せざるを得ない」（小山 1951: 234-236）ことから、「法律論からはそのことが義務教育に伴って必要であるとされる限りにおいては一応可能なものと云わざるを得」ず、「その基準化が可能であるか否かを決定するものは、それが最低限度の教育活動として許され得るかどうかという点と、財政的な制約のなかにおいてそれが可能であるかどうかの点にかかる」（小山 1951: 238）と記された。生活保護法において保障されるべき最低生活は法規定上、「厚生労働大臣の定める基準」（8条）である生活保護基準に示されるものと説明されることが多いところ、前述のとおり小山は「義務教育に伴って必要であるとされる限りにおいては一応可能」として、法文のみに則った法解釈ではなく、学校教育の現実に照らした法解釈を示した。

つぎに、②教育扶助の給付対象についてみていく。生活保護法では、世帯単位の原則（10条）と、補足性の原理による扶養義務者の扶養の優先（4条2項）が規定されているが、これらの原則の例外として「生活保護法の求める最低生活の線まで下り得ないか、又は現実にこの線で最低生活を営んでいない」（小山1951: 264）世帯の子どもに対する教育扶助の世帯分離による単給が行われた。すなわち、「世帯の生活状況は、本法に『所謂生活に困窮する』とは認め難いにもかかわらず、教育費が出せないと称して子供を小学や中学へやらなかったり長期欠席させる場合」（小山 1950: 135）、子ども個人に対して教育扶助の単給を認めるとしたのである。生活保護の原理原則の例外をつくりながらも、教育費の援助を行なおうとしたことは、教育を受ける権利を積極的に保障しようとした証左であろう（小長井 2023）。

このように、厚生省は就学が最低限度の生活に含まれるものとし、その保障の手立てを考えていたが、それが十分奏功していたとは言いがたい。①について、小山（1951: 234）では、生活保護の基準が「最低限度という限定性をおび、且つ、厚生大臣の定める基準という斉一性を負わされて」いるなかで、教育費の特殊性を克服できるような基準設定は今後の課題であると述べるにとどまった▼6。むしろ、現実の教育扶助は

「絶対額が余りにも低いことは到底いなめない事実」（小山 1951: 259）と記されたとおり、その内容は非常に不十分であった。

また②について、実際に単給は一定数の利用があり▼7、有効な措置ではあったものの、ほぼ同時期の1950年前後から一部の市町村で就学奨励が開始されていることから、十分活用されていたとは言いがたい。たとえば、1950年に刊行された『大阪府教育調査紀要』第4号では、大阪府下の大阪市、布施市、泉大津市等の市町村において、就学奨励金として年額1000円前後が支給されていることを紹介し（大阪府教育委員会事務局 1950）、1952年には横浜市や堺市で就学奨励に関する条例等▼8が制定されている。このように、複数の市町村が国の予算補助なしに就学奨励を行い、生活保護を受けられないボーダーライン層に援助を行っていたのである。

そもそも、1950~1953年の生活保護制度創設期について「国民一般の消費水準が戦前のそれの60%程度になったところといわれており、それ自体が飢餓的水準といえなくもないのに、生活扶助基準はその半分」であり、「基準の現実の低さはすさまじいもの」であったと副田（2014: 59）が述べたとおり、当時は教育扶助のみならず、生活扶助自体が低額であり、教育費の十分な給付もできていなかったとみられる。そのため、就学奨励を行う市町村が現れ、文部省が義務教育就学奨励法を構想したのである。さらに、文部省が構想した就学奨励では、生活保護と異なる運用をすることが想定されていた（小長井 2023）。すなわち、厚生省は①現金給付を原則とした、②世帯全体への生活保障を重視し、③認定・給付は客観的基準によるものとしたのに対し、文部省は、①子ども本人への現物支給により、②教育費の生活費への流用を防止し、③対象把握は学校現場で行うことを予定していたのである。文部省が想定した方法は、横浜市や堺市が先行して実施していたものであり、子どもの実態を知る学校が、各々の子どもに不足するものを現物支給又は貸与していたといえる。

4 普遍主義的教科書給与の廃止と就学奨励制度の成立

教育扶助移管を含む義務教育就学奨励法構想は、1951年9月に厚生省が反対していることが報道され[9]、遅くとも同年12月までに頓挫したとみられる[10]。実際に法制化に至るのは1956年の「就学困難な児童のための教科用図書の給与に対する国の補助に関する法律」(以下、就学困難児童教科書給与補助法)を待たなければいけなかった。同法は、「経済的理由によって就学困難な児童のための教科用図書の給与を行なう地方公共団体に対し、国が必要な援助を与えることとし、もって小学校における義務教育の円滑な実施に資すること」(1条)を目的とし、市町村が学齢児童の保護者の内、要保護者であって教育扶助を受けていない者と準要保護者に対して教科書を給与した場合、国は予算の範囲内においてその費用を補助するというものである(2条)。同法は、現行の就学奨励援助法の元となる法律であるが、後述するとおり教科書給与法の後継でもあった。つまり、まずもって教科書のみ支給対象として就学奨励制度の確立をめざすものであり、同時に、教科書無償給与としては、普遍主義的給与から選別主義的給与に後退させるものであった。本節では、このような二つの側面をもつ同法について、第24回国会でどのように議論されたのかを検討することとする。

第24回国会において最も議論となったのは、附則2条にある「新たに入学する児童に対する教科用図書の給与に関する法律」(昭和27年法律第32号)の廃止である。同法は、国による新入学児童への国語と算数の教科書無償給与を内容とするものであるが、政府の緊縮財政方針により1954年度をもって施行停止されていた。同法の完全廃止による選別主義的教科書給与の法制化は、義務教育無償制を規定した日本国憲法の軽視であるとして、厳しく批判されたのである。それに対し安嶋弥初等中等教育局財務課長は、「文部省としましては前の法律の行き方、これは非常にけっこうな行き方だと思っておりますが、これの実施が困難であるということであれば、現段階として就学困難な、教科書が買えないために学校に行けない子供を救済するということの方が先決問題」であり、予算の制約によって法律が停止されているなかでの「やむをえない措置」だと説明した[11]。加えて、政府の側では同法による措置を教育の機会均等の具体化として位置づけることで、批判を回避しようとした。すなわち、高橋道男議員の「憲法においては義務教育無償という国の大きな定めをしておるところから出発をいたしまするならば、なおさらのこと、国に責任がある」とする批判に対し、清瀬一郎文部大臣は、「教育の機会を得せしめることは、国の責任」と述べ、無償制の議論を機会均等の話にすり替えた[12]。宮川新一郎大蔵省主計局次長も、新入学児童に対する国語・算数の教科書無償給与は「財政計画の点も考えまして、この際、ひとしく教育を受ける権利を有するという憲法の精神から見ますと、…（中略）…金持ちの家庭の一年生に国語、算数の教科書を無償でやるよりは、生活に困っておる、いわゆる生活保護の適用を受けないけれども、生活に困っている人たちの家庭の学校の子供たちに対しまして、全学年に教科書を無償で給与するという方が、憲法の精神に合致する」と答弁した[13]。つまり、困窮児童に対してのみ教科書給与するほうが「憲法の精神に合致する」と主張したのである[14]。

このような機会均等施策としての位置づけに対し、それは厚生省が扱うべき社会保障的施策であるとの批判もなされた。たとえば、秋山長造議員は、「今度の法律は、少くとも義務教育無償という根本的な思想よりは少し角度を変えて生活保護法的立場であり、…（中略）…義務教育無償という考え方とは根本が少し違う」[15]と批判した。これに対し中尾博之大蔵省主計局法規課長事務代理は「あくまでもこれは救済とか援助とかと、そういう趣旨での系統の法律としては取り扱っておりません」と述べるとともに、「真に教科書を得がたいというような向きに対しましてこれを給与する」ことは「広い意味では社会保障かもしれませんが、いわゆる俗にいう社会保障あるいは救済といったような考え方から、厚生省的な措置として考えておるものではございません」▼16として、文教政策の一環であると答弁した。さらに、清瀬文部大臣も、以下のように教育行政が携わる重要性を説いている▼17。

社会保障という広い範囲で、あるいは病気のことも健康保険のことも何もかも一緒にやる場合には、やはり教育ということが幾らか焦点がぼけてくることもあり得る。ことに学校の給食のごときは腹をふくらすという意味ではなく、食物をとる間においてやはり教育効果をあげようということが多分にございます。それゆえに国の仕事を簡単に一本にするだけが能じゃございませんので、これは教育の方面から見て給食もこちらの方でやり、あるいはまた、教科書の給与も社会保障一本でなく、文部省、教育委員会等の方で実地について見るということも一つのいき方でございます。

ここで例としてあげられた学校給食▼18に比して、困窮者に対する教科書給与を文教施策として行うべき理由は、「文部省、教育委員会等の方で実地について見る」と述べるにとどまり、明確には説明されていない。教育の機会均等理念は福祉的保障も不可分の要素とする原理をもつものであり、そのため困窮者に対する支援であっても、文教施策として行なうことは有り得るし、その意義もある。だが、政府側の答弁においてその意義がどういったものなのかは具体的に語られなかった。

1954年から1960年にかけての時期も生活保護の「水準抑圧期」（副田 2014: 61）であり、生存権保障としての生活保護基準の内容が争われた朝日訴訟の発端となる保護変更処分がなされたのが就学困難児童教科書給与補助法が成立した1956年であったことに鑑みれば、まずは生活保護基準の引き上げからなされるべきであった。前述の政府側答弁では、厚生省が行う措置を「救済」と述べていたが、現実の生活保護の内容も「救済」的であったといえよう。小川（1974: 472-473）が指摘したとおり、政府にとっては、「生活保護基準の大幅な引き上げ―それは当然に保護費における国庫負担率八割という法の規定からして国庫負担の増大、また他の社会保障給付水準の上昇を招く可能性をもっている―にみちを開くことを回避するところ」に同法制定の意図があったのである▼19。

5 法律制定後の市町村の就学奨励
――準要保護者の認定方法と支給費目

1956年に成立した就学困難児童教科書給与補助法は、1957年に学齢生徒の保護者にまで対象が拡大し、1959年には補助費目に修学旅行費が、1961年には学用品費及び通学費がそれぞれ加わり、現行の就学奨励援助法の形となった。本節では、1964年6月に刊行された、全国の小学6年生及び中学3年生の抽出調査▼20である「就学援助に関する調査」の報告書（以下、文部省編 1965）を用いて、市町村教育委員会▼21が実施する就学奨励の認定基準・認定方法と、自治体の単独事業における支給費目をみていくこととする。

まず就学奨励の認定基準について（図表9-3⑴）、約70％の市町村では特別に基準を定めておらず、11％は世帯収入のみを基準とし、17％が世帯収入と収入以外の、たとえば市町村民税や国民年金の掛金等の減免

図表 9-3　準要保護児童生徒の認定基準及び認定方法別 市町村教育委員会の分布

⑴ 認定基準

認定基準	世帯の収入を基準とする			世帯の収入以外の客観的な基準による	世帯の収入と収入以外の客観的な基準による	基準を定めていない
	計	生活保護法の保護基準を若干引き上げたもの	独自の収入基準			
構成比（%）	11.1	9.0	2.1	2.4	16.6	69.9

⑵ 認定方法

認定基準	教育長、学校長、民生委員等による認定の委員会による	教委が各学校へ人員の枠を示しその範囲内で各学校ごとに学校長の意見に基づき教委が認定	学校長から申請のあった児童生徒を予算の枠内で認定	学校長から申請のあった児童生徒全員を認定
構成比（%）	46.3	20.1	24.7	8.9

出所：文部省編（1965: 40）の表 35（2）から筆者作成。

を受けた等の客観的な基準の双方を基準としている。対象者の認定方法については「いろいろなケースが考えられる」（文部省編 1965: 40）とするが、ここでは四つに分類している（図表9－3⑵）。約半数は「教育長、学校長、民生委員等による認定の委員会」によって決定しており、約20％は「教育委員会が各学校へ人員の枠を示し、その範囲内で各学校ごとに学校長の意見に基づき教育委員会が認定」、約34％は「学校長から申請のあった児童生徒について予算の枠内で教育委員会が認定」あるいは「学校長から申請のあった児童生徒について、全員を教育委員会が認定」として、原則学校長の申請を追認する形となっている。前述のとおり、今日、就学奨励の認定基準としては所得基準を用いることが多いが、当時は具体的な認定基準は置かず、学校現場に認定を任せることが多かったといえる。

市町村では、就学奨励援助法等による就学奨励の他に、国の補助額に上乗せしたり、補助のない費目を支給する場合があった。このような自治体の単独事業として就学奨励を行なっていたのは、対象となる２５５１市町村のうち13％にあたる３３２市町村であった。単独事業の支給費目をみると、修学旅行費を支給する市町村が97と最も多く、次いで交通費、学用品費と被服費、遠足費と

図表 9-4　単独事業の費目別　単独事業実施の市町村の比率

費目	実施市町村数（延数）	構成比（%）	実施市町村（332）の内、当該費目を給与する市町村の比率（%）
計	483	100	
修学旅行費	97	20.1	29.2
交通費	75	15.5	22.6
学用品費	51	10.6	15.4
被服費	49	10.1	14.8
遠足費	46	9.5	13.9
学校給食費	34	7.0	10.2
校外学習費	33	6.9	9.9
通学用品費	26	5.4	7.8
臨海・林間学習費	21	4.3	6.3
教科書費	18	3.7	5.4
その他	33	6.9	9.9

注：「学用品費」には教材費、実験実習費、副読本費を含めた。「校外学習費」には、社会見学費、現場学習費を含めた。「その他」には、医療費、日本学校安全会掛金、寄宿舎費、保健衛生費、入学支度金、就職支援金、年末見舞金、P・T・A 会費、選手派遣費補助、学校行事費である。
出所：文部省編（1965: 41）の表 37 より引用。

なっている（図表9－4）。就学奨励援助法の国庫補助費目である修学旅行費、交通費、教科書費については、国庫補助額に対する上乗せをし、市町村によっては国庫補助費目でない被服費、遠足費、校外学習費、通学用品費、臨海・林間学習費を支給する場合もあった。これに関して本報告書では、これらの「費目にまで法的援助が漸次拡大されることが望まれている」と論じている（文部省編 1965: 41）。

なお、これらのうち被服費以外は、今日、補助費目となっているが、被服費は、戦前の学齢児童就学奨励規程において就学奨励の費目として示されていたものの、戦後は教育費と考えられなかったためであろうか、国庫補助費目となっていない。しかし、単独事業として実施する市町村のうち約15％の市町村が支給していたことから、当時は必要性が高い費目であったと考えられる。

6 おわりに

本章では戦前から現行の就学援助制度が成立する１９６０年代前半までを対象に、就学奨励制度と、公的扶助制度との重なりと運用の違いを検討することを目的とした。まずは、現在における生活保護と就学奨励との違いである①支給費目と②給付対象を念頭に、両者の重なりを確認していきたい。

①について、今日における就学奨励と生活保護との境界線の一つは生活費の支給であった。だが、戦前・戦後直後は文部省において就学奨励による生活費の支給が検討され、戦後も、被服費を援助している市町村がみられたとおり、生活に係る費用を援助する自治体が存在した。このことから、戦後初期の文部省といくつかの市町村は、就学保障と生活保障とを繋げて考えていたことがわかる。つまり、就学奨励が教育費のみ支給するということ自体、歴史的なものであるといえる。

つぎに、②に関して、生活保護においては子どもの就学が文化的で最低限度の生活に含まれるとの理解から、生活保護基準以上の世帯の子どもに対して、必要と判断される場合教育扶助の単給を行っていた。このように、必ずしも世帯に対する給付のみではなかったという点で、給付形態についても生活保護と就学奨励は重なるものであったといえる。

以上のことから、１９６０年代初頭までは、就学奨励・生活保護における支給費目と給付対象は重なりが多かったことがわかる。では、就学奨励は教育扶助とどのような点で異なっていたのか。１９５１年に立案された義務教育就学奨励法構想やいくつかの市町村で行なわれた就学奨励は、①学校現場において対象者の捕捉を行なうこと、②学校で必要とされる費用を支給することの二つの点で生活保護にはなしえない機能をもっていた。①についても、1964年の文部省調査においても、対象となった過半数の市町村で準要保護者の認定に学校が大きく関与していた。このことから、少なくとも1960年代までは、学校において対象者の捕捉ができるような体制をもつ市町村が多かったと推測できる。つまり当初の就学奨励は、学校現場にある程度の裁量をもたせ、学校が経済的に就学困難な子どもを発見し支給に結びつけるものであった。

つぎに②の支給費目について、就学奨励援助法では、今日の生活保護において未だ基準化されていない修学旅行費が1959年の段階で支給費目に加えられた。戦前においても、学齢児童就学奨励規程に規定されてはいなかったものの、修学旅行費を支出していた地方公共団体がみられた（図表9－2）。他方小山（1951）では、修学旅行が「現在の段階において、果してそれが必要不可欠な活動であり、絶対的経費であると共にその絶対性は被保護者以外の者の凡てがたえうるものであるかどうかは、その額の多少によるとしても、甚だ疑わしいものがある」として、「公的保護の立場からこれを無条件に許容することは困難」と記された（小山 1951: 258）。このように生活保護と就学奨励で費目に差が出るのは、生活保護の最低生活保障という性格が大きく関わっている。すなわち、生活保護において「保障さるべき需要は最低限度のものでなければならない」（社会福祉調査会編 1958: 55）。就学奨励制度においても予算の制約により費目が制限されることはあるが、当時の文部省は被服費も含め、国庫補助費目の拡大が望まれると述べたとおり、制度理念において劣等処遇の考え方はみられない。藤澤（2007: 219）は、1959年の法改正により修学旅行費が費目に加わったことが今日の多様な援助のあり方の源泉になっているとしているが、それだけでなく、市町村を実施主体としていることと、生活保護のように劣等処遇の考え方がないことが国庫補助にない費目の支給を可能にしているのである。今日では生活保護の費目と就学奨励のそれはほぼ差がないものの、当時においては、保障すべき教育費の範囲に差があったといえる。

このような教育扶助との差異をもつ就学奨励が生活保護と並行して実施されていたことは、結果的に経済的困窮世帯にとって冗長性のある制度設計になっていたといえる。すなわち、本章が対象とした時期は生活扶助基準が厳しく、あるいはスティグマにより、生活保護を受けることが難しい状況にあったと推測される。その前後に複数の市町村が就学奨励を開始し、また就学奨励援助法が制定されることにより、生活保護を受けない／受けられない人が就学奨励なら受けられるようになった。教育扶助と就学奨励の事例が行政学でいう冗長性と同様のものといえるかどうかはなお検討の余地があるものの、経済的困窮世帯に対する教育費の援助という同じ機能をもつ制度が複数あったことは間違いがない。加えて、先述のとおり、対象把握の方法や認定方法が異なることで、生活保護では捕捉されない層が就学奨励の対象となった可能性がある。生活保護が捕捉できない層が拾えていたとすれば、冗長性があるといってよいだろう。

一方で、就学困難児童教科書給与補助法は生活保護の拡充の代わりに、少ない予算で実施できるものと考えられ、また、新入学児童教科書給与法を廃止するものであったことに鑑みれば、重複的な制度設計となったことを手放しに評価することはできない。すなわち、「救済」的な生活保護基準自体の低さが問題とされるべきであり、1962年に「義務教育諸学校の教科用図書の無償に関する法律」が成立したように義務教育段階のすべての子どもに対する教科書給与こそが求められるべきであった。

さらに考慮すべき点として、教育扶助と就学奨励の冗長性の変容があげられる。今日の就学奨励は現金給付となり、認定も学校把握ではなく、生活保護基準額に一定の計数をかけた所得基準を用いて認定する市町村がかなり多くなっていることから、前述のような特徴はほぼなくなっているとみられる[22]。むしろ、生活保護基準が引き下げられた際に就学奨励において実質的に基準の引き下げが起こっていることが指摘されていたことに鑑みれば[23]、冗長性の縮小により、生活保護の問題が直接的に就学奨励に影響を及ぼすようになっている。相対的貧困率が未だ先進国において最悪水準にある我が国において、子どもの生活と教育の両方を保障するための制度設計は改めて考えていく必要がある。

注

1 障害のある子どもに対する就学奨励制度については、小長井（2020）で詳述している。

2 「コロナ禍、困窮する世帯支援　休校中の「昼食代」支給、3割　主要74市区アンケート」『朝日新聞』大阪版、2020年5月31日、朝刊。

3 これらの費目が支給されるようになったのは、1930年11月の学齢児童就学奨励規程改正により、「教科書、学用品、被服、食料等」だけでなく、「其ノ他適当ナ方法」でも就学を奨励することが可能となったためとみられる（「学齢児童就学奨励規程中改正」昭和5年11月27日文部省訓令16）。

4 「稼ぐだけの金を与えて就学さす」『読売新聞』1930年10月2日、朝刊。

5 「教育関係予算の一元化か「就学奨励法律案」の着想」『時事通信内外教育版』第269号（1951年7月26日：2頁）、「「就学奨励法案」厚生省と話合いで具体化か」『時事通信内外教育版』第274号（1951年8月30日：2頁）。

6 だが、同時に、早急に解決すべき点もあげていた。執筆時点で基準化されていなかった実験実習見学費は「当然に基準化されねばならないもの」であり、校友会や学級会費も「基準化することが望ましい」と指摘するとともに、「現行基準において特殊教育の基準が設けられていないのは重大な欠陥」であり、「次期改訂において実現すべき」として、実験実習費と障害児に対する教育費の保障の必要性は強く認識していた（小山 1951：255-258）。

7 1950年に2万7032人、1951年に6万5363人、1952年に55万873人に対して教育扶助の単給が行われている（厚生省社会局保護課（刊行年月日不明）「第四回　被保護者全国一斉（昭和25年9月実施）調査第五回被保護者全国一斉（昭和26年8月実施）調査」厚生省社会局保護課、厚生省社会局保護課（1953）「第六回被保護者全国一斉調査（昭和27年10月実施）結果表」厚生省社会局保護課）。

8 「横浜市報」第1033号、1951年10月5日、堺市立学校事務研究会庶務部会（1954: 96-98）。

9 「「就学奨励法案」厚生省と話合いで具体化か」『時事通信内外教育版』第274号、1951年8月30日：3頁。

10 1951年12月には、新入学児童に対する教科書無償と盲・ろう児への就学奨励を内容とする「就学奨励法案」

が国会提出予定と報道されていることから（「内定した通常国会提出法案」『時事通信内外教育版』第２９０号、１９５１年12月20日、p.13）、教育扶助の移管を断念したことが窺える。

11　「第二十四回国会参議院大蔵委員会会議録第十四号」（１９５６年３月29日：３頁）。

12　「第二十四回国会参議院文教委員会会議録第十三号」（１９５６年３月29日：17頁）。

13　「第二十四回国会参議院大蔵委員会会議録第十四号」（１９５６年３月29日：８頁）。

14　同様に、文部事務官による同法の解説でも、困窮者を対象とする「合理的な制度」への変更は「教科書無償給与制度の一つの進歩発展」として、同法を高く評価している（松浦 1956: 32）。

15　「第二十四回国会参議院文教委員会会議録第十三号」（１９５６年３月29日：19頁）。

16　「第二十四回国会参議院大蔵委員会会議録第十四号」（１９５６年３月29日：２頁）。

17　「第二十四回国会参議院文教委員会会議録第十三号」（１９５６年３月29日：21頁）。

18　ここで学校給食の例が出されているのは、同国会で準要保護世帯における学校給食の援助を内容とする学校給食法改定が審議されていたためであろう。

19　しかし、後年の第38回国会において、荒木萬壽文部大臣は、長欠児童生徒の解決について「根本的には、社会保障政策を親切に実施すること、主として厚生省方面で考えてもらわねばならぬ」（「第三十八回国会参議院文教委員会会議録第十号」１９６１年３月10日：p.10）と答えている。

20　同調査の目的は、「公立の小学校および中学校で就学援助を受けている者およびその必要があると認められる者の保護者の世帯状況並びに市…（中略）…町村における就学援助実施の実情を調査し、就学援助に関する基礎資料を得ること」（文部省編 1965: 1）である。調査実施校は、公立の小学校及び中学校（組合は除き、分校は１校とみなす）について各学校を在学者数（外国人は除く。）によりへき地学校、へき地学校以外の５００人以下、５０１～１０００人、１００１人～１５００人、１５０１人以上の５段階に層化し、各層から１／５の学校を抽出している（文部省編1965: 3-4）。

21　対象となる小学校を所管する市町村教育委員会の数は２１９９、中学校を所管する市町村教育委員会は１４７６である（文部省編 1965: 165）。

22　学校把握でなくなった背景として考えられるのは、申請主義が定着するとともに行政事務が整理されていったことや、学校での交付や現物支給が、スティグマを与えるものと考えられたことが推測される。小川（1980: 186-190）は、「給付は申請を行なうのを原則とする申請主義をとるか否かについて、…（中略）…申請主義が権利性定着に対してもつ意味と就学権保障の観点からいって、申請主義をとるのが望ましいとし、支給方法についても、「学校保健法による以外の就学援助給付にあっては、個性を持たない金銭であるがゆえに受給者の判断によって適切に使用しうることで個人の人格と自由の尊重に寄与するという利点からして、一般的にいって金銭給付方式をとることが望ましく、「現物給付を原則とするという救貧法的発想によるやり方が残存しているのは適当とは考えられない」、また、交付方法も、保護者に直接交付される方式が「自由と自尊心尊重の観点からして望ましく、「援助費直接支給を要求する運動が進められて」いると述べている。

23 2013年の生活扶助基準引き下げ時において、生活保護基準に対する係数を維持した市町村は46・1%と多数を占めている（文部科学省初等中等教育局児童生徒課 2014)。係数の維持は実質的には基準の引き下げとなるため、同じ所得でも排除される層が発生することになる。これに対して、係数を上げたのは2・8%にとどまっており、基準引き下げによって排除される層がいることが指摘されている（吉永 2018)。

文献

伊藤正次（2011）「行政における『冗長性』・再考――重複行政の実証分析に向けて」『季刊行政管理研究』第135号：3-13頁

岩下誠（2013）「新自由主義時代の教育社会史のあり方を考える」広田照幸・橋本伸也・岩下誠編『福祉国家と教育』昭和堂：301-320頁

大阪府教育委員会事務局（1950）『大阪府教育調査紀要』第4号、大阪府教育委員会事務局

小川政亮（1974）「社会保障法と教育権――1つの接点としての教育扶助と教育補助の場合を中心に」有倉遼吉教授還暦記念論文集刊行委員会編『教育法学の課題――有倉遼吉教授還暦記念』総合労働研究所：457-484頁

小川政亮（1980）「就学保障のための条件整備の一断面――権利としての就学援助の観点から」日本教育法学会編『教育条件の整備と教育法』総合労働研究所：457-484頁

小長井晶子（2018）「新生活保護法成立前における文部省の就学奨励構想――義務教育無償制及び生活保護制度との関係を中心に」『日本教育行政学会年報』44：122-138頁

小長井晶子（2020）「障害のある児童生徒に対する就学奨励制度の教育法学的検討――障害と経済的困窮に起因する特別ニーズに着目して」『日本教育法学会』49：175-183頁

小長井晶子（2023）「就学奨励構想をめぐる文部省と厚生省の政策的対立――1951年の義務教育就学奨励法構想を

めぐって」『日本教育行政学会年報』49：106-125頁
小山進次郎（1950）『生活保護法の解釈と運用』日本社会事業協会
小山進次郎（1951）『収入と支出の認定』生活保護百問百答第4輯、日本社会事業協会
堺市立学校事務研究会庶務部会（1954）『不就学長期欠席児童生徒の実態と対策――堺市の実態と対策を参考として』堺市立学校事務研究会庶務部会
社会福祉調査会編（1958）『生活保護法の運用　続』生活保護百問百答第11輯、社会福祉調査会
副田義也（2014）『生活保護制度の社会史』増補版、東京大学出版会
中嶋哲彦（2013）「子どもの貧困削減の総合的施策―教育と福祉の分裂に着目して」日本教育行政学会研究推進委員会編『教育機会格差と教育行政―転換期の教育保障を展望する』福村出版：75-88頁
日本近代教育史料研究会編（1997）『教育刷新委員会・教育刷新審議会　会議録』第6巻（第一特別委員会、第二特別委員会）岩波書店
平原春好・三輪定宣（1972）「教育行政における教育と福祉」小川利夫・永井憲一・平原春好編『教育と福祉の権利』勁草書房：58-81頁
藤澤宏樹（2007）「就学援助の再検討(1)」『大阪経大論集』58（1）：199-219頁
松浦泰次郎（1956）「就学困難な児童への教科書給与の法律改正について」『文部時報』946：27-32頁
三輪定宣（1980）「教育の機会均等、就学奨励と教育財政」伊ヶ崎暁生・三輪定宣『教育費と教育財政』総合労働研究所：86-119頁
文部科学省初等中等教育局児童生徒課（2014）「生活扶助基準の見直しに伴う就学援助制度への影響等『平成26年度における就学援助実施状況調査』（一部前倒し調査）結果（速報版）――地方単独事業である準要保護者に対する就学援助の認定基準について」『文部科学省ホームページ』2024年5月29日取得
https://www.mext.go.jp/b_menu/houdou/26/06/__icsFiles/afieldfile/2014/06/10/1348655_01_1.pdf
文部省編（1965）『就学援助に関する調査報告書 昭和39年度』文部省
文部省編（1972）『学制百年史』帝国地方行政学会
文部省初等中等教育局・総理府中央青少年問題協議会編（1952）『六・三制就学問題とその対策――特に未就学、不就学および長期欠席児童生徒について』文部省中等教育課・総理府中央青少年問題協議会
文部省普通学務局（1938）『児童就学奨励概況』文部省普通学務局

山崎巌（1931）『救貧法制要義』良書普及会
吉永純（2018）「生活保護基準は市民生活の『岩盤』——生活保護基準引き下げの問題点と、就学援助をはじめとする各制度に与える影響」『中小商工業研究』60-67頁

第10章

子ども支援行政の不振と再生

トラスト設置手法を導入したイングランドのドンカスター

広瀬裕子

1 はじめに

本章は、破綻した子ども支援行政の再建に、教育再建時にあみ出された劇薬的手法を導入したイギリスの話である。

イギリス（本章ではイングランド）の学校教育の質は、1980年代以来常に論争的な政策課題とされ続け、ラディカルな改革も行われた。一方、子ども支援領域の改革は手付かずのままだった。そうしたなか、キャメロン（David Cameron）首相は2015年に「歴史に残る画期的改革（landmark reform）」（Department for Education: DfE 2015）を打ち上げるのである。この「歴史に残る画期的改革」をめぐる主として2010年代の子ども支援行政改革が本章の舞台である。

キャメロン政権に先立つ労働党政府は、その前のサッチャー保守党政権の市場ファクターを重視する路線を継承しつつ、社会的弱者支援に重点をおいていた。子ども支援対策に入れられたコネクションズ（Connexions）▼1やシュア・スタート▼2は、子ども支援政策の目玉であった。しかしながら今世紀に入ると、幼い子どもたちが被害者のみならず加害者として、悲惨な事件に巻き込まれる事件が相次ぎ▼3、子どもの困難が行政によって適切に救済されていないことに反省的関心が集まるようになった。

社会に衝撃を与えた2002年のヴィクトリア・クリンビエ虐待死亡事件を追った田邉泰美は、この事件を「労働党政権による児童社会サービス大改革の契機になった」とするならば、その後のベビーP虐待死亡事件（2007年）は「労働党政権の終焉を象徴する事件」だったとしている（田邉 2019）。サービス現場の困難な実態をこれらの事件は社会に知らしめた。政策期待につなげようと書かれた事件の調査報告も、もはや「世論を統制できるほどの権威と市民の信託を持ち合わせ」なくなっていた。本章が扱う2010年代の「歴史に残る画期的改革」は、田邉がいうところの「労働党政権の終焉」を印象づけた子ども支援行政の機能不全を直視し、失われた「市民の信託」を回復しようとする改革である。

2000年代には、支援行政の行政機構は縦割りから総合的な「子ども行政」に組み替えられる。中央では教育行政と福祉行政が統合されて2007年に「こども学校家族省（Department for Children, Schools and Families: DCSF）」が設置され▼4、地方レベルでは教育部門をそれまでのように地方教育当局（Local Education Authority: LEA）として別立てにせず、福祉部門と合わせて地方当局（Local Authority: LA）に一本化した（2005年）。労働党政権の後を受けて2010年に発足したデイビッド・キャメロン保守党連立政権は、中央政府機構の名称を再度教育に集約して教育省としたが、子どもに関する福祉領域は引き続き同省が担う体制をとった。教育大臣（Secretary of State for Education）マイケル・ゴーブ（Michael Gove）は、すぐさまロンドン・スクール・オブ・エコノミクス（London School of Economics: LSE）教授のアイリーン・マンロー（Eileen Munro）

に子ども保護に関する独立調査を命じ（２０１０年６月）、マンローの最終報告書『こども中心のシステム』（Munro 2011）はその後の子ども政策を議論する際の指針となった。２００４年子ども法（Children's Act 2004）に基づいて作成が始まっていた「深刻なケースのレビュー（serious case review: SCR）▼5」も、２０１０年からはその内容が公開されるようにになった。

しかし、子ども支援行政の改革は、キャメロン連立政権下でも順調に進んだわけではない。*BBC News*は、２０１３年度に比べて２０１５年度は地方における子ども福祉行政の質に関する教育水準局（Ofsted▼6）の監査評価は、求められる最低基準である「良い（good）」評価を取得したＬＡよりも最低評価ランクである「不適格（inadequate）」評価を受けるＬＡを大きく増やしていると報じている（*BBC News* 2015）。

２０１５年に連立政権から保守党単独政権としたキャメロン首相は、12月に、低迷する子ども支援行政の改革にむけて政府が強力に介入する方針を明らかにした。介入に関していうならば、先行する労働党政権下でも政府の対応は盛んであった。Paull (2014) も、「子どもケアへの政府介入は正当化できるか？」と題して、この時期の労働党の子ども支援行政を論じているが、そこで注目された「公的資金による保育所への無料措置、Ofstedによる規制と検査」などとは異なる次元の介入をキャメロンは行おうとしていたのである。

導入されることになる新たな手法は、失敗している自治体から業務を剝奪し、剝奪した業務を高いパフォーマンスを上げている自治体や、専門家や民間組織のチーム（たとえば独立トラスト）に委ねるというものである。この改革手法は、元々は１９９０年代に教育領域で業務を破綻させたロンドンのハックニー区の改革のために労働党政権下で法改正▼7まで行ってオーダーメイドされたものである。２００２年から実施に移され、10年の実証的実施期間ののちに少なくともハックニー区においては改革効果が確認されていた（広瀬 2014; Wood 2016a; Wood 2016b）。この手法を子ども支援領域に導入しようというのがキャメロンの目論みであった。その布石がドンカスター（Doncaster）なのである。

業務剝奪方式という劇薬は、ハックニー区の惨状が尋常でなかったことで世論の同意を得た経緯がある。近隣のやはり困難を抱えていたイズリントン（Islington）などにもこの手法は使われたが、やはり特殊なケースだと考えられていた。劇薬投入が特殊の外へ出て汎用化にむかう契機がドンカスターだといってよい。ヨークシャーポスト紙は、ドンカスターの剝奪方式の導入を国内初の動きであると報じ（*Yorkshire Post* 2013）、スター紙も最初の剝奪ケースであると報じた（*The Star* 2013）。非日常が子ども行政の日常になった転期を表象する記事である。

以下は、子ども支援行政の「最初の」重篤な失敗ケースとされたドンカスターに、キャメロンいうところの「歴史に残る画期的改革」である独立トラスト設置手法が導入される経緯をみていきたいと思う。子ども行政を表す用語はイングランドではchildren's serviceが多く使われるようになっており、本章ではこれに「子ども支援行政」という語を当てている。

2　ドンカスターの背景問題

ドンカスターの概要をみておこう。ドンカスターはロンドンの北方約２５０キロ、サウス・ヨークシャーの、国際空港ももつ人口規模約29万１０００人（Audit commission: AC 2010）の都市である。地域の平均収入は全国平均を少し上回るが世帯収入は低く、失業率は平均を上回っていた（Ofsted 2012）。18歳未満の子どもの人口は約７２０００人で全人口の24・７％を占めた（Ofsted 2011）。子どもの約24％が貧困状態にあり、イギリスで貧困指標として使われる無料学校給食の割合は、初等学校17・3％（全国平均16％）、中等学校14・9％（全国平均14％）であった。子ども人口におけるエスニック・マイノリティの割合は全国平均の22・5％に比較して10・7％と少ない。主要な少数民族グループは、白人東ヨーロッパ人とパキスタン人である（Ofsted 2015）。また、ロマや亡命希望者が増加する状況であった。

地域の子ども行政の関連施設としては、初等学校103校、中等学校17校、特別支援学校10校、就学前教育施設はボランタリーセクター63園、公立71園。ソーシャル・ケア施設としては里親164人、こどもの家8箇所、外部委託里親102人、居住施設40箇所であった。コミュニティベースのサービスとして子どもアセスメント業務を4チーム、家族ターゲット支援が3チーム、子ども若者支援が4チーム活動していた。障害のある子ども、犯罪を犯した青少年、養子縁組、里親制度のためのサービスの運営、時間外緊急時対応もされた。子どもセンター21箇所と学校の授業外支援活動も家族支援を行ない、若者支援事業、10代の妊娠対策事業、コネクションズなどの支援も行われた。支援対応すべき子どもは460人で5歳未満120人、5歳から16歳の学童期293人、16歳以上47人である。18歳から25歳の186人が16歳以上サービスの対象になっていた。保護計画対象の子どもは400人で、過去2年間で増加していた。虐待関係の内訳はネグレクト46％（185件）、精神的虐待29％（116件）、性的虐待14％（57件）、身体的虐待11％（42件）であった（Ofsted 2011）。

ドンカスターは古い歴史をもつ都市であったが、主要産業の炭鉱が閉鎖されて以降覇気がなくなり低迷が始まる▼8。汚職がはびこり政治と行政は荒れ、地域が抱える広範な問題がより複雑に根を張り、2000年代には街に対する悪評は動かしがたいものとなっていた。中央政府やヨーロッパから巨額の再生資金が投入され（Ofsted 2006）、改善のための努力もくりかえされるが、成果に繋がらない負のスパイラルのなかでスタッフの士気は低下していった。地方政府であるカウンシル（議会と行政が一体となった組織）は、自力で業務改善する道筋を見失う状態となった。

地域行政の不振は、各種監査結果にも見て取れるようになる。2005年に行われたOfstedを中心とした合同地域調査▼9（Ofsted 2006）はドンカスターの「安全確保」項目に不適切評価を下した。翌2007年のOfsted年次監査（Ofsted 2007）は、全体的評価を辛うじて「優秀（outstanding）」「良い（good）」「適切（adequate）」「不適切（inadequate）」の4段階▼10の「適切」としたが、「根深い課題がいくつか残っている」ことを指摘した。2008年の年次監査（Ofsted 2008）では「不適切」項目が急増し、全体評価不適格、「健康でいること」適切、「安全でいること」不適切、「楽しみながら達成すること」不適切、「肯定的な貢献をすること」良い、「経済的なウェルビーイングを達成すること」不適切、「子どもと若者のための行政業務改善の余地」不適切、という評価であった。

2008年には子ども学校家族大臣は、ドンカスターの子ども若者支援行政は中央政府の介入を必要とするほど劣悪であると判断するが、まずは2009年にカウンシルに対して改善命令を出し改善計画の策定と新しい指導体制の設置を求めた。市長も加わった改善委員会（Improvement Board）は、改善計画「ドンカスター子どもと若者のための改善計画（Doncaster Children & Young People's Improvement Plan）」を立てて改善を試みた。しかし、監査委員会（AC）が行ったガバナンス状況調査（AC 2010）はカウンシルの業務は「失敗」しているとし、機能不全の原因を3点あげた。第1、カウンシルと市長が協働していないこと、第2、市長と内閣に効果的なリーダーシップが欠如していること、第3、行政トップと行政担当が協力できていないこと、である。そして、改善のためには1999年地方自治体法（Local Government Act 1999）第15条に基づく国務大臣の介入が必要であるとした。

この監査委員会報告書を受けて、地域地方自治省（Department for Communities and Local Government: DCLG）が介入し、カウンシルに２０１２年までに自力で改善することを求めたが、２０１２年の段階においてもOfsted監査評価は未だ改善が確認されないとして失敗認定のままであった。先のマンロー調査は補足調査を添えて２０１２年３月の庶民院（下院）文教委員会（Education Committee）に提出されるのだが、その補足調査の付録５▼11はドンカスター調査である。同付録は、ドンカスターの失敗の背景には長年にわたる指導層の専門力量の不足があり、組織のすべてのレベルにわたり、専門職スタッフは組織体に信用を置かず両者の間の意思疎通が欠如しているとしている。支援家族や住民もカウンシルの子ども支援行政に信頼を置いておらず、カウンシルは強力な評価組織を作り詳細な検証に取り組むも、措置を必要としている子どもたちはいまだに何年も待たされるままであり、ドンカスターの子ども支援行政は他の自治体より10年から15年遅れているとした。

3　エドリントン事件のインパクトとカーライル報告書

２００９年に起きたエドリントン事件が、否応なくドンカスターの膠着状況を動かし始めた。エドリントン事件とは、ドンカスターのエドリントンで起きた10歳と11歳の兄弟が近隣の９歳と11歳の少年に対して拷問を加え、殺人未遂と強盗を行った事件である。２００９年４月４日に被害者の９歳のほうの少年がズボンも靴下も身につけず全身に切り傷、顔は潰された状態で血まみれで彷徨っているのを発見される。ショック状態であった。ほどなく11歳の少年も、血まみれで頭部に重傷を負い意識不明で発見される。捜査の結果、加害者の10歳と11歳の兄弟が近くで逮捕された。加害者少年たちは被害者少年たちを人里離れた渓谷へ連れて行き、一人を裸にして性行為を強要し、もう一人に対しては金属の輪で首を絞めるなどした。また石やレンガを集め、それを被害者少年たちの頭に投げつけるなどした。通行人に見つかりそうになると被害者少年たちにビニールシートを被せてそれに火をつけ被害者少年たちに火傷を負わせた。加害者少年は90分におよぶ一部始終を携帯電話で撮影していた。逮捕された加害者少年たちは殺人未遂および強盗で起訴され、最低5年の無期懲役刑に服することになる（*BBC News* 2009a, 2009b; *The Guardian* 2010）。

できごとの悲惨さは周囲に衝撃を与えた。ドンカスターに設置された独立委員会である子ども安全確保委員会（Doncaster Safeguarding Children Board）がこの事件を「深刻なケースのレビュー（SCR）」の対象にして調査を行った。加害者少年たちの暴力行為は以前から知られていたが、調査の過程で彼ら自身が親から身体的虐待とネグレクトを受けていたことが明らかになった。行政部門はそれを把握しておらず、部門間の連携も適切ではなかった。それゆえ行政介入がなされるべきタイミングが多々あったにもかかわらずなされず、SCR報告書は、30回以上にもわたってその機会を逃したと指摘した。

SCR報告書は159ページにおよぶ大部にもかかわらず、報告書を受け取った教育大臣ゴーブは、再発防止の方法については何も明らかにされていないとして、改善策を得るべく貴族院（上院）議員アレックス・カーライル（Alex Carlile）に改めてこの事件の調査を指示した。

カーライルによる報告書（Carlile 2012）は、件のSCR報告書がSCRに不可欠なトリーアージ的観点を持っておらず、少年裁判所、家庭裁判所の関与と有効性も調査されていないなど、適切なアプローチを欠いていたことを指摘し、さらに公開されたものには黒塗り部分が多く隠蔽という印象を与えるものであるとした。また、ドンカスターが抱える問題状況については、行政業務におけるリーダーシップが全体的に欠如していること、市長は直接選挙で選ばれ有権者から強い支持を得ているが行政に生かされていないこと、議員は圧倒的に労働党が多いにもかかわらず内閣には労働党が一人もいないなど政治的バランスが不自然であることなどを指摘した。かつ、議員たちはエドリントン事件や関連業務について情報を持っていなかったとしており、長年にわたって続けられてきた改善のための委員会による詳細な作業計画についてすら議長はその内容を知っていなかったとして、驚いたとも記されている。

ちなみに、ドンカスターは政治的には労働党の強い地域である。2010年時点でいえば議員総数64、労働党26、自由民主党12、独立連合9、保守党9、その他8である（AC 2010）。市長は2002年から直接選挙で選ばれるようになっていた。首長を直接選挙で選出する自治体はイギリスではごく少数である。選挙による初代市長は労働党所属であったがのちに党を除名され、2009年選出の2代目の市長はいわゆる極右政党とされる英国民主党（English Democrat）所属であった。トラスト導入時の市長は2013年選出の労働党市長ロス・ジョーンズ（Ros Jones）で、ジョーンズが現在も任にある。

カーライル報告は、ドンカスターの業務改善方法としてカーライル呼ぶところの「ハックニー・モデル」を提案した。子ども支援行政改革の文脈に、ハックニー区で採用された独立トラストによる改革方式を導入する道筋はこの報告書によって付けられた。

4　負のスパイラルを断ち切る提案をしたル・グラン報告書

カーライル報告を受けとった教育大臣ゴーブは、翌2013年3月に具体的な改革方針を得るための調査委員会を設置した。委員にはＬＳＥ教授ジュリアン・ル・グラン（Julian Le Grand）、ロンドンのハックニー区の子ども行政長官（Director of Children's Service）アラン・ウッド（Alan Wood）およびソーシャルワーカーの資格をもつモイラ・ギブ（Moira Gibb）を任命し、ル・グランが委員長を務めた。ウッドは前記したカーライル報告がハックニー・モデルとして言及していた改革手法を実際に動かした人物である（Wood 2016a, 2016b）。

調査報告書（Le Grand et al. 2013）は、対応策の提示に先立って問題の背景、業務の現状、改善の可能性を確認し、２００５年以降度重なるリーダーシップの交代が長期的安定的な人材確保を難しくしていること、内部には失敗認定に不満をもつものも少なくないこと、改善が必要だという認識は共有されていること、失敗の原因について必ずしも一致した理解はないこと、改善が進展しない現状にフラストレーションがあったとし、根本問題は失敗と幻滅の文化でその根は深いと指摘した。ドンカスターのこども若者支援行政の3部門「こどもと家庭」、「コミッショニングと業績」、「教育」のうち教育部門には特に深刻な問題はないとして教育領域は改善対象から外し、緊急度が高い子ども支援行政にコミッショナーの投入が必要であるとした。

具体的改善策としては、長年の否定的文化のレガシーを断ち切るにはカウンシルの日常的管理の制約から対象領域を離す必要があるとして、次の二つの案を提示した。すなわち外部委託案と独立トラスト創設案である。

第1の外部委託案は、競争入札を行うもので、新しい市場や社会的関心を産む可能性と、創造的革新的なものを得られる可能性があるとした。最低7年の時間の確保を見込んだ。この手法の利点は、新しい革新的なアプローチが期待できること、当面の予算削減が可能なこと、パートナーシップ形態が可能であること、幅広い公共サービスの提供が期待できることなどである。一方、欠点は、新しい手法であるために市場には受け皿となりうる組織がほとんど存在していないこと、入札準備や評価など開始までのプロセスが長期にわたる可能性があること、入札コストが高額になりうること、商業主義的要素に対して反対の世論が大きいこと、労働組合は民営化に異議を唱えること、などであるとした。

第2の独立トラスト創設案は、こども行政を担う新しい独立したトラストを創設する方法である。この手法の利点は、ドンカスターの問題状況にカスタマイズされた組織設計ができること、特定のニーズに応じたシステム構築が可能なこと、入札関連のコストが不要であること、非営利組織であるため民営化に関する懸念が緩和されること、スタッフの混乱が少ないこと、などである。一方欠点は、完全に新しい組織の設立コストが高額になることであるとした。

前記二つの、報告書は、第2案に欠点を上回る利点があるとして、ドンカスター改革には独立トラスト設置が適するとした。先のカーライル報告がアイディアとして提示した「ハックニー・モデル」を、現実的なオプションとして推奨したのである。ハックニー・モデルを熟知したウッドをこの委員会の委員に迎えていたということは、教育大臣はこの成り行きを織り込んでいたということでもある。

5　トラストの運営方法とチェックの仕組み

カウンシルから業務を剥奪するトラスト設置案には賛否があった。業務剥奪のような大がかりな方法なしには問題は乗り越えられないという意見が多くある一方で、長期にわたる介入で町の士気が低下するのではないかという懸念もあった（Le Grand et al. 2013）。改善委員会に加わるなどして改革に努めていた市長も、トラスト設置の決定が短期間で行われたことに、いまだ業務改善が見られないのは自分たちが行おうとしている改革が道半ばだからだと不満を表明している（*Family Law Week News* 2013）。

しかし、問題が放置できない段階に至っているという理解には異論がないところであり、カウンシル上層部の対応にも変化があり改善を共有する意欲がカウンシル内にも認められたとして、教育大臣は、ル・グラン委員会の提案を受けて２０１３年にトラスト設置を指示することになる。カウンシルから切り離す領域については、教育と福祉を合わせた子ども行政全体とする案もあったが、ル・グラン報告にあるように学校教育部門は順調に運営されているとして、福祉部門のみになった。

独立トラスト方式が初発のハックニー区の改革で効果を発揮したのは、10年という長期契約期間が確保されたことと、カウンシルからの完全独立が確保されたからである▼12（広瀬 2014; Wood 2016a; Wood 2016b）が、ドンカスターにおいては、この二つは確保されなかった。トラストの契約期間は5年目見直しの10年契約とされ、カウンシルとトラストの関係も連携して業務を行なう形が選択された。二つが死守されなかったのは、契約締結交渉においてトラスト側の要求が通らなかったからではなく、トラスト側もこれらの要件を改革計画に必須としなかったからだという▼13。学校教育領域とは異なり、子ども福祉の領域は家族と密接にかかわるので、行政領域全体を傘下に置くカウンシルと連携したほうが諸問題に対応しやすいという理解があったという。大枠方針が決定された後、予算規模約４６００万ポンド、スタッフ約４５０人、非営利有限会社（independent company limited by guarantee）という形態の「ドンカスター・子ども支援行政トラスト（Doncaster Children's Service Trust）」が設置された。２０１４年7月には教育大臣がトラストＣＥを任命し、10月１日に業務が開始した。

トラスト内には取締役会（Trust Board）が置かれ、法人としてトラストの持続可能性と合法性について責任を担った。取締役会の議長は教育大臣が任命し、議長は国務大臣に対して責任を負う。トラスト取締役会は各部署の専門家とLA代表による非常勤取締役（Non-Executive Director）で構成され、その下にエグゼクティブ・タスク（Executive Task）、子ども・若者・家族（Children, Young People & Families）、財務・インフラ（Finance & Infrastructure）、監査・リスク・保証（Audit, Risk & Assurance）、労働力・専門職スタンダード（Workforce & Professional Standards）、ノミネート・報酬（Nominations and Remuneration）の委員会が置かれた（Doncaster Children's Services Trust 2016）。

合同で毎月もたれる業務運営と財政状況の会議は監視・精査部門（Oversight & Scrutiny）に年4回報告、トラスト議長は6ヶ月ごとに教育省に報告、改善パートナーである社会的企業アチーブメント・フォー・チルドレン（Achieving for Children）が業務をモニターして年に4回教育省に報告した。モニタリングにはトラストとカウンシルが同席した。教育大臣への年次報告書はカウンシルと協議上で作成し、業績、財政、設定戦略の優先順位と成果を内容とし、契約の修正提案がある場合にもここに記された。地方自治体協会によるピアレビュー、Ofstedの定期監査も行われる。トラストの運営経費はカウンシルが調達し、中央政府からはトラスト設立費用として16億８４００万ポンドが支出された。教育省は、年次報告などを参考にトラストの業務遂行に必要な「合理的な費用」の拠出を引き続き行った（Beninger & Clay 2017）。また、カウンシルとトラストの関係でいえば、カウンシルは、トラストが契約に基づいたサービスを提供しているかどうかを監視する地方コミッショナーの役割も務め、最終的に子ども支援行政に関する無制限の責任を負った。

トラストに課された課題スケジュールは、２０１６年４月までに業務の改善を図り、２０１７年10月までに「良い」以上の評価を、２０１９年10月までに「優秀」評価を得ることである。この領域の初のトラスト導入ケースだとして、トラストのスタッフの士気は高かったという（インタビュー▼14より）。トラストは、

「より良くするために今までとは異なったやり方で」をモットーに業務を組み立て、改革のためにリーダーシップのあり方を変え、コアとなる中心的業務と地域と共同すべき業務を分け、するべきことの優先順位を明確にし、有限会社という立ち位置の利点を活かす努力をしたとしている。この立ち位置ゆえに、トラストは、カウンシルのように多様な業務に忙殺されることなく、また地域の政治的な事柄に巻き込まれることなく、自由度高く子どものソーシャル・ケアに集中できたといい、さらにNPO的な立場を使った新しい業務着手へのポテンシャルをもつことができたということである。

トラスト設置後の経年的改善状況に関して、教育省は民間の評価会社であるTNS BMRB（後にKantar Publicと社名変更）に調査を依頼した。調査は、第1次、2015年2月から6月にかけてトラストのスタッフと外部職員54名の聞き取り、第2次、2015年9月から2016年1月にかけてトラストのスタッフ232人にオンライン調査と、カウンシルのスタッフと外部職員31人および6家族の聞き取り、第3次、2016年9月から11月までトラストのスタッフ145人に対するオンライン調査とトラストのスタッフ34人、カウンシルのスタッフ2人、外部職員12人に対する聞き取り、という3期に分けて行われた。重点項目は、リーダーシップ、意思疎通、パートナーシップ協働、業績チェック、業務の質保証、トラスト組織構造、トラストの文化と労働力の安定性、スタッフの能力開発に置き、領域ごとの詳細な分析が行われている。

同報告書（Beninger & Clay 2017）は、トラストは確実に移行プロセスに乗っているとしながらも、子どもと家族のための多くの成果改善を現実のものとするにはまだ数年必要だとした。しかし、トラストがドンカスターの子ども支援領域に肯定的なインパクトをもたらしていたことは疑いないとし、組織、運営、そして要支援の子どもと家族に対するサービス提供の土台部分には目に見える改善があり、子どもにかかわる支援領域に成果が現れているとしている。たとえば、危険にさらされながら放置状態に置かれている子どもはいなくなり、再措置率（re-referral rate）は２０１４年の37％から２０１６年には23％に減った。措置が2年以上にわたる場合に同一場所（施設）で安定的に措置している子どもの率は上昇し、２０１４年の54％に比較して２０１５年9月には56％になっている。そして、トラストのリーダーシップのもとで子ども行政のスタッフやステークホルダーに変化が見られるようになっており、こうした変化はトラストに移管される以前にはあり得なかったものであるとしている。

同報告書は、同時に、トラストには以下三つの不安定要素もあるとして問題点を指摘している。第1は財政である。トラストの経常的な運営資金がカウンシルとの契約によってのみ維持されている形態はトラストの独立性にとっては不安定要素であり、新規の取り組みをする場合の足枷になる危険もあるとしている。第2は周辺領域とのさらなる連携の必要である。ソーシャル・ケアのワンストップ窓口を根付かせるためには、学校や各種の保健事業、あるいはアーリー・ヘルプ・ハブ（Early Help Hub）や問い合わせ・回答業務、多機関セーフガード・ハブ（Multi Agency Safeguarding Hub: MASH）など既存の大規模で予防的機能をもつ事業とより密接な連携をもつことが不可欠であるとしている。第3はスタッフたちの対応能力である。トラストの改善ペースは極めて速く、多様かつ複雑である。それぞれのスタッフに求められることも異なり、随時軌道修正も求められる。こうした改善ペースに対応し続ける能力がスタッフや関連パートナーたちにあるかどうかが問題であるとしている。

並行して行われたOfstedの監査評価は、トラスト設置1年後の２０１５年監査（Ofsted 2015）では業務全体としては未だ「不適格」としたが、個別領域では養子縁組事業については「良い」、措置解除児への対応とリーダーシップ・マネジメント・ガバナンスで「要改善」とし、「不適格」とした個別項目は要支援児童への対応のみであった。翌年２０１６年8月監査（Ofsted 2016a）は、カウンシルとトラストは改善計画に堅実に対応をしており改善効果が見られるとし、続く10月監査（Ofsted 2016b）ではカウンシルとトラストは顕著な改善を見せているとしている。２０１７年監査（Ofsted 2018）ですべての領域で「良い」、すなわち最低基準は満たしているという評価となった。

6 子ども支援行政における有事のガバナンス改革

ドンカスターの改革に、独立トラスト設置手法は一定の効果を上げたといってよいだろう。これに続くように、この改革手法は重篤な困難を抱える他の地域にカスタマイズされて導入されていくことになる。スラウ（Slough）、サンダーランド（Sunderland）、サンドウェル（Sandwell）、バーミンガム（Birmingham）、レディング（Reading）などである。これら深刻なケースの他にも、２０１０年代後半にはOfstedの「不適格」評価を受けるＬＡが例年30前後を数えており（教育省インタビュー▼15）、業務改善に必要とされる支援は地域で異なるため、教育省は、介入の仕方を八つの指標項目と先の六つの段階のマトリックスに整理し、問題の深刻度に応じて対応オプションの組み立てを可能にした（広瀬 2019）。

トラスト設置は重篤な困難への対応に効果を上げた▼16。とはいえ、トラストによって業務再生された後、平時への移行、すなわち有事処理を経た後の通常時にこの形を残すかどうかは別の問題としてある。有事の改革に有効な形態が平時業務の遂行に適するかどうかは別の問題だからである。業務再生を軌道に乗せたドンカスターは、Ofsted ２０１９年監査（Ofsted 2019）までは業務の適切な質の維持が確認されているが、その後は再度問題を抱えるようになり、２０２２年のOfsted監査（Ofsted 2022）では、「不適切」および「要改善」のみの評価となった。監査報告書は、カウンシルとトラスト間の連携が行われていないことを指摘した。この指摘を受けて、ドンカスターではカウンシルとトラストを別建てにする方式を改めトラストをカウンシルに統合することとし、翌年２０２３年のOfsted集中監査（Ofsted 2023）はこの組織統合が功を奏しているとしている。平時に適したガバナンスの形態と有事のそれが必ずしも同一でない場合を示唆する展開でもあるが、有事のガバナンスと平時のガバナンスの関係については別稿を期したい。

†本章は、令和3年度専修大学中期研究員および令和5年度専修大学研究助成個別研究「公教育の安定性を維持するための学校現場における危機管理に関する実証的理論的比較研究」の成果の一部である。

注

1　労働党政権下で２００１年から導入された、主として16歳以上の若者の社会的排除対策のための政策。
2　労働党政権下、子どもたちに人生で可能な限り最高のスタートを与える目的で１９９０年代末から始まった、就学前の早期教育、家族支援などアウトリーチとコミュニティ開発に重点を置いた政策。
3　ヴィクトリア・クリンビエ虐待死亡事件（２０００年）、ベビーP虐待死亡事件（２００７年）、サウス・ヨークシャー・エドリントンでの子ども拷問事件（２００９年）、ロザラムにおける組織的長期的子ども性的虐待事件（２０１０年）など。
4　それ以前は教育技能省（Department for Education and Skills: DfES）。
5　子どもが死亡した場合や虐待やネグレクトが知られるか疑われるケースを調査する仕組み。
6　Office for Standards in Education, Children's Services and Skills: Ofsted
7　それまで法的根拠のなかった中央政府の地方行政への介入を可能にするための法整備。すなわち「学校教育の水準と枠組に関する１９９８年法（School Standards and Framework Act 1998）」（以下「枠組み法」）および翌年の「１９９９年地方自治体法（1999 Local Government Act）」の制定。詳しくは広瀬（2015）参照。
8　筆者実施のインタビュー調査。注13参照。
9　Joint Area Review. ２００４年子ども法第20条に則り翌年２００５年10月と11月に地域内の子どもや若者状況を把

握して地域のサービスの貢献状況を評価するためOfstedを中心にCommission for Social Care Inspection（CSCI）、Healthcare Commission（CHAI）、HM Inspectorate of Constabulary（HMIC）、Adult Learning Inspectorate（ALI）、Audit Commission の11人の検査官からなる学際的なチームによる合同調査。

10 Ofstedの評価段階は時期により異なっている。２００５年以前は、1excellent 2very good 3good 4satisfactory 5unsatisfactory 6poor 7very poorの7段階、２００５年以後は、1outstanding 2good 3satisfactory 4inadequateの４段階、２０１２年以後は、1outstanding 2good 3require improvement 4inadequateの４段階、２０１５年以後は、1outstanding 2good 3require improvement 4inadequateの４段階となっている。

11 Education Committee - Fourth Report Children first: the child protection system in England, Annex 5: Visit to Doncaster County Council children's services, March 2012, the published report was ordered by the House of Commons to be printed 30 October 2012.

12 ハックニー区ではこの2要件を確保するために、トラスト設計段階でカウンシルと熾烈な駆け引きを含む詳細な交渉が行われた。トラスト側として交渉に臨んだのはアラン・ウッドである。ウッドのインタビュー（２０１５年９月３日から９月10日ウッド東京招聘時）による。

13 筆者の教育省及びドンカスターにおけるインタビューによる。教育省においては次のような日時及び対象者で現地調査およびインタビューを行った。２０１６年９月、Louise Lawrence: Intervention case lead, Ian Valvona: Head of Interventions Unit. ２０１７年９月、Sophie Hume-Wright: Local Authority Performance and Intervention Officer, Richard White: Head of Research – Children's Social Care, Mrudula Podila: Local Authority Performance and Intervention Officer. ２０１８年９月、Sophie Hume-Wright: Local Authority Performance and Intervention Officer, John Bostock: Local Authority Performance and Intervention Officer. ドンカスターにおいては次のようなインタビューを行った。２０１６年９月８日、Doncaster Children's Services Trust, Paul Moffat: CE, Peter Featherstone: Business manager, Mark Douglas: Chief operating officer, James Thomas: Head of performance, Jackie Wilson: Director of Performance, quality and innovation.

14 注13参照

15 注13参照

16 これらの地域においても改革の効果が見られていることが報告されている。２０２１年にはサンダーランドが「優秀」評価を受けたことを教育省がプレスリリースし、２０２３年４月にはバーミンガムが「良い」評価となり介入が終了したことを市のカウンシルがアナウンスした。

文献

田邉泰美（2019）『現代イギリスの児童虐待防止とソーシャルワーク——新労働党政権下の子ども社会投資・児童社会サービス改革・虐待死亡事件を検証する』明石書店

広瀬裕子（2014）「教育ガバナンス改革の有事形態——ロンドン・ハックニー区に見られた私企業によるテイク・オーバー（乗っ取り）型教育改革」『教育ガバナンスの形態』日本教育政策学会年報21：25-46頁

広瀬裕子（2015）「政治主導改革の可能性——イギリスにおける「学校教育の水準と枠組みに関する１９９８年法」導入を題材に」『日本教育行政学会年報』41：19-36頁

広瀬裕子（2019）「自律的地方教育行政を維持するための強制的介入支援政策——ロンドン・ハックニーの教育改革手法の子ども福祉領域への汎用化」専修大学社会科学研究所『社会科学年報』53：１６５-１８３頁

Audit Commission: AC (2010) ‘Corporate Governance Inspection Doncaster Metropolitan Borough Council’, 2010.4

BBC News (2009a) ’Boys arrested over vicious attack’, 2009.4.5

BBC News (2009b) ‘Brothers charges with boys attack’ 2009.4.7

BBC News (2015) ‘Inadequate’ children’s services outnumber the ‘good’, 2015.12.15

Beninger, Kelsey, Clay, Daniel (2017) ‘Implementation evaluation of Doncaster Children’s Services Trust’, DfE

Carlile, Alex (2012) ‘The Edlington Case, A review by Lord Carlile of Berriew CBE’

DfE (2015) ‘Press Release PM: We will not stand by- failing children’s services will be taken over’, 2015.12.14

Doncaster Children’s Services Trust (2016) ‘Business Plan 2016-2019 (final business plan)’

Family Law Week News (2013) ‘Doncaster criticises ‘limitations and legal complications’ in DfE’s direction for children’s services’, 2013.8.18

Le Grand, Julian, Wood, Alan, Gibb, Moira (2013) ‘Report to the Secretary of State for Education on Ways Forward for Children’s Services in Doncaster’,

Munro, Eileen (2011) ‘The Munro Review of Child Protection: Final Report A child-centred system’, DfE

Ofsted (2006) ‘Joint Area Review: Review of services for children and young people’

Ofsted (2007) ‘Annual Performance Assessment of Services for Children and Young People in Doncaster Metropolitan

Borough Council', 2007.11.26

Ofsted (2011) 'Inspection of safeguarding and looked after children services' 2011.5.12

Ofsted (2012) 'Inspection of local authority arrangements for the protection of children Doncaster Metropolitan Borough Council'

Ofsted (2015) 'Inspection Doncaster Metropolitan Borough Council' 2015.10.8

Ofsted (2016a) Monitoring visit of Doncaster Metropolitan Borough Council children's services

Ofsted (2016b) Second monitorling visit of Doncaster Metropolitan Borough Council children's services

Ofsted (2018) Re-inspection of services for children in need of help and protection, children looked after and care leavers

Ofsted (2019) Focused visit to Doncaster children's services, 2019.1.4

Ofsted (2022) Inspection of Doncaster Metropolitan Borough Council children's services, 2022.2.25

Ofsted (2023) Focused visit to City of Doncaster Council children's services, 2023.6.9

Paull, Gillian (2014) 'Can Government Intervention in Childcare Be Justified?' *Economic Affairs* ,Vol. 34, No. 1

The Guardian (2010) 'Edlington brothers jailed for torture of two boys', 2010.1.22

The Star (2013) 'Doncaster children's services removed from council care', 2013.7.17

Wood, Alan (2016a) 'The Learning Trust –A Model for School Improvement' 日英教育学会『日英教育研究フォーラム』20：11-60頁

Wood, Alan (2016b) 'Return from Collapse –How The Learning Trust Succeeded in Improving Education in Hackney-', 日英教育学会『日英教育研究フォーラム』20：61-78頁

Yorkshire Post (2013) 'Failing' Doncaster council stripped of control of children's services, 2013.7.16

第IV部　学校・教師を問う

第11章

教員はどのように居場所カフェを批判したのか

知念 渉

1 居場所カフェに違和感をもつ教師たち

高校内居場所カフェという取り組みが全国的に広がっている。校内居場所カフェとは、文字通り、生徒たちが気軽に入れる高校のなかに設置されたカフェである。居場所カフェという言葉をはじめて聞いた人は、「なぜ高校にカフェを?」と思われるかもしれない。高校によって居場所カフェに求める機能はさまざまであるが、簡単にまとめると、①教師－生徒関係とは異なる関係性を学校内に持ち込み、生徒たちに多様な大人がいることを知ってほしい、②生徒たちのなかには家に帰っても安心・安全の場が保障されていない生徒もおり、そうした生徒たちに安心・安全を提供したい、③そうした安心できる場で生徒たちと多様な関係性を築くことによって困っている生徒を発見してソーシャルワークにつなぎたい、といったねらいがある(居場所カフェ立ち上げプロジェクト編 2019)。開かれる場所や頻度は高校によってさまざまである。先駆的に居場所カフェを設置した大阪府立西成高校では一つの教室を利用して月に5回ほど、神奈川県立田奈高校では図書館で木曜日に開催している（居場所カフェ立ち上げプロジェクト編 2019）。

居場所カフェという取り組みは、課題を抱える生徒が多く通う高校（定時制・通信制含む）を中心に広がっているが、それには理由がある。日本の高校教育システムでは高校入試によって選抜が行われるため、入学難易度で下位に位置づけられる高校に、学力だけでなく生活面や精神面などを含めて、生きづらさを抱える生徒たちが集中する。そのような生徒たちの抱える課題に教員集団だけで対応するのは難しい。そのために学校には心理カウンセラーやスクールソーシャルワーカーが配置されているのだが、課題を抱えた生徒たちが自身でそうした専門職に悩みなどを相談することは難しい。そもそも生徒自身、自分の抱える課題や問題を自覚していないことも多いだろう。

そこで、居場所カフェが必要になるのだ。居場所カフェがあれば、何の目的がなくても生徒たちが気軽に立ち寄って、カフェのスタッフに話をしたり悩みを相談したりすることができる。スタッフとの関係性はカフェに定期的に通うことで形成されるので、生徒たちはスタッフとの距離感をふまえて自分の抱える悩みをスタッフに話すことができるようになる。あるいは、生徒たちと何気ない会話をするなかで、スタッフが生徒の抱える課題やニーズに気づくことができる。そのようにして生徒の課題やニーズが発見されれば、専門職やその他の機関につなぐことによって対応することができる。つまり、カフェを学校内に設けることで、生徒たちの課題により適切に、より迅速に対応することができると考えて、高校は居場所カフェを校内に設置するわけである▼1。

このように考えれば、居場所カフェは非常に重要で良い取り組みであることは間違いない。全国的にもっと広がってほしいと私は思う。だが他方で、居場所カフェの取り組みが必ずしも学校の教員たちに受け入れられるとは限らないという現実がある。居場所カフェを運営する主体は、多くの場合、ＮＰＯ組織等の外部団体である。校長をはじめとする教員たちと話し合って居場所カフェを取り入れるのだが、居場所カフェを運営する団体の代表・田中が述べるように、「面白いと思ってくれる先生と、ちょっと守りに入ってしまう先生と二種類いて」（居場所カフェ立ち上げプロジェクト編 2019: 189）、すべての教員が居場所カフェを受け入れられるわけではない。そのことについて、西成高校の校長である山田（2019: 121）は、次のように述べている。

居場所カフェ開設でおそらく一番苦労すると思うのが、「学校の中に生徒のサボる場所をつくる必要があるのか?!」という教職員の声だと思います。つまり、学級担任の指導意図も分からず、「生徒を甘やかす」だけの存在と見られたり、また、教員には語らない心の裡をカフェ・スタッフに聞き取られたりすることに対する教員の「不快感」「嫉妬」がカフェ運営の最大の敵だと思います。このような教員至上主義の風潮のみなもとは根拠の乏しい「教員万能主義」だと、私は考えるようになりました。

山田によれば、親世代の「貧困」の連鎖や「生活苦」、その帰結としての「虐待」といった学校だけでは対応・解決するのが難しい課題を抱える生徒たちを、教員の力だけでなんとかしようとする風潮がある。その源にある「教員万能主義」こそが、居場所カフェ開設の一番の苦労だというのである。田奈高校の元校長である中田もまた、教員の反応として「その異質さに戸惑いや違和感もあると思います」（2019: 175）と同様の趣旨のことを述べている。つまり、居場所カフェを取り入れた高校では、教員に居場所カフェの存在意義をどのように認識してもらうのかという点が大きな課題となっているのである。

本章では、山田の指摘する「教員万能主義」にもう少し深く切り込んでみたい。「居場所カフェ」を受け入れられない教員たちは、どのように「居場所カフェ」を批判し、仕事や生徒を抱え込んでしまうのだろうか。本章では、実際に居場所カフェを設置したA高校において居場所カフェを批判していた3名の教師へのインタビューをもとに、その論理を抽出することにしたい。後述するように、本章に登場する教員たちは、居場所カフェを批判する一方で、キャリアカウンセラー（以下、CC）と良好な関係を築こうとして模索していた。本章では、A高校の教員たちが居場所カフェをどのように批判していたのかということと同時に、なぜ、どのようにCCと連携するに至ったのかということを明らかにする。こうした作業を通じて、教員とその他専門職（居場所カフェのスタッフはその他の専門職の一つと理解できる）との連携はどのように可能になるのかを探ることが、本章の目的である。

居場所カフェという取り組みにかかわらず、公教育の改革を進める場合にときに教員はその改革の抵抗勢力（阻害要因）とみなされる。「理不尽な校則をなくしたいが先生たちが反対する」、「勝利至上主義の部活動を変えたいが先生たちが反対する」、「インクルーシブ教育を進めたいが先生たちが反対する」……といった言説がそれである。しかし、そのように反対する教員の側にも、言い分や合理性があるのではないだろうか。そして、それを理解することなしに公教育の改革を進めることはできないのではないか。本章の記述や分析は、このような問題意識からなされるものである。

2　現場の論理を記述・分析する方法

このような問題意識に支えられた本章では、記述・分析をする際にエスノメソドロジーという研究領域を参考にする。エスノメソドロジーとは、「人々の方法論」（エスノ＝人々の・メソドロジー＝方法論）と訳すことができる。人びとが日常生活のなかであいさつをしたり、授業を受けたり、昼食を食べたりするとき、人びとは「実際に何らかの方法論を用いて、それぞれの実践を行なっているはずだ。だったら、その「人びとの方法論」を研究して、実際にその方法論をとおして、さまざまな実践をみてみよう」（前田・水川・岡田編 2007: iii）。これがエスノメソドロジーの基本的な指針になる。

本章の文脈に則していいかえるなら、次のようになるだろう。教員は、どのような論理で居場所カフェを批判しているのか。当然のことながら、批判が成立するためには、意見を異にする者に理解してもらうことが必要である。したがって、居場所カフェに対する批判が成立しているとすれば、そこにはなんらかの論理があるはずだ。本章では、その論理を抽出しようというわけだ。

学校組織を分析した鈴木雅博（2022）は、学校組織を対象とした先行研究を、二つに大別している。一つは、教育行政学・教育経営学におけるさまざまな規範論で、そこでは、それぞれが考えるあるべき組織像が追求されている。だから、それらの研究で取り上げられる事例は、その理想の組織像に照らして「良い実践」や「改善」すべき対象として論じられる。もう一つは教育社会学的なアプローチで、これらの研究では「あるべき組織像」を掲げることに禁欲的に対象を記述・分析しようとするものの、「それらは教師たちが織りなす実践それ自体の成り立ちを直接の研究対象とはしてこなかった」（p.36）。そこで鈴木はエスノメソドロジーによって学校組織にアプローチして、実践それ自体の成り立ちを研究対象とした。

この鈴木の先行研究の整理は、教員とその他の専門職との連携に関する先行研究にも当てはまるものである。すなわち、理想的な連携のあり方や理想からの距離でもって事例を評価する研究（山野 2018, 居場所カフェ立ち上げプロジェクト編 2019など）と、教員の実践の外側にある制度や条件から連携の成立条件を探ろうとしている研究（保田 2014；保田 2022など）である。いずれの研究も重要であることはいうまでもない。しかしそれらのアプローチでは、その他の専門職と連携できない教員の声は、十分に取り上げられているとはいえない。あえて先進的な取り組みに反対する教師たちの主張を取り上げる本章の意義はそこにある。

3　調査対象校のおかれた文脈

A高校は、公立の全日制高校である。A高校に通う生徒たちは、学力面や生活面、その他さまざまな課題を抱えており、長年、そうした課題を抱える生徒たちに向き合ってきた。A高校は近くに高校がない地域の声によって設立されたという経緯があり、同和教育・人権教育の影響を強く受けた学校でもある。そのようなA高校では、居場所カフェがいち早く取り入れられた。私がインタビューをしたのは、居場所カフェを取り入れてから数年が経った２０１０年代後半であった▼2。

「居場所カフェの存在を必ずしも良いと思ってない教員がいる」といった趣旨のことをA高校の校長から聞いた私は、その教員たちに話を聞きたいと思い、インタビューを依頼した。その教員たちはそれぞれ３年生の担任をしており、３年生の職員室で放課後にインタビューをさせてもらうことができた▼3。具体的には、X先生、Y先生、Z先生の3名に対して、グループインタビューのような形で2時間程度、話を聞かせてもらった。

A高校は全体的に教員の年齢が若く、20代から30代の割合が非常に高い。教員の平均年齢が36歳、経験年数3・7年、およそ6割が初任という数値がそれを裏づけている。私がインタビューをした3名の教員が属する3年の教員集団も例外ではなく、学年主任のX先生が30代後半であった。Y先生は30代前半でA高校は2校目で、前任校は大学進学を前提とした進路指導を行う進学校だった。Z先生は20代後半で初任である。本章で分析対象となる3名の教員はインタビュー時、居場所カフェに反対していた一方で、CCとの協働を模索しているという状態であった。A高校では、CCは学校に週数回（年間200時間程度の契約）通って、特定の教室で生徒からの相談を受けている。また、アルバイトがしたくても履歴書が書けなかったり面接が怖くてチャレンジできない生徒に対して、アドバイスをしたりする場を設けたりしている。一つの教室で生徒たちと会話するという点では居場所カフェの取り組みと近いところもある。にもかかわらず、居場所カフェに反対した教員たちは、なぜCCとは協働の道を模索したのだろうか。そのことを深く知りたいと思い、私はCCのVさんと、CCを派遣しているBという機関の長であるWさんにも2時間程度のインタビューを行った。これらのデータは本章で十分に示すことはできないが、本章の分析を支えるものとなっている。

4　居場所カフェを批判する論理
――〈指導〉と〈責任〉

（1）批判を可能にする二つの論理

先述したように、居場所カフェは一部の教員から「生徒のサボる場所」として認識されることがある。実際、私がインタビューした3名の教師たちは、居場所カフェを「サボる場所」と感じているようであった。なかでもY先生は居場所カフェに対する違和感を率直に語ってくれた。二つの語りを紹介しよう。

Y先生：やっぱ生徒が、学校内の一室やのに、その場所では態度がすごく崩れてて、良くないと、規律がすごく乱れてしまう場所だっていうふうに聞いてました。たとえば、そこでなんか情報があったりとかしても、ちょっと生徒が危険な目に遭う情報、もし学校の担任がそれをやったら、本人がどんなに嫌がっても、やっぱしかるべき対応を取らないといけないような情報であっても、担任まで来なかったこととかもあったりとかして。

Y先生：（居場所カフェのスタッフと）あんまりそういう意味では全然連携できてないし、正直何しているか分からない。生徒に、だからどういう影響がおきるか分からない。学校のなかでやっぱされるので、学校のなかでやるんやったら、やっぱ学校のなかの価値観と（合わせてほしい）、私たちもそういう世間的な要請とか生徒のつまずきとか（に合わせている）。

このような語りには、確かに居場所カフェに対する誤解も含まれているだろう。しかし本章の目的に照らして、まずはY先生たちが居場所カフェを批判する論理に目をむけてみたい。上の二つの語りをはじめに示したのは、Y先生たちが居場所カフェを批判する際の論理が典型的に示されていると感じたからだ。インタビュー中、Y先生たちは居場所カフェに対する批判をさまざまに語ったが、私なりに整理すれば、おおよそ二つの論理で批判を展開していたように思う。すなわち、〈指導〉という論理と〈責任〉という論理である。〈指導〉という論理は、「学校のなかでやるんやったら、やっぱ学校のなかの価値観と〈合わせてほしい〉」という語りに現れている。これは、校内居場所カフェが学校内にあるにもかかわらず学校のルールとは異なる基準で運営されていることに対する異議申し立てである。実際、居場所カフェは教師－生徒関係とは異なる関係性の構築を目指したものだから、このようになるのは避けられない。逆に言えば、学校の既存のルールに合わせて居場所カフェのスタッフが教師と同じような振る舞いをしてしまうと、居場所カフェの存在意義は失われてしまうだろう。そういう意味で、この異議申し立ては、居場所カフェの空間存立の原理に向けられたものである。このような批判が〈指導〉という論理である。

〈責任〉という論理は、「しかるべき対応を取らないといけないような情報であっても、担任まで来なかったこととかもあったりとかして」という語りに現れている。これは情報共有がうまく図れていないこと、そしてそれに伴って「生徒が危険な目に遭う」ことがあったとしたら誰が責任を取るのかという責任の所在をめぐる問題に対する懸念である。「責任」という言葉は使われていないものの、「担任まで来なかったこととかもあったりとかして」という語りには、「生徒の責任は最終的には担任がとる」という前提がある。この前提にあるのが〈責任〉という論理である。

「学校は〈指導〉をするために存在しているのであり、その最終的な〈責任〉は担任にある」。端的に言ってしまえばY先生たちのあいだではこのような規範が共有されており、その規範に基づいて、居場所カフェの批判もCCとの連携が可能になったことも説明されていた。以下では、二つの論理の内実を詳しく見てみよう。

（2）〈指導〉という論理

まず、〈指導〉という論理についてである。次の語りは、インタビューをはじめてすぐに出てきたY先生のものである。近代学校という場において、多様性や個性を認めることを強いられることへの「苦しさ」が率直に語られている。

Y先生：学校ってむしろ多様性と反するものをわざわざ制度化した場所じゃないですか。一斉授業にしても、クラス制度にしても、制服にしても、学年制にしても、宿命的に合理化みたいなことを背負わされてるなかで、個性とかを認めていかないといけないっていう、すごい矛盾したことを私たち要請されているわけじゃないですか。学校のなかで多様化っていうんやったら、学校の外にもっとたくさんのレールを増やしてくれたほうが、私たちとしては、私たちを選択肢の一つにしてもらえたほうが、ずっとやりやすいのに、学校のなかで多様化を求められてしまうっていう苦しさが、結構ずっとやっぱりあって。

学校は「多様性と反するものをわざわざ制度化した場所」であるために、「宿命的に合理化」を背負わされている。そのような「学校のなかで多様化を求められてしまうっていう苦しさ」があり、それよりは、「学校の外にもっとたくさんレールを増やしてくれたほうが、私たちとしては、私たちを選択肢の一つにしてもらったほうが、ずっとやりやすい」。このようにして、学校内にあるのなら居場所カフェには学校のルールにしたがってほしいとY先生は主張した。

それをY先生が強調するのは、学校では集団をコントロールすることが教師にとって重要な課題となっているからだ。遅刻した生徒を教師が叱責したことによって生徒が過呼吸になったという報道された出来事を例に挙げながら、Y先生は次のように語っている。

Y先生：教員の叱責のほうをすごいクローズアップして指導が強過ぎたみたいな感じになってるけれども。私たちの立場からしたら集団動かす以上、遅れてくることに対してそれぐらいのことはするよね。結構思っちゃう、今でも。……それが何でなのかって、やっぱり人間観っていうか、ベースが違うと思うんですよ。集団単位、単位が違い過ぎる。合理性とか秩序みたいなものを生むような仕掛けがそこらじゅうになされている。そのなかで私たちってやってるから、自分たちの意思でない部分もやっぱり、思想を動かさせられる。それなのに多様性とか個性とかをすごい要求されてしまうっていう苦しさが、外部が入ってきたときの壁の理由でもあると思うんすよ。

学校において教師は集団を相手にしているし、集団を統制するための仕掛けが学校にはりめぐらされている。そのようななかでは、個別に支援するという視点よりも、どうしても集団を統制するための〈指導〉に重点が置かれてしまう。そのことが「外部が入ってきたときの壁の理由」にもなっている。Y先生はこのように学校についての認識を語ってくれた。

加えて、Y先生によればA高校では生徒に〈指導〉をすることが特に必要になるという。

Y先生：特にここ（引用者注：A高校）は、基本的な生活習慣とか常識が育ってない子がやっぱり多いので、こうやって向かい合って目を見て話をしますよとかっていうことなんか分からない。もちろん彼らの責任ではないんですけれども、なんか授業が成り立たないと。そこでやっぱり成り立たせたいっていうようなななかでやってるので、規律の面であるとか、ある程度のルールであるとかを守ってほしいっていうのは、最低限の願いとしてやっぱり思ってる。でも、そこにやっぱ乗ってこれない。学校に時間どおりに来れません、制服をちゃんと着れませんとかっていう子を、指導ではなく支援していきましょうっていう論調に、やっぱ今すごくなってるので、本当に普通のことが成り立たない。教員の話を聞いてもらうとかができない。ていうなかで結構難しい。指導、支援のはざまですごい難しい立場に立たされている現状がすごく正直あります。

A高校では「基本的な生活習慣とか常識が育っていない子がやっぱり多い」ので、授業を成立させることすら難しい。そういうなかで「支援をしていきましょう」という論調があるので、「指導、支援のはざまですごい難しい立場に立たされている」というわけである。指導／支援という区別は、集団／個（性）という区別と重なっており、学校は集団を指導するための役割を担っているのである。

これらの批判が居場所カフェに対してだけでなく、A高校全体、ひいては近年の教育政策や世論に及んでいることも重要である（「すごい矛盾したことを私たちは要請されているわけじゃないですか」）。〈支援〉と〈指導〉はそもそも異なるものであり、学校の教師が〈指導〉と別の論理で活動することは難しい。にもかかわらず、A高校や近年の教育政策、世論はそういったことを教師に要請してくる。Y先生たちはその困難性に目をむけてほしいと主張しているのである。

(3)〈責任〉という論理

つぎに、〈責任〉という論理について確認しよう。〈責任〉をめぐる問題が顕在化するのは、とりわけ情報共有の問題をめぐってであった。というのは、次のようなことが実際に起こったりするからだ(以下のエピソードは、調査を通じて知ったことをもとに作成したフィクションである)。

居場所カフェに来た生徒がスタッフに対して、親に黙って年上の恋人と一泊二日の旅行に行く予定があるということを打ち明けたとしよう。しかも、その話はそのスタッフにだからこそ打ち明けたのであって、「そのほかの人には話さないでほしい」と生徒に念押しされた。そのようなとき、居場所カフェのスタッフはどのように振る舞うのが適切であろうか。生徒に言われた通りに内密にすると、生徒が「危険な目に遭ってしまう可能性があるので、それは不適切なふるまいとなる。だから教員とその情報を共有することが適切である。他方で、教員に共有したことをその生徒に知られたら、その生徒との信頼関係は失われることになる。このようにして居場所カフェのスタッフは、教員と生徒との関係のあいだでジレンマ状態に置かれてしまう。

本節の冒頭に示したY先生の語りは、このような場合に、スタッフが生徒との信頼関係を重視して「生徒が危険な目に遭う」可能性を看過してしまうのではないかという不信感の表明である。このような情報共有の問題は、決して教員だけの問題ではなく、居場所カフェのスタッフにとっても難しい問題として認識されうる。たとえば校内居場所カフェのスタッフ経験者は、次のように述べる(居場所カフェ立ち上げプロジェクト編 2019: 34)。

生徒から語られるトークの中に出てくる色々なサインをキャッチすることが必要な役割の一つです。キャッチした内容を再度雑談の中で確認して情報を整理します。そして、本人に他の支援者の存在を示し、許可を得て、情報を関係者間で共有することが王道です。生徒によっては許可が得られない場合もありますが、緊急性が高く、今後大きな問題に発展しかねないという事案については代表と会議を重ね、先生に伝える場合もあります。その場合は先生方に情報の扱いには十分注意してもらい、裏で生徒の環境の調整につなげてもらいます。

さらに言えば、会議だけでは忙しい教員と情報共有するのが難しい。そこで「ちょっとした立ち話の積み重ね」が重要になる。

忙しい先生とコミュニケーションを取る時間はなかなかもてないのが実際です。オフィシャルな情報共有の場だけではなく、廊下ですれ違った際のちょっとした立ち話の積み重ねが、支援の質を高めると感じています（居場所カフェ立ち上げプロジェクト編 2019: 99)。

このようなスタッフ側の記述をふまえれば、スタッフは教員と情報を共有することを大事にしている。また、前記において明言されているわけではないものの、スタッフは最終的に〈責任〉をとる存在として教員を尊重しているようにも思える。したがって、情報共有と責任の所在をめぐる問題は、会議や立ち話のなかで連携をうまくとっていくことができれば、解消される課題であるとも考えられる。

しかし、実際に情報共有をしようとすれば、どのような情報をどのように共有するべきかという基準を確立しなければならない。なぜなら、居場所カフェを利用する生徒は1日に数十人に達するし、すべての生徒がどのように過ごしていたのか、それぞれの生徒とどのような話をしたのかを、スタッフがすべて教員に報告することは不可能であるからだ。情報共有をするためには、伝えるべき情報か否かを選別する何らかの基準が必要になる。たとえば両者が〈指導〉の論理を共有できれば、ルールから逸脱している生徒の逸脱した行為を報告すれば良いだけのことだろう。しかし先に見たように、教員と居場所カフェのスタッフは、〈指導〉の論理を共有し合えない。だから、大量の情報のなかからどの情報をどのように共有するのかといった問題が宙吊りになってしまう。

ここで注目しておきたいのは、Y先生の「担任まで来なかったこととかもあったりとかして」という語りにあるように、教員一般ではなく「担任」に焦点化している点である。つまり、Y先生たちの焦点は、教員／スタッフという区別よりも担任／その他の教職員という区別に置かれている。たとえば次の語りは、Y先生が居場所カフェのスタッフとの情報共有の難しさを語った後に発せられたものである。

> 教員だって、たとえば担任っていうのを決めてしまえば、やっぱ人の担任の生徒にはあんまりいかないようにするとか、自分とこの生徒が他の先生に頼んでたらすいませんみたいな、うちの子なのにみたいな感じのメンタリティにはなると思うので。

前記の語りをふまえれば、情報共有と責任をめぐる問題は、教員とスタッフとのあいだでのみ生じるものではない。教員同士のあいだでも生じうる問題である。しかし教員同士であれば、その問題が顕在化したときには担任に〈責任〉を帰すという論理に基づいて対処している。そうした規範が教員集団のなかにあることを示す語りといえよう。

要するに、居場所カフェとは〈指導〉の論理を共有しているのでもないし、学級担任の判断を重んじるという〈責任〉の考え方も共有できるのか不安である。そのために、Y先生たちは居場所カフェとは連携することが難しいと考えていた。それでは、CCとはどのように連携していったのだろうか。次節では、そのことについて検討しよう。

5 なぜ、どのようにCCと連携したのか

(1) CCの専門性とは何か――〈指導〉をめぐる問題

A高校では、CCは一室に待機して生徒たちの相談にのったり話をしたりしているため、居場所カフェとの類似点もある。なぜ、居場所カフェには反対していたY先生たちがCCとの連携を模索するようになったのか。その経緯を確認することで、〈指導〉の論理と〈責任〉の論理がより明確になる。

Y先生たちがCCと連携をとるようになったのは、担当の生徒たちが2年生の秋ごろだった。そのときの様子について、X先生は次のように語っている。

X先生：Vさん（CC）という方がいらっしゃるらしい。でも、その活用の仕方っていうのは正直、なんか前の学年が使ってるのをちらっと見てたけどもよく分からん。どういう方なんやろう。ちょっとどういうふうに連携できるんか、相談しなあかんなっていうところがスタート。

先述したように、Y先生たちをはじめとしてA高校の教員には若い世代が多い。そのなかで就職を主とした進路指導を経験したことのある教員はかなり限られている。加えて、この学年集団は、A高校全体の教育理念に懐疑的であることから、他学年の同僚にそのことを相談することも十分にできない状態だった。このような状況において就職を主とする進路指導についてVさんを頼りにしようとしたわけである。実際に顔合わせをしたとき、Vさんから「自分の名前をちゃんと先生方に自己紹介するのは初めてです」という反応をもらえて、「お互いの意欲的なもの、すごく響き合ったっていうか、絶対いい形にしてやろうっていう、いい進路指導やろうみたいな熱さはすごくあった」とY先生は振り返っていた。

では、実際にどのように連携していくのか。当然、CCという専門職の役割を理解しなければ連携することはできない。そこでY先生たちはCCの専門性を確認するところからはじめた。

X先生：最初は、そもそもどういうことをしてくださるんですか、と。なんか生徒の面倒みてもらってますけども、どういう生徒みてもらったらいいんですかってことで。僕が間違った認識でおったんですけど、他の学年みとったときに、知的障害があるかなっていうのと、就職心配なっていう生徒を面倒見てもらう場所かなと認識してたんですけど、そうですかって言ったら、そうじゃありませんと。どういう生徒でも見ますと、うかがったんで。

Y先生やX先生は当初、特別な教育的ニーズを抱える生徒の進路指導を担当してくれるのがCCの役割だと考えていたが、それは誤った認識であった。CCと相談することで初めて、生徒の特性にかかわらず進路に対してのアドバイスなどをしてくれる役割であることを知ったのである。だが、「どういう生徒でもみます」と言われたY先生たちは、どのような生徒を送るほうがいいのか、その判断基準がなくて困ることになる。

Y先生：生徒を送ってくださいとか言われても全然分かんないんですよ。……Vさんの望んでいることと、私たちが望んでることとって、なんか一致しないいんじゃないかなっていうような不安があって。……どの状態になったら、生徒の進路意識が成熟したって見ます？

知念：なるほどね。

Y先生：分からないですよね。指導してても、この子カウンセリング送ったほうがいいなって。SC（スクールカウンセラー）やったらね、自傷行為してますとか言われたら送れるんですよ。悩んでますとか、なんか授業中泣いて仕方ないですとか。本当しんどそうとか、休みがちとか。分かりやすいじゃないですか、サインが。でも、進路に関してはどの子を送らないといけないかっていう判断も明確な基準はないし、それが進学指導やったら、良いことではないけど、偏差値輪切りで判断できることってあるじゃないですか。模試受けさせたらE判定やから、ちょっと進路変更させないといけないとか。そういうものがやっぱない。いいっていうものの基準も、うちの学校とかやったら大企業やからいいとはならない。中小企業のなかでもめっちゃ熱い企業もあれば、熱さはないけれども堅い企業もあればみたいなので、何かを判断する一元的な物差しがないんですよ。……誰をどう優先的に送ったらいいですかとかっていうことから聞いてましたね。

ここで語られているように、CCの役割は、特別な教育的ニーズを抱えていたりしんどさが顕在化しているような生徒に特化してカウンセリングを行うことではない。また、偏差値という手がかりがある大学入試とは異なり、高校生の就職活動には「一元的な物差し」がないために、どのような生徒をCCに相談すればよいのか分からない。とはいえ、契約時間の制約もあるため、すべての生徒をCCに送るわけにはいかない（X先生「Vさんがおっしゃってたのは、継続的にかかる生徒っていうのは1週間に1回ぐらい、やっぱあいだを遮断したいっていうところをふまえて、じゃあ何人ぐらいかなっていうところを計算して、各クラス1人か2人やなっていう」）。

そこでY先生たちが考えたのが、「実験台」として、「腰をおろして（進路の）話ができる状態」の生徒を、Vさんにお願いしてみることだった。そうすることで、Vさんが生徒にどのようなことをしてくれるのかを具体的に把握しようとしたのである。実際、その生徒へのVさんの対応をみてY先生たちはCCという専門職の専門性を把握できるようになる。

Y先生：進めながら、結構やってもらえてることがあるって、職業興味検査とかやってくれてて、多分あのホランドの六角形のやつやと思うんですけど、やってくれて、あ、こんなんもやってくれるんやとか、何となくいいなって周りの担任とかも思い始めだした感じやんな。行ったらなんかいいことあるんちゃうんかなみたいな。送り込むのにちゃんと会議しようやみたいな、になったよね。なんか、なんでもいいから行かせようじゃなくって、ちゃんと会議をしようみたいな話をして。学年の会議の終わりに絶対担任会議をするようになって、2年の終わりから。

このようにして、担任教員同士でどの生徒をCCに送るのかということを会議で決めて、Vさんのもとに送るようになっていった。たとえば、その試行錯誤は「次につながるには、ちょっと手が入ってなさ過ぎるとか、まだ浅いとか、あいだに進路イベントが1個あって、それをふまえたほうが多分変化が見れるとかっていうので」（Y先生）というように語られている。

このようにして、CCの専門性を十分に把握できていなかったX先生らは、実際にCCと話をしてその専門性を理解し具体的に生徒を送ってカウンセリングしてもらうことによって、CCと連携するようになっていった。このようなCCの専門性、あるいはX先生たちがCCに期待する役割は、X先生たちが抱く〈指導〉の論理と葛藤したり矛盾するものではない。大学入試における偏差値のような「一元的な基準」がなく、どのように進路指導をしていいかわからないX先生たちにとって、〈指導〉の論理に基づいた就職指導を編成するうえで、CCの存在はむしろ必要なものだったとさえいえるだろう。

（2）「クラスに返す」とは何か――〈責任〉をめぐる問題

先の語りにあるように、CCに送る生徒は担任会議のなかで相談して決めていた。〈責任〉という論理からとらえる場合、CCに送る生徒を決める場が「担任」会議であった点が重要である。「担任に生徒をきちんと返す」のかという不信感を居場所カフェに抱いていたX先生たちは、CCのVさんと連携をはじめる際に、「クラスにちゃんと返してほしいです」という約束をしてもらった。そのときの様子について、Y先生

図表 11-1　VさんからX先生に宛てられたメールとそのメモ

差出人：V

宛先：X先生

件名：教えていただきたいこと

A高等学校

X先生

いつもお世話になっております。

先日の打ち合わせ内容の中で、疑問が２点出てきました。

もう少し具体的に教えていただければありがたいです。

先生方からいただいた書類（第三者機関との連携）についてです。

１）「われわれの理想」の部分において、「担任としては、「クラスに返す」意識をももってほしい」とありますが、もう少し具体的に教えてください。

私の中では、①面談情報をクラスに返す（フィードバック）、②生徒自身をクラスに返す（支援の一旦終了）の二つの視点が浮かびました。

①はこれまで通り、担任にフィードバックすることで対応できるかと思います。

②の場合、担任の指導のなかで、具体的な支援プランがあるかと思いますが、生徒にとって、CC が必要な部分を私が対応しクリアすれば、クラスに返し、担任が引き続き指導をするといったことを指しているのでしょうか。また、この部分について、どのようなことを私に希望されているのでしょうか。

２）理念について、「担任をフォローするという観点をもってほしい」とありますが、一点目と共通する部分だと思います。具体的にどういうことをフォローだと考えておられるでしょうか。

①という判断は
教師にはできない

②こうしてほしいというよりも、
こうなったらマズイなという自戒の
方が強い。
あと、カフェみたいになったら
困る…

は次のように語る。

Y先生：かなりあけっぴろげに、教室で４人でね。X先生と、私とZ先生とVさんの４人で、実は私たちは外部との連携っていうものをすごい不安に思ってますって。なんでかっていったら、こういうことがあったり、こういうことがあったからですっていう事例もちゃんと言って。……クラスにちゃんと返してほしいですっていう。自分が前に出て生徒を引っ張ってくんじゃなくて、もっと担任をフォローするっていう観点を持ってくださいとか。なんか言いづらいなっていうことなんですけど、それも言わせてもらったりとかして。それに対して同感ですっていうことを言ってもらえたので。

このようなやりとりは、対面だけではなくメールのやりとりにも及んだ。Y先生は、そのときのX先生とVさんのメールのやりとりを印刷し、そこにメモを残していたので、それを見せてもらうことができた。その際に見せてもらった資料を再現したのが、図表11－1である。

図表11－1からは、「クラスに返す」という点と「担任をフォローする」という点がX先生らとVさんのあいだで重要になっていたことがわかる。X先生らとVさんは、図表11－1に示されるようなやり取りを繰り返すことで、「クラスに返す」という言葉に込められた含意を互いに確認し合い、共通認識をつくっていった。また、「カフェみたいになったら困る」というメモにあるように、少なくともY先生にとって居場所カフェは生徒を抱え込んでしまう場だったのである。

以上のことからわかるように、X先生たちは、担任が生徒の〈責任〉をもつという論理を意識しながらVさんとの連携を進めていった。CCに送る生徒を担任会議で決めること（CCが決めるのではない）や、「クラスに返す」や「担任をフォローする」という言葉からわかるように、担任に最終的な〈責任〉があることを明確化することによって、CCとの連携を可能にしたのである▼4。

6 まとめ
——教員がその他の専門職と連携していくためには

本章では、居場所カフェを批判する教員たちへのインタビューを手がかりに、居場所カフェを批判する論理とCCという専門職と連携するようになった経緯を記述・分析してきた。そうした作業を通じて明らかになったのは、X先生らが〈指導〉の論理と〈責任〉の論理を用いて教員としての実践を意義づけ、居場所カフェを批判するとともに、CCとの連携を達成していく姿であった。居場所カフェは学校内に学校とは異なる論理で存立する空間を取り込もうとする取り組みであり、だからこそ、教員が連携するポイントを明確にしにくく、そこにいく生徒をコントロールすることもできない。その意味で、教員との葛藤が現れやすい取り組みであるといえるだろう。だが同時に、CCとの連携においても同じ点に注意が払われていたように、居場所カフェを批判するうえで参照されていた二つの論理は他の専門職との連携において生じる困難や葛藤と通底しているといえるだろう。

このような知見から何がいえるだろうか。まず強調しておきたいことは、学校教育の改革（その他の専門職との連携もその一つ）をすすめていくうえで教員の職業規範を十分に理解することが不可欠だということである。栗原（2021）は教師が貧困をどのように捉えているのかを分析し、教師が「貧」と「困」を分けて理解し、「貧」であっても「困」ではないとして子どもに貧困概念を当てはめて説明することを回避していることを明らかにした。教師が子どもに対応するのは貧困だからではなく困っているからだ。そのような職業規範を有する教員に貧困理解を促したところで貧困状態にある子どもへの特別な処遇にはつながらないと栗原は指摘している。

教師の職業規範をふまえたうえでの対応策を考えていくという栗原の視点は、本章の焦点でもあるその他の専門職との連携においても重要である。「学校は指導をするところだ」、「生徒に対する最終的な責任は担任がもつべきだ」といった言明に現れる〈指導〉や〈責任〉という論理は、職業規範であるといえるだろう。そして、教員がその他の専門職と連携に消極的であったりそれを批判したりするのは、本章で見てきたように、〈指導〉や〈責任〉という教員が有する規範を犯すものであるからだ。そのような職業規範を理解しなければ、その他の専門職との連携は円滑に進むことはないだろう。言いかえれば、教員とその他の専門職との連携が進まないのは、教員側の専門職に対する理解が不足しているからではない。教員の職業規範と対立したり葛藤したりするからなのだ。実際、X先生たちはCCという専門性を十分に理解していないにもかかわらず、自らの職業規範を犯さないように慎重にコミュニケーションすることによって連携を達成していた。このことが教員の職業規範を理解することの重要性を端的に示している。

もちろん、そうした教員の職業規範それ自体を変えるべきだという見方もありうるだろう。その点からいうと、教員の職業規範を理解することは、それをどのように運用していくことができるのかという論点にもつながっている。本章でY先生たちが〈指導〉の論理を強調したのは、Y先生たちにとって同僚や昨今の世論が「指導ではなく支援」ということを強調しているからである。〈指導〉の論理を強調するY先生たちだが、生徒に関わっているときの様子を聞くと個別に生徒を支援していることもうかがえた。〈指導〉の論理を強調しているY先生たちも、実際には〈指導〉と支援のはざまでジレンマを抱えながら実践しているのである。本シリーズ1巻の著者の議論の言葉を借りれば、Y先生たちも「一息つく」ことの重要性（金子2024）を理解していたり、ジレンマのなかで実践をしたりしていたということだ（澤田2024）。

にもかかわらず、Y先生たちが〈指導〉の論理を強調するのは、支援の重要性への理解が十分ではないからではなく、「指導ではなく支援していきましょうっていう論調」という語りにあるように、外からの圧力を感じているからである。他者から「支援」を過度に期待されるから「指導」を強調せざるをえない状況に置かれているともいえよう。そうであるとすれば、Y先生たちに説くべきは支援の重要性ではない。どちらか一方を選ばないことの重要性、すなわち、ジレンマに立ち続けることの重要性であり（澤田 2024）、状況をふまえながらその都度判断していくことの重要性である（金子 2024）。指導か支援かというジレンマや葛藤は、具体的に子どもと対峙する場面の内にあるべきものであり、その内で抱えた葛藤やジレンマはその他の専門職を含む同僚と共有されるべきなのだ。Y先生たちに支援の重要性を説くことは、むしろ〈指導〉の論理を強化することにつながり、ともすれば、そうしたジレンマや葛藤を人間関係の対立に転化することになってしまうだろう。

では、そのような葛藤やジレンマを同僚で共有・分有していくためにはどのようにすればよいのだろうか。そこで重要になるのが〈責任〉の論理である。〈責任〉という論理は、小野・高嶋（2021）が教員同士の語り合いの分析から明らかにしているように、一人の教員が仕事を抱え込みすぎている問題を担任という制度への言及によって問題を同僚と共有する、つまり担任の責任を保持しつつ担任の負担を軽減・解除することを可能にするものでもある（たとえば、別の学校で働く教員個々人であっても、「担任をした経験」ということを基盤に共有できる経験として語り合うことができる）。〈指導〉に振り切ることなくジレンマや葛藤のあいだに立ち続けることの重要性を認識し、〈責任〉という論理を活用しながら業務を共有・分有していくこと。このことが可能になる仕組みをつくっていくことが、教師が過剰な負担を抱えることなく、他の専門職を含む同僚と連携する際の鍵となるだろう。

教育が行われている現場において、どのように問題が立てられ、その問題がどのように解かれているのか。

そして、その問題が立てられる・解かれるプロセスにおいて、参与者たちによって、外側からの言説はどのように用いられているのか。これらの観点から現実を記述することで、どのようなインストラクションを作成することができるのか。本章で行った一連の記述は、教育社会学者が実践者とともに「バスに乗る」（森 2024）ことの意義・役割の提案でもある。

注

1　居場所カフェが教育や福祉のスタート地点になるという点については、1巻の金子（2024）の論考を参照してほしい。

2　匿名性の観点からインタビューを行った時点は明示しない。教員の性別を明示しないのも同様の理由からである。インタビュー中に教員の性別が話題に上がらなかったことから、本章に登場する教員にとって、居場所カフェを批判したりCCと連携したりするうえで性別は特別に取り上げるべきではない情報だったと考えられる。

3　当時のA高校では、学年別に職員室が分かれており、全体の教職員が集まるような部屋はなかった。そして、教科別に教職員が集まるような習慣も、他の高校に比べてかなり少なかった。したがって、3年生を主に受けもつ教員たちは、日常的には学年の教員同士で関わり合うことになると同時に、他の学年の教員との接触は限定されることになる。ここで3年生の教員たちが足並みをそろえて居場所カフェに違和感を唱えていることは、そのような職員室の配置も大きく関わっている。

4　実際、Y先生は居場所カフェを頭ごなしに否定しているわけではない。居場所カフェとの連携について可能性を感じたこともあるということを次のように語ってくれた。

Y先生：（居場所カフェとの連携が長続きしなかったのは）生徒の問題もあると思うんですが、こういうCCって割と安定してる生徒を送ることができるんですね。むしろ学校に来ない生徒って進路的にあんま手が入ってないから送りづらいので。だから、次の約束をしたら割と実現しやすいんですけど、カフェって生徒が自発的にまず行くものやから、連れて行けないっていうのが1個と、不安定な子がいるから、カフェがあっても休んでしまうっていうので、持続性がちょっとない感じですね。印象としては。見立てがしっかりあるわけでもないので、なんか本当、ただ行っただけっていう。そこになんかちょっとした見立てとかがあったりとか、連携できるものがあればいいんですけれど、それがちょっとないので。

この語りでは、①「生徒が自発的にいくものやから」、②「不安定な子」、③「見立てがしっかりあるわけでもない」という観点から連携の難しさが語られているが、それぞれは①〈責任〉の論理による説明、②「生徒の問題」という生徒の特性を参照した説明、③〈指導〉の論理による説明ということができるだろう。連携がうまくいかなったことを説明しているこの語りにおいて①と③が挙げられていることは、本章の分析の妥当性をある程度示すものだと考えられる。なお、②についてはこの場面以外で語られることはなかったが、それはそもそも私と教員のやりとりの焦点が生徒ではなく教職員にあったからであろう。

文献

居場所カフェ立ち上げプロジェクト（2019）『学校に居場所カフェをつくろう！――生きづらさを抱える高校生への寄り添い型支援』明石書店
小野奈生子・高嶋江（2022）「教師の〈協働〉の一形態としての問題経験の語り合い――「抱え込み」ということばに着目して――」『共栄大学研究論集』20：145-55頁
金子良事（2024）「「無為の論理」再考」森直人・澤田稔・金子良事編『公教育の再編と子どもの福祉①〈実践編〉「多様な教育機会」をつむぐ――ジレンマとともにある可能性』明石書店：66-81頁
栗原和樹（2021）「教師にとって「貧困」とはどのような問題か――貧困概念の運用と職業規範に着目して」『教育社会学研究』108：207-26頁
酒井朗（1998）「多忙問題をめぐる教師文化の今日的様相」志水宏吉編『教育のエスノグラフィー』嵯峨野書院：223-248頁
澤田稔（2024）「教育における緩さとジレンマの意味論――「社会的に公正な教育」の構想とその実践的課題＝可能性」森直人・澤田稔・金子良事編『公教育の再編と子どもの福祉①〈実践編〉「多様な教育機会」をつむぐ――ジレンマとともにある可能性』明石書店：82-110頁
鈴木雅博（2022）『学校組織の解剖学――実践のなかの制度と文化』勁草書房
前田泰樹・水川喜文・岡田光弘編（2007）『エスノメソドロジー――人びとの実践から学ぶ』新曜社

森直人（2024）「バスに乗る」森直人・澤田稔・金子良事編『公教育の再編と子どもの福祉①〈実践編〉「多様な教育機会」をつむぐ――ジレンマとともにある可能性』明石書店：17-43頁
保田直美（2014）「学校への新しい専門職の配置と教師役割」『教育学研究』81（1）：1-13頁
保田直美（2022）「常勤での多職種協働と教員役割」『教育社会学研究』110：191-211頁
山田勝治（2019）「『となり』カフェという企み――ハイブリッド型チーム学校論」居場所カフェ立ち上げプロジェクト『学校に居場所カフェをつくろう！――生きづらさを抱える高校生への寄り添い型支援』明石書店：117-125頁
山野則子（2018）『学校プラットフォーム――教育・福祉、そして地域の協働で子どもの貧困に立ち向かう』有斐閣

第12章

教員の「指導の文化」と「責任主体としての生徒」観

井上慧真

1　はじめに

（1）『生徒指導提要』の改訂――不登校児童・生徒の指導／支援にかかわる記述を中心に

2022年『生徒指導提要』（以下「提要 2022」と表記）が12年ぶりに改訂された。不登校児童生徒への指導と支援に関する記述は、旧版の『生徒指導提要』（以下「提要 2010」と表記）と比べ大幅に拡充された。「提要 2022」は、教育機会確保法の理念に拠りつつ、教員のさまざまなかたちでの不登校児童・生徒の指導／支援について述べている。内容は多岐に渡るが、主要なものとして（1）不登校児童生徒の状況を多角的にとらえるアセスメントの視点、（2）個に応じた具体的な支援、（3）連携・協働による対応の3点がある。

この3点について「提要２０２２」の記述をみると、（1）アセスメントの視点については、たとえば「あそび、非行」型の不登校の背景に親子関係の葛藤や学力の課題があった例に言及しつつ、不登校児童生徒への対応において「不登校の背景にある要因を多面的かつ的確に把握し、早期に適切な支援につなげるアセスメントの視点」（文部科学省 2022：224）が重要であると述べる。このアセスメントは、個別の生徒理解に加え、生徒指導記録や学習状況記録などに基づく多面的なものとされる。またその前提として、日常の学級づくり、学習指導（指導の個別化、学習の個性化）があり、教員は「毎日見ているという強みを生かして、「ちょっとした変化」、「小さな成長」に気づく」（文部科学省 2022: 231-232）こと、「幅広い事項について児童生徒の変化や成長に対するアンテナを高くしておく」（文部科学省 2022: 232）ことが求められる。

（2）個に応じた具体的支援については、「ケース会議による具体的な対応の決定」「校内における支援「別室登校の児童・生徒」、「家庭訪問の実施」「家庭や保護者を支える」等の項目毎に詳細な対応方針が示される（文部科学省 2022: 232-237）。基礎となるのは、「どのような学校であれば行けるのかという支援ニーズや、本人としてはどうありたいのかという主体的意思（希望や願い）、本人が持っている強み（リソース）や興味・関心も含め、不登校児童生徒の気持ちを理解し、思いに寄り添いつつ、アセスメントに基づく個に応じた具体的な支援を行うこと」（文部科学省 2022: 224）という方針である。

（3）連携、協働による対応については、「生徒指導・進路指導、特別支援教育など分掌間の協働」「養護教諭・スクールカウンセラー・スクールソーシャルワーカーなど他専門職との協働」、「（小中学校での情報共有のような）校種間の協働」、「フリースクール・教育支援センター、児童相談所など他機関との協働」のようなさまざまな形態を含む。「関係機関につなぐ支援」（文部科学省 2022: 234）や「多様な学びの場につなぐ支援」（文部科学省 2022: 234）の必要性が述べられている。

（２）不登校児童生徒への指導／支援——教員の責任の多様さ、大きさ

「提要２０２２」では、一方で、教員の多忙化の問題にも及している。平成18年度の中教審答申を引用する形で、「多くの業務を抱え、日々子どもと接しその人格形成に関わっていくという使命を果たすことに専念できずに、多忙感を抱いたり、ストレスを感じる者が少なくない」（文部科学省 2022: 29 脚注14）や、教員間のつながり、同僚性の希薄化について言及している。

「提要２０２２」で示された不登校児童生徒に関する方針を本章の筆者の視点で理解するならば、学校内外でのさまざまな連携、協働により、さらなる教員の多忙化は回避しつつ不登校児童・生徒への支援の充実を図ろうとしているように思える。仕事の「量」や「時間」という面でみれば、このような方針は多忙化の回避につながる可能性はある。ただ、教員の「責任」という視点から「提要２０２２」の不登校にかかわる記述をみると、教員がますます多様かつ大きな責任を負うものとされる。生徒の詳細な状況を理解・把握し、思いに寄り添いつつ、アセスメントに基づく個に応じた具体的な支援を行う。学校内から家庭、関連機関、地域にかかわるものまで多様な支援を教員は担う。また、児童相談所や医療機関、福祉機関等外部機関との連携に際しても、「丸投げに終わるのではなく、学校と関係機関が責任を分け持つことが大切」（文部科学省 2022: 239）として、連携のなかで学校が責任を果たすことが求められている。

（３）本章の議論——かつての喫煙への指導から教員の責任をみる

労働時間の面だけでなく、負う責任の大きさ、多様さも教員の「多忙化」の重要な要素であるとするなら

ば、不登校児童生徒への指導／支援における教員の責任のあり方は、重要な論点である。本章では、このような教員の責任のあり方が問われ、揺れ動いた先例として、１９７０～80年代の高校教育のなかで特に問題となった生徒の喫煙をとり上げる。高校は特に、「停学」、「退学」という懲戒処分を持ち、多くの学校は喫煙をこれらの処分の適用対象としていた。しかし、喫煙した生徒を停学・退学等の処分により一時的にあるいは永続的に「学校の外におく」のではなく個別指導や家庭訪問を重ねるなど、より「学校の内」において綿密な指導を行い事態の改善を図ろうとする動きがあらわれた。

いうまでもなく、教育機会確保法、そして生徒指導提要において「不登校」と「問題行動」は明確に区別されている。ただし、教員の責任のあり方――「指導」の領域に注目するとき、かつての問題行動（ここでは喫煙）と教員の責任をめぐる議論は示唆的である。元森（2014）は、明治期の日本における年少者保護の諸制度の検討から、「年少者像の一枚岩でなさ」（元森 2014: 128）を明らかにした。本章では、１９７０年代から１９８０年代にかけての『月刊生徒指導』誌に掲載された高校教員による喫煙問題への各校の指導、教育実践報告を手掛かりに、「生徒の喫煙」という行為に関する教員の責任をめぐる議論の過程を検討する。不登校とのつながりがきわめて薄いように思える「喫煙」であるが、「教員はどのような事柄、かかわりを指導とみなし、どこまで責任を負うか」をめぐる教員の立場の一様でなさ、さらにそれらの基となる「責任主体としての生徒」観の一様でなさを検討するうえでは重要な対象である。

日本の学校の教員文化に関する重要な概念として、酒井朗の「指導の文化」がある。学習指導のみならず、児童・生徒とかかわる多様な行為を「指導」と位置づけ、教員の責任とする教員文化は「指導の文化」と呼ばれる（酒井 1998）。酒井をはじめとする先行研究においては、学習指導の方法自体よりも教員と生徒同士の信頼関係を重視するのが日本の教員文化の特徴と考えられてきた。つまり、教員と生徒との人格的関係とそのなかで生まれる信頼を土台として、「指導」は可能になるという考え方である（Shimahara and Sakai 1995）。日本の教員文化の特徴として「無限定的な関心と熱意とを必要とするのだ、という一つの教職観が父母と教員とに分有・共有されている」（久冨 1988: 96）という「無限定性」が指摘されてきた。

「指導の文化」は、教員が自分たちのどのような行為を児童・生徒への指導とみなすのかという信念にかかわる部分に焦点化した概念である（酒井 1998）。酒井らの行った日米比較調査によると、日本では「入室指導」や「給食指導」といったように多様な場面における自らと生徒との相互行為が指導とみなされる。それらの場面に教員が立ち会い、指導を行うべきであるという信念に支えられたものであった。学習指導方法の改良を最重視するアメリカの教員文化とは対照的であった。酒井は教員の多忙化の背景に「指導の文化」があると指摘した（酒井 1998）。

高校においては「指導」の様相はやや異なる。商業高校生徒の進路決定に至る過程の研究（千葉・大多和 2007）によると、進学・就職に関するさまざまな行事や教員との個別相談に参加していない生徒について、「学校による支援に対して自ら離脱したのならば、学校は（生徒の自主性を尊重するために）関与できないというロジック」が働くこと、その結果として「学校は無支援状態になった生徒に対し責任をとらないで良いことになっている」（千葉・大多和 2007: 81）ことを明らかにした。進学・就職に関するさまざまな行事や個別相談が提供される一方、それらの対象は「指導に乗る」生徒、つまり「適格な」生徒に限定される。生徒が「指導に乗らない」とき、それは「指導の失敗」ではなく、生徒が「自ら」指導から離脱したものと見なされる。

このような高校の「指導」の背景には、小・中学校との立ち位置のちがいがある。高等学校は義務教育までとは異なり、訓告・停学、そして退学処分という懲戒処分や、原級留置（いわゆる留年）がある。また、自ら退学することも認められている。高校への「進学」と「卒業」はイコールではなく義務教育にはない「中退」が高校には存在する。また、高校がかつてより多様な学力、多様な社会的背景をもつ生徒を抱えるようになるなかで、入学後も日常の学習・生活指導のなかで課題が生じたとき、どのように向き合うのかが課題となっている。進路選択、そしてのちに本章で論じる喫煙等の生徒への対応においても、「どこまでが教員の責任とみなされるのか、どこからが自立した責任主体としての生徒の選択と見なされるのか」という問いが、義務教育とは異なり、適格者主義を採用している高校教育においてはより顕著である。

(4) 教員の責任を「拡張する論理」と「解除する論理」

これらの研究の知見は高校中退について考えるうえでも重要である。非常に大まかに対応を分類すれば、一定の指導を行い行き詰まったときに①「それ以上は生徒自身の責任であり教員は指導の責任を負わない」と判断するのか。それとも②「その生徒の状況に応じてこれまでの学習指導・生徒指導・進路指導の各面を点検し指導を継続する」のか。前者(①)は適格者主義的な性格が強く、教務内規などさまざまなルールの正確な運用に重点をおく。後者(②)は生徒理解により重点がおかれており、久冨(1988)や酒井(1998)において示された教員文化とより連続的である。筆者は、前者(①)を「解除する論理」、後者(②)を「拡張する論理」と呼び、教員の責任について「拡張する論理」と「解除する論理」という二つの分類を示した(井上 2021)。中退の危機にある生徒への対応は、高校の組織文化、特に何を、どこまでを「指導」とみなすのかという「指導の文化」と不可分なものである。

次節以降では、1970年代から1980年代の高等学校における喫煙に関する指導の様相を、この「指導の文化」、そして責任を「解除する論理」「拡張する論理」を補助線として検討する。

2 高校生への喫煙のひろがりと処分中心の対応の限界
――「賽の河原の石積み」?

1970年代から1980年代の生徒指導の問題、特に中退につながる懲戒処分とかかわって非常に多く議論されたものの一つが生徒の喫煙であった。『月刊生徒指導』誌ではたびたび生徒の喫煙に関する特集号が組まれた。またさまざまな連載のなかでも、記事として生徒の喫煙に関する各校の指導や、訴訟に発展した事件に関する見解が取り上げられた。

生徒の喫煙は1970年代に急増をみた。山口県高等学校教員組合・職員組合が行った調査によると、県内48校(普通校29、実業校19)の非行種別件数の推移において「喫煙」は56件(1972年度)から141件(1977年度)と5年で3倍近くに伸びている。なお、「実際はこれをはるかに上まわると思われる」との注が付されており、窃盗や万引き・暴力行為、飲酒、賭け事等他の類型と比べても件数が多い(山口県高等学校教員組合・職員組合 1979)。

また、新潟県内の公立高校の教師が生徒に対して行った調査(池原 1985)によると、「あなたはタバコを吸ったことがありますか」という質問に「はい」と回答した生徒は53%と、半数以上が喫煙経験者であることが明らかになった。さらに、生徒のあいだに急速に喫煙が広がったことが回顧された。調査を行った高校教員は「とくにこの二、三年、喫煙は広く蔓延し様相が一変した。トイレ、裏山などでの喫煙が常習化してきた。以前にはなかった吸いがらの投げ捨て、トイレのパイプ詰まりも日常のこととなった。吸いがらの見えない日はない」（池原 1985: 28-29）と述べている。「ほとんど毎日といってよいくらい喫煙問題と対峙させられている。それをぬきにした生活指導は考えられぬほどである」（池原 1985: 34）というのが当時の高校教師たちの現実であった。

１９００年（明治33年）に施行された未成年者喫煙禁止法▼1は、満20歳未満の者がたばこを吸うことを禁じている（同法第1条）。違反した者の親権者や、親権を行う者に代わり監督する者、未成年者にたばこを販売した者に罰則を科すことが規定されている（同法第３条・第５条）▼2。法のうえでは、未成年者の場合喫煙した本人への罰則は存在せず、親権者、監督者および販売者のみ処罰の対象となる。しかし本人が高校生の場合には各高等学校の規定にもとづく懲戒処分の対象となることがより一般的である。

生徒のあいだで日常化する喫煙は、指導困難な問題でもあった。東京多摩地域のある職業科の高校の教員は、生徒の喫煙に関する指導が決め手を欠く状況を以下のように説明した。

「生徒から『なぜタバコはいけないのか』と開き直られると、多くの教師は返答に窮してしまう。『法律で禁じられている』といっても納得しない。発育途中の者にニコチンは有害だとか、肺ガンは悲しいとかいって見たところで説得力はない。高名の医学者を呼んでタバコの害について講演してもらう話はよく聞くが、実効はうたがわしい」（水上 1974: 39）。

これらの報告からは、喫煙があまりにも日常的になっており、「たばこは20歳から」という法の規定と、生徒の実態とが大きく隔たっている状況があった。

特定の病気のリスクを高めるといった医学的根拠にもとづき20歳未満、当時の「未成年」の喫煙を禁ずるフォーマルな論理▼3は、実際の喫煙生徒への指導場面では有効でなかった。また処分を中心とする対応には限界があった。喫煙に対して、指導、あるいは次節で検討する停学などの懲戒処分を行っても、程なくして再び繰り返す例が後を絶たなかったためである。このような現象は当時多くの教員が経験するところであった。都立高教員対象に1980年度に都立教育研究所（当時）の今井五郎らが行った調査では、「今の生徒指導は賽の河原に石を積む思いである」という設問に対して肯定的な回答をした教師は48％に上った（今井1986）。

3　喫煙生徒への対応

――「学校の外におく」懲戒処分から「指導過程の問い直し」へ

（1）喫煙問題への対応――都内高校への調査から

本節で取り上げるのは、東京都内（大田区、品川区、港区、千代田区）の高等学校における喫煙による処分状況についての調査の結果である。同調査は都立南高校教員の渡辺晴夫により実施され柿沼（1983）のなかで紹介された。記事内では定時制高等学校についても同様に調査結果が紹介されているが、図表12－1では全日制高校（A～P校）の結果のみを整理して掲載した。

多くの高校が喫煙を停学・謹慎等の懲戒処分の対象としていた。この調査では、全日制は調査に回答した16校すべて、定時制では12校中8校が「この一年間どういう行為に対して生徒を懲戒処分しましたか」にお

図表 12-1　生徒の喫煙に対する処分状況

学校	1 回目	2 回目	3 回目	指導内容
A	ケースバイケースだが、謹慎一停学（3 日程）	一般的にも慣習法的にも定めなし		作文（反省文）の提出
B	謹慎 7 日以上、誓約書をとる。改悛の情が認められるまで。	回数に関係ない		担任、学年主任、生徒部長等の家庭訪問、反省日記、2~3 週間に及ぶことあり
C	本人、父兄、担任をよび、学年主事が訓戒			
D	謹慎（日数等は不明）			
E	2~3 日謹慎	2~3 日謹慎		
F	謹慎 5 日	謹慎 7~10 日	無期（2 週間位）謹慎	反省文、日記、課題提出、誓約書提出
G	謹慎（できれば学校で）3 日	謹慎 7 日	無期謹慎	
H	3 日停学（内規上は一週間以内）	1 週間停学		自宅で謹慎
I	停学 3 日	停学 1 週間	無期停学（2 週間を目途）	学校又は家庭で謹慎、今までの生活の反省（作文）、学習ノート（1 日 5~6 時間分？）
J	3 日間をめどとする謹慎	10 日～ 2 週間をめどとする謹慎	（自主）退学を含む進路変更	家庭謹慎を原則とし、反省文、始末書、担任の家庭訪問
K	3 日程度の自宅謹慎	無期（5~7 日）あるいは 5 日	無期（10 日以上）進路変更を含む相談指導	自宅で監督の行き届かぬ場合登校指導、作文（反省、決意）、学習課題、家庭訪問、父母との懇談
L	謹慎 3 日	無期謹慎		担任の家庭訪問、反省文、日記
M	停学（無期、有期の区別なく単に「停学」3~10 日	停学	停学	
N	3 日間の停学	無期停学		親も学校に来てもらい、校長、指導から注意
O	3 日停学（自宅謹慎）	5 日停学	無期	適時学校によび出して指導
P	3 日停学（登校禁止）	無期謹慎（同）	無期謹慎（同）	

※空白は「記載なし」を意味する
出所：柿沼 1983: 105

いて「喫煙」をあげている。以下はすべて全日制高校であるが、各校ごとに指導方針が異なっていることが読み取れる。１回目の処分の方針は比較的共通している。「停学（あるいは謹慎）を３日程度」としている学校が多い（A・E・G・H・I・J・K・L・N・O・P）。ただし「５日」（F）、「７日以上」（B）とより長期の学校、「３〜10日」（M）のように幅のある学校、訓戒とする学校（C）のように、１回目の処分のなかでもばらつきが無いわけではない。

２回目以降の処分の方針について各校の差異が大きくなる。まず対応の分かれる点として、「２回目以降で徐々に処分を重くするか」という点がある。「処分を重くする」タイプの学校（F・G・H・I・J・K・O・P）と、「変わらない」学校（A・B・E・M）に分かれる。さらに、「処分を重くする」タイプの学校のなかでも、３回目の処分を「無期停学」あるいは「無期謹慎」とする学校（F・G・I・K・O・Pうち、FとIは「二週間程度」という目途を示す）と「進路変更」など自主退学を示唆する学校（J・K）に分かれる。また、指導内容についても、同様に差異がみられる。空欄にしている学校（C・D・E・G・M・P）がある一方で、作文の提出（A・F・I・J・K・L）、家庭訪問（B・J・K・L）、保護者呼び出し（N）、課題提出（I・K）、学校に呼び出して指導（O）など、「処分」期間中に「指導」を行っている学校も多い。以上のように、同じ「喫煙」という行為についても、指導の「内容」と「範囲」は異なる。「内容」については、指導に関する記述のない学校から、家庭訪問や学習課題などさまざまな指導を行う学校まで、また「範囲」についても回数制限なく同じ処分を行う学校から３回目で自主退学勧告に至る学校まである。「喫煙」という生徒の問題行動を個別指導へとつなげる「拡張する論理」と、一定の指導でも改善がみられない場合指導の打ち切り（進路変更等）を示唆する「解除する論理」とが、混在している状況が見て取れる（井上 2022）。

（2）懲戒処分から「指導過程の問い直し」へ

処分を受ける回数が増えるほど、処分を重くするという方法について、一部の高校においては、3回目の喫煙について「自主退学▼4を含む進路変更」「進路変更を含む相談指導」というように、自主退学に関する表記がみられる。退学処分あるいは自主退学勧告のいずれのかたちをとるにせよ、「3回」という線引きを行い、それを踏み越えた者は生徒としての「適格性」を失う、よって教員の指導の責任も解除される、という点が核心であった。このような対応をとった高校の例について、4節で詳細に検討する。しかし、各校の裁量の大きさゆえ、この問いへの答えは各校により大きく異なる。懲戒処分は、停学であれば一時的に、退学であれば恒久的に生徒を「学校の外」におく性格をもつ。これは教員の責任を「解除する論理」によるものといえる。4節では、このような処分の正当性が争われた事例を取り上げ、いかなる論理のもとに教員の責任が解除されたのかを検討する。しかし一方で、処分のなかで「学校の外」に生徒をおくことへの疑問も呈されるようになり、指導の過程の問い直しにつながっていった。この指導過程の問い直しは大きく二つに分けられる。つまり、（1）停学／謹慎中の生徒への指導の問い直し、（2）処分規定自体の問い直しがある。この二つに共通する特徴として、喫煙を処罰の対象となすべき行為としてよりむしろ、生徒の抱えるより広く深い問題のひとつの表われとみなす視点があった。5節では、喫煙生徒への指導の問い直しの過程で、いかなる論理のもとに教員の責任が拡張されたのかについて検討する。

4 喫煙と教員の責任を「解除する論理」
――ある私立高校の喫煙による退学処分から

本節では、まず生徒に対して喫煙による3回の処分後に自主退学勧告、最終的に退学処分を下したある私立高校の例を検討する。生徒側が処分を不服として訴訟となったが、学校側の提示した処分への根拠を中心に、生徒への指導の責任をいかなる論理のもとに解除したのか、という点について検討を行う。

謹慎「3回処分で退学」という線引き、退学処分の正当性が争われたのが1987年、ある私立高校と元同校生徒の裁判▼5であった。裁判となった事件の概要は以下のとおりである。

(1) 事件の概要

巡回中の生活指導部の教員3名が、3年のあるクラスの教室からたばこのにおいがすることに気付き教室に入った。喫煙している生徒は確認できなかったものの、教室内にはたばこの煙が立ち込めており、直前まで誰かが喫煙していたのは明らかであった。教員達は教室に居た生徒を別室に移動させ事情を各々から聞き、4名の生徒が喫煙していたと判断した▼6。

この4人のうちの一人であった生徒X（当時高校3年生）は、喫煙したこと、これまでに2回の謹慎処分を受けていたことから、自主退学勧告を受けた。この高校の生徒心得には「生徒の飲酒、喫煙を厳禁する」という項目があった。また同校の賞罰規定においては、「飲酒喫煙及び予備行為は謹慎処分とすること」、さらに「謹慎処分を2回以上受けた者は退学させることがある」とあった。これらを根拠に自主退学勧告が行われた。しかし、Xは喫煙の事実を否定し、退学の手続きをとらなかったため、3月の職員会議で退学処分が決定した。Xは退学処分を無効であるとし、学校側を訴えた。

学校側は、処分について下記のような説明を行っている。

違反者に対する処分は（中略）校則を犯した以上は、当然に校則に定めた処分を受けるという集団生活、社会生活のルールを知らしめ、社会生活における責任を自覚せしめる教育としてなされるものである。退学処分は、これにより放校される生徒にとっても、健全な社会人となるための責任を自覚せしめる人間教育である▼7。（傍線部筆者）

ここでは、「社会人となるための責任を自覚せしめる」、ルールへの違反の責任を生徒が自らとることは（退学という帰結となるにせよ）教育の一環であるとして処分の正当性が主張されている。この学校側の主張では、謹慎処分3回にあたる行為を行った生徒は、そのすべての責任を引き受け、教員の指導の責任は解除される。生徒に対しては、自らの行為に全責任を負う、という「社会人」を準拠枠とした認識を示した。

（2）判決の内容

判決において、喫煙を禁止する高校の規定については、未成年者喫煙禁止法の存在およびたばこによる健康上の害や受動喫煙の問題を挙げつつ「賞罰規定細則により生徒の喫煙を禁止していることは、合理的な根拠があるということができる」とした。また3回目の謹慎処分で例外なく退学処分とすることについても、

「社会通念上籍しく妥当性を欠くということはできない▼8」としている。

ただ、「本件喫煙に際し、これが学校側に発覚すれば第3回目の謹慎処分該当行為を行ったことになり、退学させられることを充分に認識していたことを認めることができる」として、生徒自身に責任を帰属させる根拠としている。

5　喫煙と教員の責任を「拡張する論理」

処分のなかで「学校の外」に生徒をおくことへの疑問が呈されるようになり、指導の過程の問い直しにつながっていった。この指導過程の問い直しは大きく二つに分けられる。つまり、(1) 停学もしくは謹慎中の生徒への指導の問い直し、(2) 処分規定自体の問い直しである。いずれも喫煙を懲戒の対象となるひとつの行為としてよりむしろ、生徒の抱えるより広く深い問題のひとつの表われとみなす視点であった。本節では、前記の特に (1) 停学もしくは謹慎中の生徒への指導の問い直しについて詳しく見ていきたい。1980年代以降の高校の生徒懲戒に関する研究によると、また旧来は自宅謹慎（家庭謹慎）が中心であったのが次第に登校謹慎（学校謹慎）へと移行してきた（椋本・八尾坂 2000）。このような変化の背景を検討する。

(1)「家庭謹慎」と「登校謹慎」

停学は、学校教育法第11条の規定により、生徒の「教育を受ける権利」を「一時停止するもの」（文部科学省 2022: 103）である。停学期間の日数は、生徒指導要録の「出席しなければならない日数」から減じられるため、生徒指導要録上に停学の履歴が残る。これを避けるため、実質的に同様の効果をもつ家庭謹慎とする高校もある▼9。停学、家庭謹慎のいずれにせよ、生徒は一定期間登校せず家庭で過ごすことになるとする。これらの措置は、登校しない期間中は、保護者が当該生徒の教育・監督の責任を負うことを前提としていた。しかし、親・家族が日中家にいない場合、また親が子どもに無関心である場合等には、生徒の問題が学校に来ない期間中に改善することは見込めず、むしろ友人と遊び歩くなどして、本人の気持ちが学校からさらに離れてゆく原因となることが指摘されていた（高谷 1975）。また、特に停学期間中に試験を受けることができないことによる留年も問題であった。それらの問題にこたえるのが、登校していない期間における教員による家庭訪問、そして「登校謹慎」の導入であった。

（2）「登校謹慎」の事例

ここで『月刊生徒指導』誌に掲載された、登校謹慎を導入した関東の職業科公立高校の教員による報告（加藤 1977）をみたい。長期間の謹慎においては、それによる学習の遅れ、学校への適応の遅れ、特定教員への負担の集中が問題となった。そこで謹慎期間の長短よりもその指導の過程に重点がおかれるようになり、謹慎処分と同時に、授業に出席しながら担当者の指導を受ける「指導期間」が設けられるようになった。当該生徒についての基礎資料、生徒指導部からの資料の検討を行い、その生徒ごとの指導方針と日程が立てられる。たとえば謹慎8日である場合、1～2日を家庭謹慎、3～8日を学校謹慎とした。

登校謹慎は「教科代表」「生徒指導」（1～2校時）、「教育相談」（3校時）、「教科代表生徒指導」（4～5校

時）、「教育相談」（6校時）、「担任」（7校時）であった。3～4名の教員が指導チームを組み対応した。「教科代表」教員は教科学習の遅れを補い、学習への興味づけ、他教科担当者との連絡調整を行う、教育相談は相談室におけるカウンセリング等を行った。学校謹慎期間のなかで特徴的であるのが、教員相談担当と行う「自己観察」であった。「謹慎の原因」となった行動（例：バイク、たばこ（等））「友人」「家族（父、母、今までの家族生活）」「クラブ」「これからの学校生活」等のテーマで生徒が自身の思いを語った。

教員がチームとして役割分担しながら指導を行うのは、教員個人の負担を軽減すること、そして「指導する側が個々ばらばらに説教的・教訓的な指導のみ行っても指導効果があがらない」こと、「内面からの変容をせまる側面、相談アプローチとの調和」（加藤 1977: 65 傍線部筆者）が必要という認識によるものであった。また謹慎後は長期指導に入り、担任による個別指導を継続した（加藤 1977）。学習に遅れが出ないようにすること、特定の行動（喫煙など）への懲罰というよりも生徒が内面を見つめ直し、これからの学校生活をより良きものとすることを目指したかかわりである。このかかわりで教員は役割分担をしながら、生徒の「内面からの変容」を支える責任を負っていた。停学もしくは謹慎という「学校の外」にいるあいだに学習・生活などの指導が中断することの弊害が主張され、その期間、むしろ日常の学校生活よりさらにきめ細かな指導が行われた。

（3）処分規定自体の問い直し

指導プロセスを重視した結果、処分規定自体の見直しに至った例が、『月刊生徒指導』誌上で報告されている。下記はそのうちの、ある職業科の高等学校における一例（堀澤 1987）である。この問い直しは生徒から喫煙、万引きなどの秘密を打ち明けられたとき、どのように対応すれば良いかという問題が端緒となった。処分を中心とする内規（処罰内規）においては、正直に打ち明けた生徒が罰され、信頼関係も揺らぐ。処分への不安から、事実を認めようとしない生徒が出る可能性もある。このような問題意識から、「停学、家庭謹慎、処罰等の言葉をいっさい取り除き、すべて指導期間」とする「指導内規」を新たに設けた。（これまでの）停学、家庭謹慎期間は家庭での指導に重点をおいていたが、この新たな内規では学校に拠点を移した。一般生徒と同じように授業を受けさせるとともに、一定期間のあいだ放課後や昼休みに教育相談を行った。指導経過を「学習等の記録」「日常活動における事実の記録」に収め、保管することとし、非行のみでなく、日常の小さなこと、善行もあわせて記録することとした。喫煙、スナックへの出入り、飲酒で「指導期間20日」となったある女子生徒の記録では、授業を受けながらの教育相談、反省日誌の提出、帰宅時間のチェック（保護者に報告するよう依頼）、期間終了時の保護者との面談を行い、期間後も担任による指導を継続した（堀澤 1987）。

（4）生徒の「内面からの変容」を支える

喫煙に対し処分より指導を重んじる方針は、生徒の内面への関心に支えられていたといえる。たとえば、喫煙の事実について確認を行うプロセスをまとめた下記の実践記録（坪井 1986）では、生徒の生き方にまで及ぶ問題として喫煙を捉えている。

本記録の執筆者である養護教諭は、生徒Aが部室で火のついていないたばこを持っていたところを巡回中に発見した。Aはその場では喫煙を認めたが、その後生徒指導部の教員には、「ＯＢの落としたたばこを拾った」と説明を変えた。教員会議では、「処分をする前に、なぜ否定するのか、否定する気持ち、理由を理解すること」「OBについての調査・確認」の2方針が決まった。処分に必要な事実関係の確認であるならば、OBへの確認で足りるだろうが、本人への確認が、このケースレポートのほとんどすべてを占めている。養護教諭との再びの面談において、この生徒は改めて喫煙の事実を認め、「僕だけが見つかってしまった」と口にした。養護教諭は、自身の気持ちとして、

わからないから、見つからないから、ごまかせるから平気を装って口をつぐんでいくというような、そのような生き方をしないでほしいと思っている。私はそういう生き方は嫌いです……A君は今、大切なことが問われているのではないだろうか。これから何を大切にし、どう生きていくかにかかわってくるような。どうするかはA君が判断することです。（坪井 1986、傍線部筆者）

しかし翌朝もAは迷っていた。これに対し養護教諭は、「認めないならば自分の前でも認めない」「一人で背負っていくこと」「そうするなら自分は、Aの喫煙が自分の見まちがいだったと他の教員に謝る」と言い渡した。一旦部屋を去ったAは再び戻り、生徒指導部で喫煙を認めると告げた。部全体に迷惑をかけること、処分がどのようなものとなるのかが不安だったことが理由であるとAは説明した。申し出たのは「自分のしたことを養護の先生一人に負わせていたことがわかったからである。信頼を失いたくなかったからである。」と述べた。ここでは、喫煙それ自体より、内なる問題により大きな関心がよせられている。確かに喫煙の現場を目撃したにもかかわらず、生徒の出方によっては「見まちがいであった」ということさえ辞さず、生徒の責任を問うとき、すでに喫煙は後景に退いている。それは教師・生徒間の信頼関係にもとづく説得であり、

結果この生徒の場合には養護教諭からの信頼を失う恐怖が処分への不安を上回ったのである。

前記の報告（坪井 1986）は、「養護教諭の教育相談」という連載の一環であった。坪井報告に対して、教育相談を専門領域とする研究者からのフィードバック（向後 1986）があわせて掲載されている。養護教諭、生徒指導部それぞれの生徒Aとのかかわり――「指導・援助」（同: 131）が「車の両輪のように」（同: 133）機能したことを評価している。健康上吸ってはならないという指導に加えて、「吸ってはならないのに吸う動機、やめられない理由などタバコを吸う自分のなかにあるものを気づかせていく援助」の重要性を指摘している（向後 1986: 131）。「誰もが吸っているから、見つからなければよいという考え方は、マヒより逃げかもしれない、甘えであるかも知れない」という坪井（1986）中の生徒Aの言葉を引用しながら、「そのことに気づかせていくことが大事なのではないだろうか」と評している（向後 1986: 131）。成長の途にある生徒の「内面」を、教育相談的手法をも用いながらつかむことが教員に期待されている。ここで「責任を自覚させる」方途は生徒を（一時的にであれ恒久的にであれ）学校の外に出すことではなくむしろそれを回避しながら、学校の内側で成し遂げられるべきものとされる。学校の内側、というとき単に校内にいるという空間的側面だけでなく、教員と生徒との関係を基盤とした生徒の変容、という意味での内側も含まれている。

退学処分とした高校（4節）と同様に生徒の責任を論じながらも、発達途上にある生徒の未熟さ、指導の過程での変容可能性を根拠として、多様な形態での個別の指導へと教員の責任が拡張される。

6　考察
――「責任主体としての生徒」観という視点

喫煙のひろがりは1970年代多くの高校で課題であった。また、「賽の河原の石積み」というある教員の表現に象徴されるように処分が有効でない状況（喫煙などがいったん止んでも、すぐ元通りになる）があった。それに対し、一定回数の停学・謹慎と退学をむすびつけるという方針と、これらの処分時も生徒を「学校の外におく」ことを極力避け、普段から細かな対応を行うことで反復を防ごうとする方針が対立した。「喫煙の反復」という共通の状況に対し、どこまでを教員の責任とするかは各校により大きな差異があった。そしてそれはまた「学生」と「社会人」、子どもと大人の境界にいる「高校生」の責任に対する各校の認識の一枚岩でなさを反映していた。

どこまでを「指導」とみなすのか、どこまでを教員の責任とするのかは各学校の判断に委ねられ、「喫煙」ひとつ見ても大きく異なる。一方では「処分」を中心としその結果退学に至ることも本人に責任でありやむをえないという方針があり、そこで生徒は社会人に準ずる存在として扱われていた。他方で、処分期間中生徒を「学校の外」におくことをよしとせず、登校謹慎や、家庭謹慎の場合でも定期的な家庭訪問を行うことを指導の軸とする実践も拡がっていた、「学校の外」におく期間をつくらない方針においては、喫煙にかかわって生徒の内面・学習・生活状況を、ときに教育相談的手法を用いながら、把握し生徒が同じことをくり返さないようにする、という意図があった。「生徒に責任をとらせる」ところは先程と同じであるが、生徒の現在はそれに足るほど成熟していないこと、その生徒を成長させるため、教員はさまざまな手を尽くす必要があるとして、教員の責任を拡張する論理が用いられた。

一方、生徒に「責任を自覚させる」という目的自体は共通であっても、懲戒、一時的／永久的に学校（指導）の外に生徒をおき、生徒の自覚を促すことを教員の責任とする方針もあった。そしてこの場合、生徒に「責任を自覚させる」時点で教員の責任は解除された。ここでは生徒は「社会人に準ずる存在」とみなされ、学校側の説明においても生徒の「未熟さ」「成熟の途上であること」には触れられていない。

「指導の文化」には、教員の責任を「拡張する論理」と「解除する論理」が含まれている。子どもとの信頼関係（きずな）の維持は指導の基底にあり（Shimahara and Sakai 1995; 酒井 1998）、教育の責任を拡張する論理として働く。しかし高校は適格者主義を採用しており、また停学処分、退学処分を含めた懲戒規定をもっている点で、これを解除することが可能であり、また働くことが可能な年齢であることから「社会人」に準ずる存在としてかれらを扱うことで教員の責任を解除することも可能である。しかし一方で、未成熟な存在、さまざまな側面からの指導により変容しうる、可塑性の高い存在として、生徒の責任意識の成長をめざし個々の指導へと教員も責任を拡張することもありうる。ケースの制約もあり、当時どちらが優勢であったかを判断することはむずかしい。

しかし高校における教員文化、特に「指導の文化」を考えるとき、子どもではないが大人でもない「責任主体としての生徒」観という論点が生まれる。「生徒に責任を自覚させる」という目的は同じであっても「責任を拡張する論理」では、生徒の責任意識の成熟にむけて教師の責任は拡張する。「責任を解除する論理」では生徒を社会人に準じる存在として「責任を自覚させる」時点で教員の責任は解除される。

高校生の喫煙は、今ではかつてほど問題とされない。喫煙率の低下、禁煙推進の諸施策の結果でもあるのだろう。しかし、処分の対象になる行動をとった生徒への指導の責任、教員がどこまで責任を負うかという問いは現在でも重要である。

1節で検討したように、不登校児童生徒への指導においても、生徒の気持ち、そして学習・生活状況の理解が求められる。しかし多くの高校においては、欠席日数が多い場合、どこかで進級困難、原級留置（いわゆる留年）という判断を下さねばならない。喫煙生徒への指導の場合「学校の外にある期間をつくらない」ことがアプローチの一つであったが、不登校生徒の場合「学校」、「指導」のかかわりはいっそう複雑である。ここでも「高校は義務教育ではないのだから、来ないのは生徒自身の選択であり責任である」というパースペクティブをとるか、「なぜ来ないかを理解し、登校したい気持ちがあるならば支える」というパースペクティブをとるかでは、指導の方針は大幅に変わってくる。特に高校段階における不登校児童生徒への指導、支援を考えるうえでは、このような教員の指導の責任の領域をとらえる視点が重要になる。

注

1　同法の成立までの審議過程を分析した林（1995）によると、喫煙は、かつては（たとえば若者組への加入や、商人であれば一定の職に達するなど）「一人前」と認められると可能であった。法の審議のなかで、「学校生徒」の喫煙、特に彼らの「風紀の頽廃」とむすびついて喫煙問題は論じられた。「一人前」ではない学生の喫煙を問題視する議論から、結果的に労働者や農民も含めすべての未成年の喫煙が禁止されるに至った。

2　「二十歳未満ノ者ノ喫煙ノ禁止ニ関スル法律（明治三十三年法律第三十三号）」（https://elaws.e-gov.go.jp/document?lawid=133AC1000000033, ２０２４年5月19日取得）

3　「提要２０２２」では、喫煙の位置づけ（少年法上の非行ではなく不良行為であること、学校の把握と、根拠法令に従った関係機関の活動とのあいだには差異があること）にあわせて、①非行に発展する可能性、②健康への影響、③周囲の人々の受動喫煙という3点から問題性を説明している。①について、喫煙は非行ではなく「不良行為」であるものの、そこからさまざまな非行に発展する可能性があるとする。②については、喫煙が薬物乱用の入り口（ゲートウェイドラッグ）となりうること、生活習慣病などの健康被害をもたらすと説明している。③とあわせて、生徒指導の必要性が示される。具体的には、教科活動全体（例 保健体育・道徳……）での未然防止教育、喫煙生徒の早期発見および対応、喫煙が習慣化している場合における医療機関等関連機関との連携が指針として示されている（文部科学省 2022）。

4 退学処分は、指導要録に記載されること、教育委員会への説明が必要であることなどから回避され、自主退学勧告がその代替として多用された。このような自主退学勧告の運用のあり方についての議論は井上（2021）に詳しい。

5 「退学処分無効確認等請求事件（大阪地判平成３年６月２８日判例時報１４０６号60頁）」第一法規法情報総合データベース（https://han-dh.d1-law.com/d1han/detail/api, ２０２３年12月15日取得）

6 本件は、喫煙の現場を教員が確認したのではなく、教室からたばこのにおいのすることに気付いた教員が、そこにいた生徒から事実関係をききとり、A含め４人の生徒が喫煙したと判断し本人らに確認を行った。喫煙の事実があったか確認のプロセスも裁判では争われたが、紙幅の都合によりここでは割愛した。この経緯は柿沼（1995）に詳しい。

7 注５資料の「被告の主張」三―（２）より

8 注５資料の「争点に対する判断」五―二より

9 ４節で取り上げた、喫煙生徒を最終的に退学処分とした高校は処分を「説諭」「謹慎」「退学」としていた。なお同校には「停学」処分が存在せず、判決においても「停学」「事実上の停学措置」として扱われている。このため、本章の「停学」「謹慎」に関する状況（「停学」処分が存在することを前提とした「謹慎」の運用）は同校には適用されない。

文献

池原信玄（1985）「高校における禁煙指導」『月刊生徒指導』１９８５年８月号：28-35頁

井上慧真（2021）「高校中退と「指導の文化」――教員の責任を拡張する論理と解除する論理に注目して」『ソシオロジ』66（２）：81-99頁

――（2022）「１９７０年代から１９９０年代の高校の組織文化と高校中退――喫煙する生徒への指導に注目して」神奈川県高等教育会館教育研究所編『ねざす』70：４-９頁

今井五郎（1986）「学校教育相談の概説」『月刊生徒指導』１９８６年６月号：８-31頁

柿沼昌芳（1983）「教育法的視点からの喫煙問題」『月刊生徒指導』10月号：１０３-１０９頁

――（1995）「「甘い」指導のすすめ――学校は24時間営業か」三省堂

加藤勝利（1977）「非行的問題行動に対する教育相談的指導」『月刊生徒指導』１９７７年４月号：43-51頁
酒井朗（1998）「多忙問題をめぐる教師文化の今日的様相」志水宏吉編著『教育のエスノグラフィー』嵯峨野書院：２２３-２５０頁
高谷実（1975）「喫煙生徒に対する特別指導」『月刊生徒指導』１９７５年10月号：１２５-１３３頁
千葉勝吾・大多和直樹（2007）「選択支援機関としての進路多様校における配分メカニズム——首都圏大都市A商業高校の進路カルテ分析」『教育社会学研究』81：67-87頁
坪井美智子（1986）「喫煙行為への指導を成長のきっかけに」『月刊生徒指導』１９８６年11月号：１２６-１３１頁
林雅代（1995）「近代日本の「青少年」観に関する一考察——「学校生徒」の喫煙問題の生成・展開過程を中心に」『教育社会学研究』56：65-80頁
久冨善之（1988）「教員文化の社会学・序説」久冨善之編、『教員文化の社会学的研究』多賀出版：3-84頁
堀澤道一（1987）「懲戒処分的指導から教育相談的指導への転換を目指して」『月刊生徒指導』１９７７年２月号：82-92頁
水上久男（1974）「いかにして生徒たちを喫煙問題に立ち上がらせたか——集団の誇りを育てる中で」『月刊生徒指導』１９７４年７月号：38-45頁
椋本洋・八尾坂修（2000）「高校の生徒懲戒における学内停学の考察」『教育実践研究指導センター研究紀要』９：51-64頁
向後正（1986）「自分で考え解決する能力の育成」『月刊生徒指導』１９８６年11月号：１３２-１３５頁（坪井美智子による実践報告【前掲】へのコメント）
元森絵里子（2014）『語られない「子ども」の近代——年少者保護制度の歴史社会学』勁草書房
文部科学省（2022）「生徒指導提要」（https://www.mext.go.jp/content/20230220-mxt_jidou01-000024699-201-1.pdf）
山口県高等学校教員組合・職員組合（1979）「公立高校の荒廃はここまできた」『月刊生徒指導』１９７９年10月号：70-78頁
Shimahara, Nobuo K. and Sakai, Akira（1995）*Learning to Teach in Two Cultures: Japan and the United States*, London: Routledge

第13章

後期近代における社会的に公正な教育の実践的論理

批判的教育学からの示唆

澤田 稔

1 はじめに

――本章の目的と方法

本章は、批判的教育学の再検討に基づいて、後期近代社会における「社会的に公正な教育」の実践的論理を探求し、そのような教育が必然的に内包する越境性とジレンマの意義を明らかにしようとするものである。ここでいう「社会的に公正な教育（socially just education）」とは、一般に「社会的公正のための教育（education for social justice）」と呼ばれることが多いが、教育を通じて社会的公正の実現をめざすだけでなく、教育それ自体も社会的に公正であると呼ぶに値するものにしようという志向性を明示すべく、本章では前者を用いることにしたい。また、ここで実践的論理という言葉を使うのは、社会的に公正な教育の哲学的議論に留まらず、教育の実践的側面としてのカリキュラム・教育方法論を視野に入れた考察を展開しようとしているからである▼1。

以下、次のように議論を進めたい。第1に、米国における批判的教育学の双璧であるマイケル・アップル(Michael Apple)とヘンリー・ジルー(Henry Giroux)とのあいだで生じたある論争関係に着目し、それを再検討することで、社会的に公正な教育の実践的論理が取り得る方向を見定める。第2に、本章における理論的考察の支柱として、ナンシー・フレイザー(Nancy Fraser)の社会的公正(社会正義)論の諸概念——すなわち、社会的公正の実現に向けた変革的治癒策と肯定的治癒策、及び再分配・承認・代表の政治——を据え、再分配の政治をピエール・ブルデュー(Pierre Bourdieu 1984)による文化資本論に依拠しつつ再解釈することによって、後期近代における社会的に公正な教育の実践的論理の最も主要な部分の構築をめざす。そのうえで、このモデルを補完するため、ガート・ビースタ(Gert Biesta 2011)による民主主義教育論を援用する。最後に、後期近代において社会的に公正な教育を実践しようとする際に直面するジレンマを概観し、これらのジレンマに取り組むための指針を提起する。

なお、本章は、筆者が英語で書いた別の論文(Sawada 2023)を和訳し、若干の加筆修正を施したものである。さらに、そこにも明記しているように、その前にも日本語の別稿でかなり重複する内容を扱ったことがある(澤田 2016)が、後者では、本章の理論的支柱をなすフレイザーの社会正義論の全体像を視野に入れることができておらず、特に「代表の政治」についてはまったく言及できていないだけでなく、再分配・承認・代表の政治の各二者間に生じるジレンマや葛藤関係、これに関連する「非改革主義的改革(non-reformist reform)」、さらには「境界認識(border awareness)」や「交差是正(cross redressing)」等の概念を検討することもなかった。したがって、前記英語論文、及び本章には相応の学術的意義があると思われる。

2　批判的教育学における実践的論理をめぐる論争関係

批判的教育学は、１９７０年代後半から１９８０年代初頭にかけて、米国の教育研究における相対的に自律した学問領域となった。それ以来、アップルとジルーは、この領域における研究者の双璧と言ってよい。本章では、この二人の研究者による理論的視座の距離関係を精査し、アップルが遂げたある理論的変遷＝転向を吟味することで、批判的教育学の実践的可能性に関する展望を開きたい。

批判的教育学は、もともとカリキュラム研究として始まったといえる。アップルは１９７６年にカリキュラム研究者としてデビューし、以来つねに「カリキュラム学者（curricularist）」として活動してきた（Apple & King 1977）。しかし、伝統的なカリキュラム研究と批判的教育研究とのあいだには、無視できない隔たりがあった。前者は、カリキュラム編成論として、主にカリキュラム開発上の諸問題に取り組むものであり、学校で実施されるカリキュラム・デザインのあり方を明確化しようとするものであった。これに対して、後者は、公教育やそのカリキュラムが、政治的に中立であり、すべての人々を解放するためにあるという近代リベラリズムの理念に基づいているかのごとき見掛けを装いながら、実際には社会的不平等や差別の再生産においていかに現実に機能しているかを学術的・批判的に明らかにするものであった。また、批判的カリキュラム研究は、その系譜をネオ・マルクス主義思想に置きつつ、従来のカリキュラム研究で参照されていたものに比べてはるかに複雑で高度に洗練された社会科学の理論的道具立てを適用してきたのである。

こうして登場した批判的教育研究が分析的な議論を重視する傾向にあった結果、教育批評とでも呼ぶべき新しいジャンルの教育研究が創出された。このような批判的な分析スタイルの教育研究は、学校教育が社会的不平等や既存の権力関係の再生産にどのように寄与しているかに気づかせてくれたという点で特筆に値しよう。しかしその一方で、批判的教育研究は理論的に過ぎる、あるいは批判的分析のレベルにとどまっており、学校教育の今後の方向性に関する代替案を示すことができない、あるいは、具体的改善策に結び付けられていないと批判されることも多かった。

この点で、ジルーのアプローチが重要な意味をもつのは、彼の議論が単なる記述的・分析的なものにとどまらず、より未来志向の規範的・提言的な議論を展開したからである。ジルーは、伝統的でリベラルな教育思想を、それがカリキュラム・教育方法の重要な政治的要因を見逃すものであるとして批判しているが、同時に、これに対して批判的な「再生産理論」をも批判している（Giroux 1992）。ジルーは、後者が前者に対する効果的な批判であるという意義は認めるが、社会的・文化的再生産理論は、教育のより肯定的で積極的な側面を視野に入れるには、あまりにも悲観的であると指摘する。彼は、再生産理論が学校や教師が何をすべきかという問題を見落としていると論難し、パウロ・フレイレ（Paulo Freire）のリテラシー論やポストモダニズム、ポストコロニアリズムの理論を援用した抵抗理論、すなわち「批判と可能性の言語」に基づく新たな教育哲学の必要性を訴えた（Freire 1970/2018）。さらに彼は、学校教育の目的を批判的で政治参与的な市民の育成に置くべきだと主張し、そこで重要な働きを担う存在としての「変革的・解放的知識人としての教師」という図式を強調している。このような教師は、社会的マイノリティの「声なき声」に耳を傾け、その文化の多様性に目を向けることができるとされる。彼はこの教育思想を「差異の教育学」、あるいは「境界教育学」と名づけた（Giroux 1988; Aronowitz & Giroux 1991: 138-139）。

こうしたアップルとジルーの両アプローチは、対立的・論争的な関係にあると解釈可能である。アップルの初期著作に見られる批判的教育分析は、アファーマティブ・アクションやヘッド・スタートといった政治的にリベラルな政策を含む一見平等主義的に見える近代的教育制度が、いかに社会的・文化的不平等の再生産をもたらす要因として機能しているかを暴き出したという点で大きな意義があった。しかし、アップルのアプローチにおいては、社会的・文化的再生産のループを断ち切るにはどうすればいいのか、そのために公教育システムを再構築するにはどうすればいいのか、という問いに対する明確な答えは示されなかった。ジルーは、こうした学問状況に不満を抱いて、その問いに正面から取り組み、独自の理論的観点からその解を探ろうとしたといえる（Giruox 1992）。一方、アップルは、ジルーの標榜するような、ある種の政治的ラディカリズムとアクロバティックに用いられる斬新な諸概念の組み合わせによって特徴づけられる「境界教育学」や「可能性の言語」を、「空想主義的可能性論（romantic possibilitarianism）」と一蹴した（Apple 2006; Whitty 2013）。この二人の教育学者の論争を踏まえて、学校教育がどうあるべきかという点について、より現実的に有効な提言や論理をみいだすにはどうすればいいのだろうか。この問題の探求を進めるべく、アップルが肯定的かつ支持的に、ジルーが否定的かつ批判的に引用している教育学者リサ・デルピット（Lisa Delpit）の議論を参照軸に据えてみたい。

デルピットは支配文化を「権力の文化（the culture of power）」と呼び、少なくとも社会的に被支配的な位置にある人々の社会的解放がある程度実現するまでは、学校教育がそうした文化的要素の教育を、貧しい非白人などの被支配的な位置にある人々にも提供する必要性を強調している。彼女は、社会的・文化的に不利な立場にある人々の自尊感情を重視する民主的あるいは進歩的なカリキュラム・教育方法の重要性を進んで認める一方で、支配文化の支配効果が続く限り、教師は子どもたちが支配文化に関連する知識・技能を身につけられるように努力しなければならないと考えている（Delpit 1988）。

アップルはデルピットらの教育論のこうした両義性、あいまいさを支持した。彼は、標準化されたテストの乱用に警鐘を鳴らし、ホールランゲージ・アプローチや、パフォーマンス評価、あるいはポートフォリオ評価などを活用した、より民主的で進歩的なスタイルのカリキュラム・教育方法を支持しつつも、次のように述べている。

数多くの進歩的カリキュラム観に関する歴史的な問題の一つは（そうした理念が貧困層やマイノリティなど特権を持たないコミュニティにおいて支持を失うことが多かった一つの理由は）、子どもたちが社会経済的世界にアクセスする際に、その入口にいる門番のところを首尾よく通過するために必要となるような公式的知識・技能を重視していないように見えたからである。（Apple & Beane 1995=1996:16-17= 74-75, Apple & Beane 2007=2013: 18=32）

他方、ジルーはデルピットの「権力の文化」という考え方を批判する。彼女の権力概念は単なる支配の一形態に過ぎず、批判的でも解放的でもないという点を問題視する。ジルーによれば、教育者は、周縁性を帯びた日常的経験が、対抗的・変革的な意識形態に向かっていくことを理解しなければならない。というのも、「他者」化される人々が、民主主義社会の基礎となる徹底的な複数性を否定する物質的・社会的諸関係を変革する、より広範な闘争の一環として、自らの歴史・声・ヴィジョンを取り戻し、再構築する」（Aronowitz & Giroux 1991: 138-139）必要があるからである。彼の議論では、自らの声を取り戻すことの重要性が強調される一方で、「権力の文化」への参入は付随的、あるいはむしろ否定的なものとみなされている。彼が力説するのは、抑圧的なものとして機能する権力ではなく、むしろ抵抗や自己及び社会のエンパワーメントの基礎として機能する権力である。そこでは、エンパワーメントの過程を導くような「権威」に重点が置かれ、そのような権威を引き受けることができるのが、彼のいう「変革的知識人」としての教師たちとされるのである（Giroux 1988）。

それでは、より社会的に公正な教育を構想するうえで、アップルとジルーのこの論争的な関係をどう理解すればいいのだろうか。社会的に公正な教育の概念について、そこからどのような実践的論理を導き出すことができるだろうか。

3　フレイザーの政治哲学から導出可能な社会的に公正な教育の実践的論理

（1）「非改革主義的改革」という中間的アプローチ

知識・技能のような文化的諸要素間に階層的権力関係が存在する社会状況において、被支配的な立場にある人々が被っている矛盾に満ちた困難を解消するうえで、ジルーの考えるような文化的支配構造（支配・被支配関係）のラディカルな転換を図ろうとする（ユートピア的であれ）截然とした変革論に比べると、アップルが示唆する漸進的な治癒策は、その両義性（あいまいさ）が際立って見える。しかし、アップルがこのようなアプローチを採用したのは、その方が現実的に有効な策だと判断したからであろう。

ここで部分的な結論の先取りが許されるなら、以後の議論の方向性を次のように定めたい。本考察は、ジルーが批判的教育学の分野に導入した提言的・規範論的探求の延長線上にはあるものの、この後の議論のベクトルは、ジルーがとるような文化的支配構造の根本的変革をめざすことを優先するラディカルな方向には向いていない。むしろ、ここでは、現にある支配的文化の支配効果を所与として甘受し、それをただちに変革することの困難を認めるアップルと同様のアプローチをとり、すべての子どもたちに支配的な文化的諸要素の学習機会を保障することを厭わないカリキュラム論・教育方法論を採用する。これは、本章における社会的に公正な教育に対するアプローチがもつ特徴の一つである。

より公正な教育や社会に向けたアップルとジルーのアプローチの違いをより明確にするために、ここでフレイザーが社会的不公正を是正するための治癒策として定式化した一連の理論的概念を参照することにしたい（Fraser 1997）。フレイザーは、不公正を是正するためのアプローチを二つに大別し、それぞれを「肯定的」、「変革的」と呼んでいる。不公正に対する肯定的治癒策とは、「社会的配置の不均衡な結果を、それを生じさせている社会的基盤をかき乱すことなく、是正する」治癒策を意味し、これに対して変革的治癒策とは、「問題を生成させている社会的基盤の枠組みを再構造化することによって、不均衡な結果を是正する」治癒策を意味する（Fraser 1997: 23＝2003: 36）。そのうえで、フレイザーが、肯定的治癒策は、政治的には実行可能だが実質的に欠陥があり、変革的戦略は、プログラム的には健全だが政治的には実行不可能であるという、二つの戦略のあいだに生じるジレンマにも注意をむけている点も目を引く。ここでさらに注目すべきは、フレイザーが「非改革主義的改革」（Fraser et al. 2003: 78-82）と呼ぶ、それら二つの戦略間に位置する中途半端なアプローチの可能性に言及していることである。曰く、「非改革主義的改革という戦略は、最もうまく行けば、肯定的であることの実行可能性と、変革的で、不公正を根本から攻撃するというラディカルな突進とを結びつけるものとなる」（Fraser et al. 2003: 82）。

このフレイザーの一連の理論的概念を踏まえると、より公正な教育・社会を実現するうえで、アップルが変革的戦略のみならず肯定的戦略の重要性をポジティブに認めているのに対し、ジルーは前記のようにデルピットを明確に批判しているように、肯定的戦略をむしろネガティブに捉えていることが理解できる。実際、アップルは、フレイザーの議論とは別に、彼固有の視点からアンドレ・ゴルツ（Andre Gortz）に触発されて非改革主義的改革の意義を強調さえしているが、他方、ジルーのアプローチは、デルピットに対する彼の理論的立場をみる限り、変革的でユートピア的な戦略に偏っているように思われる。

いうまでもなく、より公正な社会を構築するためには、つねに変革的な戦略を視野に入れることが肝要だが、支配的な社会構造を即座に抜本的に変革することは不可能であるとすれば、何らかの危険性やジレンマが避けられないことを認識しつつ非改革主義的な改革という中間的なアプローチを採用することには相応の意義がある。その含意については、結びの章で再度触れることにしたい。

（2）批判的教育学における再分配の政治及び承認の政治の新たな方向性

つぎに考えなければならないのは、デルピットが「権力の文化」と呼ぶものと、現代あるいは後期近代において「権力の文化」と見なせるものとのあいだに、ある種のねじれ関係をみいだすことができるという点である。デルピットは、進歩的あるいは民主的な教育方法が、支配的でマジョリティ中心の文化的構成要素としての基礎的な知識・技能の伝達を軽んじる態度をとりがちであり、その結果、社会的に不利な立場にある子どもたちを、これまでと同様の、またはそれ以上に不利な立場に置くことになるという危険性を喚起させる。他方で、ＶＵＣＡ（変動性、不確実性、複雑性、曖昧性）とも呼ばれる時代のグローバル化した現代社会における「権力の文化」としては、むしろ、より汎用性の高いスキルや、現実的な問題解決能力と呼ばれるものを無視できないと考えざるをえないが、こうした能力は、進歩的教育によって適用されることが多かったパフォーマンス評価やポートフォリオ評価と親和性が高いことは間違いない。もちろん、デルピットが「権力の文化」と呼んだ標準英語の基礎的能力をはじめとする文化的諸要素は、文化資本として支配効果を発揮し続けるだろうから、デルピット流の「権力の文化」への関心は現代においても無意味なものではない。しかし、もし現代社会において後期近代的なスキル、あるいは21世紀型と呼ばれる能力の重要性が増しているのであれば、私たちはこの種のスキルを現代の「権力の文化」の実質的な一部として認識すべきであろう。

このことは、たとえ非改革主義的改革という点ではアップルに従うとしても、支配的文化の要素としてより基礎的なスキルに着眼するデルピットやアップルの視点とは異なり、汎用的スキルと呼ばれるものや、そのようなスキルの育成に親和的な「開かれた」教育に重点を置くという視点の導入を促すことになろう。たしかに、アップルは初期著作で、イギリスの社会学者による研究に基づき、より「開かれた」、あるいは進歩的な教育環境では「情緒、性向、身体性などのより一般的な諸属性が、人々が関心を払われなければならない通常のアカデミックなカリキュラムに顕在的領域として付け加えられる」ようになり、その結果、生徒がそうした拡大した属性範囲にしたがって階層化されてしまうことを批判的に明らかにしている（Apple 1979: 143; Sharp, Green & Lewis 1975）。

しかし、アップルは少なくとも部分的には、自らの理論的スタンスに関して転向を遂げたといえるかもしれない。１９９５年に、彼は進歩的カリキュラム学者であるジェームス・ビーン（James Beane）との共編で、進歩的教育と批判的教育学の両方の伝統に精通した学校管理職・教員を執筆陣に迎えて『デモクラティック・スクール』という著作を出版した（Apple & Beane 2007）。同書には、そうした教育者たちが、社会的に困難な状況にある地域の公立学校で実践した学校・学級経営やカリキュラム・教育方法に関して論じた注目すべき実践記録が収められている。この著書の上梓以来、アップルは、カリキュラム・教育方法に関する提言的考察に熱心に取り組むとともに、子どもの主体性を重視する「開かれた」、あるいは進歩的な教育への高い評価を明示するようになった。さらに近著では、ブラジル南部のポルト・アレグレで驚くべき成功を収めた実験的な教育改革を称賛しているが、この事例は間違いなく進歩的教育の伝統に属するものであり、同時に社会経済的地位の低い子どもたちのエンパワーメントに寄与するものであると彼は考え、バジル・バーンスティン（Basil Bernstein）からいくつかの概念を借りて、次のように述べている。

このように、弱い分類や弱いフレーミングと呼ばれてきたものを強調するところを見ると、統合的なカリキュラムやより応答的（responsive）な教育方法が、教育社会学の文献であまりにも頻繁に想定されていたような単に中産階級的なものであるとは限らないことがわかる。（Apple 2013a: 109）

アップルの理論的転向の背景には、どのような要因があったと考えるべきだろうか。彼の初期作品を集めた論集に収められている回顧録をひもとくと、彼は、１９９０年代以降、新自由主義や新保守主義が、それまでにリベラルで平等主義的な政策により達成されつつあった成果を掘り崩して跳梁跋扈する状況に危機感を募らせ、右派勢力が一般の人々をそのイデオロギーの傘下に引き込むことに成功している一方で、左派が大方の支持を勝ち取れるような言葉を持ち得ていない事態を嘆いていることがわかる（Apple 2013b）。そこで、彼はこう主張したのである。

批判的教育学について書かれた多くの文章に見られる「空想主義的可能性論」のレトリックは、現状に対する戦術的・戦略的分析に十分に基づいたものではなく、言説及び運動をめぐってあまりにも多くの場所で生じている再構築に関する理解に十分に根ざしてもいない。（Apple 2013b: 11）

アップルは、この認識に基づき、批判的教育学は「批判的な教育理論や視点と、現場の教室で存在しうる、また実際に存在する実践的方法とを結びつけるための」何かを、多くの学校の教師に提供しなければならないと主張するようになったのである（Apple 2013b:10）。こうして生み出された成果が、米国でも有数の規模を誇る教職組織であるＡＳＣＤ(the Association for Supervision and Curriculum Development）が出版元となった『デモクラティック・スクール』（初版）であった。ＡＳＣＤは15万人以上の会員を擁し、その大半が小・中・高等学校の教員・管理職である。同書の編著を通して、アップルは共編者や共著者から、批判的教育学の問題意識に通じるとともに、同時代の進歩主義的な教育実践の見事な事例を学ぶ貴重な機会を得ることができた。要するに、彼は自らの理論的立場の一部について、具体的な実践例のより深い理解に従って転向を遂げたのである。これはポルト・アレグレの教育改革に対する彼の評価にも当てはまるだろう。また、アップルがこれらの教育実践を、公教育における非改革主義的改革の好例として強調していることも忘れてはならない（Apple 1996; 2013a)。

さて、ここで目を向けるべきは、フレイザーの正義論の骨格をなし、アップルが批判的教育学に関する議論のなかでしばしば言及している「再分配の政治」と「承認の政治」という二つの概念である（Fraser 1997 Apple et al. 2009; Apple 2013a)。前者は、経済的不平等の不公正を是正するための経済的再分配に関する政治力学や戦略を指し、後者は、差別や排除といった文化的な非承認・誤承認の不公正を是正するための文化的承認に関する政治力学や戦略に関するものである。フレイザーは、経済的不公正と文化的不公正が現実的には相互に絡み合っていることを認めながらも、この2種類の不公正を、これに対応する政治的・経済的再構築と文化的・象徴的再構築という二つの治癒策とともに分析的に区別している。しかし、本章では、学校教育に焦点を当て、それに限定して論じるため、ある種のスキルを含む「文化資本」の再分配について考えたい。実際、アップルは、ブルデューの「転換戦略（reconversion strategy）」の理論、すなわち、社会的地位の維持やよりよい社会階層への上方移動を効果的に実現するために、経済資本と文化資本といった異なるタイプの資本間で転換を図る日々の実践に着目している（Apple 2006: 106; Bourdieu 1984: 125-68）。明らかに、卒業証書や免許資格のような文化資本と、給与や財産のような経済資本とは相互に転換可能であり、その戦略が社会経済的地位を大きく左右する。この意味で、教育における生徒の学力保証は、不平等な社会における再分配の政治の問題の一部であると考えられる。他方、承認の政治は、いわゆるアイデンティティの政治、あるいはマイノリティを社会的に正当に承認するための政治力学を意味する。承認の政治は、すべての子どもに一定の学業成果やスキルを保証するという問題とは区別することが可能で、すべての子どもが尊重され、その存在が肯定され、安心して快適に学ぶことができるインクルーシブな文化的空間としての学校づくりを意味するものと解釈できるだろう。

このような概念的枠組みを踏まえると、先に論じた「権力の文化」をめぐる教育問題に対する本章のアプローチは、社会的に公正な教育をめざす戦略の一環として、再分配の政治に相当する。基礎的な教科の知識・技能だけでなく、非認知的スキルを含むより汎用的な問題解決能力も、後期近代社会の支配的文化に不可欠な要素であるため、その習得が必要になろう。さらに、社会的に公正な教育を志向する批判的教育学は、後期近代における再分配の政治の効果的な戦略として、一般的にそのような汎用的スキルと親和的である進歩的なカリキュラム・教育方法に高い価値を置かなければならず、多くの不利な立場にある子どもたちがより社会的に恵まれない位置に追いやられることがないようにするために、後期近代社会において必要とされる文化資本を獲得できるようにする必要があろう。

この点を確認したうえで、つぎに、「承認の政治」が批評的教育学にとって何を意味するのかという問題を取り上げておかなければならない。フレイザーは、「承認の政治」を「蔑視されたアイデンティティや中傷されてきた集団の文化的産物の評価を高めたり、文化的多様性を承認し積極的に評価していくこと」と説明している（Frazer 1997: 15/2003:25）。この視点をカリキュラム・教育方法論に適用するなら、それは結果的に、階級、人種、エスニシティ、ジェンダー、セクシュアリティ、障害などのさまざまな観点から見て可能な限りインクルーシブな学習コミュニティを形成し、マジョリティや中流階級になじみのある文化的諸要素だけを想定することなく、さまざまな意味でのマイノリティ文化にも親和性を有する学習課題を設定するとともに、多様な文化的背景をもつ子どもたち、特に社会的に恵まれない位置にある子どもたちの自尊感情や自己効力感を育むための効果的な教育方法を考案することにつながるだろう。

その一方で、再分配の政治と承認の政治とのあいだに生じる葛藤、あるいはジレンマを考慮に入れなければならない。承認の政治は集団の分化を促進する傾向があるが、再分配の政治はそれを弱体化させる傾向がある（Fraser 1997）。実際、マイノリティがマジョリティの文化を獲得するためには、彼ら自身の文化的特徴の一部または多くを喪失する可能性がある。ともあれ、複数の文化をできるだけ平等に扱い、子どもたちが自文化を含む複数の文化や、それらのあいだの葛藤関係を学ぶことができるような、ある種の多文化教育やバイリンガル教育を工夫することは道理に適っているだろう。そして、社会的公正に向けた批判的教育学は、再分配の政治と承認の政治の両方を考慮しつつも、「再分配と承認とのあいだに生じるジレンマ」を深刻なまでに生じさせないようなカリキュラム・教育方法を考案しなければならないだろう。

（3）批判的教育学における代表の政治の再配置

ここで、社会的公正を志向する批判的教育学の構成要素として、もう一つの要素を導入しておかなければならない。再分配と承認の政治のみに基づく批判的教育学は、子ども・若者を、より社会的に公正な社会を実現するための施策（再分配と承認）の対象という位置に留め置き、既存の社会をより社会的に公正なものにするために行動する主体として位置づけるという契機を欠いている。批判的教育学は、子どもたちの文化的・社会的背景が尊重され誰もが大切にされ、子ども・若者たちが現代社会に適応できるよう、また一定の社会的地位を獲得できるような知識・技能を習得するためのカリキュラム・教育方法の構築や実践をめざすだけでなく、子ども・若者たちが可能な限り批判的・参与的・活動的市民として成長できるような教育の開発と普及を目指さなければならない。この種の教育は、民主主義社会の重要な構成員の特徴である政治的主体性や政治的リテラシーを養うことをめざすものである。さらに、それは単に再分配と承認の政治に基づいた教育ではなく、それを超えたものでもある。要するに、再分配の政治と承認の政治は、社会的に公正な教育の必要条件に過ぎず、十分条件ではないのである。

とはいえ、フレイザーがその正義論（社会的公正論）において、この点に関する視点を欠いていたわけではない。実際、彼女はすでに再分配と承認を超えた第三の次元を理論に加え、それを「代表の政治」と呼んだ（Fraser 2008）。もちろん、彼女がこの次元を含めることになったその動機は、われわれのそれとは大きく異なる。彼女の焦点は、グローバル化の拡大により生じたポスト・ウェストファリア体制において、社会的公正の実現に向けた政治への意味ある参加から排除されている人々の「参加の平等」を確保することにあるのに対して、本章は、社会的に公正な教育の政治的次元として民主主義的な教育という要素を導入することにある。けれども、フレイザーが、再分配と承認という二つの次元に依存するだけでは正義（社会的公正）の理論は満足に展開できず、もう一つの政治的次元が必要であると指摘している点で、フレイザーの立場と本書の立場のあいだには明確な類縁性がある。一方、本章では、社会的に公正な教育は、再分配・承認の政治という側面だけに基づいて構築することはできず、民主主義教育という政治的側面も必要であると主張する。フレイザーが、グローバル化が進む世界で政治的意思決定から排除されている移民や難民に参加の平等を保障する可能性を探ったように、本章もまた、公教育における政策決定や、さまざまな社会レベルでの政治的意思決定から排除されている子ども・若者たちに対して同様のことを目指している。この意味で、「子どもの権利条約」に明記されている意見表明権すなわち、子どもたちに影響を与えるあらゆる事柄について、子どもたちが自らの意見を表明する権利は、私たちにとって重要な座標軸となる（UNCRC 1989）。

社会的公正のための民主主義教育を「代表の政治」として展開するための論理は、本章の文脈においてどのようなものであるべきだろうか。この点で非常に示唆的なのは、フランスの哲学者ランシエール（Jacques Rancière）とベルギーの政治理論家ムフ（Chantal Mouffe）に触発され、次のような議論を展開したビースタによる議論である。政治と政治的共同体に関するいくつかのリベラルな見解によると、政治的アイデンティティは民主政治の起動前に形成されていなければならないという仮定から出発し、既存の社会政治秩序への個人の参入に焦点を当てる傾向があるが、ビースタはこのような準備教育としての民主主義教育を、市民学習あるいは政治教育の「社会化の構想」として批判的に退ける。彼は、民主主義を現在進行形の実験とみなし、政治的主体性の形成とつねに進行するその変容こそが民主政治であるという考え方を前面に押し出している。この観点から、学習とは、単に知識や技能、諸能力や性向を獲得することにとどまらず、民主主義という実験に触れ、それに積極的に関与することであり、ビースタはこれを市民学習の「主体化の構想」と呼ぶ。民主的熟議や意思決定に参加する「新参者」にいかに準備を整えさせるかを課題とする社会化モデルとは対照的に、主体化モデルでは、子ども・若者が民主主義の実験にどのようにかかわるのかという課題が重要な焦点とされており、民主主義の実験とは、基本的にオープンなもので、つねにそれ自身が完結することから逃れるものであり、また、そのプロセスを通じてこそ、子ども・若者たちの政治的主体性が形成され、変容していくものとされる（Biesta: 2011a）。

民主主義は実験であり、またつねに未決の政治的過程であるとみなし、この実験への子ども・若者の積極的関与を重視するためには、子ども・若者が、現実の民主主義社会、あるいは民主主義における現実の政治に参加することを通して、民主主義や政治について学ぶことを重視する必要がある。民主主義とは、普遍的な価値を追求しながらもつねに葛藤を伴い、更新され続けるものとして理解することができれば、ビースタが提唱する市民教育の主体化というアプローチは、子ども・若者が民主主義社会における本物の政治に参入し、何らかの問題解決に取り組むことを通して、自分自身や共同体・社会を持続的に変容させることができるような一種のシチズンシップ教育を意味することがわかる。

ビースタの指摘によると、市民教育の社会化アプローチは、既存の社会政治的秩序を参照点として設定することで、市民を「飼い慣らすこと（domestication）」になる危険性をはらんでいる。他方、主体化アプローチは、民主主義の実験にかかわることを通して、政治的主体性や民主的主体性の獲得を支援・促進するという、より困難な方法に明示的に焦点を合わせる。この意味での政治的・民主的主体性は、批判的教育学と同種の論理に支えられていると考えることができる。なぜなら、そのような主体性は既存の社会的・政治的秩序に飼い慣らされるのではなく、そこから一定の距離を保ち、そうした秩序を批判的再検討の俎上に乗せるからである（Biesta 2011）。ポスト産業主義という経済的側面からだけでなく、多くの先進国に共通に見られる民主主義の危機という政治的側面から後期近代を考えるとき、社会的に公正な教育を志向する批判的教育学は、ビースタが示すようなカリキュラム・教育方法についての考察を深め、政治的・民主的な主体性を培うことを可能にしなければならない。これこそが、フレイザーが「代表の政治学」と呼ぶものの教育学的翻案となろう。

これらの議論をより実践的に解釈・拡張するなら、公教育における代表の政治に関するカリキュラム・教育方法の今後のデザインのあり方を、次のように考えることができる。第1に、生徒が学校、あるいは学校を中心とする共同体のなかで、大人とともに学校運営に参加し、学校生活のなかで積極的に自治活動を展開する機会が保障されなければならない。第2に、生徒が学校の外に存在する本物の政治課題、特に子ども・若者に直接的に深く関係する政治課題に取り組む機会を拡充する必要がある。社会的公正の問題は、私たちが現実に直面するさまざまな政治課題から切り離すことはできない以上、現実の政治課題を扱うカリキュラムを開発し、子ども・若者がアクチュアルな諸問題に関して政治的判断を下す経験をしたり、そうした判断について批判的に議論したりできるような教育方法を適用することも考えられる。ここで強調すべきは、大人が直面しているような本物の課題、あるいは現実的な社会的・政治的参加につながる、あるいはそれを促進するような活動に、子ども・若者が取り組むことができるようなカリキュラム・教育方法をデザインすることが重要な意味をもつということである。

4 まとめ
――社会的に公正な教育におけるジレンマ

社会的に公正な教育と呼びうるものの実践的論理について、非改革主義的改革、再分配と承認の政治という二正面戦略、さらに代表の政治という観点から考察を試みてきたが、最後に、社会的に公正な教育が必然的に抱え込むことになるジレンマとその意味について簡略に整理しておきたい。

非改革主義的改革に関して言えば、それは「より大きな変革運動に結び付けられるように同等の奮闘をすることもなく、……ローカルな現場でうまくことを運ぶための単純な「改革主義」の言い訳にすぐになってしまうかもしれない」(Apple 1996: 110)。しかし、私たちは、現実的にも論理的にも、このジレンマから逃れることはできない。だからこそ、このジレンマに対して、その都度必要に応じて暫定的な解決策をみいだすには、非改革主義的改革が肯定的戦略と変革的戦略のあいだのジレンマを単純に解決することを可能にするアプローチではないことを肝に銘じる必要がある。

また、私たちは、再分配の政治と承認の政治のあいだでもつねにジレンマに直面することになる。前者が差異の否定を、後者が差異の肯定をめざす傾向があるからである。くわえて、前者は支配的な文化に同化することに加担し、後者は文化的な上下関係を維持することに加担する危険性があるからである。再分配の政治と承認の政治のあいだに生じるこのジレンマは、再分配の政治に文化資本の要素が含まれる場合、さらに深刻になろう。フレイザーの理論的枠組みでは、再分配の政治は基本的に社会的公正の実現に向けた解放闘争の経済的次元であり、承認の政治は文化的次元に対応する。これに対して、前述したように、本章の議論は、公教育におけるより公正なあり方の探求を目指しているため、知識・技能、あるいは自己調整や粘り強さといった非認知的能力も、再分配の政治の次元に含める必要がある。このように教育の分野では、文化の問題は再分配の政治と承認の政治の両方の次元にまたがっているため、この二つの次元の対立がより先鋭化するのである。フレイザーが「境界認識」と呼ぶのは、まさに社会的公正をめざすうえでのこうした複数の政治的次元間のズレや距離に対する省察を指していると考えられる（Fraser et al. 2003: 85/2012: 103）。重要なのは、複数の政治的次元・戦略間で生じるジレンマの不可避性を受け止めると同時に、具体的文脈におけるジレンマの具体的な表れ方を精査し、反省的な試行錯誤を重ねながら、協働的な取り組みとして、ジレンマを可能な限り小さくする教育実践の展開に尽力することである。

そこで大方の注意を促したいのは、再分配の政治と承認の政治を架橋し、両者のあいだのジレンマを部分的・暫定的に克服するというスタンスである。これをフレイザーは「交差是正」と呼ぶ。それは、「正義の一方の次元に関連する措置を、他方の次元に関連する不公正を是正するために用いること、つまり、再分配的措置を誤承認の是正のために用い、承認的措置を偏った分配の是正のために用いること」を意味する。(Fraser et al. 2003: 83/2012: 101)。紙幅の都合上、その実例を多く取り上げて詳述することはできないので、ここではボストンのある公立学校で見られた一つの事例を紹介するにとどめたい▼2。この学校は、人種的・経済的に統合された人口統計学的な多様性を特徴とし、同時に、インクルーシブかつ進歩主義的で、プロジェクト・ベースのカリキュラム・教育方法を重視している点で特徴的である。ここで注目したいのは、この学校の各教室にある「ピース・コーナー」と名づけられた小さなスペースの機能である。

ピース・コーナーは、もともとはモンテッソーリ教育法の一環として、主に幼児教育における学習環境として考案された。しかし、近年の米国では同国固有のスタイルでの展開が見られ、「なごみコーナー（Calm Corner）」、「落ち着きコーナー（Calm Down Corner）」、「禅ゾーン」などと呼ばれることもある。今や、ピース・コーナーは、インクルーシブ教育における学習環境の工夫のひとつとして注目され、州によっては発達障害のある子どもの学習支援に有効なツールとして推奨されている。それは、いわば教室内シェルターのようなもので、各教室の端に設置され、生徒たちは適宜学習活動から逃れ、一人でそこにあるソファに座って休憩することができる。たとえば、授業中イライラして、あるいは気持ちが沈んで勉強する気が起きないときは、いつでも好きなときにそこに行くことができる。このコーナーは原則5分まで使用可能とされることが多く、タイマーを使うことが約束されているのが一般的である。

では、ピース・コーナーはどのような意味で、前述した「交差是正」の手段として機能しているといえるのだろうか。それを理解するために、ピース・コーナーをめぐって再分配の政治と承認の政治とのあいだに生じるジレンマを確認しておこう。

すべての生徒に学力を保証するという（文化資本に関する）再分配の政治の観点からすれば、すべての生徒が授業に集中すべきだという規律は積極的支持に値する。しかし、この規律は、少なくとも一部の生徒にとっては、排除的に機能する可能性が高い。社会経済的に恵まれない子どもや、ある種の障害をもつ子どもは、学校での学習活動において何らかの困難に直面することが多いからである。したがって、授業に集中することが困難な生徒を単に否定的にみるのではなく、一定の肯定的な評価を与える空間として教室を再現することは、承認の政治の視点と親和的である。とはいえ、やはり一部の生徒が学習活動から離脱することは、学力に関する不平等を是正しようとする再分配の政治とは一見相容れない。このようなジレンマは、多くの学校で不可避であると言ってよい。このことを念頭に置きながら、「交差是正」戦略としてのピース・コーナーが、どのようにこのジレンマの部分的解決に資するのかを分析しておこう。

一言で述べれば、ピース・コーナーの導入は、逆説的な戦略なのである。すなわち、生徒が一時的に学習を「サボる」ことを共感的に許容し、学習活動からの一時的な離脱を承認することで、生徒による学習の離脱の長期化、あるいは完全な離脱を防ぎ、学習への復帰や授業への再集中などを支援するツールとして機能することが期待されているのである。つまり、ピース・コーナーは「再分配の政治」に貢献しうる「承認の政治」という意味で「交差是正」的戦略とみなすことができるのである。

しかし、それだけではない。重要なのは、ピース・コーナーの利用は、コーナーへの出入りや学習活動への復帰のタイミングを、原則として子どもたち一人ひとりに委ねられていることである。教師が「ピース・コーナーに行きなさい」と指示するのではない。また、一時的に学習から離れることが認められても、そこからどの段階でどのように学習活動に戻るかは、生徒自身が調整し決定しなければならない。子どもたちは基本的に、自ら判断することを奨励され、そうするように促される。ここでの考え方は、心理学的に自己調整と呼ばれる能力を育てることである。これは、ピース・コーナーでしばしば「調整のゾーン」と呼ばれるアプローチに反映されている。ここでは詳述できないが、「調整のゾーン」は、幼い子どもであっても、自分自身の精神状態についてのメタ認知や、自己調節能力を発達させるのを助けるツールとして知られている(Kuypers 2011)。メタ認知や自己調整といった能力が、社会的に不利な立場にある子ども・若者ほど獲得・蓄積することが困難な(後期近代的)「権力の文化」、すなわち現代社会において重要な文化資本の一部であるとするならば、ピース・コーナーは「承認の政治」だけでなく、同時に「再分配の政治」にも寄与する可能性がある。この意味でも、ピース・コーナーはフレイザーのいう「交差是正」戦略の好例であると結論づけることができよう。

最後に、代表の政治について触れるなら、これは「政治的なものの境界設定の側面にかかわる」ものであり、「共同体の境界線が、正義をめぐる公式の論争に完全に参加する機会から、不当にも一部の人々を排除するように引かれている」場合に生じるものである（Fraser 2008: 19=2013: 28）。この視点を公教育に当てはめると、私たちは、学校経営や教育政策の意思決定共同体から排除された子ども・若者の存在に注目し、この共同体のなかで子ども・若者の声に耳を傾け、子ども・若者が参加する機会を保障することが、社会的に公正な教育に向けた代表の政治の重要な構成要素になると考えられる。しかし、さまざまな葛藤や緊張に直面することは避けられず、最終的な意思決定プロセスに、その声をどのように、どこまで反映させ、参加の機会を保障することができるのかという問いに対する単純な答えはないだろう。

これらの点を考慮すると、私たちが社会的に公正な教育の実践的論理と呼ぶものは、フレイザーが「反省的正義」と呼ぶものに関して「正義の文法」という用語を使って説明するアプローチに極めて近い。すなわち、それは「政治的議論に必要な終結（すなわち問題解決）への志向を取り入れつつも、あらゆる問題解決を暫定的なものとして―すなわち、疑問、停止可能性、その上での再開に従うものとして―扱う」（Fraser 2008: 72＝2013）というものである。しかし、このような政治的に哲学的な議論とその教育的応用とのあいだの距離をどのように見積もるべきかについては、本章では十分に考察できていない。これは今後の課題である。

†本研究はＪＳＰＳ科研費 19K02568の助成を受けたものである。

注

1　本章のようなカリキュラム・教育方法に関する学術研究においては、理論的な考察を欠いた実践論も、実践的な試行や裏づけを欠いた理論的な議論も、意味があるとは言えない。その意味で、本研究では、理論と実践の相互循環を重視するという意味で、あえて実践的論理という言葉を用いている。しかし、この図式は、社会科学におけるいわゆるミクロとマクロのリンクの問題と同様に、再考の余地があるかもしれない。

2　ここでの簡単な事例研究は、筆者が２０１９年6月10日から14日にかけて、ボストンの公立Ｋ－８校であるミッション・ヒル・スクール（Mission Hill School）の現場視察を通じて得たデータに基づいている。また、Apple & Bean（2007）で紹介されている実践や、Ladson-Billings（1995）が「文化的に妥当な教育」として紹介している実践が好例であることを付記する。

文献

澤田稔（2016）「批判的教育学から見たグローバル化をめぐるカリキュラム・教育方法のポリティクス――後期近代におけるマイノリティ教育の論理」『教育社会学研究』98：29-50頁

Apple, M. W.（1979）*Ideology and curriculum.* Routledge.［門倉正美他訳（1986）『学校幻想とカリキュラム』日本エディタースクール出版部］

Apple, M. W.（1996）*Cultural politics and education.* Teachers College Press.

Apple, M. W.（2006）*Educating the 'right way: markets, standards, God, and inequality*（2nd edition）Routledge.

Apple, M. W.（2013a）*Can education change society?*. Routledge.

Apple, M. W.（2013b）*Knowledge, power, and education: The selected works of Michael W. Apple.* Routledge.

Apple, M. W., & King, N. R.（1977）What do schools teach? *Curriculum Inquiry,* 6(4), 341–358.

Apple, M. W., & Beane, J. A.（Eds.）（2007）*Democratic schools: Lessons in powerful education.* Heinemann.［澤田稔訳（2013）『デモクラティック・スクール――力のある学校 教育とは何か』上智大学出版］

Apple, M. W., Au, W., & Gandin, L. A.（2009）Mapping critical education. In *The Routledge international handbook of critical education*（pp. 13–30）Routledge.［長尾彰夫・澤田稔他監訳（2017）『批判的教育学事典』明石書店　15-38頁］

Aronowitz, S., & Giroux, H.（1991）*Postmodern education: politics. culture and social criticism.* University of Minnesota Press.

Biesta, G. J.（2011）*Learning democracy in school and society: Education, lifelong learning, and the politics of citizenship.* Springer Science & Business Media.［上野正道・藤井佳世・中村清二訳（2014）『民主主義を学習する――教育・生涯学習・シティズンシップ』勁草書房］

Bourdieu, P.（1984）Distinction: A social critique of the judgement of taste. Harvard University Press.［石井洋二郎訳（1990）『ディスタンクシオン Ⅰ』藤原書店］

Burbank, M. D., Goldsmith, M. M., Spikner, J., & Park, K. (2020) Montessori education and a neighborhood School: A case study of two early childhood education classrooms. *Journal of Montessori Research*, 6(1), 1-18.

Delpit, L. (1988) *The silenced dialogue: Power and pedagogy in educating other people's children*. Harvard Educational Review, 58(3), 280–299.

Fraser, N. (1997) *Justice interruptus: Rethinking key concepts of a post-socialist age*. Routledge.［仲正昌樹監訳（2003）『中断された正義――「ポスト社会主義的」条件をめぐる批判的省察』御茶の水書房］

Fraser, N. (2008) *Scales of justice: Reimagining political space in a globalizing world*. Columbia University Press.［向山恭一訳（2013）『正義の秤　グローバル化する世界で政治空間を再想像すること』 法政大学出版局］

Fraser, N., Honneth, A., & Golb, J. (2003) *Redistribution or recognition?: A political-philosophical exchange*. Verso.［加藤泰史監訳（2012）『再配分か承認か？　政治・哲学論争』法政大学出版局］

Freire, P. (2018) *Pedagogy of the oppressed*. (50th anniversary ed.) Bloomsbury Academic. (Original translation published 1970)

Giroux, H. A. (1988) *Teachers as intellectuals: Toward a critical pedagogy of learning*. Greenwood Publishing Group.［渡部竜也訳（2014）『変革的知識人として の教師 批判的教授法の学びに向けて』春風社］

Giroux, H. A. (1992) *Border crossings: Cultural workers and the politics of education*. Routledge.

Gorz, A. (1967) *Strategy for Labor*. Beacon Press.

Kansas State Department of Education. (2023) Peace Corners: sensory strategies for self-regulation. *TASN Resources*. https://www.ksdetasn.org/resources/1068 (accessed 2023-3-1)

Kuypers, L. (2011) *The zones of regulation*. Think Social Publishing.

Ladson-Billings, G. (1995) Toward a theory of culturally relevant pedagogy. *American educational research journal*, 32 (3), 465–491.

Reza, F. (2022) Inclusive preschool classrooms. *International Journal of Education and Evaluation*, Vol 8. No. 2 44-47.

Sawada, M. (2023) A Practical Logic of Socially Just Education in Late Modernity and its Inevitable Dilemmas: Suggestions from Critical Educational Studies. *Educational Studies in Japan*, 17, 59-72.

Sharp, R., Green, A., & Lewis, J. (1975) *Education and social control: A study in progressive primary education*. Routledge.

United Nations Convention on the Rights of the Child, November 20 (1989) https://www.ohchr.org/en/instruments-mechanisms/instruments/convention-rights-child (accessed 2023-3-1)

Whitty, G. (2013) Sociology and the problem of radical educational change. In *Educability, schools and ideology* (pp. 120–145) Routledge.

あとがき

金子良事

「多様な教育機会確保法案」をめぐって、私が前提としていたことは「学校」という物理的空間が特別であるということであり、当初、これが制度としてなし崩し的に崩壊することを危惧した。「学校」が特別という意味は、おそらく多くの読者と共有できていないので、少し説明したい。明治中期までに日本全国津々浦々まで行政と地域の力が相まってユニバーサルサービスを提供する場として完成したのは、郵便と当時の義務教育施設であった小学校であった（もちろん戦後、義務教育は中学校まで延長した）。今、もし仮に国政選挙で学校施設を一切使うことができなくなったとしたら、直ちに代替的な方法を探すのは難しいだろう。既存の一条校以外の教育を担うアクターがいかに多様であっても、全国を共通するサービスとして網羅することは難しい（この点、イギリスにおけるある一地域の改革の事例を扱った9章の議論は別の可能性を示唆している）。そして、その学校内で教育サービスを受けることができていない子どもの「不登校」問題は無視できないというのが法案、そしてRED研の出発点での前提条件であった。

法案を前提に森、澤田、金子の3人で考えたことは、自分たちの営みが「公教育の再編」を考えることにつながっていくだろうということだった。そこには既存の学校制度（ここでは狭義の一条校）には改善すべき点があるとしても、残すべき良い点があるという認識と、一条校以外の制度を含めてトータルに教育を考えていく必要があるという了解があった。このような問い直しの導きの糸として「教育」だけでなく「福祉（ウェルビーイング）」という視点を導入することで見えてくるものが変わってくるのではないかという漠然とした見通しがあった。

だが、我々も常に暗中模索で、大きく言えば「考え続ける」ことだけが大きい指針であった。ただ、「考える」の方向はさまざまである。たとえば、本シリーズ1巻の序章「バスに乗る」では、ある事象に対して批判であれ、推進であれ、何らかの形でかかわる以上、無関係ではいられないということを前提に、そこに参加することを選ぶという選択が宣言されている。さらに本書3章「「バスの乗り方」をめぐる一試論」はこれを受けて、規範を積極的に考えるための条件を探索している。逆に、4章「不登校や多様な教育機会に関する社会学的研究は議論を開き継続させていけるのか」では不登校研究の学説史的検討を通じて、知識人が言説を紡ぐことへの限界、難しさが語られている。1巻の座談会でも触れたが、4章の著者藤根はRED研そのものへの問いを出しつつ、参加を継続してくれた。研究会の運営そのものが、賛成と反対を超えた多様性をどのように確保するか、そのためにどのように開いていくのかを常に意識して行ってきた。

教育と福祉については何度も議論を重ねてきた。その一つの中間報告として提出されたのが1巻2章「「無為の論理」再考」である。ここでは、学校で実現される福祉を考えてみると、2種類、すなわち教育サービスそのものの福祉的機能と、教育とは直接関係ない福祉（＝経済学的には財）がある。本書では、ケイパビリティ論をベースに教育機会を問い直した1章「多様な教育機会とその平等について考える」や文化資本に対する再分配の政治として学力保証を位置づける13章「後期近代における社会的に公正な教育の実践的論理」は前者であり（最初から公正にコミットすることを前提する13章の立場とそこまでの道を模索する3章「『バスの乗り方』をめぐる一試論」はある意味、補完的である）、教育行政と福祉行政のあいだで義務教育費の援助を取り扱った9章「教育制度と公的扶助制度の重なり」は後者を扱っている。より正確にいうならば、9章は教育サービスを受ける前提的な環境整備という点で、教育行政と福祉行政それぞれのロジックの交点を描いている。

教育と福祉の交叉についてはⅢ部が扱っている。10章「子ども支援行政の不振と再生」はイギリスの事例で教育行政、福祉行政にかかわっているが、個人的には改革を進める際の統治のあり方という点で示唆的であった。私は教育と福祉の両方から距離を置きつつ、両者の基盤になり得るものがあるのではないかということを8章「教育と福祉の踊り場」と1巻2章「「無為の論理」再考」で探索した（事務局内でも森と金子の論稿は微妙に捉え方が異なっている）。

公教育を再編するとしても、既存の学校をどう理解するのかは当然、重要な作業になる。本書ではⅣ部がその一端にあたる。12章「教員の「指導の文化」と「責任主体としての生徒」観」では喫煙指導から教員文化ないし指導文化が考察されており、11章「教員はどのように居場所カフェを批判したのか」において外部専門職と教員との協業で学校における「指導」が検討されている。13章「後期近代における社会的に公正な教育の実践的論理」は実践的立場から、社会的公正を実現する教育を志向し、それを位置づける理論的探索を試みている。

これに対し、マジョリティが教育を受ける学校以外の動向から学校の位置づけを問い直したのが2章、不登校を考察したⅡ部である。2章「〈教育的〉の公的認定と機会均等のパラドックス」は、佐々木輝雄が提起した技能連携制度を通じて、学校外の教育を含めた教育の機会均等を検討し、さらに内外の境界は常に引き直されることを示唆した。5章「多様な子どもの「支援」を考える」は、教育に限定されない心理・福祉・医療と協業して考察されてきた不登校の有識者会議の議論を検討し、不登校を問題化しないことのジレンマや多様な課題が強調されることで、集合性・共通性が見えにくくなるなどのパラドックスを描いている。6章「フリースクールにおける「学習」の位置と価値」は、「居場所」機能を重視していたフリースクールでの「学習」が評価されることの意味を検討した。そこでは学校と機能代替すると評価されることで批判が出てくる可能性も指摘されている。7章「不登校児への応答責任は誰にあるのか」では、1970年代半ばから90年代にかけて夜間中学校研究大会での議論を通じて、夜間中学校が不登校を受け入れることの是非、教育保障の応答責任に対する夜間中学の三つの立場が明らかにされている。

このように整理してみたが、これはあくまでも教育分野を専門としない私なりの個人的な整理である。本書はRED研に対面・オンライン、ときにはメーリングリストを読むという形で、参加してくれた研究者が、そこで受け取ったインスピレーションをそれぞれ自分のフィールドに還元して、書いた論文を集成する形で編まれた。著者同士はおろか我々編者も誰がどんな論稿を書くか、その全体像は分からなかった。本書を編むにあたって、著者同士が一堂に会した研究会は1度も開催していないし、何を書くかは基本的に著者にお任せしたので、著者に初めて目次を示せたのは校正のスケジュールを連絡するタイミングであった。このような進行だったので、明石書店の深澤孝之さんと閏月社徳宮峻さんには編集以上の貢献をいただいた。記して感謝したい。

編者は細かいオーダーを出さなかった代わりに、それぞれの希望される著者には執筆過程で迷う場面で、対話する形でのサポートを提案したが、実際は毎回、我々のほうが勉強させてもらった。サポートというよりは、本の趣旨の確認という形でのコミュニケーションという側面が大きかったかもしれない。正直にいうと、研究会の運営は基本的に編者の3人が中心に考えてきて、我々も常に迷いながら進んできたところが大きい。だからこそ、個人的には、細かい点は措いても、各章の論文を読んで、改めて我々が共有している何かがたしかにあったと感じることができたのは感無量だった。逆に言えば、他の編者や執筆者、読者のみなさんがそれぞれ位置づけることも可能であると思う。

ＲＥＤ研は２０１９年ごろから研究的な側面を後景にし、当事者の声を聴きながら、問題を考えていくことに重点がシフトしていった。このあいだ、本会と並行する形で、末冨芳を中心として科研という形で研究も継続させていった（JSPS科研「福祉的再編を基軸とした次世代型公教育システムの開発（18K18668）」「多様な教育機会」への公正なアクセス保障に関する実証・理論研究（23H00942）」）。末冨のスケジュールの都合で本シリーズへの寄稿はかなわなかったが、我々が子どものウェルビーイングを考えるという問題意識を共有し続けてきたことはここに改めて記しておきたい。アカデミックな研究をどう研究者以外の参加者に届け、対話をしていくのかということはＲＥＤ研の課題であり続けている。

また、できるだけ多くの声を聴き、問題をともに考えたいと思ってきた我々にとって、日本教育学会でのラウンドテーブルや、上智大学グローバル・コンサーン研究所主催の2回のイベントを通じて、研究会に参加された方や、研究会には参加しなくても、同じ問題意識を共有する方とともに、議論する機会を持てたことは幸いであった。このような場を作るのに協力してくださった方々に改めてお礼を申し上げたい。そして、この2冊のシリーズ本を読んでくださった方々とも、新たにこのように考える機会を持ち続けたいし、みなさんが考えるきっかけとしていただけたら、これ以上の喜びはない。

幼児教育 ▶① 97 ▶② 352
幼稚園 ▶② 198
要保護（→生活保護） ▶② 237
準要保護（世帯） ▶② 249, 237, 245, 248, 255
要保護者 ▶② 237, 245
要保護世帯 ▶② 236
与益原則（→自律尊重原則） ▶① 61
予算 ▶① 142, 224, 226 ▶② 244-246, 249
予備校 ▶① 18, 141 ▶② 4

ら行

ラーニング・コモンズ（→コモンズ） ▶① 158
来談者中心主義（→ロジャーズ、カール） ▶① 76
ライフコース ▶② 132, 145, 146
ラポール ▶② 218, 231
リスク ▶① 180 ▶② 35, 40, 81, 103
リテラシー ▶② 163, 336
政治的リテラシー（→政治） ▶② 347
リベラリズム ▶① 29, 306 ▶② 78, 92, 335
社会的リベラリズム ▶① 27
政治的リベラリズム ▶② 78
ニューリベラリズム ▶① 27
リベラル ▶① 306 ▶② 73, 336-337, 343, 348
療育 ▶① 57
臨時教育審議会 ▶① 28, 248, 263 ▶② 37
臨教審 ▶① 28, 30-32, 38
臨床 ▶② 217
臨床心理（→心理） ▶② 154, 217
臨床心理学（→心理） ▶① 76 ▶② 108, 113-117, 131, 217
臨床心理士（→心理） ▶② 113, 114
倫理 ▶① 61, 251 ▶② 39, 112
倫理学 ▶② 230
「令和の日本型学校教育」の構築を目指して～全ての子供たちの可能性を引き出す、個別最適な学びと、協働的な学びの実現～（→中央教育審議会） ▶② 21
「令和」答申 ▶② 21, 37
レジリエンス ▶① 78, 81
連携 ▶① 37, 50-51, 54-55, 136, 139, 141, 148, 150-152, 158, 196-197, 201, 205-208, 210, 218, 224-225, 229-230, 257, 305, 312-313, 315, 317 ▶② 138, 153-155, 161-162, 165-166, 172-173, 176, 179, 227, 331
連帯 ▶② 75
聾唖学校 ▶② 240
労使関係 ▶① 81 ▶② 217
労働 ▶① 18, 183 ▶② 34-36, 53, 68, 76, 82, 181, 226
労働組合 ▶② 61, 63
労働市場 ▶② 34, 61
労働者階級 ▶② 88-89, 229
労働需要 ▶② 39
労働者 ▶② 49, 51-53, 61, 63, 68, 82, 330
労働問題 ▶② 68
労働力 ▶② 88
非正規労働者 ▶② 62, 81
労働省 ▶② 53
労務 ▶② 61
6・3・3・4 制 ▶② 55, 59
ロビイング ▶① 37

民族　▶① 22
　民族学校・外国人学校　▶① 21
無為の論理　▶① 66, 68-70, 72-81, 177, 275, 298, 329　▶② 361
無償（→義務教育無償性、教科書無償給与、高等学校授業料無償、授業料無償）▶① 142, 148, 221, 227-228, 244, 246, 249
　無償化　▶① 233, 243, 248-249
　無償化除外　▶① 285, 290
メタ認知　▶① 99　▶② 354
メタバース　▶① 157
メディア　▶① 203-204, 269
盲学校　▶② 240
モヤモヤ（→ジレンマ）▶① 47, 68, 83, 106, 108, 289, 296, 297, 299-300, 326, 331, 334-335　▶② 5
モラル　▶② 118
問題行動　▶① 200, 223, 256-257, 259　▶② 114, 142-143, 145-156, 157, 193
モンテッソーリ教育　▶① 97　▶② 352
文部科学省　▶① 177, 200, 208, 220, 252, 255-257, 262-263, 265　▶② 37-38, 102, 109, 115, 117-118, 123, 126, 130, 156-157, 160-164, 166, 174-175, 178, 202
　初等中等教育局　▶① 177, 255-257　▶② 201
　文科省　▶① 23, 85-86, 89, 223, 226, 229-230, 246, 250, 255, 261, 263　▶② 127, 229
　文科省令（→文部科学省令）▶① 222-223, 245
　文科大臣（→文部科学大臣）▶① 223, 230
　文部（科学）省　▶② 128-129, 135, 144
　文部科学省令（→文科省令）▶① 221, 232, 254, 306
　文部科学大臣（→文科大臣）▶① 222, 254　▶② 117
文部省　▶① 28, 30, 53, 226, 238, 239-240, 255, 259　▶② 53, 95, 102-104, 112, 129, 130, 144, 179, 181, 185, 189, 193, 226, 239, 241-242, 244, 246-247, 251
　文部事務官　▶② 255

や行

夜間　▶① 173　▶② 184
夜間中学校　▶① 21, 46-47, 82, 105, 272　▶② 4, 183, 188, 362
　公立夜間中学　▶② 178-180
　自主夜間中学　▶② 200
　全国夜間中学校　▶② 185
　全国夜間中学校研究会　▶② 184, 186-187, 193, 195, 202
　全国夜間中学校研究大会　▶② 199, 201
　全夜中研　▶② 183, 192, 194
　中学校夜間学級　▶② 179, 197
　東京都夜間中学校　▶② 190
　東京都夜間中学校研究会　▶② 193-194
　奈良県夜間中学　▶② 197
　夜間学級　▶② 178, 181, 191
　夜間中学　▶① 18, 160-161, 171-177, 224, 234, 245, 254, 290　▶② 20, 156, 178-189, 191, 192-202, 362
　夜間中学教師　▶② 180
　夜間中学生　▶② 186-187, 200
　夜間中学教員　▶② 183
　夜間定時制　▶② 197
　夜中　▶② 196-198
ユースワーカー　▶① 167
ゆとり教育　▶② 73-74, 226
ユニバーサルサービス　▶① 270　▶② 359
緩さ　▶① 82, 85, 90, 325, 328, 331-333, 335
　緩い　▶① 327
養育能力　▶② 105-106, 118
養護学校　▶① 54
養護教諭　▶① 134　▶② 149-150, 325-327
養護施設　▶② 191

ヘイトスピーチ解消法 ▶② 80
へき地 ▶② 255
保育 ▶① 18, 54, 59 ▶② 4
封建制 ▶② 92
包摂（→インクルージョン） ▶① 87, 105, 180, 182 ▶② 4, 24, 89, 126, 128, 135, 152-156, 201, 230
法務省 ▶② 140, 191-193
人権教護局 ▶② 140, 191-3
法律 ▶① 220, 224, 228, 232-233, 240, 242-243, 248, 253-254, 257-258, 260-261 ▶② 21, 41, 237, 238-239, 240, 242-243, 245-248, 330
暴力 ▶② 76, 82
ホームエディケーション ▶① 18, 21, 203, 241-242 ▶② 4
ホームスクーリング ▶① 18, 203, 268, 307 ▶② 4
保護者（→親） ▶① 148, 152, 217, 220-221, 224, 227-228, 230, 232-233, 241, 244-245, 254-258, 261-262 ▶② 29, 33, 83, 127, 131, 147, 152, 155, 157, 160, 162-163, 166, 168, 174-175, 194, 202, 237, 242, 245, 248, 254, 318, 323, 325
補助金 ▶① 157, 241, 242 ▶② 240
ポストコロニアリズム ▶② 336
ポスト産業主義 ▶① 86 ▶② 349
ポストモダニズム ▶② 336
ポストモダン ▶② 91
ボランティア ▶① 74, 143, 166-167, 286 ▶② 209, 214, 218-219, 231
ポリティカル（→政治） ▶② 116
ポリティクス（→政治） ▶② 107, 115, 121, 226

ま行

マイノリティ ▶① 292 ▶② 82, 336, 338, 345-346
マジョリティ ▶① 290, 291 ▶② 341, 346, 361
学び ▶① 19-21, 50, 72, 94, 106, 145-146, 148, 153, 161, 163, 171-176, 187, 201, 203 ▶② 20-21, 24, 32, 36-43, 73, 151, 155, 157, 163, 167-169, 171-173, 175, 179, 190-191, 200, 202, 214, 222
協働的な学び ▶② 29, 37
学びに向かう力、人間性等 ▶① 72 ▶② 215
学びの多様化学校（→不登校特例校） ▶① 226, 246, 253
『窓ぎわのトットちゃん』 ▶① 236, 258, 259
マルクス主義 ▶① 306 ▶② 88, 335
Minami こども教室 ▶① 285, 286, 292, 309
未来の教室（→経済産業省） ▶② 21, 37, 38
民営化（→私事化） ▶① 19-20, 28, 39, 55, 86, 233 ▶② 4, 51
民間 ▶① 22, 139, 151, 153, 166, 224, 229, 257 ▶② 4, 147, 150, 161, 163, 176
民間活動 ▶② 216
民間企業 ▶① 165
民間教育施設 ▶① 263
民間私塾 ▶② 191
民間施設 ▶① 227, 229, 246-247, 249, 253, 256 ▶② 138, 160-161, 172
民間団体 ▶① 22, 229, 248
民主主義 ▶① 27, 95, 198 ▶② 24, 91, 334, 338, 347-350
参加民主主義 ▶① 87, 100-102
戦後民主主義 ▶② 88, 92-93
デモクラシー ▶① 87, 89-90, 100, 102
デモクラティック ▶① 102
民主化 ▶① 30
民主的 ▶① 100 ▶② 337-338, 341, 350
民主的コミュニティ ▶① 102
民主的熟議 ▶② 348
民主的主体性 ▶② 349
民主党 ▶① 234, 243
民生委員 ▶② 188, 249

202
現代型不登校 ▶② 103, 108-109, 118
主体的な不登校 ▶② 223, 245
神経症型不登校 ▶② 107-108, 113
脱落型不登校 ▶② 104-106, 108, 114, 118
通知「今後の不登校への対応の在り方について」 ▶② 123
不登校児 ▶① 202 ▶② 178-180, 191, 193-194, 196, 199, 200-201
不登校経験 ▶② 140, 179
不登校経験者 ▶② 127-128, 132, 137, 147, 152, 154, 179, 194
不登校研究 ▶② 108, 114
不登校現象 ▶② 126, 128, 156
不登校支援策 ▶② 145, 153, 156
不登校「支援」体制 ▶② 128
不登校支援 ▶① 160, 167, 170, 175, 199, 200, 261 ▶② 4, 48, 131, 135, 141, 147, 153-155
不登校支援体制 ▶② 129
不登校児童生徒 ▶① 161, 167, 175, 177, 221-230, 233-234, 240, 245-246, 249, 253-255, 257 ▶② 127, 130, 133, 143, 157, 159-161, 175, 201, 330
不登校状態 ▶① 167, 170 ▶② 128, 142, 178-179, 199
不登校政策 ▶② 129, 179
不登校生徒 ▶① 161, 170-171, 174, 175 ▶② 169, 202, 330
不登校対応 ▶② 132, 164
不登校対策 ▶② 118, 129, 131, 136-137, 156-157
不登校当事者 ▶② 157
不登校等生徒指導 ▶① 256-257
不登校特例校 ▶① 210, 225, 226, 246, 252-253, 255-256 ▶② 128, 178
不登校認識 ▶② 142, 144
　不登校の社会問題 ▶② 189
　不登校把握・対応 ▶② 133
　不登校問題 ▶① 272 ▶② 106, 132, 137, 142, 156, 179, 211
　「不登校」予備群 ▶② 105
　不登校理解 ▶② 133
　不登校理解・対応 ▶② 129
　不登校連携 ▶① 218
不平等（→平等） ▶① 24, 32, 41, 271, 306 ▶② 27, 33-34, 41-43, 56, 59, 77, 81, 83-85, 89-90, 94, 96, 118, 230, 335-337, 345, 353
　経済的不平等 ▶② 344
　構造的不平等 ▶② 94
普遍主義 ▶② 81, 96, 245
プラグマティズム ▶② 210
ブラジル学校 ▶① 18, 21, 46, 241 ▶② 4
ブラック校則 ▶① 200
フリースクール ▶① 18, 21-23, 46, 47, 82, 105, 175, 190, 200-218, 225, 227-228, 234-236, 238, 240-249, 251, 253, 256, 258-261, 264-265, 272, 290, 293, 307 ▶② 3-4, 74, 94, 117, 128, 154, 156-157, 159, 161-175, 189, 191, 194, 222, 362
　フリースクール運動 ▶① 307 ▶② 162
　フリースクール連携推進事業 ▶② 172
フリースクール全国ネットワーク（＝フリネット） ▶① 204, 240-242, 252, 254-258, 260-263, 265, 307 ▶② 48
　フリネット ▶① 240-242, 252, 261, 263, 265
フリースクールネモ ▶① 199
フリースペース ▶① 18, 167
フレネ教育 ▶① 21, 241
文化資本 ▶① 23, 95 ▶② 212, 334, 342, 345, 346, 351, 353-354, 360
文化人類学 ▶① 286
分岐型学校体系（→単線型学校体系） ▶① 52 ▶② 49, 52, 55
ヘイトスピーチ ▶② 82

学力評価 ▶① 104
観点別評価 ▶② 166, 168-169 ▶② 166, 168-169
個人内評価 ▶① 96
成績 ▶① 58, 96, 133 ▶② 86, 161, 165-166, 171, 174, 176
成績評価 ▶② 167-169, 173, 219
パフォーマンス評価 ▶② 338, 342
被評価者 ▶① 164
評価者 ▶① 164
評定 ▶① 96, 201 ▶② 160, 166-169
ポートフォリオ評価 ▶② 338, 342
平等 ▶① 52, 60, 182-183, 197, 244, 248-249, 261 ▶② 20-21, 25, 27, 32-33, 75-77, 79, 94, 346, 347-348, 360
結果の平等 ▶② 84
結果の不平等 ▶② 94
平等化 ▶② 27, 29, 30, 32-34, 39, 41, 42
平等主義 ▶① 306 ▶② 337, 343
平等論 ▶② 76
面の平等 ▶① 23, 261
貧困（→困窮） ▶① 22, 26, 27, 41, 54, 60, 77, 138, 163, 177, 197, 198, 210 ▶② 25, 28, 31, 34-36, 73, 79, 81-83, 88, 118-119, 189, 197, 200, 202, 208, 212, 216, 227, 230, 240, 338
子どもの貧困 ▶① 54, 71, 81, 231, 257 ▶② 3, 83, 95, 145, 157, 208, 210
相対的貧困率 ▶② 81, 254
貧窮 ▶① 51
貧困支援 ▶① 177 ▶② 212, 216, 227
貧困対策 ▶① 4, 18 ▶② 4, 237
貧困対策推進法 ▶① 26, 54
ファシリテーション ▶② 214-215
フォーカス・グループ・ディスカッション ▶② 29
福祉（→教育福祉） ▶① 26, 46, 47-61, 64, 67-70, 73-76, 79-80, 160, 165-166, 175, 178, 195-196, 231, 257, 270, 275-277, 292, 297, 304-305, 326, 328, 330 ▶② 3, 6, 146-147, 208-209, 211-217, 223, 226-227, 231, 236-239, 360-361
公共福祉（→公共性） ▶② 216
福祉機関 ▶② 139, 153
福祉行政 ▶② 361
福祉後進国 ▶② 80
福祉国家 ▶① 26-29, 68 ▶② 48-49, 61-63, 65, 76, 80
福祉制度 ▶② 236
福祉専門職 ▶① 78
福祉的 ▶① 59, 60, 166, 275, 328-329 ▶② 223, 238-239, 247
福祉的支援 ▶② 222
不公正（→公正、正義、不正義） ▶① 24, 306 ▶② 340, 344-345, 352
社会的不公正 ▶② 340
文化的不公正 ▶② 344
藤田－黒崎論争（→藤田英典、黒崎勲） ▶① 29, 31
不正義 ▶② 24-25, 27-28, 43
普通学級（→学級） ▶① 177, 207, 220-221, 223, 227-228, 231-233, 241-246, 249, 253-257
普通課程（→教育課程、カリキュラム、特別の教育課程） ▶② 55
普通教育 ▶① 229, 256 ▶② 65, 69, 228
普通教育機会確保法（→教育機会確保法案） ▶② 163, 173
不適応 ▶② 144, 156
不登校 ▶① 22-23, 28, 138, 157, 170, 172, 174, 177, 188, 190, 196-197, 199-204, 209, 211, 214-215, 217-218, 221-222, 226, 228,-233, 235-245, 251-257, 258-262, 264-265, 293, 307 ▶② 6, 20, 50-51, 66, 74, 83, 90-91, 100-109, 111-122, 125-133, 135-147, 152-157, 160, 163, 165-166, 169, 171, 176-179, 189-190, 199, 201, 211, 213, 359-360, 362
学齢不登校児 ▶② 178, 183, 194, 197, 201-

内的事項外的事項区分論 ▶① 30
ナチス ▶② 78
奈良商業高校 ▶② 197
難民 ▶② 348
ニーズ／ニード ▶① 71, 255, 258 ▶② 81, 145, 152, 157, 162
西成高校 ▶① 68 ▶② 227
「21 世紀日本の構想」懇談会 ▶② 37
日経連 ▶② 53
日本型生活保障 ▶② 80, 81
日本教職員組合 ▶① 53
　日教組 ▶① 30 ▶② 85, 89
日本語 ▶① 184-186, 309
日本国憲法（→憲法） ▶① 52, 220, 246-247, 263 ▶② 246
日本財団 ▶② 227
ニューディール ▶② 77, 88
人間開発報告書（→ UNDP、国連） ▶② 78, 213
人間の安全保障 ▶② 75, 77-80, 88, 213
ネオリベラリズム（→新自由主義） ▶① 28, 91
　ネオリベ ▶① 39 ▶② 4
年金 ▶② 81
能力（→スキル、資質・能力、コンピテンシー） ▶① 71, 86, 88, 90, 99, 104, 106-107, 174, 193-194, 220, 254 ▶② 23, 61-62, 84-85, 95, 118, 219, 341-342, 348, 354
　能力観 ▶① 86, 89
　能力差 ▶② 85
　能力主義 ▶② 61, 84
　被雇用能力（→雇用） ▶① 86
　能力主義（メリトクラシー） ▶① 104

は行

バーチャル ▶① 144, 150
　バーチャルオフィス ▶① 155
　バーチャル空間 ▶① 138, 147-148, 153, 155, 156-157
排外 ▶② 194
排除 ▶① 22, 54, 100, 182-183, 291 ▶② 76, 82, 119, 128, 135, 152-155, 156, 201, 216, 219, 230, 344, 347-348, 353-355
　社会的排除 ▶① 26, 54 ▶② 79, 82-83, 94
バイリンガル教育 ▶② 346
バウチャー ▶① 22, 247-249, 263 ▶② 96
　バウチャー制 ▶① 31, 263
派遣村 ▶② 216
パターナリズム ▶① 61-62, 102
　パターナリスティック ▶② 153
働き方改革 ▶① 141, 151
発達 ▶① 58, 175, 193, 197, 220, 261, ▶② 89-91
　発達教育学 ▶② 90
　発達段階 ▶① 232
　発達論 ▶② 89
母親（→親、保護者） ▶② 120, 182
ハラスメント ▶② 79
　パワハラ ▶② 82
パラドックス ▶② 50, 58-60, 63-66, 69, 361-362
パンデミック ▶① 85 ▶② 133
ピアサポート（→支援） ▶② 231
東日本大震災 ▶① 275
ひきこもり ▶① 169, 196, 199, 218
非行 ▶① 210 ▶② 105, 325, 330
被差別部落（→差別、同和教育） ▶② 202
ひとり親（→親、保護者） ▶① 162 ▶② 81
非認知(的)能力（→スキル、能力） ▶① 71, 330 ▶② 352
　非認知的スキル ▶① 99 ▶② 345
批判的思考 ▶① 93 ▶② 23, 30
批判理論 ▶② 85
評価 ▶① 58, 96, 165, 181-182, 195, 210-214, 265, 266 ▶② 134, 160-161, 163, 166-172, 174-175, 353, 362
　学習評価 ▶② 160, 164-172, 174, 176

長期に渡る欠席 ▶② 140
長期の欠席 ▶② 121
長欠 ▶② 181, 195, 202
長欠児 ▶② 178, 181, 199
長欠児童生徒 ▶② 255
長欠問題 ▶② 185
長欠率 ▶② 181
調査研究 ▶① 238, 240, 255, 258, 260 ▶② 39, 112, 123, 128-129, 130-133, 136-139, 142-144, 146, 152-154, 156-157, 165-166, 173, 190
実態調査 ▶① 259, 262 ▶② 89, 137, 140, 152, 176, 190, 192
質問紙調査 ▶② 102, 108
調査書（→内申） ▶① 113
長時間労働 ▶② 82
朝鮮学校 ▶① 285, 290, 308
朝鮮人児童・生徒 ▶② 188
賃金（→収入、所得） ▶② 35, 61, 62, 63, 81
同一労働同一賃金 ▶② 61
賃労働時間 ▶② 80
通産省 ▶② 226
通信制 ▶① 18, 168, 210, 249 ▶② 4, 54
広域通信制高校 ▶① 264
通信制高校 ▶① 191, 194, 264, 250 ▶② 66, 68
通知表 ▶② 160-162, 166, 167-174
停学 ▶② 319
定時制 ▶② 54-55, 316
定時制高校 ▶② 53, 111
定時制高等学校 ▶② 55, 316
データ駆動型 ▶② 38-39, 41-42
適応支援機能 ▶① 226
適応指導教室 ▶① 209, 226, 256 ▶② 128, 150, 160-161, 169, 176, 179, 190, 194
適格者主義 ▶② 329
テクノロジー ▶① 156
デジタル・トランスフォーメーション（→DX） ▶② 133
テスト（→試験） ▶① 164, 211
哲学（→教育哲学、政治哲学） ▶② 231, 333, 355
天王寺中 ▶② 184, 187
当為学（→事実学） ▶② 87, 89
東京シューレ ▶① 234-236, 238, 240, 251-252, 254, 257-262, 265, 280, 307 ▶② 191
シューレ ▶① 209
東京都教育委員会 ▶① 256
登校拒否（→不登校） ▶① 22, 236-239, 255-256, 258, 260 ▶② 104-106, 122, 129, 130-131, 135-136, 139-141, 144-156, 163, 178, 181-183, 186, 189-195, 199-202, 211, 260
当事者 ▶① 200, 217 ▶② 3, 72-75, 79, 82- 84, 93-95, 109, 127, 146, 152, 154-155, 163, 363
同性愛 ▶① 306
同和教育 ▶① 71 ▶② 180, 183-185, 197, 202, 212
同和（解放）教育論 ▶② 183, 188-189, 199
同和対策審議会答申 ▶② 202
同和対策特別事業措置法 ▶② 202
特殊教育 ▶② 212, 254
特別学級 ▶② 191
特別支援 ▶① 18 ▶② 4, 238
特別支援学校 ▶① 308
特別支援学級 ▶① 193
特別の教育課程 ▶① 225, 246, 253
都市 ▶① 23, 51, 138-141, 155, 177, 201 ▶② 181, 229-230, 262-263
途上国 ▶② 80
都道府県 ▶① 156, 172, 177, 225, 246, 250, 253-254, 264 ▶② 236
トモエ学園 ▶① 236, 259

な行

内閣総理大臣 ▶② 49, 67
内申（書） ▶① 164, 209 ▶② 202

多様な教育機会確保法案 ▶① 18, 20-21, 24, 36, 48, 56, 231, 243, 245, 262-263, 268, 285, 290, 292 ▶② 3, 48-49, 51, 67, 138, 208, 211, 359
多様な学び ▶① 212, 218, 256, 261-262, 263
子どもの多様な学びの機会を保障する法律（多様な学び保障法）骨子案 ▶① 21, 241, 309 ▶② 48
実現する会（→多様な学び保障法を実現する会） ▶① 241-243, 252
多様な学び支援（→支援） ▶① 261
多様な学びの場 ▶① 175, 225
多様な学び保障法案 ▶① 241-242, 244, 260, 290, 292
多様な学び保障法骨子案 ▶① 243, 245, 247 ▶② 68
多様な学び保障法を実現する会 ▶① 241, 243-244, 252, 256-257, 261-262, 265, 309
単位（→クレジット） ▶② 51-52, 68
探究 ▶① 159
探究学習 ▶① 141, 157
単線型学校体系（→分岐型学校体系） ▶① 52 ▶② 49, 52, 55, 64
担任 ▶① 188 ▶② 169, 324, 325
地域 ▶① 23, 41, 55, 80, 138, 157, 162, 179, 186, 190-192, 203, 261, 270-271, 308, 317 ▶② 79, 165, 196, 200, 202, 218, 262-265, 272, 274, 285, 310, 359
地域教育計画 ▶② 210
地域社会 ▶② 143, 242
小さな政府 ▶① 28
地位達成 ▶② 77, 84
チーム学校 ▶① 230-231
知識 ▶① 58, 85, 88, 94, 107, 170, 172-173, 329, 332 ▶② 22-23, 30-31, 46-47, 68, 95, 119, 133-135, 141, 146-147, 336, 339, 360
知識・技能 ▶① 107, 329 ▶② 22, 30, 41, 43, 213, 215, 337-339, 341, 345, 347-348, 351
千葉県フリースクール等ネットワーク ▶① 199, 218
地方 ▶① 138-139, 153, 155, 201, 224, 244, 259, 262, 321 ▶② 114, 181, 260-261, 264, 271, 275
地方教育行政 ▶② 115
地方公共団体 ▶① 22, 139, 220, 224-231, 246 ▶② 238-240, 245, 252
地方自治 ▶① 104 ▶② 123, 265,
地方自治体 ▶① 104, 140, ▶② 264, 271
中央教育審議会 ▶① 53, 230, 257 ▶② 123
中央教育審議会（の）答申 ▶② 21, 53
中教審答申 ▶① 231
中学生 ▶① 181, 183, 193, 195, 201-202 ▶② 110, 164, 179
中学校 ▶① 140, 168-169, 173, 178-181, 184-186, 188, 190-192, 194, 246, 309 ▶② 104, 113, 137, 148, 161, 165-169, 171-172, 191, 193, 202, 255, 359
中学 ▶① 163, 194, 259 ▶② 103, 132, 140, 169, 180, 195, 197, 243, 248
中間集団 ▶② 81, 144
中高一貫校 ▶① 31
中高生 ▶① 161-162, 175
中産階級 ▶① 94 ▶② 343
中卒 ▶② 140
中等教育 ▶① 52 ▶② 55
後期中等教育 ▶② 66
中等教育学校 ▶① 308
懲戒 ▶② 322, 329
懲戒処分 ▶② 311-312, 314-316, 319
長期欠席 ▶② 101, 105-106, 108, 122, 127, 139, 153, 181-182, 243
長期欠席児童（・）生徒 ▶① 200 ▶② 105-106, 160, 181
長期欠席者 ▶② 83, 127

戦後教育　▶②49, 180
戦後教育改革　▶②51, 55, 58, 67
戦後教育学　▶①29, 31, 42　▶②84, 86, 88-90, 92, 93
全国教研集会　▶②89
先進国　▶①68　▶②80-81, 254, 349
戦争　▶①29　▶②96
戦争神経症　▶①235
第二次世界大戦　▶①52, 68, 27　▶②49, 67
選択　▶①64, 79, 106, 108, 241-243, 245, 253　▶②26, 28, 31, 34, 76, 78, 81, 139, 159, 162, 213, 230, 313, 330
選択権　▶②78
選択の機会　▶②78
選択の自由　▶①24, 31, 163　▶②34, 94
全日制　▶②55, 316
全日制普通科　▶①141
全日制高校　▶②316, 318
選抜・配分　▶①59, 86, 104　▶②39
選抜システム　▶②81
専門学校　▶②76
専門職　▶②214-215, 218-219, 223, 227, 231, 361
総合的な学習の時間　▶①33
ソーシャルサービス　▶①27　▶②49
ソーシャル（・）ワーク　▶①68, 72-74, 179, 197, 276　▶②209, 212-215, 217, 222, 227
ソーシャルワーカー　▶①276　▶②133, 217, 219
疎外　▶②85
卒業　▶①154, 156, 168-169, 174, 176, 178, 186-187, 197, 217, 250　▶②179, 193, 202
卒業証書　▶①232　▶②194
卒業生　▶①168, 172, 192, 194, 264　▶②191

た行

体育　▶①250
怠学　▶②105, 113
退学　▶①　▶②179
大学　▶①52, 143, 145, 147, 150, 154, 271　▶②51-52, 146
女性の大学進学　▶②77
大学院　▶①271
大学院生　▶①140-142, 146, 151, 154
大学進学　▶②76
大学進学率　▶②58
大学生　▶①140, 142, 146, 151, 154-156, 162, 167
全国各大学　▶②95
体験　▶①124, 128, 167, 172-173, 226, 236, 302　▶②214, 217, 222, 225, 230-231
体験活動　▶①162, 226　▶②164,
大衆　▶①261　▶②89
大衆化　▶①36　▶②58
大衆教育社会　▶②144
大衆国家　▶②88
大正自由教育運動　▶①236
体罰　▶①223　▶②73-74, 82
脱学校　▶②181, 191
脱構築　▶②82, 91
田奈高校　▶②227
ダブルバインド　▶②60, 61, 62, 63
タブレット　▶①145
多文化教育　▶②346
多様な教育機会　▶①17-21, 39, 46, 47, 50, 60, 83, 138-139, 153, 156, 161, 163, 176-177, 218, 267-268, 287, 290, 293, 325-326, 328　▶②3-6, 20-22, 32-34, 36, 39-40, 42-43, 49-51, 66, 72, 93, 100, 121, 154, 179, 201, 211, 360, 363
義務教育の段階に相当する普通教育の多様な機会の確保に関する法律案　▶①231, 258, 306
旧法案（→多様な教育機会確保法案）　▶①232-234

生活保護基準 ▶② 243
生活保護制度 ▶① 22 ▶② 244
生活保護費 ▶② 242
生活保護法 ▶① 52 ▶② 237-239, 242-243, 246
正義（→公正、不公正、不正義） ▶① 91 ▶② 61-63, 78, 348, 352, 354-355
社会正義 ▶① 27 ▶② 23, 25, 36, 334
正義論 ▶① 88 ▶② 94, 344, 347
政策 ▶① 240, 260 ▶② 91, 119
政策科学 ▶② 87
政治 ▶① 28, 30-31, 36, 39, 53, 80, 101, 177, 198, 204, 332 ▶② 46, 48, 63, 197, 263, 336, 350, 354
政治家 ▶① 37, 205, 207
政治性 ▶② 116
政治的 ▶① 24, 26, 39, 42, 87, 309 ▶② 31, 95, 114, 116, 267, 272, 335-337, 345, 347-350, 354-355
政治学 ▶② 88
政治経済学（→経済学） ▶① 294
政治哲学 ▶① 269 ▶② 94, 339
精神医学（→医学） ▶① 20, 27, 29, 32-33, 42-43, 46-69, 73, 80-83, 94, 96, 112, 114, 118, 128, 161, 163, 229, 236-237, 252-253 ▶② 108, 131, 146, 148, 154
成績（→評価）
生存権（→人権、社会権） ▶② 212, 247
生徒 ▶① 114-116, 118, 120-121, 123, 125, 129, 142, 145-156, 162-163, 167-173, 176-180, 184-185, 187-188, 190, 193, 195, 200, 208, 222-225, 238-239, 248, 250, 254-260, 264, 306 ▶② 66, 83, 85, 102-108, 110, 112, 114, 127, 130, 132, 136, 139, 142-143, 152-153, 156-157, 160, 163, 166-169, 172, 176, 180-181, 188, 190-193, 195, 198, 219, 227, 237, 249, 316, 319-331, 342, 345, 353-354, 361
制度 ▶① 18-19, 22, 23, 26-28, 32, 34, 46-47, 49-55, 64, 74, 82, 104, 157, 166, 216, 242-247, 253-254, 271 ▶② 20, 27, 29, 32-33, 42-43, 46-69, 73, 80-83, 94, 96, 112, 114, 118, 128, 161, 163, 229, 236-237, 252-255, 285, 289, 304, 311, 359
制度化 ▶① 18-19, 22, 49, 52, 55, 253-254, 313, 315 ▶② 46, 49, 52-54, 58, 60, 64, 114, 128, 163, 289
正統化 ▶② 134
正当性 ▶② 162
生徒指導（→指導） ▶① 114, 133, 200, 260 ▶② 148-149, 156-157, 189, 323
月刊『生徒指導』 ▶② 323-324
生徒指導調査 ▶① 229
生徒指導部 ▶② 323, 325-327
生徒指導要録（→指導要録） ▶② 323
生徒懲戒 ▶② 322
生徒の問題行動 ▶① 259
提要 2022 ▶② 330
青年学校 ▶② 52, 55
政府 ▶① 247-248, 253 ▶② 34, 36, 39-40, 42, 81, 245-248
制服 ▶② 195, 229
性別役割分業 ▶② 81
性暴力 ▶① 251-252, 254, 265, 307
政令市 ▶① 225, 246, 253
セーフティネット ▶① 161, 172, 175, 210
責任 ▶① 187, 261 ▶② 34-37, 39, 42, 94, 145-146, 157, 189, 192, 196-198, 219, 246, 319-323, 326-330
応答責任 ▶② 178, 180, 201, 362
責任意識 ▶② 329
責任主体（→主体） ▶② 328-329
説明責任 ▶② 38-39
セクシュアリティ ▶① 87 ▶② 346
前近代的 ▶② 92

進学　▶① 52-53, 163-166, 168-169, 173, 179-180, 186-187, 191-192, 194, 209, 308　▶② 52, 76-77, 139, 162, 164, 174, 192, 286, 297, 312-313
進学率　▶① 52, 141-142, 165, 212　▶② 58
進級　▶② 202
新教育　▶② 210
神経症　▶② 105, 107-108, 113
強迫神経症　▶① 235
人権　▶① 52, 71, 87, 101, 251, 259　▶② 30, 76, 80, 90, 140, 212-213
基本的人権　▶① 242
人権教育　▶② 230
人権実務　▶② 140
人権（の）侵害　▶② 81, 112, 194
人権問題　▶② 80
人権擁護（→法務省）▶① 259　▶② 76, 140, 162, 191-193
世界人権宣言　▶① 242　▶② 212-213
人種　▶① 87, 309　▶② 346, 352
新自由主義（→ネオリベラリズム）▶① 28, 32, 306　▶② 76, 82, 91-93, 343
心的外傷後ストレス障害（→ PTSD）▶① 251
人的資本　▶② 21, 30-31, 40-42, 81
進歩主義　▶② 344, 352
進歩的教育　▶② 342
進歩派教育学者　▶① 53
新保守主義　▶① 306　▶② 343
信頼　▶① 175-176, 252　▶② 136, 217, 222-223, 326-327
信頼関係　▶① 143, 185, 205　▶② 325-326, 329
心理　▶① 49, 231　▶② 137-138, 146-147, 281, 361
心理学（→臨床心理学）▶① 98, 157, 170　▶② 108, 131, 146, 148-151, 154, 220, 230, 354
心理的　▶① 74, 222, 230, 238, 254-255, 257, 277　▶② 127, 181, 214
心理療法　▶① 76　▶② 218, 231
心理臨床　▶② 229
進路　▶① 147-148, 156, 168, 180, 194, 209, 224　▶② 38, 77, 103, 109, 130-132, 137-141, 145, 147, 168, 194, 318
進路形成　▶② 132
進路指導　▶① 141　▶② 139-140
進路選択能力　▶② 139
進路変更　▶② 318-319
進路保障　▶② 138, 145
進路問題　▶② 130, 135-136, 138, 140
数学　▶① 173, 250, 264
スキル（→能力、技能）▶① 172, 194　▶② 46-47, 231, 342, 345
スクーリング　▶① 250
スクールカースト　▶② 219
スクールカウンセラー　▶① 54, 134, 230　▶② 114, 150
スクールソーシャルワーカー　▶① 54, 208, 230, 276　▶② 202
スティグマ　▶② 25, 229
ステレオタイプ　▶① 204
税　▶② 248
税金　▶① 146, 241, 243, 246-249
税制　▶② 94
生活困窮（→困窮、貧困）▶② 236
生活困窮者　▶② 230
生活困窮者支援　▶① 4, 18　▶② 4
生活困窮者支援法　▶① 54
生活困窮者自立支援法　▶① 27
生活困窮世帯　▶① 161-162, 175, 177　▶② 230
生活扶助　▶② 240, 242, 244
生活保護（→要保護）▶① 53, 162　▶② 81-82, 236-237, 239, 242-244, 246-248, 251

主体形成 ▶② 23, 42
主体性 ▶① 61, 90, 223, 224, 245, 330 ▶② 92-93, 140, 349, 350
主体的 ▶① 88, 90, 222, 224, 244 ▶② 26, 28-29, 39, 57, 139, 223, 309,
主体的・対話的で深い学び ▶② 22
主体的に学習に取り組む態度 ▶② 22
政治的主体 ▶② 347-349
シュタイナー（学校／教育） ▶① 21, 241, 262
障害 ▶① 22, 70, 79, 87 ▶② 254, 346, 353
障害児 ▶① 294
障害者権利条約 ▶① 89
障害者差別解消法 ▶② 80
情緒障害 ▶② 203
情緒障害児学級 ▶② 193
発達障害（障がい） ▶① 96, 193
発達障害 ▶① 97, 260 ▶② 145, 150, 353
小学生 ▶① 188, 201-202, 236 ▶② 248
小学校 ▶① 51, 52, 67, 95, 140, 181, 188-189, 200, 235, 236, 246, 262, 270 ▶② 148, 198, 228, 243, 245, 255, 359
少子高齢化 ▶① 138
小・中学生 ▶① 244, 260
小（・）中学校 ▶① 200, 221, 232, 244, 257 ▶② 181, 198
小中高一貫教育 ▶① 141
小・中・高等学校 ▶② 344
承認 ▶① 102-104, 158, 163, 165, 169, 329, 330 ▶② 20, 33, 94, 334, 341, 344-348, 351-354
承認・ケア ▶① 105-108, 329-330
承認の政治 ▶① 98-99, 102-103
消費者 ▶② 31
上部構造 ▶② 88
情報化 ▶① 263
情報技術 ▶② 31
城陽中 ▶② 188
職員 ▶① 115
職員会議 ▶① 125, 152 ▶② 321
職業資格 ▶② 64
職業的知識 ▶② 68
職業 ▶② 46, 64, 210
職業教育 ▶① 104, 262 ▶② 53, 65-66, 81, 222
職業科 ▶② 323-324
職業課程 ▶② 55
職業訓練 ▶① 26 ▶② 52, 66, 81
職業訓練大学校 ▶② 49
職務（ジョブ）型 ▶② 61
女子生徒 ▶① 165 ▶② 188, 325
女性 ▶① 251, 265 ▶② 77
助成金 ▶① 246
初等教育 ▶② 210, 212-213, 228
所得（→収入、賃金） ▶② 25, 77, 81, 84, 237, 249
所得格差 ▶② 84
所得平等化 ▶② 81
自立 ▶① 69, 195 ▶② 90, 92, 131-132, 138, 160, 168-169
経済的自立 ▶② 65
社会的自立 ▶① 169, 224, 330 ▶② 130-132, 137-138, 145-146, 171-172
自律 ▶① 61-62, 146, 148, 153 ▶② 154
自律化 ▶② 21, 88
自律尊重原則 ▶① 61-62
私立（学校） ▶① 4, 18, 28, 46, 225, 246, 247, 250, 308 ▶② 4, 52, 150-151
私立高校 ▶① 264 ▶② 188, 229, 320
私立大学 ▶① 145
事例 ▶① 162, 166 ▶② 230
事例研究 ▶② 229, 355
ジレンマ（→モヤモヤ） ▶① 46-47, 50, 60-64, 82, 84-86, 92, 96, 102-103, 105-106, 108-109, 160, 162-164, 166, 170-171, 177, 296, 298-299, 301, 325-328, 330-331, 333-335 ▶② 3, 5, 56, 178-180, 333-334, 340-341, 346, 351-353, 362

社会党　▶① 30
社会統合　▶① 27
社会福祉（→福祉）　▶① 48, 51-52, 57, 60, 64, 72　▶② 3, 4, 146, 209-212, 227-228, 230
社会福祉学　▶② 148, 150
社会福祉研究　▶② 212
社会福祉制度　▶① 18
日本社会福祉学会　▶② 228
社会保障　▶① 26-27, 48, 68　▶② 76, 81-82, 94, 96, 246-247
公的社会保障　▶② 81
社会保障給付　▶② 248
社会保障政策　▶② 255
社会保障論　▶② 3
社会問題　▶① 286, 327-328, 331　▶② 68, 73, 107, 126, 128, 131, 135, 141, 144, 147, 189, 208, 223, 230
自由　▶① 27, 183, 190, 234-235, 242-245, 248, 263, 330　▶② 25-26, 28-29, 31, 43, 76, 78-79, 82-83, 86, 88, 90-94, 96, 162
自由競争　▶① 248
自由主義　▶② 95
自由化　▶① 26, 28, 30, 31, 33-35　▶② 37
就学　▶① 222-223, 254, 257　▶② 20, 237, 240, 243, 251
就学援助　▶① 53　▶② 236-239, 248, 255
就学援助制度　▶② 239, 251
就学機会　▶② 20
就学義務　▶① 21, 221, 227-228, 232-233, 241, 244, 253　▶② 48, 50-51, 115, 163, 202
就学義務制度　▶① 221, 226-227, 243-245, 253
就学困難　▶① 223, 245, 250, 264　▶② 240, 242, 245-246
就学困難児童教科書給与補助法　▶② 245, 248
就学支援金　▶① 242, 249-250, 264, 308
就学支援金制度　▶① 249
就学奨励　▶② 237-240, 242, 244, 248-250, 254
就学奨励援助法　▶② 237, 239, 245, 248-249
就学奨励金　▶② 244
就学奨励援助　▶② 250
就学奨励制度　▶② 242, 245, 251
就学奨励法案　▶② 254
就学年　▶① 52
就学の機会　▶① 224
就学費　▶② 240
就学保障　▶② 237, 251
就学率　▶① 51
不就学　▶② 178, 182, 199
不就学・長期欠席児童生徒　▶② 181
衆議院　▶① 243, 257
宗教　▶① 27, 332　▶② 78-79
就職　▶① 59, 179, 187　▶② 162, 174, 296, 298-299, 312
就職支援金　▶② 250
集団主義　▶② 81
収入（→賃金）　▶② 31, 34
授業　▶① 94, 127, 172-173, 184, 188, 191, 231, 235, 250, 261　▶② 37, 175, 325, 353-354
一斉（斉一的な）授業　▶① 94-95　▶② 29
授業料　▶① 249
授業料無償化（→無償）　▶① 242
塾（→学習塾）　▶① 18, 139, 140, 143, 146-157, 161, 165　▶② 4
公営塾　▶① 139, 157
公設塾（→オンライン公設塾）　▶① 139, 141-142, 145-146, 151-152, 154-155, 157
熟議　▶② 24, 93
受験（→試験、テスト）　▶① 163, 168-169, 171, 237, 309　▶② 81, 169, 174-175, 191
主体　▶② 22-24, 90-93, 96, 347
主体化　▶② 348, 349

実践現場 ▶① 160
実践指導力 ▶② 120
実践者 ▶② 3, 5
実践的指導 ▶② 116-117
実践的論理（→エスノメソドロジー、概念分析） ▶① 339, 351, 355, 361
実践の論理（→エスノメソドロジー、概念分析） ▶① 39-40, 46-47, 50, 55, 62-63, 301, 323, 326, 333
質（の）保証 ▶① 244 ▶② 34, 39
実務 ▶① 233 ▶② 129, 146, 227, 242
指導 ▶① 179, 188, 206, 208, 226, 229, 250, 256-257, 259 ▶② 32, 82, 104, 108, 112, 122, 139-140, 153, 160, 181, 183, 192-193, 217, 219, 316, 318-325, 327-330, 332, 361
指導の個別化 ▶② 37
指導の文化 ▶② 329
児童（→子ども、生徒） ▶① 200, 208, 222-225, 238-239, 254-261 ▶② 104-105, 108, 112, 114, 127, 130, 136, 139, 142-143, 152-153, 156-157, 160, 163,172, 176, 219, 237, 240-242, 245
児童館 ▶② 117
児童虐待（→虐待） ▶① 230
児童生徒理解・教育支援シート ▶① 231, 258 ▶② 132
児童相談所 ▶② 106, 139, 148, 153, 191
児童の権利に関する条約（→子どもの権利条約） ▶① 21, 48, 54, 261
児童福祉（→福祉） ▶① 52, 59 ▶② 81, 106, 203
児童養護施設 ▶① 53, 59
児童労働 ▶② 213, 240
指導主事 ▶② 166, 167
指導要録（→生徒指導要録） ▶② 112, 160, 161-162, 173-175, 331
資本主義 ▶① 27 ▶② 89
国家独占資本主義 ▶② 89
独占資本主義 ▶② 88
市民 ▶① 241-242, 262-263 ▶② 200, 336, 347-349
市民活動 ▶① 207
市民学習 ▶② 348
市民社会 ▶① 29, 36-37, 39
市民立法 ▶① 36
自民党 ▶① 28, 30, 234, 243 ▶② 119
社会化 ▶① 86 ▶② 109, 228, 349
社会階層（→階層） ▶① 24, 48, 60 ▶② 109
社会学 ▶① 24, 274, 331, 333, 334 ▶② 3, 6, 73, 75, 85-87, 89, 94, 100, 107, 109, 117, 119-120, 147, 228-229, 360
社会学者 ▶① 331 ▶② 131, 145, 147, 149-150, 342
社会学理論学会 ▶② 89
日本社会学会 ▶② 89
社会関係資本 ▶① 187
社会教育 ▶① 52 ▶② 49, 51, 53, 68, 185, 209-212, 222, 226--229, 231
社会権（→人権） ▶② 65, 95
社会構成主義 ▶① 124, 137
社会構造 ▶② 85-86
社会構築主義（→構築主義） ▶② 106-109, 112, 114, 120, 156
社会事業 ▶① 52 ▶② 209
社会主義 ▶② 89
社会政策 ▶① 48 ▶② 3, 23, 34, 36
社会政策学 ▶② 84
社会政策研究 ▶② 210
社会政策論 ▶① 48, 274 ▶② 6
社会選択論 ▶② 229
社会ダーウィニズム ▶② 84
社会調査 ▶② 89-90, 132, 152, 154
社会的投資 ▶① 26 ▶② 83
社会的保護 ▶② 213
社会的養護 ▶① 4, 18 ▶② 4

産業界 ▶② 38-39, 42, 53
産業社会 ▶① 27, 86
産業主義 ▶① 88
産業政策 ▶② 81
第四次産業革命 ▶① 86
算数 ▶② 245, 246
支援（→援助、教育支援） ▶① 160, 162-164, 166 175, 184, 200-201, 210, 224, 226-227, 229-231, 245, 256, 309, 336 ▶② 125-126, 128-133, 135, 137-138, 143, 152-153, 155-156, 160-161, 163, 165, 201, 208-209, 212, 214-217, 223, 226-227, 230-231, 247, 254, 330, 349, 354, 361
支援学級（→特別支援学級） ▶① 193-194
支援機関 ▶② 128, 139
支援機能 ▶② 227
支援計画 ▶② 132
支援策 ▶② 133, 138
支援者 ▶① 163, 165-166, 176-177 ▶② 5
支援職 ▶② 231
就労支援 ▶① 18, 26 ▶② 4
制度化された支援 ▶② 128
相談支援 ▶② 230
若者支援 ▶① 66
ジェンダー ▶① 87, 297 ▶② 80, 346
私学 ▶① 262
資格化 ▶② 114
市区町村 ▶① 221, 254
試験（→テスト） ▶① 170 ▶② 169, 174-175, 323
思考力・判断力・表現力 ▶② 22, 215
自己決定（→自立、自律） ▶① 61-62, 98
自己肯定感 ▶① 181, 302 ▶② 167, 174
自己効力感 ▶② 346
自己責任（→責任） ▶① 179, 87 ▶② 33-36, 40, 83, 91
自己調整（→非認知的能力、メタ認知） ▶① 99 ▶② 354
私事化（→民営化） ▶② 91, 103, 118, 144, 145
資質・能力（→コンピテンシー、スキル、能力） ▶① 85, 89, 115 ▶② 123
事実学（→当為学） ▶② 87, 89
自主性（自主的） ▶① 153-154 ▶② 68
市場 ▶① 39, 248 ▶② 4, 23, 31, 39, 61, 62
規制された市場 ▶① 31
市場化 ▶① 19-20, 28, 39, 55, 86 ▶② 4, 91
市場価値 ▶② 38
市場競争 ▶② 51
市場原理 ▶① 27-28, 31
自由市場 ▶① 27
慈善 ▶① 51, 52 ▶② 209
持続可能な社会 ▶② 23-24
自尊感情 ▶① 76-79 ▶② 215-216, 219, 230, 337, 346
自尊心 ▶② 230
シチズンシップ教育（→シチズンシップ） ▶② 349
自治体 ▶① 142, 154, 156-157, 206, 263 ▶② 112, 117, 164, 166, 171-172, 181, 248-249, 251
基礎自治体 ▶② 138
市町村 ▶① 156, 227, 244, 306 ▶② 236-237, 240-242, 244-245, 248-251
低失業率 ▶② 81
失業 ▶② 34
実業補習教育 ▶② 228
実業補習学校・青年訓練所 ▶② 52
実証研究 ▶① 60 ▶② 156
実証主義 ▶② 87, 95, 106, 110
実証的 ▶② 120, 121
実践 ▶① 161, 171-173, 175, 178, 267, 283, 286, 289, 295, 299, 301-306, 325-326, 329-331, 333, 336-337 ▶② 91, 115, 141, 146-147, 152, 162-163, 197-199, 211, 213-216, 227, 229, 236, 328, 333-335, 339, 344-345, 347, 350-352, 355, 360-361
実践記録 ▶② 191, 325, 343

個人化　▶① 39　▶② 75, 103, 118
個人情報保護条例　▶② 112
個性　▶① 28, 31, 33, 173, 181-182, 197, 260, 263　▶② 37, 162, 289-290
個性化　▶① 30, 33-34　▶② 36
個性化教育　▶① 33-34, 41
個性重視　▶① 28
国家（→国、国民）　▶① 26, 30-31　▶② 90-91, 93, 106, 116-117, 119, 120-121, 134
国家権力（→権力）　▶② 92, 96
国会　▶① 224, 231, 240, 245, 257, 259　▶② 245, 255
こども基本法　▶① 89
子ども食堂　▶① 73, 80　▶② 214
子ども中心（主義）　▶① 33, 36
子どもの権利　▶① 227, 262-263
子どもの権利条約　▶① 89, 262, 263　▶② 348
子どもの人権　▶② 162
個別化・個性化教育（→指導の個別化）　▶① 33, 41
個別最適化　▶① 35, 41　▶② 21, 38-39, 41, 157
個別最適な学び　▶② 21, 37-38
個別指導　▶① 165-166　▶② 318, 324
コミュニティ（→共同体）　▶① 102, 145, 158, 165　▶② 229
コモンズ（→共有地）　▶① 152, 158
雇用　▶① 86　▶② 31, 62, 81-82, 94
雇用可能性　▶② 38
雇用者　▶② 81
メンバーシップ型雇用　▶② 81
コロナ　▶① 142-143, 278, 297　▶② 157, 239, 254
新型コロナウイルス　▶① 141, 156　▶② 127, 133
困窮（→貧困）　▶② 237
困窮児童　▶② 246
困窮者　▶② 247
コンピテンシー（→資質・能力、能力、スキル）　▶① 84-89, 91-96, 98, 103, 109
個別学習計画　▶① 22-23, 232, 233, 245, 268, 306　▶② 49-51, 154, 163, 173

さ行

サードプレイス　▶① 178, 180-182, 187, 189-190, 192, 194, 195-198
再帰性　▶① 36
再帰的　▶① 37, 39
再帰的近代　▶① 85
財政　▶① 22, 142, 246-247, 263　▶② 238, 243, 245-246
再生産　▶② 77, 94
再生産理論　▶② 89, 336
在日韓国人　▶② 188
在日朝鮮人　▶② 188, 197
再分配　▶① 95　▶② 65, 76, 81, 83-84, 94, 96, 334, 341, 345-348, 351-354, 360
再分配・承認・代表の政治　▶① 87-88, 91, 92, 103
再分配機能　▶② 81
再分配の政治　▶① 99
サドベリー　▶① 21
サドベリー教育　▶① 241
差別　▶② 76, 79-80, 82, 84-86, 94, 188-189, 191, 193-194, 200, 202, 222, 335, 344
被差別　▶② 85-86, 197
被差別状況　▶② 202
民族差別　▶② 188
人種差別　▶① 309
サポート校　▶① 250, 264　▶② 229
サマーヒル　▶① 21
参議院　▶② 255
産業　▶② 31
産業化　▶② 226

192, 194, 201 ▶② 328-329
交差是正（→フレイザー，ナンシー）▶② 334, 352-354
講座派 ▶② 92
工場法 ▶② 210
公正（→正義、不公正、不正義）▶① 82, 84-85, 87-89, 91, 103 ▶② 43, 68, 170-172, 333-334, 339, 340-341, 345, 347-348, 350-351, 355, 360-361, 363
　社会的公正 ▶① 88-89 ▶② 333-334, 346-348, 350-352, 361
厚生 ▶② 242
　厚生経済学（→経済学）▶② 229
厚生省 ▶② 243-248, 254-255
　厚生大臣 ▶② 243
厚生労働省 ▶② 236
　厚生労働大臣 ▶② 243
構造改革特区 ▶① 307
　構造改革特別区域法 ▶① 225
校則 ▶① 151, 239 ▶② 321
構築主義（→社会構築主義）▶② 73, 82, 95
校長（→学校長）▶① 181, 183, 190, 192, 206, 208, 230, 232 ▶② 146-150, 165-169, 171-172, 176, 184, 194, 202
　中学校長会 ▶② 169
公的 ▶① 221, 229, 242, 249, 253-254, 257, 260, 269 ▶② 20, 47-50, 52, 56, 61, 64, 68, 81, 86, 91, 129, 134, 154, 361
　公的権力（→権力）▶② 79
　公的扶助 ▶② 236-237, 239, 242, 251, 361
高等学校（→高校）▶① 112-113, 119, 140, 157, 249, 264, 308 ▶② 51-55, 58-59, 69, 140, 148-149, 316, 324
　高等学校授業料無償 ▶① 308
　高等学校通信教育 ▶① 250, 264
　高等学校通信制課程 ▶② 68
　高等学校等就学支援金制度 ▶① 54
高等教育（→大学）▶① 308
校内居場所（→居場所）▶① 178-182, 184-189, 191-194, 196
　校内居場所カフェ ▶① 180, 186-187, 196, 200, 254 ▶② 214, 226-227, 231
　校内カフェ ▶① 177
校内暴力 ▶① 28, 237, 259, 260
公平 ▶① 244 ▶② 168, 170-171
公民教育 ▶② 210, 228
公務員 ▶② 81
効用 ▶② 25, 76
合理化 ▶② 61
公立 ▶① 172, 225-226, 262, 270, 308 ▶② 4, 255
　公立学校 ▶① 31, 246 ▶② 20, 188, 193, 342
　公立学校選択制（→学校選択）▶① 31
　公立高校 ▶② 4
　公立小学校 ▶① 307
　公立小中学校 ▶② 104, 191
　公立中学 ▶① 197
　公立中学校 ▶① 178 ▶② 191
　公立夜間中学 ▶② 178-180
コーディネーター ▶① 190-191
国語（→日本語）▶② 245-246, 212-213
国際化 ▶① 263
国籍 ▶① 22, 221
国民 ▶① 30, 224, 261 ▶② 57, 81, 88, 152, 210, 240, 242, 244, 248
　国民国家 ▶② 121
　国民の教育権（論）▶① 30 ▶② 90-91
国連 ▶② 78-80
　国連開発計画（→ UNDP）▶② 213
　国連子どもの権利委員会（→子どもの権利）▶① 260
心の問題（→心理）▶② 130-131, 135-137, 139-141, 144, 147, 154
　心のケア ▶② 114

クライアント中心療法 ▶② 217-218
クレジット ▶② 51-54, 68
グローバル化 ▶① 39, 333 ▶② 341, 347-348
ケア ▶① 74, 76-77, 80-81, 90, 107, 166, 183, 184, 187-188, 190-191, 195-198, 329 ▶② 36, 213, 218-219, 223, 231
環境ケア ▶② 229
ケア能力 ▶② 219
ケアリング ▶① 195
心のケア ▶② 114
経験科学（→規範科学） ▶① 83 ▶② 87
経済 ▶① 22, 27, 33-34, 38, 41-42, 56, 75, 78, 80, 86, 94, 180, 222, 233, 242, 250, 254-255, 308, 332 ▶② 23-24, 31, 41, 43, 47, 63, 65, 76-77, 82-83, 127, 139, 143, 153, 189, 208, 240, 242, 245, 338, 343, 345, 349, 351-353, 360
経済格差 ▶① 233
経済資本 ▶② 345
経済政策 ▶① 42 ▶② 82
経済成長 ▶① 27 ▶② 30-31, 41
経済的困窮（→困窮、貧困） ▶② 236, 239
経済的再分配（→再分配） ▶② 65
経済的支援（→支援） ▶① 241, 243, 246, 249, 253, 263
経済的貧困（→困窮、貧困） ▶② 181
経済的不公正（→公正、不公正） ▶② 344
高度経済成長 ▶① 53 ▶② 81, 111, 226
経済学（→政治経済学） ▶② 25, 84, 229, 230
経済学者 ▶① 248
経済企画庁 ▶② 226
経済産業省 ▶② 21, 37-38
産業構造審議会 ▶② 37
ケイパビリティ ▶② 21, 26-31, 35, 40-43, 75, 76-78, 213, 216, 229, 360
ケイパビリティ・アプローチ ▶① 321 ▶② 20-21, 24-28, 30, 32-34, 39-40, 42-43, 229
ケース会議 ▶① 127, 133
欠席 ▶② 136, 141-142, 144-146, 153-154
原級留置 ▶② 202, 330
憲法（→日本国憲法） ▶① 227-228, 246-247, 329 ▶② 88, 246
権利 ▶① 220, 233, 242, 261 ▶② 30-31, 40-41, 242-243
権利保障 ▶② 135, 138-141, 147, 153
権力 ▶① 23-24, 306 ▶② 76, 79, 90, 91, 93, 121, 336-339, 341-342, 345, 354
行為主体（→エージェンシー、主体性） ▶② 28, 213
公教育 ▶① 18, 22-23, 25-27, 29, 39, 46, 54-55, 82-83, 87-89, 105, 212, 216, 221, 272, 285, 287, 292, 294, 306, 328, 333 ▶② 3, 4, 47, 49-50, 76, 155, 159, 198-202, 227, 335, 337, 344, 348, 350-351, 355, 359, 361
公共事業 ▶② 81
公共性 ▶① 146 ▶② 43
公共的 ▶② 23, 216
公権力 ▶② 92, 119
高校（→高等学校） ▶① 59, 67, 139, 140-145, 147, 150-151, 155, 157-158, 165-166, 168, 171, 177-181, 186-187, 192, 194, 196, 198, 211, 240, 242, 249-250, 264, 309 ▶② 164, 186, 197, 316, 319, 321-322, 323, 327, 329-330, 361
高校教員 ▶② 316
高校職業教育 ▶② 65
高校進学 ▶① 53, 163-165, 169, 173, 180 ▶② 139
高校進学率 ▶① 53, 212
高校全入運動 ▶② 211
高校中退 ▶① 178 ▶② 66, 229
高校通信制（→通信制） ▶① 250
高校等就学支援金制度 ▶① 27
高校内居場所カフェ（→居場所、居場所カフェ） ▶① 178, 180-181, 197
高校生 ▶① 138, 155, 168, 178, 180-181, 186,

教育費 ▶① 246, 294 ▶② 240-244, 250-251, 254
教育福祉（→福祉） ▶① 300 ▶② 152, 209, 210, 212, 227-229
教育／福祉 ▶① 54-55, 57, 60, 62
教育と福祉の区別 ▶① 56
教育と福祉の統一 ▶① 54
教育福祉研究 ▶② 209-210, 212
教育福祉論 ▶① 53, 60
教育扶助 ▶① 53 ▶② 236-237, 239, 242-245, 251, 254
教育方法 ▶① 79, 303, 331 ▶② 6, 333, 336-338, 340, 342-345, 346-347, 350, 352, 355
教育保障 ▶② 197, 199, 362
教育問題 ▶② 73-74, 119-120, 199
教育予算（→予算） ▶① 294
教員（→教師） ▶① 148, 151, 164, 179-181, 183, 187-188, 191, 230-231, 250, 259 ▶② 37, 81-82, 143, 167, 171, 219, 316, 319-325, 327-331, 342, 344, 361
教員文化 ▶② 329, 361
教員免許 ▶② 39
教員養成 ▶① 303 ▶② 123
教員養成課程 ▶② 116-117, 120
都立高教員 ▶② 316
教科 ▶① 164 ▶② 54, 160, 166, 169, 176, 219, 228, 305, 323, 324, 330, 345
教科学習 ▶① 33, 163, 168, 170, 226 ▶② 209, 213-214, 222, 324
教科課程 ▶② 55, 69
教科用図書 ▶② 245
境界 ▶① 276 ▶② 86-87, 89, 107-109, 180, 236, 239, 251, 328, 334, 336-337, 352, 354, 361
教科書 ▶① 184 ▶② 87, 134, 165-167, 175, 195, 240-241, 245-247, 254
教科書給与 ▶② 246-247
教科書給与法 ▶② 245
教科書裁判 ▶① 30
教科書無償給与 ▶② 245-246
教師（→教員） ▶① 31, 115-117, 121-122, 179, 188-190, 237, 238, 239 ▶② 6, 37, 39, 46, 64, 86, 101-102, 108-109, 179, 186-189, 191-194, 196-197, 199, 201, 217, 326, 336-337, 339, 344, 354
教室 ▶② 117, 166, 169
教職員 ▶① 114-120, 123, 125, 129-130, 135, 151-152, 225, 239 ▶② 143, 173
教職員組合 ▶① 42
教職課程 ▶② 123
教職課程コアカリキュラム ▶② 117, 123
行政（→教育行政） ▶① 204, 207-208, 233, 270 ▶② 159, 161-162, 173-174, 180, 183-185, 212, 214, 216, 227, 236, 359
行政措置 ▶② 184-185
支援行政（→支援） ▶② 361
競争 ▶① 28, 32, 89, 237, 248, 261 ▶② 29, 32, 34, 39, 51, 81, 84-85, 191, 268
共通善 ▶② 37, 78
協働（→学び） ▶① 129, 131, 133, 151-152 ▶② 22, 42, 227, 352
共同体 ▶② 348-350, 354-355
共有地（コモンズ） ▶① 152
拒食（→過食） ▶① 235-236
近代 ▶① 50, 104, 136, 310 ▶② 22, 46, 64, 67, 75, 89-91, 93, 335, 337
近代化 ▶② 75
近代教育批判 ▶② 90-91
近代主義 ▶② 92
近代性 ▶② 181
後期近代 ▶① 85, 88 ▶② 333-334, 341-342, 345-346, 350, 354, 360-361
勤労青（少）年 ▶② 52, 211
国 ▶① 185, 205, 220, 224-231, 242, 246-248, 264 ▶② 137-138, 237, 239, 244-247, 249
クライアント ▶② 217-218, 231

教育科学論争 ▶② 88
教育学 ▶① 3, 24, 29, 30, 269-270, 273, 303, 328, 331 ▶② 3, 6, 56, 67-68, 72-74, 78, 84, 86-90, 92-93, 95, 146, 333-336, 339, 341-347, 350, 363
教育学者 ▶② 73, 148, 149
教育学会 ▶① 276, 280
日本教育学会 ▶① 67, 276, 280, 307, 326 ▶② 363
批判的教育学 ▶① 24, 42, 48, ▶② 333-335, 339, 341-347, 349-350,
批判的教育学 ▶① 24, 42, 48, 84, 268, 306 ▶② 333-335, 339, 341-343, 345-347, 349-350
批判的教育研究 ▶② 335-336
教育課程（→カリキュラム） ▶① 255, 258 ▶② 159-161
教育機会 ▶① 225. 229 ▶② 20, 22, 30, 32-33, 39, 41-43, 50-52, 56, 65, 94, 96, 128, 208, 240, 360
教育機会の均等 ▶② 180
教育機会の平等 ▶① 60
教育の機会 ▶① 224, 229, 255, 257 ▶② 32, 139, 246
教育の機会均等 ▶① 244, 261 ▶② 47-60, 63-67, 69, 246
教育機会確保法（→普通教育機会確保法、多様な境域機会確保法案） ▶① 48, 64, 82, 105, 177, 204, 210, 212, 217, 220-221, 223-224, 226, 228-231, 233-234, 240, 243, 245-246, 248-249, 251, 253-258, 261, 262, 297, 306, 307 ▶② 48, 127, 132-133, 138, 154-156, 179, 202
義務教育の段階における普通教育に相当する教育の機会の確保等に関する法律 ▶① 41, 82, 177, 220, 254, 255 ▶② 20, 48, 67, 69, 130, 159, 178
教育基本法 ▶① 21, 37, 48, 52, 227-228, 241, 254, 261 ▶② 119
教育義務 ▶① 21, 227-228, 241-242 ▶② 48
教育行政（→行政） ▶① 23 ▶② 51, 142, 238-239, 247, 361
教育行政学 ▶① 29-31 ▶② 6
教育権（→国民の教育権（論）と教育を受ける権利） ▶① 31, 53, 59 ▶② 212
教育構造論争 ▶② 88
教育刷新委員会 ▶② 49, 67, 241
教刷委 ▶② 49, 51, 53, 55, 64, 67, 69
教育刷新審議会 ▶② 67
教刷審 ▶② 53, 67
教育史 ▶① 308 ▶② 6
教育支援（→支援） ▶② 130
教育支援センター ▶① 173, 209, 225-227, 229, 256 ▶② 128, 139, 150, 164, 176
教育実践（→実践） ▶② 20, 73, 116, 196-197
教育事務所 ▶② 166-168
教育社会学（→社会学） ▶① 29, 37, 42, 48, 60, 269, 271, 275, 303, 329, 331 ▶② 6, 72-77, 79-80, 82-84, 86-91, 93, 95-96, 100, 113, 115-116, 147, 210, 228, 343
教育社会学者 ▶① 261 ▶② 74, 89, 94, 101, 106, 113-114, 126, 133, 152
教育職員免許法 ▶② 123
教育振興基本計画 ▶① 177, 225, 255, 257
教育心理学（→心理学） ▶② 148
教育政策 ▶① 90 ▶② 21-24, 30, 32-34, 36, 38, 40-42, 355
教育制度 ▶① 229-231, 253, 263 ▶② 57, 109, 117, 128, 236-237, 337, 361
教育制度検討委員会 ▶① 53
教育相談 ▶② 323-325, 327-328
教育的 ▶① 58-59, 90, 166, 180, 275, 328-329 ▶② 47, 48-52, 56, 64-68, 73, 133-134, 146, 237, 361
教育哲学 ▶① 273-274 ▶② 336
教育内容 ▶① 225 ▶② 210

議員　▶① 204, 234, 241, 243, 245
議会　▶① 204
機会均等　▶① 308　▶② 55, 84, 246-247, 361
機会の平等　▶② 75, 83-84, 87, 89
機会の不平等　▶② 84
企業　▶① 156, 212　▶② 61-62, 111, 144, 217
企業福祉　▶② 81
技術革新　▶② 31
規制　▶① 31　▶② 76, 80, 94
規制緩和　▶① 27, 28
技能（→スキル、能力）▶① 79　▶② 49, 215
技能教育施設　▶② 54
技能者　▶② 52
技能者養成　▶② 53
技能者養成所　▶② 51-53
技能連携　▶② 68
技能連携制度　▶② 49, 50, 52-54, 58, 60, 65-66, 68, 361
技能教育　▶② 69
規範　▶① 251
規範科学（→経験科学）▶① 83　▶② 24, 30, 72, 74-75, 83, 87, 89, 120, 131, 144-145, 146, 336, 360
規範学　▶② 87
規範理念　▶① 103
規範理論　▶① 88, 273-274　▶② 78-78
規範論　▶① 89　▶② 95, 339
義務教育　▶① 21-23, 27, 29, 31, 51-53, 59, 100, 172, 177, 179-180, 192, 220, 222, 224, 227, 232, 234, 241, 246, 249, 253, 254-255, 257-258, 260, 262, 307　▶② 32-34, 36, 48, 50-52, 55, 66, 159, 178, 181, 184-185, 187, 190, 194-196, 202, 212, 228, 236, 237, 243, 245, 330, 359
義務教育就学奨励法　▶② 242, 244-245, 251
義務教育の段階における普通教育に相当する教育の機会の確保等に関する法律（→教育機会確保法）
義務教育の段階に相当する普通教育の多様な機会の確保に関する法律案（→多様な教育機会確保法案）
義務教育費　▶② 236, 239, 361
義務教育費国庫負担法　▶① 261
義務教育無償制　▶② 246
義務就学　▶① 51
義務制教育　▶② 194
逆機能　▶① 38　▶② 73, 74
虐待　▶① 230　▶② 79, 106, 118, 145
キャリア支援（→支援、就職、就労）▶① 162
救急学校　▶② 186
救急中学校　▶② 187
救急中学校論　▶② 183, 199
救護法　▶② 239-240
救済　▶② 182, 184, 229, 246-248
救済事業　▶① 51　▶② 209
救済制度　▶② 211, 228
給食　▶① 184　▶② 236-239, 247, 255
旧制中等学校　▶② 69
給付　▶② 76, 80, 236, 244, 251, 255
現金給付　▶② 244
教育委員会　▶① 23, 139, 141, 167, 205-206, 208, 220, 223, 226, 229-230, 232-233, 239, 256, 258, 306　▶② 33, 50-51, 104, 117, 137-139, 146-147, 149, 150, 161, 163-164, 168, 173, 179, 193, 202, 247, 249, 331
教委　▶① 142, 144, 146, 150, 154-155, 157, 206　▶② 165, 249
県教委　▶① 206
市教委　▶① 206　▶② 149, 185
市教育委員会　▶② 166
市区町村教育委員会　▶① 226
市町村教育委員会　▶① 232　▶② 237, 248, 249, 255
教育改革　▶① 41, 263　▶② 118, 343-344
教育改革国民会議　▶① 37-38

全国学力テスト ▶① 30
低学力 ▶② 188
学齢期 ▶① 175 ▶② 199
学齢児 ▶② 178, 183-184, 195, 186-190
学齢児童 ▶② 240, 245
学齢児童就学奨励 ▶② 240
学齢児童就学奨励規程 ▶② 240, 242, 250, 254
学齢児童生徒 ▶② 242
学齢者 ▶② 184
学齢生徒 ▶① 172 ▶② 185-186, 248
学齢超過者 ▶① 171 ▶② 179, 181- 184, 192
学齢不登校児 ▶② 178, 183, 194, 197, 201-202
学歴 ▶① 262 ▶② 26, 33, 85, 155, 162, 228
過食（→拒食） ▶① 235
過疎 ▶① 138, 159
家族（→家庭） ▶① 167, 169, 259 ▶② 81, 83, 111, 182, 189, 323, 324
カタリバ（NPO 法人） ▶② 179
学級 ▶① 41, 97, 100, 102, 125, 141-142, 188, 207, 261 ▶② 81, 179, 202, 242
学級担任 ▶② 104, 108, 179
学級崩壊 ▶① 260
学校化 ▶① 23 ▶② 51, 131-132, 137, 146-147, 157
学校基本調査 ▶② 101
学校教育法 ▶① 52, 220-221, 225, 227-228, 232, 241, 244, 255, 306 ▶② 48, 50, 52-53, 55, 58, 64, 68, 239, 242, 322
学校教育法施行規則 ▶① 225, 232
学校恐怖症 ▶② 181
学校ぎらい ▶② 104, 122, 181, 202
学校経営 ▶② 192, 355
学校週五日制 ▶① 33, 54
学校信仰 ▶① 237, 240
学校選択 ▶① 22, 29, 31-32 ▶② 74
学校長（→校長） ▶② 164, 249
学校不適応 ▶② 190
学校不適応対策調査研究協力者会議 ▶① 238, 255, 260
学校文化 ▶① 90 ▶② 105, 106
学校保健安全法 ▶② 238
家庭（→家族） ▶① 163, 165, 175, 187, 191, 197, 227-229, 231, 235, 238-239, 242, 247-250, 260, 330 ▶② 79, 81, 83, 105-106, 114, 118-119, 143, 196, 213, 216, 246, 323, 325
家庭科 ▶① 250
家庭教育 ▶② 123
家庭教育支援 ▶② 119
家庭教育支援条例 ▶② 119
家庭教育支援法 ▶② 119
家庭裁判所 ▶② 148
家庭内暴力 ▶② 195
家庭訪問 ▶① 230 ▶② 318, 323, 328
家庭環境 ▶② 36
株式会社 ▶① 139, 249, 264 ▶② 4
カリキュラム ▶① 198, 268, 303, 306, 331 ▶② 6, 155, 165-166, 168, 172, 210, 214, 333, 335-338, 340, 342-343, 345-347, 350, 352, 355
カリキュラム・マネジメント ▶② 37
過労死 ▶① 72
感化 ▶① 51
感化救済事業 ▶① 51
看護 ▶① 57,158,321 ▶② 231
官公庁 ▶② 52
関心・意欲・態度（→評価） ▶② 216, 230
意欲や興味・関心 ▶① 239
関心・意欲 ▶② 168
観点別学習状況（→評価） ▶② 160
官民（→民間） ▶② 135, 137-138, 153-154
管理教育 ▶① 206, 237, 259 ▶② 82, 162
官僚制 ▶① 136

カウンセリングルーム ▶②217
ピアカウンセリング ▶②231
格差（→不平等） ▶①60, 244, 269, 274 ▶②58, 73, 77, 81-82, 85, 118
格差拡大 ▶①33-34, 42, 270, 271 ▶②51, 74, 91
格差原理（→ロールズ，ジョン） ▶②78
格差貧困 ▶①262-263
格差問題 ▶②74-75, 95
学力格差 ▶②230
教育格差 ▶①248, 261 ▶②74, 79, 95
社会経済的格差 ▶①23
地域格差 ▶①23
学際的 ▶①267, 277, 282, 308 ▶②3
学習（→学び） ▶①75, 81, 90, 94, 95-98, 104-107, 145-147, 160-168, 170-173, 175, 177, 185, 226, 239, 241, 254, 264, 302, 329 ▶②21-23, 27, 33, 37-39, 47, 159, 160-166, 168-169, 173-176, 216, 226, 230, 250, 324-325, 328, 330, 346, 348, 354, 362
学習意欲 ▶①165, 260 ▶②160, 188
学習課題 ▶②318
学習活動 ▶①224, 226-228, 234, 246, 249, 253, 256 ▶②161, 353-354
学習環境 ▶①149 ▶②157, 352-353
学習機会 ▶①22 ▶②130, 340
学習機能 ▶①226
学習教室 ▶①163-166
学習時間 ▶①168
学習施設 ▶①227
学習指導 ▶①225 ▶②163
学習者 ▶①88, 90, 330, 336 ▶②37
学習習慣 ▶①145 ▶②215
学習状況 ▶②160
学習条件 ▶②238
学習する機会 ▶②138
学習内容 ▶②166, 169, 172
学習の個性化 ▶②37
個に応じた学習 ▶①174
学習・生活支援事業 ▶①161, 166, 175, 177
学習権 ▶①22, 53, 59, 258, 260 ▶②21, 30, 41-42, 50, 68, 184-185, 187, 212
学習する権利 ▶②138, 213
学習を受ける権利 ▶②139, 153
教育を受ける権利 ▶①260 ▶②138, 160, 213, 242, 246, 322
学習支援（→支援） ▶①26, 66, 80-81, 97, 105, 107, 109, 143, 145, 157, 160-166, 171, 175, 177, 286, 293, 298, 309 ▶②4, 162, 214, 222, 230, 353
学習支援金 ▶①242
学習支援事業 ▶①54, 165, 167, 169 ▶②214, 222
学習支援補助金 ▶①241
学習指導要領（→文部科学省） ▶①33, 72, 213, 225, 247, 260, 261 ▶②22-23, 215
学習塾（→塾） ▶①28, 139, 141, 147, 151-155, 157-159
公設型学習塾 ▶①138-139, 157, 159 ▶②4
学制 ▶①51
学童保育 ▶①18, 54 ▶②4
学力（→コンピテンシー、資質・能力、スキル、能力） ▶①41, 96, 106-108, 169, 180, 195, 213, 225, 330 ▶②33-34, 77, 140, 145, 215, 230, 345, 353, 360
新しい学力観 ▶①33
学力格差 ▶②230
学力検査 ▶①113
学力向上 ▶①163 ▶②34, 83
学力低下 ▶①33
学力の三要素 ▶②22
学力保障 ▶①105, 107, 302, 329-330 ▶②202
基礎学力 ▶①145

インクルーシブ ▶① 87, 95, 102, 112, 183 ▶② 91, 345-346, 352
インクルーシブ（な）教育 ▶① 89-90, 97-98 ▶② 353
インターナショナルスクール ▶① 21, 241
インフォーマル ▶① 120, 130-132, 134
ウェルビーイング（→ well-being、福祉） ▶① 86, 292 ▶② 76-77, 360, 363
うつ状態 ▶① 235
運動 ▶① 217, 241, 269, 302 ▶② 197
運動家 ▶② 3, 5
教育運動 ▶② 200
市民運動（→市民） ▶① 241, 258, 260 ▶② 199, 200, 202
社会運動 ▶② 212
地方改良運動（→地方） ▶② 210, 228
英語 ▶① 173, 184
営利企業（→株式会社） ▶① 22, 233
エージェンシー（→主体性） ▶① 116, 122
エスニシティ（→民族） ▶① 87 ▶② 346
エスノメソドロジー（→概念分析、実践の論理） ▶② 284
援助（→支援） ▶① 256 ▶② 198, 236-237, 239-240, 243-246, 251, 327
エンパワメント ▶② 174-175, 338, 343
大阪府教育委員会 ▶② 105
落ちこぼし / 落ちこぼれ ▶② 196, 198
親（→保護者） ▶① 31, 179, 185, 188, 203, 207, 233, 236, 245, 248, 309 ▶② 36, 51, 76-77, 119, 191, 195, 323
オルタナティブ教育（→多様な学び） ▶① 241-244, 255, 258, 260-261, 263-264
オルタナティブな学びの機会 ▶① 175
オルタナティブ教育法を実現する会 ▶① 241, 309
オルタナティブ教育法骨子案 ▶① 21, 240-241, 247-248, 260, 307, 309 ▶② 48, 50
オルタナティブな学びの場 ▶① 164
オルタナティブスクール ▶① 18, 21, 23, 46, 211, 289 ▶② 4, 96
オントロジカル・ゲリマンダリング ▶② 107
オンライン ▶① 139, 142-145, 147-148, 152, 153-154, 156 ▶② 160
オンライン公設塾 ▶① 139-141, 143-146, 148, 151, 153-157

か行

階級（→階層） ▶① 87, 94, 96, 197 ▶② 89, 210, 346
外国人 ▶① 224, 260, 293 ▶② 82, 188
外国人学校 ▶① 18, 21, 292, 308
外国人生徒 ▶① 186
外国籍 ▶① 172, 185, 285, 287 ▶② 115
外国籍の子ども ▶① 221
外国籍問題 ▶① 290
外国ルーツ ▶① 71, 285-286, 293
外国にルーツのある子どもたち ▶① 287
外国にルーツのある生徒 ▶① 180
外国にルーツをもつ子ども ▶① 309
外国ルーツの子ども ▶① 284, 287-288, 291-292, 309 ▶② 212
外国ルーツの子どもたち ▶① 285-286, 288
階層 ▶① 24, 33, 60 ▶② 39, 77, 85, 89, 95, 339, 342, 345
階層化 ▶① 41
階層格差 ▶② 73
階層的な不平等 ▶② 84
階層問題 ▶② 89
階層論 ▶① 303
概念分析 ▶② 95
解放教育（→同和教育） ▶② 197
カウンセリング ▶① 226 ▶② 324
カウンセラー ▶② 217-219, 231
カウンセリング・マインド ▶② 114, 218

英米 ▶② 38
北米 ▶① 306
アメリカ ▶① 31, 68, 268, 306 ▶② 77, 80, 84, 95, 210
アメリカ合衆国 ▶① 306
米国 ▶② 335, 344, 352
南米 ▶① 248
チリ ▶① 248
ブラジル ▶② 343

一般事項

あ行

アウトリーチ ▶② 138-139, 153
アクティブラーニング ▶① 35
アクティブ・リスニング ▶① 76-77, 81
朝日訴訟 ▶② 248
アセスメント（→評価） ▶① 230
遊び ▶① 167, 173, 179, 182, 185-186, 187, 197 ▶② 214, 222, 226
アドボカシー ▶① 262, 263
アファーマティブ・アクション ▶② 336
安心 ▶① 48-49, 106, 128, 133, 148, 160-161, 168-169, 176, 179, 182-183, 189, 191-192, 197, 206, 223, 225, 228, 252, 257-258, 261-262, 265 ▶② 131, 136, 163, 165, 174, 186, 216, 218, 280, 345
安全 ▶① 169-170, 179, 182, 197, 208, 238, 249, 251-252, 265 ▶② 9, 75, 77-80, 88, 96, 213, 237-238, 250, 264, 266, 280
医学 ▶② 316
　児童精神医学 ▶② 131
　児童精神科医 ▶② 191
　精神医学 ▶② 108, 146, 154
　精神科医 ▶① 235 ▶② 148-150, 181
伊賀市教育委員会（伊賀市教委） ▶① 250, 264
「生きる力」 ▶① 231
いじめ ▶① 28, 190, 200, 223, 225, 237, 239, 259, 260 ▶② 73-74, 79, 82, 90, 114, 126, 140, 213
　いじめ自殺 ▶① 260 ▶② 73
一条校 ▶① 225-227, 241, 247, 253 ▶② 20, 48, 54, 159, 161-163, 175, 208, 359, 360
イデオロギー ▶① 30, 89 ▶② 68, 343
意図せざる結果 ▶① 34, 36, 332-334
　意図せざる逆機能 ▶② 94
居場所 ▶① 22-23, 66-67, 69, 75, 81, 105, 144-146, 157-158, 160-171, 173, 175-177, 179-194, 197, 199, 201, 234, 236, 238, 251-255, 260, 298, 302, 329 ▶② 51, 131, 136, 162-164, 173-174, 191, 195, 208-209, 211, 213-215, 217-219, 222-223, 226-227, 229-230, 362
　居場所活動 ▶① 80, 309 ▶② 208-209, 213-215, 217-218, 222, 227
　居場所カフェ ▶① 67, 72-75, 81, 187, 197, 265 ▶② 212-214, 216, 227, 231, 361
　居場所機能 ▶① 166, 226
　居場所研究 ▶② 209, 212
　居場所支援 ▶① 161, 171, 175
　中学校内居場所 ▶① 178-180, 182-183, 186, 192-194, 197 ▶② 4
　居場所事業 ▶① 46, 167, 298 ▶② 214, 218
移民 ▶② 348
医療 ▶① 57, 158, 308 ▶② 81, 146, 147, 181, 227, 238, 241, 331, 362
インクルージョン（→包摂） ▶① 87, 89, 103-106, 109
　インクルーシブな学校 ▶① 112-113

国名・地名

日本 ▶① 172, 227, 234-235, 243-244, 253, 255, 258, 260-261, 263, 290, 307-309 ▶② 20, 49-50, 61-62, 67, 79-81, 86, 92, 111, 115-116, 144, 159, 209, 212, 217, 334, 359
北海道 ▶② 210
関東 ▶① 286 ▶② 180, 323
千葉 ▶① 206, 208 ▶② 182
　千葉県 ▶① 199, 201, 204-206, 208, 218
　市川市 ▶② 191
　習志野市 ▶① 206
　船橋市 ▶① 206
東京 ▶① 259, 277-278 ▶② 179-180, 182-184, 186-187, 190, 192-195, 199
東京都 ▶① 226, 256, 262 ▶② 178-179, 181, 183, 188, 190, 192-194, 196, 202, 316
　足立区 ▶② 179, 196
　荒川区 ▶② 187
　江戸川区 ▶② 183, 198
　大田区 ▶② 316
　葛飾区 ▶② 186
　北区 ▶① 307 ▶② 191
　品川区 ▶② 316
　千代田区 ▶① 264 ▶② 316
　港区 ▶② 316
　目黒区 ▶② 149
神奈川（県） ▶② 182
　川崎（市） ▶② 185
　横浜市 ▶② 181, 193, 244, 254
愛知県 ▶② 185
三重県 ▶① 250, 264
　伊賀市 ▶① 249-250, 264
関西 ▶① 295 ▶② 180, 183, 195, 199, 201
大阪 ▶① 250, 309 ▶② 180, 182-184, 186-188, 194
大阪府 ▶① 196 ▶② 105, 202, 244
　泉大津市 ▶② 244
　茨木市 ▶② 202
　大阪市 ▶① 309 ▶② 184, 186-188, 244
　堺市 ▶② 192, 244, 254
　布施市 ▶② 244
　守口市 ▶② 186
京都府 ▶② 182
　京都市 ▶② 181, 183, 193
奈良 ▶② 182, 194, 197-198
奈良県 ▶② 186, 196-197
　橿原市 ▶② 197
　天理市 ▶② 186
　奈良市 ▶② 186, 192
兵庫県 ▶② 182
　神戸市 ▶② 105
香川県 ▶② 178
広島 ▶② 196
広島県 ▶② 182
　広島市 ▶② 181-182
沖縄 ▶② 202

*

アジア ▶① 308
韓国 ▶① 286, 308
北朝鮮 ▶① 308
タイ ▶① 286
ネパール ▶① 184
フィリピン ▶① 286
ロシア ▶① 307-308
東欧 ▶① 307
ヨーロッパ ▶① 26, 308 ▶② 75
イギリス ▶① 68, 331 ▶② 84, 95, 342, 359, 361
英国 ▶② 133
オランダ ▶② 96
スウェーデン ▶② 96
デンマーク ▶② 96
ドイツ ▶① 308
欧米 ▶① 234 ▶② 61- 63

事項索引

アルファベット

COCOLO プラン　▶② 157

COVID-19（→コロナ）　▶② 159

DV　▶① 77　▶② 79

DX（→デジタル・トランスフォーメーション）　▶
　② 133

EdTech　▶② 37-39, 42

GDP　▶② 81

GIGA スクール構想　▶② 133, 159

Google　▶① 150

ICT　▶① 142, 150　▶② 37, 161

iPad　▶① 142, 148-149

IT　▶② 161

JICA　▶② 79

LGBTQ　▶① 197

Less is more.　▶① 34, 94

Microsoft　▶① 150

NPO　▶① 156, 178, 190, 199, 208, 216, 218,
　252, 256, 262, 265, 307, 309　▶② 4

OECD　▶① 86

OG　▶② 107, 109, 115, 120-121

PISA　▶① 86

PTA　▶② 146-150

PTSD　▶① 251

SDGs　▶① 86　▶② 213

STEAM　▶② 21

Self-help　▶① 69

UNDP（→国連開発計画）　▶② 78

wellbeing/Well-being（→ウェルビーイング）　▶②
　43, 212, 215, 217

Wi-Fi　▶① 142

時代・年代

明治　▶① 270　▶② 210, 228, 359

大正　▶② 210, 236

戦前　▶② 55-57, 209, 212, 238-241, 244, 250-251

戦時期　▶② 55

戦時中　▶② 211

戦争直後　▶② 88

占領期　▶② 67

戦後　▶① 29, 31, 42, 171, 259　▶② 49, 51, 55,
　58, 64, 84, 88-90, 92-93, 108, 180-182, 199,
　206, 209-211, 227-228, 241-242, 250-251, 359

1940 年代　▶② 178, 181, 210

1950 年代　▶② 87, 92, 182, 188, 210, 239

1960 年代　▶② 88-89, 181, 187-188, 199, 202,
　212, 239, 251

1970 年代　▶② 90, 106, 141, 178-179, 182-183,
　187-188, 199, 202, 211, 226, 328, 335, 362

1970 年代以降　▶② 199

1980 年代　▶① 237-240, 248　▶② 113, 131, 139,
　144, 162, 178-179, 183, 189, 193, 199, 202,
　211, 322, 335

1990 年代　▶② 82, 129, 131-132, 136, 141, 144-
　145, 179, 189, 199, 201, 213, 226, 343, 362

2000 年代　▶② 82, 129, 131-132, 136-137, 142,
　145, 164, 208, 210

2000 ～ 2010 年代　▶② 146

2010 年代　▶② 82, 93, 129, 138

306-308
フーコー，ミシェル（Foucault, Michel）▶② 90-91
福田徳三（ふくだ とくぞう）▶② 84
藤田英典（ふじた ひでのり）▶① 29, 32, 34-35, 37-38, 41 ▶② 74, 91
フリードマン，ミルトン（Friedman, Milton）▶① 248
ブルデュー，ピエール（Bourdieu, Pierre）▶② 334
フレイザー，ナンシー（Fraser, Nancy）▶② 334
フレイレ，パウロ（Freire, Paulo）▶② 336
ボールズ，サミュエル（Bowles, Samuel）▶② 89
保坂亨（ほさか とおる）▶② 104, 106-108, 111-115, 118
ホネット，アクセル（Honneth, Axel）▶① 88, 103
堀尾輝久（ほりお てるひさ）▶② 88, 93

ま行

マイヤー，デボラ（Meier, Deborah）▶① 93
松崎運之助（まつざき みちのすけ）▶② 183-186, 191-192, 200, 202
松下圭一（まつした けいいち）▶② 88
丸山眞男（まるやま まさお）▶② 92
宮寺晃夫（みやでら あきお）▶① 273, 307
宮原誠一（みやはら せいいち）▶② 228
宗像誠也（むなかた せいや）▶① 30
ムフ，シャンタル（Mouffe, Chantal）▶② 348
望田幸男（もちだ ゆきお）▶① 307
森田尚人（もりた ひさと）▶① 41
森田洋司（もりた ようじ）▶② 101-103, 107-113, 115, 118, 122-123, 126-128, 147, 156

や行

安嶋弥（やすじま ひさし）▶② 246
山口毅（やまぐち たけし）▶① 273, 275
山田丈夫（やまだ たけお）▶② 186, 194
ヤング，アイリス M.（Young, Iris M.）▶② 94
湯浅誠（ゆあさ まこと）▶② 216, 230

ら行

ランシエール，ジャック（Rancière, Jacques）▶② 348
ルーズベルト，フランクリン D.（Roosevelt, Franklin D.）▶② 78, 88, 95
ルーマン，ニクラス（Luhmann, Niklas）▶① 303, 309 ▶② 60, 67, 145
ロールズ，ジョン B.（Rawls, John B.）▶② 78
ロジャーズ，カール R.（Rogers, Carl R.）▶① 76, 81 ▶② 217, 231
ロバインズ，イングリッド A. M.（Robeyns, Ingrid A. M.）▶② 30-31, 42

わ行

渡辺位（わたなべ　たかし）▶① 235-237, 258 ▶② 191

清瀬一郎（きよせ いちろう）▶②246-247
ギンティス，ハーバート（Gintis, Herbert）▶② 89
倉石一郎（くらいし いちろう）▶①304-305, 309 ▶②152, 154, 229
黒崎勲（くろさき いさお）▶①29-32, 34, 37, 41
黒柳徹子（くろやなぎ てつこ）▶①236-237, 259
見城慶和（けんじょう よしかず）▶②183, 187, 194-195
小泉英二（こいずみ えいじ）▶②104-105
小玉重夫（こだま よしお）▶①273 ▶②88-89
小林宗作（こばやし そうさく）▶①236
小宮山洋子（こみやま ようこ）▶①234, 240, 243
小山進次郎（こやま しんじろう）▶②242
ゴルツ，アンドレ（Gorz, André）▶②341

さ行

酒井朗（さかい あきら）▶②114, 117-118
佐々木輝雄（ささき てるお）▶②49, 52-56, 58-61, 63, 65-66, 68-69, 361
澤柳政太郎（さわやなぎ まさたろう）▶②228
ジェームズ，ウィリアム（James, William）▶② 230
汐見稔幸（しおみ としゆき）▶①241
志水宏吉（しみず こうきち）▶②215, 230
清水義弘（しみず よしひろ）▶②87-89
シュクラー，ジュディス S.（Shklar, Judith N. ）▶ ②78, 92
ショーン，ドナルド A.（Schön, Donald A.）▶① 268
ジルー，ヘンリー A.（Giroux, Henry A.）▶② 334-341
セン，アマルティア（Sen, Amartya）▶①86, 288 ▶②21, 25, 28, 30, 43, 45, 76-78, 213, 229-230

た行

タイヤック，デイビッド B.（Tyack, David B.）▶②4
滝川一廣（たきかわ かずひろ）▶②181
武川正吾（たけかわ しょうご）▶②76
武田緑（たけだ みどり）▶①67
田制佐重（たせい すけしげ）▶②210
塚原雄太（つかはら ゆうた）▶②187
筒井淳也（つつい じゅんや）▶①331-332, 334-335
デュルケム，エミール（Durkheim, Émile）▶② 75
デルピット，リサ（Delpit, Lisa）▶②337-338, 340-342
遠山敦子（とおやま あつこ）▶①33
留岡清男（とめおか きよお）▶②210, 228

な行

中曽根康弘（なかそね やすひろ）▶①28, 263
中納光夫（なかのう みつお）▶②196-198
ノディングズ，ネル（Noddings, Nel）▶①183, 195, 197-198 ▶②231

は行

ハーシュマン，アルバート O.（Hirschman, Albert O.）▶①80
ハート，ロジャー（Hart,Roger）▶②229
バーンスティン，バジル（Bernstein, Basil）▶② 133-135, 154
橋本伸也（はしもと しんや）▶①281-283
馳浩（はせ ひろし）▶①205, 234, 240, 245, 306
ハッキング，イアン（Hacking, Ian）▶②95
濱口佳一郎（はまぐち けいいちろう）▶②60-63, 65
林久美子（はやし くみこ）▶①234
林達夫（はやし たつお）▶②211, 229
ビースタ，ガート（Biesta, Gert）▶②334, 348, 349
ピーパー，ヨゼフ（Pieper, Josef）▶②226
広田照幸（ひろた てるゆき）▶①271-275, 285,

索　引

1. 人名索引とそれ以外の事項索引を大別して示している。
2. 人名索引・事項索引ともに、各章末尾の文献一覧や謝辞に含まれる人名・事項は含まない（本文と章末注等に含まれるもののみ含まれている）。
3. 事項索引は、アルファベット表記と漢字・カナ・かな表記とを大別して表記している。
4. さらに、漢字・カナ・かな表記の事項索引は、年代・時代（歴史的）区分事項、国名・地名等（地理的）区分事項、その他の一般事項（団体名等を含む）の３種類に区別して整理している。
5. 国名・地名等（地理的）区分事項に関して、市町村名は都道府県の下位項目として示している。ただし、県名と県庁所在地等県内都市名が同じ場合に、県・市の区別が明記されていない場合には、県・市の区別なしに項目立てしている。
6, 本シリーズ１巻を①、２巻を②と表記した。

人名索引

あ行

アップル，マイケル　W.（Apple, Michael W. ）▶①42, 268, 306　▶②334-337, 339-345
荒木萬壽（あらき ますお）▶②255
アリエス，フィリップ（Ariès, Philippe）▶②90
池田寛（いけだ ひろし）▶②215, 230
市野川容孝（いちのかわ やすたか）▶②75
伊藤茂樹（いとう しげき）▶②73
井上友一（いのうえ ともいち）▶②211
イリイチ，イヴァン（Illich, Ivan）▶②91
上間陽子（うえま ようこ）▶①65
エンゲストローム，ユーリア（Engeström, Yrjö）▶①137, 158, 159
大内裕和（おおうち ひろかず）▶②90
大川正義（おおかわ まさよし）▶②79
大橋重保（おおはし しげやす）▶②149
小川利夫（おがわ としお）▶①53-54, 59, 60　▶②210, 227, 228
奥地圭子（おくち けいこ）▶①234-238, 241, 243-245, 251-252, 258-260, 262, 265, 280, 307　▶②191, 203
小渕恵三（おぶち けいぞう）▶①37
オルデンバーグ，レイ（Oldenburg, Ray）▶①187, 197, 198

か行

海後宗臣（かいご むねおみ）▶②228
片桐芳雄（かたぎり よしお）▶①41
加藤昌治（かとう まさはる）▶①123
加野芳正（かの よしまさ）▶②113-116
苅部直（かりべ なおし）▶②92
苅谷剛彦（かりや たけひこ）▶①33-35, 38, 41, 261　▶②84-85, 89, 144
河村建夫（かわむら たてお）▶①234
川本隆史（かわもと たかし）▶②92
喜多明人（きた あきと）▶①241, 256, 261
ギデンズ，アンソニー（Giddens, Anthony）▶①331
城戸幡太郎（きど まんたろう）▶②210, 227-228

金子良事（かねこ・りょうじ）　第8章、あとがき

編著者紹介を参照。

小長井晶子（こながい・あきこ）　第9章

名古屋大学大学院教育発達科学研究科助教。専門は教育行政学。主な著作に「新生活保護成立前における文部省の就学奨励構想——義務教育無償制及び生活保護制度との関係を中心に」（『日本教育行政学会年報』44号、2018年）、「障害のある児童生徒に対する就学奨励制度の教育法学的検討——障害と経済的困窮に起因する特別ニーズに着目して」（『日本教育法学会』49号、2020年）などがある。

広瀬裕子（ひろせ・ひろこ）　第10章

専修大学人間科学部教授。専門は教育行政学、教育政策分析。関心の領域は近代公教育論、イギリスの教育政策、性教育政策など。主な著作に『イギリスの性教育政策史——自由化の影と国家「介入」』（勁草書房、2009年）、『カリキュラム・学校・統治の理論——ポストグローバル化時代の教育の枠組み』（編著、世織書房、2021年）、「性教育のポリティクス——公私二元論問題と性教育論争」（『教育学研究』89巻4号、2022年）などがある。

知念 渉（ちねん・あゆむ）　第11章

大阪大学大学院人間科学研究科准教授。神田外語大学グローバル・リベラルアーツ学部准教授などを経て2024年より現職。専門は教育社会学、家族社会学。主な著作は『〈ヤンチャな子ら〉のエスノグラフィー』（青弓社、2018年）、『現場で使える教育社会学』（共著、ミネルヴァ書房、2021年）、『学力格差に向き合う学校』（共著、明石書店、2019年）などがある。

井上慧真（いのうえ・えま）　第12章

大阪経済大学情報社会学部准教授。京都大学大学院教育学研究科博士後期課程修了。博士（教育学）。帝京大学文学部社会学科助教、同講師を経て2024年より現職。専攻：教育社会学、若者支援・若者政策。主な著作に『若者支援の日英比較——社会関係資本の観点から』（晃洋書房、2019年）、「高校中退と「指導の文化」——教員の責任を拡張する論理と解除する論理に注目して」（『ソシオロジ』68巻3号、2021年）などがある。

澤田 稔（さわだ・みのる）　第13章

編著者紹介を参照。

執筆者紹介

森 直人（もり・なおと）　はしがき、第2章

編著者紹介を参照。

卯月由佳（うづき・ゆか）　第1章

国立教育政策研究所初等中等教育研究部総括研究官。ロンドン・スクール・オブ・エコノミクス博士課程修了（PhD in Social Policy）。専門は社会政策、教育社会学。著書に『生活保護と貧困対策：その可能性と未来を拓く』（共著、有斐閣、2018年）、『公正で質の高い教育に向けたＩＣＴ活用』（共編著、東信堂、2024年）、『教育学年報15　生涯学習』（分担執筆、世織書房、2024年近刊）などがある。

仁平典宏（にへい・のりひろ）　第3章

東京大学大学院教育学研究科教授。専門は社会学（福祉社会学、教育社会学、市民社会論）。『「ボランティア」の誕生と終焉——〈贈与のパラドックス〉の知識社会学』（名古屋大学出版会、2011年）にて損保ジャパン記念財団賞、日本社会学会奨励賞を受賞。他に『教育学年報』（共編著、世織書房）、『平成史【完全版】』（共著、河出書房新社、2019年）、『市民社会論』（共著、法律文化社、2017年）などがある。

藤根雅之（ふじね・まさゆき）　第4章

関東学院大学社会学部現代社会学科准教授。大阪大学大学院人間科学研究科単位修得退学、博士（人間科学）。専攻は教育社会学、社会運動論、オルタナティブ教育。主な著書に『オルタナティブ教育運動の社会学』（ナカニシヤ出版、2024年）、「学校の外でも学び・過ごせるために」（『ふらっとライフ　それぞれの「日常」からみえる社会』北樹出版、2020年）がある。

山田哲也（やまだ・てつや）　第5章

一橋大学大学院社会学研究科教授。専門は教育社会学（教育問題の社会学、教育改革の社会学）。著書に『質的研究アプローチの再検討』（共著、勁草書房、2023年）、『現場で使える教育社会学』（共著、ミネルヴァ書房、2021年）、『学力格差への処方箋』（共著、勁草書房、2021年）、『学力を支える家族と子育て戦略』（共著、明石書店、2019年）などがある。

武井哲郎（たけい・てつろう）　第6章

立命館大学准教授。博士（教育学）。専門は教育制度学、特別ニーズ教育学。主な著作に『不登校の子どもとフリースクール——持続可能な居場所づくりのために』（共編著、晃洋書房、2022年）、『貧困・外国人世帯の子どもへの包括的支援——地域・学校・行政の挑戦』（共編著、晃洋書房、2020年）、『「開かれた学校」の功罪——ボランティアの参入と子どもの排除／包摂』（明石書店、2017年）などがある。

江口 怜（えぐち・さとし）　第7章

摂南大学現代社会学部講師。博士（教育学）。専門は日本教育史、マイノリティ教育論。東北大学高度教養教育・学生支援機構、和歌山信愛大学教育学部を経て2023年より現職。著書に『戦後日本の夜間中学』（東京大学出版会、2022年）、『境界線の学校史』（共著、東京大学出版会、2020年）、『多様性が拓く学びのデザイン』（共著、明石書店、2020年）、『障害児の共生教育運動』（共著、東京大学出版会、2019年）などがある。

編著者紹介

森 直人（もり・なおと）

筑波大学人文社会系准教授。専門は教育社会学、社会階層論、歴史社会学。東京大学大学院教育学研究科総合教育科学専攻博士課程単位取得退学。多様な教育機会を考える会事務局。『教育システムと社会――その理論的検討』（共著、広田照幸・宮寺晃夫編、世織書房、2014年）、『福祉国家と教育――比較教育社会史の新たな展開に向けて』（共著、広田照幸・橋本伸也・岩下誠編、昭和堂、2013年）、『再検討 教育機会の平等』（共著、宮寺晃夫編、岩波書店、2011年）、『総中流の始まり――団地と生活時間の戦後史』（共編著、青弓社、2019年）、「「総中流の思想」とは何だったのか――「中」意識の原点をさぐる」（東浩紀・北田暁大編『思想地図』2号、日本放送出版協会、2008年、233～270頁）など。

澤田 稔（さわだ・みのる）

上智大学総合人間科学部教授、同教職・学芸員課程センター長。専門は教育学、カリキュラム・教育方法論。名古屋大学大学院国際開発研究科博士課程単位取得満期退学。多様な教育機会を考える会事務局。“A Practical Logic of Socially Just Education in Late Modernity and its Inevitable Dilemmas: Suggestions from Critical Educational Studies”（*Educational Studies in Japan: International Yearbook* 17, 2023, pp.59-72）、マイケル・W・アップル、ジェームズ・A・ビーン編『デモクラティック・スクール――力のある教育とは何か』（訳書、ぎょうせい、2013年）、『現代カリキュラム研究の動向と展望』（共著、日本カリキュラム学会編、教育出版、2019年）、『子どもを学びの主体として育てる――ともに未来の社会を切り拓く教育へ』（共編、ぎょうせい、2014年）など。

金子良事（かねこ・りょうじ）

阪南大学経済学部准教授。専門は社会政策、労働史。東京大学大学院経済学研究科企業・市場コース博士課程修了。博士（経済学）。多様な教育機会を考える会事務局、職務分析の可能性を検討する委員会（日本職務分析・評価研究センター）委員長、松原市バリアフリー基本構想策定等協議会会長の他、障害者の更なる雇用促進と職場定着に向けた課題と労働組合の役割に関する調査研究委員会（連合総研）等を歴任、大阪では学習支援や居場所活動にも携わった。『日本の賃金を歴史から考える』（旬報社、2013年）、『戦時期の生活と労働』（共著、法政大学大原社会問題研究所・榎一江編、法政大学出版局、2018年）など。

公教育の再編と子どもの福祉②〈研究編〉
「多様な教育機会」から問う
ジレンマを解きほぐすために

2024年9月25日 初版第1刷発行

編著者 森 直人
澤田 稔
金子良事
発行者 大江道雅
発行所 株式会社 明石書店
〒101-0021 東京都千代田区外神田6-9-5
電話 03(5818)1171
FAX 03(5818)1174
振替 00100-7-24505
https://www.akashi.co.jp

装幀 清水肇(プリグラフィックス)
編集/組版 有限会社 閏月社
印刷/製本 モリモト印刷株式会社

(定価はカバーに表示してあります) ISBN978-4-7503-5807-9

教える・学ぶ　教育に何ができるか
シリーズ・子どもの貧困③　松本伊智朗編集代表　佐々木宏、鳥山まどか編著　◎2500円

学校を長期欠席する子どもたち
不登校・ネグレクトから学校教育と児童福祉法の連携を考える　保坂亨著　◎2800円

学校に居場所カフェをつくろう！
生きづらさを抱える高校生への寄り添い型支援
居場所カフェ立ち上げプロジェクト編著　◎1800円

居場所づくりにいま必要なこと
子ども・若者の生きづらさに寄りそう
柳下換、高橋寛人編著　◎2200円

子どもの貧困と地域の連携・協働　〈学校とのつながり〉から考える支援
吉住隆弘、川口洋誉、鈴木晶子編著　◎2700円

子どもの貧困と「ケアする学校」づくり
カリキュラム・学習環境・地域との連携から考える
柏木智子著　◎3600円

子どもの貧困対策としての学習支援によるケアとレジリエンス
理論・政策・実証分析から
松村智史著　◎3500円

社会的困難を生きる若者と学習支援
リテラシーを育む基礎教育の保障に向けて
岩槻知也編著　◎2800円

教育福祉の社会学　〈包摂と排除〉を超えるメタ理論
倉石一郎著　◎2300円

「開かれた学校」の功罪　ボランティアの参入と子どもの排除／包摂
武井哲郎著　◎3800円

学力を支える家族と子育て戦略　就学前後における大都市圏での追跡調査
シリーズ・学力格差②〈家庭編〉　志水宏吉監修　伊佐夏実編著　◎2800円

学力格差に向き合う学校　経年調査からみえてきた学力変化とその要因
シリーズ・学力格差③〈学校編〉　志水宏吉監修　若槻健、知念渉編著　◎2800円

多様性が拓く学びのデザイン
主体的・対話的に他者と学ぶ教養教育の理論と実践
佐藤智子、髙橋美能編著　◎2400円

ダイレクト・ソーシャルワーク ハンドブック　対人支援の理論と技術
ディーン・H・ヘプワース、ロナルド・H・ルーニーほか著
武田信子監修　山野則子、澁谷昌史、平野直己ほか監訳　◎25000円

スクールソーシャルワーク ハンドブック　実践・政策・研究
キャロル・リッペイ・マサット、マイケル・S・ケリー、ロバート・コンスタブル編著　山野則子監修　◎20000円

批判的教育学事典
マイケル・W・アップル、ウェイン・アウ、ルイ・アルマンド・ガンディン編
長尾彰夫、澤田稔監修　◎25000円

〈価格は本体価格です〉